*United States Proceedings*

# 미국특허소송의
# 주요쟁점

박준국

박영사

# 서 문

이 책은 업무의 일선에서 미국특허소송에 의한 공격과 방어를 경험하는 분들 그리고 미국특허등록을 준비하는 분들에게 도움이 되고자 미국특허소송에서의 주요 쟁점들을 최근 판례를 중심으로 연구, 분석한 글들을 싣고 있다.

미국특허는 기업이 미국시장에서 활동하는 데 있어서 중요한 무기이다. 미국특허를 보유한 기업은 미국시장에서 해당분야의 선두 주자가 될 뿐만 아니라 특허를 수단으로 경쟁기업의 시장참여를 억제할 수도 있다. 특허의 속지주의적 성격으로 인하여 특허의 가치는 시장의 크기에 비례하게 되며, 따라서, 현재 지구상에서 가장 큰 가치를 지닌 특허는 미국특허라고 하겠다. 이것이 세계 각국의 기업이 앞다투어 미국특허를 보유하려고 노력하는 이유이며, 보유한 특허를 방어하기 위하여 소송도 불사하는 이유일 것이다.

최근 30년 동안 놀라운 경제성장을 이룩한 우리나라의 기업인들은 R&D 투자와 특허의 중요성을 재인식하게 되었고, 이를 뒷받침하는 전문가들의 역량도 크게 성장하였다. 이러한 상황에서 최근의 미국특허소송의 주요쟁점들을 설명한 책을 펴내면 도움이 되리라는 생각을 했다.

이 책을 쓰면서 가장 고민했던 것은 판례의 요지를 어떻게 하면 정확하게 우리말로 전달하는가 하는 것이었다. 판례는 흔히 다수의견과 소수의견을 담고 있고, 관련 특허도 다양한 공학 내지 과학분야의 것들이어서 특허의 내용을 이해하고, 판결의 요지를 파악하기 위해서는 신중을 기할 필요가 있었다. 또한 그 요지를 우리말로 설명한 후 다시 읽어보면 본래의 뜻이 잘 전달되지 않은 것을 발견하곤 하였다. 그런 때는 우리말 표현을 몇 번이고 다듬어 미국판례의 요지가 정확히 전달되도록 심혈을 기울였다.

재판부가 다수의견과 소수의견으로 나뉘어 판결을 한 경우에는 물론 "현재의 법"에 해당하는 다수의견의 설명에 주력하였으나, 필요한 경우에는 소수의견도 설명하며 그 미묘한 차이를 부각하려고 노력하였다.

　　이 책에서 다룬 판례들은 최근 3년간 업계와 법조계, 그리고 학계의 주목을 끌었던 사건(landmark cases)에 대한 판결문들이다. 그러므로, 미국특허법의 쟁점들을 골고루 다루기보다는 최근에 업계에서 분쟁이 야기된 법 문제들을 다루고 있다. 따라서 이 판례들은 근래에 미국특허소송에서는 어떠한 쟁점들이 부각되고 있으며 법원의 재판의 경향은 어떠한가를 짐작하는 데 도움이 될 것이다.

　　미국특허침해소송에서 피고는 특허의 불침해에 못지 않게 원고의 특허가 무효임을 주장하는 경우가 빈발하고 있다. 원고의 특허가 무효이면 침해 여부를 논할 필요도 없이 피고의 승소로 결론짓게 되기 때문이다. 그런데 특허가 무효로 되는 사유 중에는 그 특허의 출원심사단계에서 주의를 기울였다면 예방할 수 있었던 것들도 적잖이 있으므로 미국특허소송 판례는 미국특허의 출원에 종사하는 분들에게도 참고가 될 것이다.

　　미국특허소송 판례의 동향은 특허의 분쟁에 휘말릴 수 있는 기업이나, 특허실무를 하고 있는 전문가들이 그 때 그 때 파악하여 이에 대처할 필요가 있다. 그러나 현실적으로는 어려운 점이 있으므로, 미국특허법에 관한 국제학회를 지속적으로 참석하고 있는 필자가 그 동향을 소개하는 역할을 맡고 싶었다. 또한 서적출간에 의해서 정보를 공유하면 중요한 시기를 놓칠 염려가 있으므로 보충적으로 블로그를 활용하는 방안도 생각하고 있다.

　　아무쪼록 이 책이 관심 있는 분들에게 도움이 되기 바라면서,

2018년 6월

박 준 국

차 례

## Ⅱ 특허의 요건

## Ⅲ 특허권

## IV 특허권의 침해

## V 재판적(Venue)

## VI 특허침해소송의 방어방법

# I

# 특허적격성
## (Patent Eligibility)

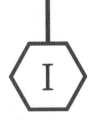

# 특허적격성(Patent Eligibility)

## 1. 소프트웨어의 특허적격성

Enfish, LLC v. Microsoft Corp., 2016 U.S. App. LEXIS 8699, 2016 WL 2756255 (Fed. Cir. May 12, 2016).
2016. 5. 12. 연방항소법원(CAFC) 판결

### (1) 서설

컴퓨터 소프트웨어는 특허의 대상이 될 수 있는가? 즉, 다른 기술적 발명처럼 특허적격성(patent eligibility)이 있는가?[1] 이 문제에 대한 해답을 찾기 위해 미국의 법원은 오랫동안 고심해 왔다. 그 동안 이 문제를 심리한 사건 중에서 이정표적 사건(landmark cases)이라 할 수 있는 것은 1998년의 State Street 사건,[2] 2010년의 Bilski 사건,[3] 그리고 2014년의 Alice 사건[4] 등이었는데 대체로 보아 처음보다 점차 소프트웨어의 특허요건을 강화하는 경향을 보여 왔다. Alice 사건 판결에서 가장 강화된 소프트웨어의 특허요건이 제시되자 소프트웨

---

[1] 특허적격성의 문제는 특허의 요건의 문제와 구별된다. 특허적격성의 문제는 발명이 본질적으로 특허를 부여할 수 있는 사항에 관한 것인가의 문제로서 특허청은 발명이 특허적격성을 갖추었을 때 비로서 그것이 특허의 요건(신규성, 진보성, 유용성 등)을 갖추었는지를 심사하게 된다.
[2] State Street Bank & Trust Co. v. Signature Financial Group, Inc., 149 F.3d 1368 (Fed. Cir. 1998).
[3] Bilski v. Kappos, 561 U.S. 593 (2010).
[4] Alice Corp., v. CLS Bank International, 573 U.S. _____ (2014).

어 개발업체의 사기를 저하시킨다는 비평도 있었으나 Alice특허기준 하에서 소프트웨어의 특허적격성을 인정한 사건이 점차 등장하기 시작하였으며, Enfish 사건은 DDR사건에[5] 이어 미국법원이 Alice특허기준을 적용하며 소프트웨어의 특허적격성을 인정한 두 번째 사건이다.

이하에서는 Enfish 사건에서 미국법원이 Alice 기준을 적용하며 Enfish 소프트웨어의 특허적격성을 인정하는 논리전개과정을 자세히 살펴본다.

## (2) 사건의 배경

2012년에 Enfish사(이하 "Enfish")는 Microsoft사(이하 "Microsoft")가 Enfish의 특허를 침해했음을 이유로 Microsoft를 상대로 California의 연방지방법원에 소송을 제기하였다. Enfish의 특허는 2000년에 취득한 소프트웨어특허로서, 특수한 database를 조성하는 방법에 관한 것이었다. Microsoft가 Enfish의 특허는 특허의 대상이 될 수 없는 추상적 아이디어에 불과하므로 무효라고 주장하자, Enfish의 특허가 특허의 대상이 될 수 있는 것인가(patent eligibility)가 쟁점으로 떠올랐다.

Enfish의 특허는 컴퓨터 database를 조성하는 논리형 모델에 관한 것이었다. Enfish의 논리형 모델은 소위 "자기참조형 모델"로서 database에 저장되는 다양한 정보들을 하나의 표(table)에 저장되게 한 후 종횡으로 정보들 간의 관계를 규정함으로써 그 저장된 정보들이 서로 어떤 관계에 있는지를 검색해 볼 수 있게 하였다. 종래의 database는 관계형 database로서 정보의 종류에 따라 별개의 표에 입력되어 있었다. 일 예를 들면 서류표, 작성자표, 회사표 등이 database안에 별개로 작성되어 존재하며 서류표는 저장된 서류에 관한 정보를, 작성자표는 서류의 작성자에 관한 정보를, 그리고 회사표는 그 서류작성자들을 고용하고 있는 회사에 관한 정보를 제공하였다.

그러나, Enfish가 개발한 database에는 종류가 다른 정보가 하나의 표에 저장되고 그 정보간의 상호관계가 종횡으로 규정(define)되어 있어 컴퓨터에서 그 관계를 검색해 볼 수 있었다. 그리하여 Enfish는 자신이 개발한 자기참조형 모델은 신속한 정보검색, 보다 효율적인 정보의 입력, 정보를 종류별로 다른 표

5) DDR Holdings, LLC v. Hotels.com, L.P. (Fed. Cir. 2014).

에 입력할 필요가 없는 점 등의 장점을 가지고 있다고 강조하였다.

### (3) 연방지방법원의 판결

연방지방법원(이하 "지방법원")은 Enfish의 소프트웨어가 특허의 대상이 되는가를 판단하기 위하여, Alice의 특허기준을 적용하였다. 즉, 제1단계로서, 문제의 방법이 판례에 의하여 특허대상에서 제외된 자연법칙, 자연현상, 혹은 추상적 아이디어에 해당하는가를 보아서, 그렇지 않다면 이는 특허의 대상이 되는 것으로 결론을 내리고, 만일 그것이 이들 불특허사항 중의 하나에 해당된다면, 제2단계의 심리로 나아가 그 방법에 포함된 요소들을 개별적 혹은 종합적으로 관찰해 볼 때 그 방법이 발명적 요소를 포함함으로써 특허를 받을 수 있는 사항으로 변질되었는가를 보았다.

이 사건에서는 먼저, 첫 번째 질문에 대하여 지방법원은 Enfish가 database를 위해 개발한 논리적 모델은 추상적 아이디어에 해당한다고 보았다. 왜냐하면 논리적 모델은 "논리적"이라는 말이 뜻하는 바와 같이 추상적인 모델이며, 물리적 모델은 아니기 때문이라고 했다. 이 모델은 논리적 표(table)에 정보를 저장하고, 조직화하고, 재확인하는 추상적 목적을 달성하고 있으며, 이와 같은 추상적 작업이 평범한 컴퓨터 시스템에서 수행되는 것이므로 그 모델은 추상적 성격을 벗어날 수 없다고 하였다.

그리하여, 지방법원은 Alice 특허기준의 두 번째 질문으로 넘어갔는데 Enfish의 모델이 발명적인 요소를 추가적으로 갖춤으로써 단순한 추상적 아이디어의 범주를 넘어 특허받을 수 있는 사항으로 격상되었는가에 대하여는 그렇지 않다는 결론을 내렸다. 그 결과 지방법원은 약식재판(summary judgment)으로 Enfish가 취득한 특허의 무효를 선언하였다.

### (4) 연방항소법원의 판결

연방항소법원(Court of Appeals for the Federal Circuit, 이하 "항소법원")은 컴퓨터 소프트웨어의 특허적격성 판단을 위해 Alice기준을 적용할 때, 제1단계로는 그 소프트웨어(여기서는 컴퓨터 database를 위한 자기참조표)가 컴퓨터의 능력을 구체적으로 발전시키는 것인가 아니면 컴퓨터를 단순한 도구로 이용하는 추상적

아이디어에 불과한가를 질문하는 것이 매우 중요하다고 하며, 다음과 같이 판시하였다:

> 우리는 Alice 판결이, 컴퓨터 관련 기술을 발전시키는 모든 방법을 본질적으로 추상적 아이디어로 보고 이러한 방법은 언제나 Alice기준의 제2단계 요건의 구비여부만이 문제된다고 한 것은 아니었다고 본다. 왜냐하면, 컴퓨터 기술을 발전시키는 방법 중에서도 예컨대, 컴퓨터 칩의 설계방법(chip architecture)이나 LED의 조영방법(LED display)처럼 추상적 아이디어로 볼 수 없는 것이 있기 때문이다. 또한 소프트웨어의 경우에도 이는 하드웨어와 달리 언제나 추상적 아이디어이므로 Alice기준의 제2단계의 요건을 갖추었는지만 문제된다고 생각하지는 않는다. 소프트웨어도 하드웨어와 마찬가지로 컴퓨터 기술을 구체적으로 발전시킬 수 있기 때문이다. … 결국 개발된 방법이 컴퓨터의 기능(functionality)을 발전시키는 것인가 아니면 추상적 아이디어인가를 Alice기준의 제1단계에서 판단하는 것이 필요하다고 본다.

그리하여, 항소법원은 Alice의 제1단계 요건심리에 나아가, Enfish 특허의 제17번 청구항은 컴퓨터 기능의 발전에 초점이 맞춰져 있으며 통상적으로 컴퓨터가 수행하는 경제적 기타 과제의 수행에 초점이 맞춰져 있지 않다고 하고, 그러므로, Enfish의 소프트웨어는 Alice기준에서 말하는 추상적 아이디어는 아니며 자기참조표를 이용하여 컴퓨터의 작동을 구체적으로 발전시키는 방법으로서 컴퓨터의 기능을 향상시켰으므로 특허의 대상이 되며, 이에 대하여 Alice의 제2단계 요건심리를 할 필요도 없다고 결론 내렸다.

항소법원은 또한, Enfish의 소프트웨어가 컴퓨터의 기술을 발전시켰다는 결론은 이 특허의 명세서에서 지적했듯이 소프트웨어를 이용하는 database가 기존 database보다 우월한 점, 즉, database의 보다 원활한 이용, 보다 신속한 검색, 그리고 보다 작은 저장공간의 필요성 등에 의하여 뒷받침된다고 했다.

항소법원은 더 나아가, 어떤 방법을 일반적인 컴퓨터에 의해 운행한다는 것이 특허가능성을 높이는 결정적 요인은 아니라고 하며, 예컨대, Alice 사건이나 더 최근의 Versata 사건에서6) 문제된 방법은 기존의 영업방법에 단순히 평

---

6) Versata Development Group, Inc. v. SAP America, Inc., ____ F.3d ____ 2015 U.S. App. LEXIS 11802 (Fed. Cir. July 9, 2015).

범한 컴퓨터를 추가하였을 뿐이어서 추상적 아이디어로 취급되었지만, Enfish 가 개발한 방법은 평범한 컴퓨터를 사용했지만 컴퓨터의 기능을 발전시키는 방법이었으므로 특허의 대상이 되는 것이라고 하였다.

## 2. 의료진단방법의 특허적격성

Ariosa Diagnostics, Inc. v. Sequenom, Inc. (Fed. Cir. 2015).
2015. 6. 12. 연방항소법원(CAFC) 판결

### (1) 서설

새로운 자연현상을 발견한 자가 그 자연현상에 재래식 의료기술을 적용하여 질병을 진단하는 방법을 개발했을 때 이 방법이 특허를 받을 수 있는가?

최근 연방항소법원(Court of Appeals for the Federal Circuit, 이하 "항소법원")은 Ariosa사건에서 이 문제를 심리하였다.[7] Ariosa사건에서 문제된 특허는 산모의 혈청이나 혈장에 존재하는 무세포 태아 DNA(cffDNA)를 조사하여 태아의 성별 등 유전적 특징을 알아내는 진단방법이었는데 이것이 미국특허법 제101조가 규정한 특허를 받을 수 있는 사항에 해당하는가가 문제되었다.[8]

이 사건의 새로운 진단방법은 태아의 특성을 알아내는 데 있어 획기적인 진전을 가져왔음에도 불구하고 항소법원은 그것이 특허를 받을 수 없음을 선언하면서, "어떤 방법이 처음부터 끝까지 자연현상에 적용되는 방법이고, 해당업계에 이미 알려진 재래식 방법이면 그 방법은 특허를 받을 수 없다"고 하였다.[9]

결국, 자연현상은 특허의 대상이 아니므로 이를 발견한 자라 하더라도 이를 독점할 수는 없으며, 이 자연현상에 어떤 방법을 적용해서 질병을 진단하는 경우 그 적용하는 방법이 새로운 것이면 그 진단방법은 특허를 받을 수 있으나, 그 적용하는 방법이 기존의 것이면 특허를 받을 수 없다는 것이다.

---

7) Ariosa v. Sequenom, Nos. 20141139, 2014-1144 (Fed. Cir. 2015).
8) 35 U.S.C. §101.
9) Ariosa at 6.

최근 연방대법원은 특허를 받을 수 있는 사항의 범위를 획정하는 일련의 새로운 판례들을 Mayo사건,[10] Molecular사건,[11] 그리고 Alice사건에서[12] 선보였는데 Ariosa판결은 이러한 흐름을 수용한 것으로 볼 수 있다.

이하에서는 자연현상과 관련된 방법특허의 성립에 관한 Ariosa 판결을 살펴본다.

## (2) 사실관계

1996년에 Dennis Lo 박사와 James Wainscoat 박사는 임산부의 혈장이나 혈청에서 무세포 태아 DNA(cell-free fetal DNA, cffDNA)를 발견하였다. 이들은 선행기술을 이용하여 이 cffDNA들을 확대한 후 이 확대된 cffDNA들로부터 부계로부터 계승된 cffDNA(paternally inherited cffDNA)를 골라내 그로부터 태아의 성별 등 유전적 특징을 알아냈다. 이 새로운 태아의 출산 전 진단방법의 발견으로 그 때까지 출산 전 진단을 위해 태아 또는 태반에서 샘플을 추출하던 위험한 작업을 피할 수 있게 되었다. 두 박사는 2001년 이 새로운 방법에 대하여 특허(U.S. Patent No. 6,258,540, 이하 "'540특허")를 취득하였다. 이 특허의 대상은 cffDNA 자체는 아니었으며 cffDNA의 이용방법이었다.

이 새로운 기술의 특허를 보유한 Sequenom사가 이 새로운 기술과 유사한 기술을 이용하는 제품을 제조, 판매하고 있는 Ariosa Diagnostics, Inc., Natera, Inc. 그리고 diagnostics Center, Inc. 등을 상대로 특허침해소송을 제기하자, 가장 중요한 쟁점이 된 것은 '540특허가 특허받을 수 있는 사항(patentable subject matter)에 관한 것인가 하는 것이었다.

## (3) 연방지방법원의 판결

연방지방법원(이하 "지방법원")은 '540특허가 산모의 혈장 또는 혈청에 자연현상으로서 존재하는 부계로부터 계승된 cffDNA에 세부기술을 적용한 것이었으나 특허받을 수 있는 사항에 관한 것은 아니었다고 했다. 왜냐하면

---

10) Mayo Collaborative Servs. v. Prometheus Labs., Inc., 132 S.Ct. 1289 (2012).

11) Ass'n for Molecular Pathology v. Myriad Genetics, Inc., 133 S.Ct. 2107, 2117 (2013).

12) Alice Corp. v. CLS Bank Int'l, 134 S.Ct. 2347, 2354 (2014).

cffDNA를 확대하고 검색하는 기술은 이 특허의 출원 시에 이미 공지의 기술이었으므로, 이 공지의 기술을 자연현상으로서 존재하는 cffDNA에 적용하는 이 진단방법은 특허받을 수 있는 사항이 될 수 없기 때문이라고 하였다. 그리하여 지방법원은 피고 측의 약식재판(summary judgment)신청을 받아들여 피고승소 판결을 내렸다.[13]

## (4) 연방항소법원의 판결

Sequenom사가 항소를 제기하자 항소법원은 '540특허가 특허받을 수 있는 사항에 관한 것인가에 관하여 Mayo 사건에서의 2단계 분석방법을 적용하며 다음과 같이 판시하였다:[14]

> 일찍이 연방대법원은 자연법칙, 자연현상 그리고 추상적 개념은 어느 개인에게 독점시킬 수 없기 때문에 실정법에 명문의 규정이 없어도 당연히 특허대상이 될 수 없음을 천명해 왔다.[15] 그러나 이 세 가지 그 자체가 특허의 대상이 될 수는 없다고 하더라도 이 세 가지에 관련된 기술은 특허를 받을 수 있는 경우가 허다한데 그렇게 특허를 받을 수 있는 경우는 Mayo사건에서 제시된 2단계 분석방법에 의해서 식별하게 된다. Mayo사건에서의 2단계 분석방법은, 첫째 문제의 기술이 자연법칙, 자연현상, 추상적 개념 등 불특허사항에 관련된 것인가를 보고,[16] 만일 그에 관련된 기술이라면, 둘째, 그 기술이 발명적 요소를 포함함으로써 특허가 가능한 사항으로 되었는가를 본다. 즉, 세부사항들을 개별적 또는 종합적으로 관찰하여 그 기술이 이 세부사항을 갖춤으로써 불특허사항의 범주를 넘어 특허받을 수 있는 사항으로 변경되었는가를 본다.[17]

> 첫째로, 이 사건에서 cffDNA가 산모의 혈중에 존재하는 것이 자연 현상이라는 데는 이론이 없다. 그리고 특허가 청구된 진단방법은 이 자연현상을 이용하는 것으로

---

13) 약식재판(summary judgment)은 법원에 소장과 답변서가 접수된 후 본안 심리에 들어가기 전에 당사자 일방이 신청할 수 있는 재판으로서 사건의 사실관계가 이미 밝혀져서 더 이상 확인해야 할 주요사실이 존재하지 않을 때(when there are no material factual issues to be tried) 법원이 그 사실관계에 법을 적용하여 행하는 재판을 말한다.

14) Mayo Collaborative Services v. Prometheus Laboratories, Inc., 566 U.S. _____ 132 S. Ct. 1289 (2012).

15) Alice Corp. v. CLS Bank Int'l, _____U.S._____, 134 S. Ct. 2347, 2354 (2014).

16) Mayo, at 1297.

17) Id. at 1298.

서 자연현상에 관련된 것이다.

둘째로, 특허청구내용이 자연현상에 발명적 요소가 부가되어 특허받을 수 있는 사항으로 된 것인가 하는 것인데[18] 이 사건에서의 진단방법에는 자연현상을 특허받을 수 있는 사항으로 변경시킬 만큼의 발명적 요소가 포함되어 있지 않다.

Sequenom사는 이 진단방법이 cffDNA를 확대하고 검색하는 PCR 방식을 포함하고 있으므로 이는 cffDNA를 활용하는 진단방법으로서 특허받을 수 있는 사항이라고 주장하지만 cffDNA를 PCR 등의 방식으로 확대한 후 부계로부터 계승된 cffDNA를 찾아내는 방식은 이 특허가 청구되었던 1997년에는 이미 잘 알려지고 평범한 방식이었으며, 따라서 부계로부터 계승된 cffDNA를 물색하는 방법은 새롭고 유용한 것이 아니었다. 이 연구에서 발견된 새롭고 유용한 것은 산모의 혈장이나 혈청에도 cffDNA가 존재한다는 사실이다. 특허가 청구된 방법이 자연현상에 적용되는 방법일 때 그 방법이 널리 알려지고 평범한 것이면 비록 그 자연현상이 특허 출원인에 의해 새로이 발견된 것이라 하더라도 특허가 부여될 수는 없다.

연방대법원은 일찍이 Myriad사건에서 "획기적인, 혁신적인, 또는 뛰어난 발견이라도 그것만으로는 특허법 제101조의 요건을 충족시키지 않는다."고 하였다.[19] Lo 박사와 Wainscoat 박사의 cffDNA 발견이 의학계에 중대한 기여를 하였지만 그것만으로는 특허를 받을 수 있는 사항이 될 수 없다.

그리하여, 항소법원은 Sequenom사의 특허가 특허받을 수 없는 사항을 대상으로 하였으므로 무효임을 확인하고, 지방법원이 약식재판(summary judgment)으로 내린 특허 불침해 판결을 유지하였다.

---

18) 132 S. Ct. at 1294.
19) Myriad Genetics, Inc., 133 S Ct. at 2117.

## 3. 소프트웨어의 특허적격성

TLI Communications, LLC v. AV Automotive, LLC, No. 15-1372 (Fed. Cir. May 17, 2016).
2016. 5. 17. 연방항소법원(CAFC) 판결

### (1) 서설

TLI Communications 사건에서 연방항소법원(CAFC, Court of Appeals for the Federal Circuit, 이하 "항소법원")은 연방지방법원이 행한 소각하 판결을 유지하며, 이 사건의 컴퓨터 소프트웨어는 추상적 아이디어에 해당되고, 그 추상적 아이디어를 전화 network에 적용한다 하더라도 그 방법은 그 추상적 아이디어일 뿐 특허적격성을 가지지 못한다고 하였다.[20]

불과 며칠 전 Enfish사건에서 같은 법원이 유사한 소프트웨어에 대하여 특허적격성을 인정하였는데, 법원은 TLI사건의 소프트웨어를 Enfish사건의 소프트웨어와 차별화하면서 그 특허적격성을 부인하였다.[21] 두 사건 모두 Alice요건심사를 통하여 소프트웨어의 특허적격성을 판단하였으나 서로 다른 결론에 도달하였으므로 그 과정을 주의 깊게 볼 필요가 있다.[22]

### (2) 사건의 사실관계

TLI Communications사는 소프트웨어 특허를 보유하고 있었는데 그 특허는 디지털 이미지를 녹취하고 이를 이미지저장소에 전달하고 저장된 이미지를 저장소에서 관리하는 방법에 관한 것이었다. 이미지의 저장량이 많아질수록 이미지의 검색이 어려워지는데, 이 특허는 단순하고 신속한 이미지의 녹취, 저장, 및 관리를 통하여 저장된 이미지의 검색을 용이하게 하였다. 이 특허의 명세서는, 이 소프트웨어에 의해 이미지는 물론 음악도 저장, 관리할 수 있으며, 휴대폰에 의한 이미지의 녹취와 전달도 가능하다고 설명한다.

---

20) TLI Communications, LLC v. AV Automotive, LLC, No. 15-1372 (Fed. Cir. May 17, 2016).
21) Enfish, LLC v. Microsoft Corp., 2016 U.S. App. LEXIS 8699, 2016 WL 2756255 (Fed. Cir. May 12, 2016).
22) Enfish사건에서의 특허적격성 판단 과정은 전술 소프트웨어의 특허적격성 I을 참조하기 바람.

또 이 소프트웨어는, 날짜와 시간 등 분류기준을 수동적 또는 자동적으로 이미지에 부여한 후, 이를 서버(server)에 보내, 서버가 그 분류기준에 따라 이미지를 저장하는 것도 가능하게 한다고 하였다. 이 특허를 근거로 TLI는 AV Automotive 등의 업체를 상대로 Virginia주의 연방지방법원에 특허침해소송을 제기하였다.

### (3) 연방지방법원의 판결

연방지방법원(이하 "지방법원")에서 피고들은 원고의 특허가 특허받을 수 없는 사항에 관하여 부여된 것이므로 특허법 제101조에 위반되어 무효이며, 따라서 원고의 청구는 청구의 적격(소의 이익)을 갖추지 못했음을 이유로 지방법원이 이를 기각할 것을 신청하였다.23) 지방법원은, 피고의 신청을 받아들여 원고의 청구를 기각하며, 원고의 특허는 이미지를 녹취, 분류, 저장 및 관리하는 방법에 관한 추상적 아이디어를 내용으로 할 뿐이므로 특허될 수 없는 사항이라고 하였다.24) 특허의 구성요소로서 명세서가 전화기, 서버 등 유체기구의 사용을 언급하였으나 지방법원은 이것을 특허적격성을 뒷받침하는 것으로 보지 않았다.

### (4) 연방항소법원의 판결

TLI가 항소하자 연방항소법원(이하 "항소법원")은 TLI의 소프트웨어에 관하여 Alice사건에서 제시된 2단계 요건 심사를 하였다.25) 2단계 요건심사는 첫째, 특허가 판례에 의하여 특허받을 수 없는 사항으로 규정된 자연법칙, 자연현상, 또는 추상적 아이디어(불특허사항)에 해당하는가를 보고, 만일 이중의 하나라면, 둘째, 특허가 그 불특허사항 외에 다른 요소를 포함하고 있고 그 요소가 개별적 혹은 종합적으로 불특허사항과 연관을 맺음으로써 특허가 전체적으로 불특

---

23) 28 U.S.C. §12(b)(6).

24) FRCP Rule 12(b)(6). (원고의 청구가 청구의 적격을 갖추려면 그것이 구체적인 권리나 법률관계의 주장이어야 한다. 원고의 청구가 단순한 사실관계의 주장일 때처럼 청구의 적격을 갖추지 못하였으면 피고는 이를 이유로 법원에 소의 각하를 신청할 수 있는데 이를 Rule 12(b)(6) motion이라고 한다.)

25) Alice Corp. v. CLS Bank Int'l., 573 U.S. _____ (2014).

허사항의 범주를 넘어 특허받을 수 있는 사항이 되었는가를 보는 것이다.

법원은 Enfish 사건을 예로 들면서, TLI특허의 특허적격성을 판단하기 위하여 검토해야 할 첫 번째 질문은 TLI특허가 컴퓨터의 기능을 발전시키는 것인가 아니면 추상적 아이디어일 뿐인가 하는 것이라고 하며, Alice사건 이후 소프트웨어의 특허적격성을 판단하는데 있어서 구별해야 하는 것은 컴퓨터기능의 향상을 가져오는 소프트웨어와 단순히 종래의 업무방식에 재래식 컴퓨터를 덧붙인 소프트웨어라고 하였다.26) TLI의 특허가 이중 어느 것에 해당하는가를 판단하기 위하여 법원은 TLI 특허의 명세서를 참고하였다.

법원은, TLI특허의 명세서가 특허의 구성요소로서 새로운 전화기, 새로운 서버, 혹은 이 두 기구의 새로운 결합체 등을 소개하지 못하였고, 특허를 구성하는 유체물의 구조적 또는 기술적 특성을 설명하는 대신 그 일반적 사용법을 기능적으로 설명할 뿐이라고 하며 예컨대, 특허를 구성하는 전화기는 디지털 이미지를 촬영하는 기능을 갖춘 전화기인데 명세서는 이 디지털 카메라의 일반적 기능을 설명하고 있을 뿐이라고 한다.

법원은 또한 TLI특허가 Diamond사건에서처럼 어떤 기술적 문제를 해결하였거나,27) DDR Holdings사건에서처럼 인터넷에서 야기되는 문제를 해결한 것이 아니며,28) 다만 디지털 이미지를 체계적으로 분류하고 저장하는 방법에 관한 추상적 아이디어에 불과하고 컴퓨터의 기능을 발전시키는 것은 아니라고 하였다.

그래서, 법원은 Alice요건심사의 제2단계로 나아가, TLI특허가 추상적 아이디어에 추가된 다른 요소가 있어서 그 요소들이 개별적 혹은 종합적으로 연관됨으로써 추상적 아이디어를 특허가 가능한 사항으로 만들었는가를 보았는데, 이에 대하여 법원은 부정적인 결론을 내리며, 추상적 아이디어에 추가하여 단순히 구체적인 유체물을 구성요소로서 언급하는 것만으로는 추상적 아이디어를 특허받을 수 있는 것으로 변화시키지 못한다고 하였다. 법원은, 유체적 구성요소는 이미 업계에 알려진 재래식 기능 이상의 것을 수행해야 한다고 하

---

26) Enfish, LLC v. Microsoft Corp., No. 2015-2044, slip op. at *11 (Fed. Cir. May 12, 2016).

27) Diamond v. Diehr, 450 U.S. 175 (1981).

28) DDR Holdings, LLC v. Hotels.com, L.P., 773 F.3d 1245, 1256-57 (Fed. Cir. 2014).

며, TLI 특허가 전화기, 서버, 이미지 분석기 등을 언급하였으나 그것으로 추상
적 아이디어에 특허적격성을 부여하지는 못하였다고 하였다.

그리하여, 항소법원은 지방법원의 소각하 판결을 유지하였다.

## 4. 소프트웨어의 특허적격성[29]

> Ultramercial, Inc. v. Hulu LLC, No. 2010-1544 (Fed. Cir. Nov. 14, 2014).
> 2014. 11. 14. 연방항소법원(CAFC) 판결

### (1) 서설

연방대법원이 연방항소법원(Court of Appeals for the Federal Circuit, 이하 "항
소법원")의 판결을 두 차례 파기 환송한 후 Ultramercial 사건을 세 번째 심리하
게된 항소법원은 이번에는 그 동안에 새로 내려진 대법원의 Alice사건 판결을
원용하며, Ultramercial의 특허발명이 단순히 추상적인 아이디어에 불과하고 이
발명을 구성하는 어떠한 요소도 이 추상적 아이디어를 특허가 부여될 수 있는
발명으로 변화시키지 못하였다고 판단하였다. 결국, Ultramercial의 특허는 특
허받을 수 없는 사항에 관한 것이어서 무효이고, 따라서, 원고의 특허가 무효
이므로 원고의 소가 청구의 적격이 없다는 이유로 소를 각하한 연방지방법원
의 판결은 정당했다고 항소법원은 판시하였다.

### (2) 사실관계

Ultramercial사는 미국특허 7,346,545호(이하 '545특허)를 보유하고 있다. 이
특허는 11개의 단계적 행위로 구성된 방법특허였는데 이 방법에 의하면, 공급
자는 저작권의 보호를 받는 영화, 음악 등 저작물을 인터넷에서 소비자에게 공
급하고, 소비자는 그 대가로 인터넷에 준비된 광고를 하나 골라서 관람하도록
하였으며, 공급된 저작물을 소비자가 감상한 대가는 광고주가 지불했다. 이 방

---

29) 발명의 특허적격성의 문제는 발명이 본질적으로 특허를 부여할 수 있는 사항에 관한 것인가
   의 문제로서 특허의 요건의 문제와는 구별된다. 특허청은 발명이 특허적격성을 갖추었을 때
   비로서 그것이 특허의 요건(신규성, 진보성, 유용성 등)을 갖추었는가를 심사하게 된다.

법특허는 광고 방영 횟수의 계산법과 일반인이 저작물에 접근 못 하게 하는 방법도 포함하고 있었다.

## (3) 연방대법원의 두 번의 파기, 환송 판결

2010년 Ultramercial사가 Hulu사, YouTube사와 WildTangent사를 상대로 '545특허침해소송을 California 연방지방법원(이하 "지방법원")에 제기하자 Hulu와 YouTube는 일찍 탈퇴하고 WildTangent는 법원에 Ultramercial의 소를 각하해줄 것을 신청하였는데 그 이유는 '545특허가 특허를 부여할 수 없는 사항에 관한 것이므로 무효이고 따라서 Ultramercial의 청구는 소송법상 성립될 수 없는 청구라는 것이다.[30] 지방법원이 이를 받아들여 소를 각하하자 원고는 항소하였고 이후 항소법원은 두 차례 이 지방법원판결을 파기하였으나, 대법원이 번번이 이를 파기, 환송하며, 항소법원으로 하여금 첫 번째는 대법원의 Mayo판결을,[31] 두 번째는 대법원의 Alice판결을[32] 참고하여 재판할 것을 요구하였다.

## (4) 연방항소법원의 판결

이 사건에 대하여 세 번째 심리, 판결하면서 항소법원은 '545특허가 특허받을 수 없는 사항에 관한 특허였다고 결론 내렸다. 이 문제를 해결하기 위하여 항소법원은 Mayo사건판결에서 정립되고 Alice사건에서 처음으로 컴퓨터 소프트웨어에 적용된 2단계 테스트를 적용하였다. 이 테스트에 의하면 법원이 미국특허법 제101조의 문제, 즉 어느 발명이 특허받을 수 있는 사항에 관한 것인가를 판단하기 위해서는 첫째, 그 발명이 불특허사항인 자연법칙, 자연현상 또는 추상적 아이디어에 관련된 것인가를 보고, 만일 그렇지 않다면, 특허적격성 문제는 해소되나, 만일 그렇다면, 두 번째로 그 발명의 구성요소들이 불특허사항을 현저히 발전시켜 특허를 부여할 만한 사항으로 변화시켰는가를 보아야 한다는 것이다.[33]

---

30) Fed. R. Civ. P. 12(b)(6).
31) Mayo Collaborative Services v. Prometheus Laboratories, Inc., 566 U.S. __, 132 S. Ct. 1289 (2012).
32) Alice Corp. v. CLS Bank International, 573 U.S. ____, 134 S. Ct. 2347 (2014).
33) Alice, 134 S. Ct. at 2354.

항소법원은 이 사건 방법발명에 첫 번째 테스트를 적용하여 "이 방법은 구체적으로 만져지는 요소를 갖추지 않은 추상적 아이디어에 불과하다. … 광고 방영 횟수의 계산방법 등 구체적인 요소도 부가적으로 포함하고는 있으나 이 발명의 구성요소의 대부분(the majority of the limitations)이 저작물의 제공 전에 광고를 보게 하는 추상적 아이디어를 그 내용으로 하고 있을 뿐이다. … 추상적인 아이디어에 전에는 없던 새로운 요소를 부가하였으므로 구체적인 발명이 되었다고 하는 Ultramercial의 주장에는 동의할 수 없다."[34]고 판시하였다.

이어서 항소법원은 두 번째 테스트에서, 그 발명이 단순히 추상적인 방법을 설명하는 데 그치지 않고 발명적 요소를 가미하여 추상적 아이디어를 특허받을 수 있는 사항으로 변화시켰는지를 보았는데[35] 그렇게 변화시키려면 추상적 아이디어에 추가적인 요소를 포함시켜야 하며[36] 그 추가적인 요소는 잘 알려진, 재래식 행위가 아니어야 한다고 하였다. 나아가 항소법원은, 이 사건의 발명은 추상적 아이디어를 재래식 행위에 의하여 실행할 것을 요구할 뿐이므로 추상적 아이디어를 특허받을 수 있는 사항으로 변화시키지는 못하였다고 하였다.[37] 소비자가 광고를 선택하도록 하는 방법, 광고 방영 횟수의 계산방법, 일반인이 저작물에 접근 못 하게 하는 방법, 그리고 인터넷의 사용 등은 이미 존재하는 방법이었으므로 발명적 요소를 제공할 수 없었다는 것이다.[38] 열한 개의 단계적 행위 중 일부가 이 분야에서 전에는 이용된 적이 없다는 것만으로는 추상적 아이디어에 발명적 요소를 부여했다고 볼 수는 없다고 하였다.[39]

항소법원은 Bilski사건에서 제시된 기계 또는 변형("machine-or-transformation") 테스트가 제2단계 테스트에서는 유용한 지침을 준다고 하면서 Bilski사건에서는 방법발명이 새로운 기계나 장치에 연결되어 있거나, 또는 어느 물체를 변형시켰을 때 그 발명은 제101조의 특허를 받을 수 있는 발명이 된다고 하였는데 이 사건의 발명은 새로운 기계나 장치에 연결되어 있지도 않고 평범한 컴퓨터

---

34) Ultramercial, Inc. v. Hulu LLC, 2010-1544, slip op. at 9, 10 (Fed. Cir. Nov. 14, 2014).

35) Id.; Alice, 134 S. Ct. at 2357.

36) Id.; Mayo Collaborative Services v. Prometheus Laboratories, Inc., 566 U.S. ___ 132 S. Ct. at 1298 (2012).

37) Id. at 11.

38) Id.

39) Id. at 12.

에 연결되어 있을 뿐이라고 하며, 발명이 인터넷에 연결되어 있으면, 새로운 기계에 연결된 것으로 볼 수 없는데 그 이유는 인터넷은 도처에 존재하는 정보처리 시스템이고 새로운 기계라고 할 수 없기 때문이라고 했다(no new machine).[40]

또한 이 발명은 소비자가 광고를 볼 수 있게 하고, 광고주와 Ultramercial사 사이의 금전지불을 처리하는 등의 기능을 수행하지만 관련자들의 법적 의무를 이행하게 해주는 등 추상적 기능을 수행할 뿐이며, 어떤 물체를 다른 상태로 변형시키지는 못했다고 했다(no transformation).[41]

그래서, 항소법원은 '545특허가 특허받을 수 있는 사항을 내용으로 하고 있지 못하다는 이유로 지방법원의 소각하 판결을 유지하였다.

### (5) Ultramercial의 상고허가신청

2015. 5. 26. Ultramercial은 연방대법원에 다시 한번 사건을 심리해 줄 것을 요청하는 상고허가신청을 하였다.

신청서에서 Ultramercial은 Alice사건과 Bilski사건에서의 특허발명과 '545특허발명을 차별화하면서, Alice사건과 Bilski사건의 특허발명은 잘 알려진 재래식 원리나 거래방식을 일반 컴퓨터를 이용해서 실행하였으므로, 어떠한 혁신도 하지 못하였지만, '545특허발명은 항소법원이 두 차례나 "재래식 광고방법을 떠나 새로운 광고방법을 창안함으로써 컴퓨터 네트워크 환경에서의 새로운 해결책을 제시했다"고 평가한 방법으로서 선행기술보다 발전된 것이며, 잘 알려진 재래식 방법이라고 볼 수는 없으므로 '545특허는 특허받을 수 있는 사항에 관한 것으로서 유효라고 주장하였다.

그러나, 2015. 6. 29. 연방대법원은 Ultramercial의 상고를 허가하지 않았다.

---

40) Id. at 13.
41) Id; Bilski v. Kappos, 561 U.S. 593 (2010).

## 5. 소프트웨어의 특허적격성

Amdocs (Israel) Ltd. v. Openet Telecom Inc. et al., No. 15-1180 (Fed. Cir. Nov. 1, 2016).
2016. 11. 1. 연방항소법원(CAFC) 판결

### (1) 서설

2016. 11. 1. 연방항소법원(Court of Appeals for the Federal Circuit, 이하 "항소법원")은 Amdocs사건에서 Amdocs사의 4개의 특허의 특허적격성을 부인한 연방지방법원의 판결을 파기하고 이들 특허의 특허적격성을 인정하는 판결을 하였다.[42] 항소법원에 의하면, 법원이 미국특허법 제101조와 Alice사건의 대법원 판결에 따라 어떤 발명의 특허적격성을 심리할 때는 그 발명과 유사한 과거 사건에서의 발명을 비교해서 특허적격성을 판단할 필요가 있다고 하였다.

Alice사건 이후 컴퓨터 소프트웨어의 특허적격성을 심리할 때 항소법원은 Alice테스트를 적용해왔으나 Amdocs사건에서는 Alice테스트를 적용하면서도 전통적 판례법적 방식에 따라 과거사건의 발명과 비교, 판단할 것을 강조한 점이 특이하다.

### (2) 문제가 된 발명

Amdocs사의 4개의 특허는 인터넷서비스 제공자가 고객의 네트워크 이용실적을 계산하고 이에 대하여 청구서를 발행하는데 쓰는 소프트웨어에 관한 특허였는데 기존 소프트웨어의 단점을 부분적으로 해결한 것이었다. 기존의 시스템은 고객의 네트워크 이용데이터를 한군데에 저장하였고 그래서 네트워크에서 발생하는 다량의 데이터를 저장하고 처리하기 위하여 거대한 데이터베이스가 필요했으며 데이터 흐름의 정체현상도 발생하였다.

그러나, Amdocs사의 시스템은 그 구성요소를 분산하여 배열함으로써 데

---

42) 특허적격성의 문제는 특허의 요건의 문제와 구별된다. 특허적격성의 문제는 발명이 본질적으로 특허를 부여할 수 있는 사항에 관한 것인가의 문제로서 특허청은 발명이 특허적격성을 갖추었을 때 비로서 그것이 특허의 요건(신규성, 진보성, 유용성 등)을 갖추었는가를 심사하게 된다.

이터의 수집과 처리를 데이터가 발생한 부근에서 할 수 있도록 함으로써, 데이터를 분산 저장하였기 때문에 거대한 데이터베이스가 필요하지 않았을 뿐만 아니라 데이터흐름의 정체현상도 예방할 수 있었다.

### (3) 연방지방법원의 판결

Amdocs사는 Openet사가 Amdocs사의 4개의 특허를 침해했다고 주장하면서 Openet사를 상대로 Virginia주의 연방지방법원(이하 "지방법원")에 특허침해소송을 제기하였다. 그러자, Openet사는 Amdocs사의 4개의 특허가 특허적격성이 없는 사항에 관한 것이므로 미국특허법 제101조에 의거 무효라고 주장하면서 지방법원의 간이판결(judgment on the pleadings)을 신청하였고, 지방법원은 이들 특허는 추상적 아이디어에 불과하므로 특허적격성이 없다고 판단하면서 간이판결로 Amdocs사의 청구를 기각하였다.[43]

### (4) 특허적격성과 Alice테스트

어느 기술이 제101조에 의거 특허적격성을 인정받으려면, 연방대법원이 Alice 사건에서 마련한 2단계 테스트를 통과하여야 한다.[44] 이 2단계 테스트는 첫째, 그 기술이 판례에 의해 특허적격성이 없는 것으로 인정된 자연법칙, 자연현상, 또는 추상적 아이디어에 해당하는가를 보고,[45] 만일 그렇다면, 둘째 그 기술의 어느 구성요소 혹은 구성요소의 조합이 그 기술을 현저히 발전시켜 발명적 개념(inventive concept)을 포함케 함으로써 특허적격성이 있는 사항이 되게 만들었는가를 본다. 발명적 개념을 갖춘 기술만을 특허적격성이 있는 것으로 보는데 이와 같은 테스트를 거치게 하는 것은 과학의 기초적 도구가 되는 이들 세 가지 중의 어느 것이라도 특허에 의해 누가 독점하는 것을 막기 위한

---

43) 미국연방민사소송에서 당사자의 주장사실을 뒷받침하는 증거가 충분한가를 보아 불충분하면 신속히 절차를 종료하는 판결에는 judgment on the pleadings외에 summary judgment와 JMOL(judgment as a matter of law)이 있는데 judgment on the pleadings는 소장과 답변서 제출 후 증거개시절차 (discovery)를 진행하기 전에, summary judgment는 증거개시절차 후 본안 심리에 나아가기 전에, 그리고 JMOL은 본안 심리 중에 신청할 수 있는 점이 다르다.

44) Alice Corp. v. CLS Bank Int'l., 573 U. S. ___, 134S. Ct. 2347 (2014).

45) 이 세 가지가 특허적격성이 없다고 한 미국특허법상 명문의 규정은 없으나 판례가 특허법 제101조를 해석하면서 자명한 법칙으로서 이 네 가지를 특허적격성이 없는 사항으로 판결한 후 판례법으로서 적용되고 있다.

것이다.

### (5) 연방항소법원의 판결

항소법원은 Amdocs사의 특허가 Alice테스트를 적용할 때 특허적격성이 인정된다고 결론 내리고, 지방법원의 판결을 파기하였다.

법원은 Alice테스트에서 말하는 추상적 아이디어(abstract idea)의 개념을 정의하는 것을 자제하였는데 그 이유는 장래에 등장할 발명들을 예측할 수 없는 상황에서 추상적 아이디어의 개념을 정의하는 것은 바람직하지 않기 때문이라고 했다. 법원은, 현재로서는 추상적 아이디어를 정의하기보다는 전통적인 판례법(common law)적 방식에 따라 과거의 사건에서 심리된 유사한 발명들과 비교하여 판단하는 것이 바람직하다고 했다.

즉, 유사한 발명의 특허적격성이 문제된 과거의 판례들을 찾아서 그들 발명이 어떠한 이유에서 어떻게 취급되었는가를 참고할 필요가 있다는 것이다.

그래서, 법원은, 과거의 사건에서 Amdocs사의 발명과 유사한 발명들이 특허적격성이 인정되거나 인정되지 않은 사례들을 분석하여, Alice사건 이후 특허적격성이 인정된 발명과 인정되지 않은 발명의 명단을 만들고, Amdocs발명과 이들 발명을 비교, 분석한 결과 Amdocs발명은 이들 중 특허적격성이 인정된 발명과 유사하고 특허적격성이 인정되지 않은 발명과 다르다고 하였다.

구체적으로, 법원은 Amdocs사의 발명을 DDR Holdings사건,[46] BASCOM 사건[47] 등에서 특허적격성이 인정된 발명과 비교한 후 Amdocs의 발명은 이들 발명과 같이 선행기술의 문제점을 해결하는 새로운 기술을 제공하였으며, 그 구성요소를 개별적 혹은 종합적으로 관찰할 때 발명적 개념을 포함하고 있으므로 Alice테스트의 제2단계 테스트를 충족하였고 단순한 추상적 아이디어가 아니라고 하였다. 그러므로 항소법원은 Amdocs의 발명이 제101조에 의거 특허적격성을 갖추었다고 결론 내리며 지방법원의 판결을 파기하고 사건을 지방법원에 환송하였다.

---

46) DDR Holdings LLC v. Hotels.com, L.P., 773 F.3d 1245, 1255 (Fed. Cir. 2014).

47) BASCOM Glob. Internet Servs., Inc. v. AT&:T Mobility LLC, 827 F.3d 1342 (Fed. Cir. 2016).

### (6) Reyna판사의 소수의견

Reyna판사는 그의 소수의견에서, 특허권에 의해 보호받을 수 있는 것은 어떤 기술적 목표가 아니고 그 목표에 도달하는 수단이라고 하면서, 그래야만 특허제도가 같은 목표를 더 효율적으로 달성할 수 있는 새로운 방법을 개발하도록 촉진할 수 있다고 하였다. 그는 이어서, 특허 청구항이 목표만 기술하고 그 목표에 도달하는 수단을 기술하지 않았으면 이는 추상적 아이디어에 불과하지만 청구항이 어느 목표에 도달하기 위한 구체적인 구조나 기능에 대해서 기술하고 있으면 이는 특허적격성이 있는 것이라고 하였다.

Reyna판사는, 이러한 논리를 Alice테스트에 접목하여, 어떤 목표를 어떻게 달성하는지를 설명하지 않은 청구항은 발명적 개념(inventive concept)을 포함하고 있다고 할 수 없다고 하면서 Amdocs의 특허 중 두 개는 청구항이 Amdocs 시스템의 저장량을 늘리는 방안을 설명하지 않았으며, 나머지 두 개는 저장량을 늘리기 위한 구성요소와 그 배열에 대해서 기술하고 있으므로 앞의 두 개는 특허적격성이 없고 뒤의 두 개는 특허적격성이 있는 것으로 보아야 한다고 주장하였다.

## 6. 소프트웨어의 특허적격성

BASCOM Global Internet Services, Inc. v. AT&T Mobility LLC (Fed. Cir. June 27, 2016).
2016. 6. 27. 연방항소법원(CAFC) 판결

### (1) 서설

어느 컴퓨터 소프트웨어가 특허를 받을 수 있는 사항에 해당하는가? 즉, 특허적격성이 있는가를 판단할 때는 먼저 그것이 추상적 아이디어인가를 보고, 만일 그것이 추상적 아이디어이면 다시 그 구성요소가 그 추상적 아이디어를 발전시켜 발명적 개념(inventive concept)을 포함한 것으로 변화시켰는가를 보아 그렇게 한 경우 이를 특허적격성이 있는 것으로 판단하게 되는데[48] 이때 그 구성요소가 전부터 있던 일반적인(conventional and generic) 것들이면 소프트웨어에 발명적 개념이 포함되지 않은 것으로 보아 왔다.

그러나, 2016. 6. 27. 연방항소법원(Court of Appeals for the Federal Circuit, 이하 "항소법원")은 BASCOM사건에서[49], "전부터 있던 일반적인 요소를 이용하였더라도 이를 새롭게 특별하게 배열(non-conventional and non-generic arrangement)했을 때는 그 특수한 배열방식에서 발명적 개념을 찾을 수 있다"고 판시함으로써 소프트웨어의 특허적격성을 판단하는 또 하나의 지침을 제시하였다.[50]

### (2) 사실관계

인터넷으로부터 수신하는 정보를 걸러내는 시스템(filtering system)은 업계에 많이 개발되어 있었으나, 이들 시스템은 해킹에 취약하고, 정보수령자가 사용하는 컴퓨터나 소프트웨어에 의해 크게 좌우되는 단점이 있었다. BASCOM사는 이러한 단점을 해결하는 새로운 필터링 시스템을 개발하여 특허를 취득하였다(미국특허 제5,987,606호, 이하 "'606특허"). BASCOM의 시스템은 필터링 시스템을 정보수령자의 컴퓨터에 설치하지 않고 멀리 있는 인터넷 정보제공자의 서버(server)에 설치해서 필터링이 해킹이나 정보수령자의 컴퓨터에 의해 좌우되는 것을 방지하고 또, 시스템을 정보수령자의 개별적 요구에 맞게 설계하는 것도 가능케 했다.

### (3) 연방지방법원의 판결

BASCOM은, AT & T가 '606특허를 침해했다고 주장하며 Texas주의 연방지방법원(이하 "지방법원")에 소를 제기하였다. AT & T는, '606특허가 특허받을 수 없는 사항에 관한 것으로서 미국특허법 제101조에 의거 무효이며 따라서 원고의 소는 청구의 적격을 갖추지 못한 것이므로 법원이 이를 기각할 것을

---

48) Alice Corp. Pty. Ltd. v. CLS Bank Intl., 573 U.S. ___, 134 S. Ct. 2347 (2014).

49) BASCOM Global Internet Services, Inc. v. AT&T Mobility LLC (Fed. Cir. June 27, 2016).

50) 특허적격성의 문제는 특허의 요건의 문제와 구별된다. 특허적격성의 문제는 발명이 본질적으로 특허를 부여할 수 있는 사항(subject matter)에 관한 것인가의 문제로서 특허청은 발명이 특허적격성을 갖추었을 때 비로서 그것이 특허의 요건(신규성, 진보성, 유용성 등)을 갖추었는지 심사하게 된다.

신청하였다.

지방법원은 '606특허의 특허적격성을 판단하기 위하여 Alice사건의 2단계 테스트를 적용하였다. 즉, 첫째, 문제의 특허가 미국특허법 제101조와 관련하여 연방대법원이 인정한 특허받을 수 없는 사항 중의 하나인 추상적 아이디어에 해당하는가? 만일 그렇다면, 둘째, 그 특허의 구성요소들을 개별적 혹은 종합적으로 관찰할 때 이들 요소가 그 특허로 하여금 발명적 요소(inventive concept)를 포함하게 함으로써 특허받을 수 있는 사항으로 발전시켰는가를 검토하였다. 그 결과 지방법원은 첫째, '606특허는 정보를 걸러낸다고 하는 추상적 아이디어를 그 내용으로 하고 있으므로 특허받을 수 없는 사항에 해당하며, 둘째, 청구항의 구성요소들은 개별적으로나 종합적으로 보았을 때 특허가 발명적 요소를 갖추도록 하지 못하였다고 하였다. 따라서 지방법원은 '606특허가 무효라는 이유로 원고의 청구를 기각하였다.

### (4) 연방항소법원의 판결

이 사건의 심리를 위해 항소법원도 지방법원과 마찬가지로 Alice사건의 2단계 테스트를 적용하였다. 즉, 먼저 1단계 테스트에서는 지방법원과 마찬가지로 '606특허의 청구항이 정보를 걸러내는 추상적 아이디어를 그 내용으로 하고 있다고 판단하였다. 그리고, 2단계 테스트에서도 항소법원은 지방법원과 마찬가지로 청구항의 구성요소들 즉, 일반 컴퓨터, 네트워크, 인터넷 등은 전부터 있던 일반적인 요소로서 개별적으로 관찰할 때는 아무 발명적 성격을 찾아 볼 수 없다고 하였다. 그러나 항소법원은 지방법원이 '606특허의 구성요소가 배열된 방식에서도 발명적 성격을 찾을 수 없다고 한데 대하여는 동의하지 않았다.

항소법원은, 법원이 청구항의 발명적 성격을 판단할 때는 통상 청구항의 요소들이 잘 알려진, 재래의 것인가를 확인하였으며, 잘 알려진 것이면 발명적 성격이 없는 것으로 판단해 왔는데, 그러나, 잘 알려진, 재래식 요소들이라도 이를 새롭게, 특수하게 배열하였으면 그 배열방법에서 발명적 성격을 찾아볼 수 있으므로 발명적 성격의 판단에 있어서는 청구항의 요소들이 해당기술 분야에서 이미 잘 알려진 것인가만을 확인하는 것으로는 부족하다고 했다.

항소법원에 의하면, '606특허의 특징과 발명적 성격은 정보를 걸러내는 도구를 정보수령자의 컴퓨터에 설치하지 않고 멀리 있는 인터넷 정보제공자의 서버(server)에 설치함으로써 필터링이 해킹이나 정보수령자의 컴퓨터에 의해 좌우되는 것을 방지하고, 정보를 걸러내는 범위도 정보수령자의 개별적 요구에 맞추어 설계할 수 있다는 데 있다는 것이다.

그리하여, 제2단계의 Alice테스트를 적용할 때, '606특허는 선행기술에서의 인터넷 정보 필터링 방식을 개선하여 진보된 필터링 방식을 제공하였으며, 정보의 필터링이라는 추상적 아이디어가 특허를 취득할 수 있는 구체적 방법이 되도록 하였으므로 특허적격성이 있는 사항에 관한 특허이며, 제101조를 적용할 때 유효라고 결론 내렸다. 그리하여, 지방법원의 판결은 파기되었다.

### (5) 결어

2014년 연방대법원이 Alice 사건판결에서 소프트웨어 발명의 특허적격성을 판단할 때 적용할 Alice테스트를 제시한 후, 이를 적용하여 소프트웨어의 특허적격성을 인정한 사건은 2016년 6월까지 DDR Holdings사건,[51] Enfish 사건,[52] Rapid Litigation사건,[53] 그리고 BASCOM사건의 4개였다. 다른 다수의 사건에서는 Alice테스트가 적용된 후 원고의 소프트웨어의 특허적격성이 부인되었다.

BASCOM사건에서는 특히 Alice의 2단계 테스트 중 제2단계테스트에서 특허의 구성요소가 기존의 것이어도 새롭게 배열되어 선행기술의 문제점을 해결했다면 그 배열방식에서 발명적 성격을 찾을 수 있다는 점을 강조하였다.

---

51) DDR Holdings, LLC v. Hotels.com, L.P., 773 F.3d 1245 (Fed. Cir. 2014).

52) Enfish, LLC v. Microsoft Corp., 2016 WL 2756255 (Fed. Cir. May 12, 2016).

53) Rapid Litigation Management Ltd., v. Cellzdirect, Inc., 2016 WL 3606624 (Fed. Cir. 2016).

# 7. 소프트웨어의 특허적격성

McRo, Inc. v. Bandai Namco Games America, Inc. No. 15-1080 (Fed. Cir. Sept. 13, 2016).
2016. 9. 13. 연방항소법원(CAFC) 판결

## (1) 서설

McRo 사건에서 특허적격성이 문제된 컴퓨터 소프트웨어는 만화영화의 등장인물의 입술움직임을 자동으로 발성에 맞추어 나가게 하는 방법에 관한 것이었는데 California주의 연방지방법원(이하 "지방법원")은 이를 특허받을 수 없는 추상적 아이디어에 불과한 것으로 보아 원고의 특허가 무효라는 이유로 원고의 청구를 기각하였다.

그러나, 연방항소법원(Court of Appeals for the Federal Circuit, 이하 "항소법원")은 그 방법을 추상적 아이디어가 아니라고 결론 내리며, 지방법원의 판결을 파기하였는데, 그 논리전개 과정에서 일찍이 컴퓨터 소프트웨어의 특허적격성을 판단하기 위해 Alice사건이 마련한 2단계 테스트 중, 제1단계 테스트, 즉, 추상적 아이디어인가 여부를 판단하는 데 대한 지침을 추가로 제공하였다.

## (2) 사실관계

문제의 특허는 만화영화 등장인물의 입술이나 얼굴표정이 자동으로 발성과 자연스럽게 맞추어지게 하는 방법을 그 내용으로 하였다. McRo의 주장에 의하면, 이 방법("McRo 방법")이 개발되기 전에는 만화가들이 컴퓨터를 사용하더라도 만화영화 등장인물들의 입술움직임을 발성에 맞게 수동으로 조정해야 했는데 McRo 방법은 이 문제를 해결해서 자동으로 등장인물이 입술움직임과 얼굴표정을 발성과 맞추어 나가게 한다고 하였다.

지방법원은, 이 방법이 일정한 법칙을 적용하는 기술이지만, 구체적이고 특수한 것이 아니고 범위가 넓은 것이어서, 이 방법에 특허를 부여하면 그 특허가 법칙을 적용하여 입술의 움직임을 조정하는 기술분야 전부를 독점하게 될 염려가 있다고 하고, 따라서 원고의 특허는 특허될 수 없는 사항에 관한 것이므로 무효라고 하며, 원고의 청구를 기각하였다.

## (3) 연방항소법원의 판결

### 1) Alice테스트

항소법원은 먼저 Alice사건에서 대법원이 제시한 2단계 테스트에 대해서 다음과 같이 설명하였다:

　　Alice 사건에서 연방대법원은 어떤 특허청구항(patent claim)이 특허를 받을 수 있는 사항인가를 판단하는 데 필요한 2단계 테스트를 마련하였다.[54] 즉, 첫째는 그 청구항이 판례에 의해 불특허사항으로 된 추상적 아이디어인가를 보았는데, 추상적 아이디어를 불특허사항(non-patentable subject matter)으로 한 것은 추상적 아이디어에 대하여 특허를 부여하면, 어떠한 과정을 거쳐 그 결과를 얻었는지는 불문에 부치고 어떤 결과에 대하여 독점권을 누리게 함으로써 과학발전을 저해하게 될 것이기 때문이다.

　　만일, 청구항이 추상적인 아이디어에 해당하지 않으면, 테스트는 거기서 끝나고, 제2단계의 테스트로 나아갈 필요가 없지만, 만일 추상적 아이디어에 해당하면, 제2단계의 테스트로 나아가 그 청구항이 발명적 요소를 갖추어서 추상적 아이디어를 특허를 받을 수 있는 사항으로 변화시켰는가를 보게 되는데 이 때는 청구항을 구성하는 요소들을 개별적, 혹은 종합적으로 관찰하여 이들이 그 청구항을 단순한 추상적 아이디어를 넘는 것으로 만들었는가를 본다.

### 2) 항소법원의 분석
### ① 추상적 아이디어인가

항소법원은 먼저 이 사건 청구항이 추상적 아이디어에 해당하는가에 관하여 다음과 같이 기술하였다:

　　지방법원은 본건 특허청구항이 일정한 법칙에 따라 자동으로 형태소(morph) 등에 작용해서 만화영화 등장인물의 입술움직임이 발성과 일치하게 하는 추상적인 아이디어를 내용으로 하고 있다고 하나 본 법원은 이에 동의하지 않는다. 본 법원이 이

---

54) Alice Corp., v. CLS Bank International, 573 U.S. _____, 134 S. Ct. 2347 (2014).

미 강조한 것처럼 "법원은 청구항을 피상적으로 관찰해서 청구항의 특별한 요건들을 간과하고 청구항의 의미를 단순한 것으로 파악하는 우를 범해서는 안 된다"55) 본 건의 청구항은 구체적인 특징을 지닌 법칙을 그 내용으로 하고 있다. 지방법원이 청구항을 해석할 때 인정한 것처럼 본건 청구항은 형태소의 비중(morph weight), 음소의 진행과정(phoneme sequence)과 시간차 등을 지배하는 최초의 법칙들(first set of rules)을 제시하고, 그 법칙들을 적시의 음소(timed phonemes)로 구성된 각 하부 진행과정(sub-sequence)에 적용하도록 한다.

청구항의 이 구체적 법칙을 컴퓨터로 적용하면, 전에는 만화영화 등장인물의 입술이나 얼굴표정이 발성과 동시에 움직이도록 만화가가 수동으로 조정하던 것을 자동으로 조정할 수 있게 해준다. 청구항의 이 법칙들은 그러나 공통된 특징을 지닌 일정한 류(genus)의 법칙들로 한정된다(rules with certain common characteristics, i.e., a genus). 류(genus)에 대한 특허는 종(species)에 대한 특허와는 달리 오랫동안 인정되어 왔다.

② 독점의 범위(preemption)가 과도한가

항소법원은 나아가 이 특허를 인정하면 독점의 범위가 너무 넓어지는 것은 아닌가를 보았다.

법원은, 독점권의 범위가 너무 넓어지는 경우는 특허청구항이 구체적인 수단이나 방법을 내용으로 하지 않고 그 수단이나 방법에 의해 달성되는 효과나 결과를 내용으로 하고 있을 때 생긴다고 하며, 그래서 독점권의 범위를 판단하기 위해서는 청구항이 관련기술을 향상시키기 위한 수단이나 방법을 기술하고 있는지 아니면 그에 의해 달성되는 효과나 결과를 재래식 컴퓨터에 의해 달성하는 것을 언급하고 있는지를 보아야 한다고 했다.56)

법원은, 이 사건에서의 청구항은 재래식 조정행위를 컴퓨터에 의해 자동화하는데 그치지 않고 특별한 법칙을 적용하여 컴퓨터에 의한 만화영화 제작기술을 향상시키고 있으며, 따라서 선행기술을 향상시키는 것은 그 특별한 적용법칙이며 컴퓨터의 사용행위가 아니라고 지적하였다. 나아가 법원은, 이 청구항이 모든 법칙적용에 의한 입술움직임 자동화 기술을 포괄하고 있는 것은

---

55) TLI Commc'ns, 823 F.3d at 611; see also Diehr, 450 U.S. at 189 n.12.
56) Enfish, LLC v. Microsoft Corp., No. 15-1244 (Fed. Cir. May 12, 2016).

아니며 이와 다른 특징을 가진 법칙적용에 의한 이 자동화 기술의 개발도 가능하므로 이 특허에 의해 장래 대체기술의 개발이 모두 봉쇄된다고 볼 수 없으며 따라서 과도한 독점범위를 인정하는 특허라 할 수 없다고 결론 내렸다.

결국 법원은, 이 사건의 청구항이 Alice테스트를 적용할 때 추상적 아이디어 즉, 불특허사항을 내용으로 하고 있지 않으며 따라서 Alice의 제2단계 테스트로 나아갈 필요도 없이 이 청구항은 유효하다고 결론 내렸다.

## 8. 의료기술의 특허적격성

Rapid Litigation Management Ltd. v. Cellzdirect, Inc. (Fed. Cir. 2016).
2016. 7. 6. 연방항소법원(CAFC) 판결

### (1) 서설

2016. 7. 6. 연방항소법원(Court of Appeals for the Federal Circuit, 이하 "항소법원")은 Rapid Litigation사건에서[57] 미국특허법 제101조를 해석, 적용하면서 생명공학기술의 특허적격성에 관하여 중요한 판결을 내렸다.[58] 이 사건을 심리하면서 지방법원과 항소법원은 Mayo사건과[59] Alice사건에서[60] 같은 쟁점을 심리하며 대법원이 적용한 2단계 테스트를 적용하였으나 특허적격성에 관하여 지방법원은 부정적인, 그리고 항소법원은 긍정적인 결론을 내렸다.

### (2) 문제의 특허기술

Rapid litigation사는 헤파토싸이트(hepatocytes)의 저온보존방법에 관한 특허 (미국특허 제7,604,929번, 이하 "'929특허")를 보유하고 있었다. 헤파토싸이트는 간

---

57) Rapid Litigation Management Ltd. v. Cellzdirect, Inc. (Fed. Cir. 2016).
58) 특허적격성의 문제는 특허의 요건의 문제와 구별된다. 특허적격성의 문제는 발명이 본질적으로 특허를 부여할 수 있는 사항에 관한 것인가의 문제로서 특허청은 발명이 특허적격성을 갖추었을 때 비로서 그것이 특허의 요건(신규성, 진보성, 유용성 등)을 갖추었는지 심사하게 된다.
59) Mayo Collaborative Services v. Prometheus Laboratories, Inc. 566 U.S. ____ (2012).
60) Alice Corporation Pty. Ltd. V. CLS Bank International, et. Al. 573 U.S. _____ (2014).

세포의 일종으로서 질병을 진단하고 치료하는 데 있어서 매우 유용하게 쓰이는 것이다.

헤파토싸이트는 생존기간이 짧았으므로 과학자들은 저온보존방법(cryopre-servation)으로 헤파토싸이트를 보관하고 있었다. 이 방법은 헤파토싸이트를 저온에서 냉각 보관한 후 이를 사용할 필요가 있을 때는 이를 녹여 생생한 간세포가 된 후 사용하였다. 그러나 냉각행위가 간세포에 주는 타격이 크기 때문에 과학자들은 간세포를 1회에 한하여 냉각하고 용해할 수 있는 것으로 알고 있었다.

이러한 보존방법에 변화를 준 것은 '929특허의 개발자들이었다. 이 개발자들은 헤파토싸이트 중에는 여러 번의 냉각과 용해를 거쳐도 살아남아서 다시 사용될 수 있는 것이 있다는 것을 발견하고 헤파토싸이트를 보존하는 새로운 방법을 고안하였다. '929특허의 내용이 된 이 새로운 보존방법은 1) 냉각되고 용해된 적이 있는 헤파토싸이트에 밀도 차에 의한 감별법(density gradient fractio-nation)을 적용해서 살아있는 헤파토싸이트를 추려내고 2) 이 헤파토싸이트를 다시 냉각하는 방법이었다. 그리고 이 방법을 실행하면 냉각됐던 헤파토싸이트의 약 70%가 두 번째 용해 후에도 살아있는 것을 과학자들은 발견하였다.

### (3) 연방지방법원의 판결

Rapid Litigation사는 CellzDirect사가 '929특허를 침해하였다고 주장하며, CellzDirect사를 상대로 Illinois주의 연방지방법원(이하 "지방법원")에 특허침해소송을 제기하였다.

CellzDirect사는 '929특허가 미국특허법 제101조와 제112조에 위반되어 무효라고 주장하며, 지방법원의 간이재판(summary judgment)을 신청하였고 지방법원은, 대법원이 Mayo사건과 Alice사건에서 제101조의 위반여부를 판단하기 위하여 이용한 2단계 테스트를 적용한 후, '929특허는 1) 헤파토싸이트가 두 번 이상의 냉각과 용해 후에도 살아남을 수 있다는 자연법칙을 그 내용으로 하고 있으므로 특허를 받을 수 없는 사항에 관한 것이며 2) 특허의 구성요소를 보면 두 번째의 냉각처리도 이미 잘 알려진 방법을 이용했을 뿐이므로 새로 발견한 자연법칙의 하나의 적용 예로서 발명적 개념을 갖춘 것으로 볼 수 없고, 따라서 '929특허는 제101조에 위반되어 무효라고 판단하였다. 무효판단이 내려졌으므로 제112조의 위반여부는 심리되지 않았다. 그리하여 지방법원이 간이재판으로 소를 기각하자, Rapid Litigation사는 연방항소법원에 항소하였다.

### (4) 연방항소법원의 판결

항소법원은 '929특허의 특허적격성을 판단하기 위하여 Mayo/Alice의 2단계 테스트를 적용하며, 다음과 같이 판시하였다.

#### 1) 특허청구항이 불특허사항을 내용으로 하고 있는가?

항소법원은 '929특허의 청구항이 헤파토싸이트가 복수의 냉각과 용해를 견딜 수 있다는 자연법칙을 발명으로 기술하고 있지 않으며, 헤파토싸이트를 보존할 수 있는 새롭고 유용한 실험실 기술을 발명으로 기술하였다고 하였다. 즉, 개발자들은 자신들이 발견한 자연법칙을 헤파토싸이트를 보존하는 새롭고 진보된 기술을 개발하는데 이용한 것이라고 하였다. 항소법원에 의하면, 어느 특허의 특허적격성을 판단하기 위해서는 그 특허의 청구항의 바탕에 불특허사항(즉, 자연법칙, 자연현상, 또는 추상적 아이디어)이 있는가를 확인하는 것만으로는 불충분하고, 그 청구항이 그 불특허사항을 발명으로 기술하고 있는가를 확인하는 것이 필요한데, '929특허의 청구항은 헤파토싸이트가 여러 번의 냉각과 용해를 견딜 수 있다는 자연법칙을 그 발명으로서 기술하고 있지 않고, 복수의 냉각방법에 의하여 헤파토싸이트를 더 효과적으로 보존하는 새로운 방법을 그 발명으로서 기술하고 있다고 했다.

Mayo/Alice 테스트의 첫 번째 질문은 특허청구항이 불특허사항을 내용으로 하고 있는가인데, 그 대답이 아니오 이면, 테스트는 끝나고 문제의 특허는 특허적격성이 있는 것으로 결론 내려진다. 이 사건에서 항소법원은 '929특허가 불특허사항을 내용으로 하고 있지 않다고 결론 내렸으므로 '929특허는 특허적격성이 있는 것으로 판단되었고, 테스트의 두 번째 질문으로 나아갈 필요는 없었다.

#### 2) 특허청구항이 발명적 개념을 포함하고 있는가?

이 사건에서, '929특허는 불특허사항을 내용으로 하고 있지 않다고 판단하였으므로 법원이 Mayo/Alice테스트의 제2단계로 나아갈 필요가 없었지만 그럼에도 불구하고 항소법원은 제2단계의 테스트에 언급하면서, 만일 '929특허가 불특허사항을 내용으로 하고 있다고 보더라도, 이 특허는 제2단계 테스트에서 특허적격성이 있는 것으로 판명되는데 그 이유는 청구항의 다른 요소들을 개별적 혹은 종합적으로 관찰해 볼 때 이들 요소들이 청구항의 성격을 자연법칙의 하나의 적용 예로서 발명적 개념을 포함한 것으로 변화시킨 것을 확인할 수 있기 때문이라고 하였다.

재판부의 설명에 의하면, '929특허의 청구항은 새로 발견된 자연법칙을 이용해서 개발한 새롭고 유용한 헤파토싸이트 보존방법을 기술하고 있으므로 발명을 기술하고 있다고 한다. 선행기술에서는, 헤파토싸이트를 냉각, 처리하면 헤파토싸이트에 손상을 주어 살아남는 헤파토싸이트가 적으므로 헤파토싸이트의 냉각처리는 한번에 그치도록 가르치고 있었으므로 복수의 냉각과 용해에 의한 보존방법은 새로운 것이었으며 이미 알려진 재래식 방법과는 구별되는 것이었다고 재판부는 설명했다. 냉각방법과 용해방법은 이미 알려진 것이었으나, 그것을 두 번 이상 시행하는 보존방법은 새로운 것이었다는 것이다.

## 9. 질병치료방법의 특허적격성

Viveve, Inc. v. Thermigen, LLC (E.D. Tex. 2017).
2017. 4. 20. Texas 연방지방법원 판결

### (1) 서설

2017년 4월 Texas주의 연방지방법원은 Viveve사건에서, 원고의 치료방법 특허(이하 "'511특허")가 특허적격성을 갖춘 것인가를 심리한 후 긍정적인 결론을 내리며 원고의 청구의 기각을 구하는 피고의 신청을 기각하였다.

법원은 연방대법원이 Mayo사건에서 특허적격성 판단을 위해 이용한 2단계 검증방법을 '511특허에 적용하며, 첫째, '511특허는 단순히 자연법칙이나 자연현상을 그 내용으로 하고 있지 않으며, 둘째, 만일, '511특허가 자연법칙이나 자연현상을 내용으로 하고 있다고 가정하더라도, '511특허는 여성의 생식기를 치료하는 기존의 방법을 발전시켰으므로 특허받을 수 있는 사항을 내용으로 하고 있다고 판시하였다.

이하에서는 특허적격성 판단에 관한 판례로서 주목을 받은 Viveve사건에서 Texas주의 연방지방법원이 어떤 치료방법에 관하여 어떠한 심리를 거쳐 그 특허적격성을 인정했는가를 살펴본다.

### (2) 사실관계

2016년 10월 21일 Viveve사는 Thermigen사 등 피고회사가 자사의 미국특허 제8,961,511호(이하 "'511특허")를 침해하였음을 이유로 Texas주 연방지방법원(이하 "법원")에서 특허침해소송을 제기했다. '511특허는 여성의 성기의 일부 조직에 열을 가하여 이를 개조하는 방법에 관한 것이었다. 성기의 조직에 열을 가하면 그 조직이 압력을 받아 개조되는 것이었다. 조직에 가해지는 압박은 조직의 가열로 조직내의 collagen성분이 변성(denaturation)되면서 생기거나 오랫동안 조직 내에 collagen성분이 축적된 결과로 생기기도 하였다. 같은 목적을 달성하기 위한 이 분야의 선행기술은 상처를 남기는 외과적 수술이었으므로 '511특허는 그보다 발전된 대안이었다.

### (3) 피고의 소 각하 신청

피고는, '511특허가 collagen은 열을 가하면 개조된다는 자연현상을 그 내용으로 하고 있으며 다만 그 자연현상을 인체의 특정 부분, 즉 여성의 성기조직에 적용했을 뿐이라고 하면서, 따라서 '511특허는 특허받을 수 없는 사항에 관한 것으로서 무효이므로 특허법 제101조와 민사소송법 제12조(b)(6)항에 의거 원고의 청구를 기각할 것을 법원에 신청하였다.

### (4) 적용법규

#### 1) 미국특허법 제101조

미국특허법은 제101조에서 특허받을 수 있는 사항을 규정하고 특허받을 수 없는 사항에 관하여는 별도의 규정을 두고 있지 않았으나 연방대법원은 판례로써 자연법칙, 자연현상, 그리고 추상적 아이디어를 특허받을 수 없는 사항으로 규정하였다.[61] 그 이유는 이들 세 가지는 인간의 창의력을 발휘하기 위한 기본적 도구인데 이를 특허에 의해 구속해서는 안 된다는 것이다.[62]

그러나, 어느 특허가 자연법칙, 자연현상, 혹은 추상적 아이디어를 내용으로 하고 있는지 아니면 이들 요소를 구체적으로 적용해서 특허받을 수 있는 사항이 된 것을 내용으로 하고 있는지를 판단하는 것은 언제나 용이하지는 않았다. 그러므로, 대법원은 이 판단을 돕는 2단계의 검증방법을 Mayo사건에서 제시하였다.[63]

제1단계의 검증은, 특허가 자연법칙, 자연현상 또는 추상적 아이디어를 내용으로 하고 있는가를 보는 것이며, 만일 특허가 이러한 불특허사항(unpatentable matters)에 관한 것이 아닌 것으로 판명되면, 검증절차는 끝나고 특허는 특허받을 수 있는 사항에 관한 것으로 되어 제101조의 문제는 해소된다.

그러나 만일 특허가 이러한 불특허사항에 관한 것이라고 인정되면, 제2단계의 검증으로 나아가 특허를 구성하는 요소들이 개별적으로 혹은 복합적으로 작용하여 특허의 내용이 자연법칙 등의 적용 예로서 특허받을 수 있는 사항이 되게 하였는지를 살펴본다.[64] 이렇게 특허받을 수 있는 사항이 되려면 업계에 이미 잘 알려진 재래식 작업 이상의 것이 포함되어 있어야 한다.[65]

## 2) 미국민사소송법 제12조(b)(6)항

미국민사소송법 제12조(b)(6)항에 의하면, 피고는 원고의 소가 법원이 구제할 수 있는 청구를 포함하고 있지 않다고 생각되면, 이를 이유로 원고의 청구의 기각을 법원에 신청할 수 있으며, 이러한 신청이 있으면, 법원은 당사자가 제출한 사실들을 진정한 것으로 보고 이들 사실들을 원고에게 가장 유리하게 해석한 후 소가 법원이 구제할 수 있는 청구를 포함하고 있지 않다고 판단되면, 원고의 청구를 기각하여야 한다.[66] 이 사건에서는 피고가 원고의 특허는

---

61) Bilski v. Kappos, 561 U.S. 593, 601 (2010).

62) Rapid Litigation Mgmt. Ltd. v. Cellzdirect, Inc., 827 F.3d 1042, 1047 (Fed. Cir. 2016).

63) Alice Corp. Pty. Ltd. v. CLS Bank Int'l, 134 S.Ct. 2347, 2355 (2014); Mayo Collaborative Servs. v. Prometheus Labs., Inc., 132 S.Ct. 1289, 1296-97 (2012).

64) *Alice*, 134 S. Ct. at 2355.

65) Rapid Litigation Mgmt., 827 F.3d at 1047; Mayo, 132 S. Ct. at 1298, 1294.

66) Bowlby v. City of Aberdeen, 681 F.3d 215, 218 (5th Cir. 2012).

불특허사항에 관한 것으로서 무효이며, 따라서, 원고의 청구는 제12조(b)(6)항에 의해 기각되어야 한다고 주장하였다.

### (5) 연방지방법원의 판결

#### 1) 제1단계 검증

법원에서, 이 사건의 원고 Viveve는, '511특허가 수행하는 여성신체조직의 개조는 의사가 특정한 상황에서 목적달성을 위하여 신체의 특정부분의 조직에 구체적인 행위들을 하는 것이며 그 결과 생기는 조직변화는 열이 가해진 콜라젠(collagen)의 반응 정도에 달렸으므로 이 특허를 단순히 신체조직의 가열반응이라는 자연현상만을 내용으로 하고 있다고 볼 수는 없다고 주장하였으며, 법원은 이를 수용하였다.

법원은 나아가, '511특허가 자연현상을 내용으로 하는 것인가 아닌가를 판단하기 위하여 그와 유사한 법 문제를 검토한 Rapid Litigation사건 판례를 참고하였다.[67] Rapid Litigation사건에서 법원은 간세포조직을 여러 차례 냉동, 용해시킴으로써 간세포를 오랫동안 실험용으로 보관하는 방법이 자연현상인가 아닌가를 심리하였다. 간세포를 보존하는데 이용된 당시의 선행기술은 간세포를 한 번만 냉동 보관할 수 있었고 간세포가 손상되기 때문에 더 이상은 냉동 보관이 불가능했다. 그러나 이 사건의 특허는 간세포를 여러 차례 냉동 보관할 수 있는 방법에 관한 것이어서 선행기술보다 발전된 것이었다.

법원은, Rapid Litigation의 특허는 기술자가 목적달성을 위하여 구체적인 절차를 밟을 것을 요하므로 자연현상을 내용으로 하고 있다고 볼 수 없다고 하였다.[68] 법원은, 어떤 방법을 묘사할 때 어떤 물질이 어떤 과정을 거치는 자연현상을 묘사하기도 하는데 그렇다고 해서 그 방법이 그 자연현상만을 내용으로 하고 있다고 볼 수는 없다고 하면서[69] 만일, 그렇게 추론한다면 새로운 화합물을 만드는 방법은 구성물질이 서로 화합하여 새로운 화합물을 생성하는 자연현상을 묘사했을 뿐이라는 이유로, 또 암을 치료하는 화학적 방법은 화학

---

67) Rapid Litigation Mgmt. Ltd. v. Cellzdirect, Inc., 827 F.3d 1042, 1047 (Fed. Cir. 2016).
68) Id. at 1047.
69) Id. at 1049.

적 요법을 견뎌내지 못하는 암세포의 자연적 성질을 내용으로 할 뿐이라는 이유로, 그리고 아스피린으로 두통을 치료하는 방법은 인체의 아스피린에 대한 반응을 묘사했을 뿐이라는 이유로 모두 특허받을 수 없는 사항에 해당한다고 결론 내리게 될 것이라고 하였다.[70]

법원은, Rapid Litigation사건에서의 특허가 간세포의 반복된 냉동, 용해해도 보관될 수 있는 성질을 이용한 방법인 것처럼 Viveve의 특허는 열이 가해지면 변성이 일러나는 콜라젠의 성질을 이용해서 창안해낸 방법이라고 하고, 또 Rapid Litigation사건에서의 특허처럼 Viveve의 특허도 선행기술보다 우월한 방법을 제시하였으며, 따라서, Viveve의 특허도 자연현상을 내용으로 하고 있다고 볼 수 없다고 하였다.

## 2) 제2단계 검증
제2단계의 검증과 관련하여 법원은 다음과 같이 판시하였다:

> 만일 '511특허가 자연법칙이나 자연현상을 그 내용으로 하고 있다고 가정해 보더라도(사실은 그렇지 않지만), '511특허는 그 내용을 특허받을 수 있는 사항으로 볼 수 밖에 없도록 발명적 내용을 담고 있다. Mayo사건의 제2단계 검증에 관하여, 대법원은 Alice사건에서, "특허받을 수 없는 사항을 그 내용으로 하는 방법이라도 기존의 기술적 방법을 발전시켰으면 제101조에 의거 특허받을 수 있는 방법으로 보아야 한다"고 하였다.[71]

> 이 사건에서 '511특허는 선행기술보다 발전된 치료방법에 관한 것이다. 열을 가하여 콜라젠을 변성시키는 것은 선행기술에도 알려져 질병치료나 성형에 이용되어 왔으나 선행기술에서 신체조직에 압력을 가하는 유일한 방법은 상처를 남길 위험이 있는 외과적 수술 방법뿐이었다. 그러므로 '511특허의 치료방법은 외과적 수술을 거치지 않고 같은 목적을 달성한다는 점에서 선행기술보다 발전된 방법이다.

## 3) 결론
법원은, Mayo의 제1단계 검증에서 '511특허는 불특허사항인 자연현상을 내용으로 하고 있지 않다고 판단하고, 또, 설혹 '511특허가 자연현상을 그 내용

---

70) Id.
71) Alice, 134 S. Ct. at 2358.

으로 하고 있다고 가정해 보더라도, '511특허는 발명적 내용을 담고 있어서 이를 특허받을 수 있는 사항에 관한 것으로 볼 수밖에 없다고 결론을 내리고, 따라서 '511특허는 무효가 아니므로 법원은 피고가 민사소송법 제12조(b)(6)항과 특허법 제101조에 의거해서 제기한 청구의 기각신청을 기각하였다.

## 10. 우편물에 관한 정보의 전달방법과 특허적격성

Secured Mail Solutions LLC v. Universal Wilde, Inc. (Fed. Cir. 2017).
2017. 10. 16. 연방항소법원(CAFC) 판결

### (1) 서설

Secured Mail Solutions사건에서 연방항소법원(Court of Appeals for the Federal Circuit, 이하 "항소법원")은 Alice사건에서 연방대법원이 마련한 원칙을 적용하며 발명이 특허를 받을 수 있는 사항인가, 즉, 특허적격성(patent eligibility)이 있는가를 심리, 판단하였다.

항소법원은, 이 사건에서 문제된 특허들을 분석한 결과 이들은 식별표시(identifier)를 이용하여 우편물에 관한 정보를 전달하는 추상적 아이디어에 해당하며, 그 구성요소들은 이 추상적 아이디어를 발명적 성격을 띠는 추상적 아이디어의 하나의 적용 예로 격상시키는데 실패했다고 판시하였다.

이하에서는 항소법원의 이 사건 특허의 분석과 그 특허적격성의 판단과정을 살펴본다.

### (2) 사건의 개요

이 사건에서 문제된 특허는 Secured Mail사(이하 "Secured Mail")의 7개의 특허였는데 Secured Mail은 이들 특허를 3가지의 카테고리로 분류하여, 각각 Intelligent Mail Barcode특허, QR Code특허, 그리고 Personalized URL특허라고 명명하였다.

Intelligent Mail Barcode특허는 우편물이 정확하게 배달되었는지 확인하는 방법에 관한 특허였는데, 우편물의 발송인, 수령인, 운송방법 등을 기록한 식별표시(identifier)를 barcode 등으로 만들어 우편물의 외부에 부착하고, 데이터베이스에 입력한 후 우편물을 발송하면, 수령인이 나중에 이 barcode와 데이터베이스를 이용하여 우편물의 정확한 전달을 확인할 수 있게 하였다.

QR Code특허나, Personalized URL특허는 우편물에 관한 정보를 확인하기 위하여 컴퓨터와 같은 수신장비를 추가로 사용하도록 하는데 QR Code특허의 경우는 barcode를 스캔하여 필요한 정보가 컴퓨터 화면에 나타나게 했으며, Personalized URL특허의 경우는 우편물 수신인이 우편물에 부착된 URL을 컴퓨터에 입력하여 필요한 정보가 화면에 나타나게 했다.

### (3) 연방지방법원의 판결

Secured Mail이, 위의 7개의 특허를 Universal이 침해했다고 주장하며, California주의 연방지방법원(이하 "지방법원")에서 특허침해소송을 제기하자, Universal은 이들 특허는 단순한 추상적 아이디어에 불과하므로 미국특허법 제101조에 따라 무효이며, 따라서 Secured Mail의 청구는 이유가 없으므로 법원이 이를 기각해 줄 것을 신청하였다. 지방법원은 이를 받아들여 원고의 청구를 기각하였다.[72] 지방법원은, 이들 특허가 특허적격성(patent eligibility)이 없어서 무효라고 결론 내렸는데, 그 이유는 이들 특허는 식별표시에 의해 우편물에 관한 정보를 교환하는 추상적 아이디어인데 그 구성요소들이 그 추상적 아이디어를 추상적 아이디어의 하나의 적용 예로 격상시키는데 실패하였다는 것이었다.[73] 이에 Secured Mail은 항소하였다.

### (4) 연방항소법원의 판결

항소법원은 먼저 특허적격성 판단을 위해 Alice사건에서 대법원이 마련한 2단계 분석법을 다음과 같이 설명하였다:

---

72) Fed. R. Civ. P. 12(b)(6).

73) Secured Mail Sols. LLC v. Universal Wilde, Inc., 169 F.Supp.3d 1039, 1058 (C.D. Cal. 2016).

미국특허법 제101조는 무엇이 특허받을 수 있는 사항인지를 규정하였는데 법원은
이에 더하여 자연법칙, 자연현상, 그리고 추상적 아이디어는 특허를 받을 수 없는
사항이라고 판례로써 추가하였다.[74] Alice사건에서 연방대법원은, 발명이 특허를 받
을 수 있는 사항인가를 판단하기 위한 2단계 분석방법을 도입하였는데, 첫 번째는
발명이 판례에 의해 추가된 특허받을 수 없는 사항 중의 하나인가? 예컨대, 추상적
아이디어인가를 보고 그렇지 않으면 특허적격성이 있는 사항이므로 특허적격성 심
사는 거기서 끝난다.[75] 그러나, 만일 추상적 아이디어에 해당하면, 두 번째의 분석으
로 나아가 그것이 발명적 요소를 포함하여, 추상적 아이디어의 하나의 적용 예로서
특허적격성을 갖춘 것이 되었는가를 본다.[76]

항소법원은 이어서 이 분석법을 본 안에 적용하였다.

### 1) Alice제1단계 분석

먼저 제1단계 분석에서, 법원은 특허가 어떤 수단이나, 방법에 초점을 맞
추고 있는가 아니면, 어떤 결과나 효과에 초점을 맞추고 있고 특허 자체는 추
상적 아이디어로서 이에 이용되는 기존의 방법이나 기계를 언급할 뿐인가를
본다고 설명하면서,[77] 항소법원은 다음과 같이 제1단계 분석을 하였다:

Enfish사건에서는 문제된 특허가 컴퓨터를 일반적인 방법으로 이용하여 어떤 경제
적 효과를 달성하는 것이 아니고 새로 개발된 데이터베이스를 이용하여 컴퓨터의
기능을 발전시키는 것이었으므로 항소법원이 제1단계 분석에서 특허가 특허적격성
을 갖추었다고(patent-eligible) 판단하였다. Enfish사건의 특허는 데이터를 체계적으
로 구성한 표(table)를 컴퓨터의 메모리에 저장하여 이용함으로써 데이터를 보다 효
율적으로 검색할 수 있게 하였는데,[78] Secured Mail의 특허는 이와는 달리, 새로운
barcode를 생성하거나, 새로운 검색방법을 창안하는 등 컴퓨터의 기능을 발전시키는
내용이 없다.

즉, Intelligent Mail Barcode특허는 여러 가지 데이터를 부호화해서 barcode를 우편

---

74) Alice Corp. v. CLS Bank Int'l, U.S., 134 S.Ct. 2347, 2354, 189 L.Ed.2d 296 (2014).
75) Thales Visionix Inc. v. United States, 850 F.3d 1343, 1346 (Fed. Cir. 2017); Enfish, LLC v. Microsoft Corp., 822 F.3d 1327, 1339 (Fed. Cir. 2016).
76) 134 S.Ct. at 2355.
77) McRO, Inc. v. Bandai Namco Games Am. Inc., 837 F.3d 1299, 1314 (Fed. Cir. 2016).
78) Enfish at 1332-33.

물에 부착하는 일반적인 방법만 언급하고, 구체적으로 어떤 barcode인지, 그것을 만들고 처리하는 방법은 무엇인지는 언급하지 않았으며, 여러 가지 식별표시(identifier)가 barcode로서 우편물에 부착되고, 데이터베이스에 입력되고, 우편물을 스캔하면 데이터베이스에서 우편물에 관한 정보를 검색할 수 있다고만 말하고, 여기에 이용되는 컴퓨터, 프린터, 스캐너에 대해서는 아무런 구체적 언급이 없다. 그러므로, 이 특허는 식별표시를 이용하여 우편물에 관한 정보를 주고 받는 추상적인 아이디어일 뿐이다.

QR Code특허는 우편물에 관한 정보를 얻기 위하여 컴퓨터 같은 장비를 사용하는 것을 내용으로 하지만, 이는 barcode를 만들고, 프린트하고, 스캔하거나, 우편물을 송부하고, 수령인에게 정보를 제공하는 어떤 특정의 기술에 관한 것이 아니고, 단지 식별표시를 이용하여 우편물에 관한 정보를 얻는 추상적인 방법을 설명할 뿐이다.

Personalized URL특허의 경우는 우편물에 부착하는 것이 개인의 인터넷주소인 URL이라는 것만이 다를 뿐 역시 우편물이 도착하면 수령인이 그 URL을 이용해서 필요한 정보가 컴퓨터스크린에 떠오르게 하는 것은 QR Code특허와 매우 흡사하다. 그러므로 이 특허도 식별표시를 이용하여 우편물에 관한 정보를 얻는 추상적인 방법일 뿐이다.

결국, 세 가지 특허가 모두 추상적 아이디어에 해당하므로 항소법원은 Alice분석의 제2단계로 나아갔다.

## 2) Alice제2단계 분석

제2단계 분석에서, 항소법원은 이 특허의 구성요소가 특허의 성격을 특허적격성이 있는 추상적 아이디어의 하나의 적용 예(a patent-eligible application of the abstract idea)로 바꾸어놓았는가를 보았다. 즉, 발명적 개념(inventive concept)을 포함하고 있는가를 심리하였다. 항소법원에 의하면:

Intelligent Mail Barcode특허의 경우, 특허명세서는 식별표시(identifier)가 어떻게 만들어지며 어째서 발명인가? 또는, 식별표시를 만들고 이용하는 기술이 왜 발명이라고 볼 수 있는가를 밝히지 않고 있다.

QR Code와 Personalized URL특허의 경우, 명세서는 식별표시(barcode 또는 URL)가 우편물에 부착되며 우편물 수령인은 그것을 우편물에 관한 정보가 컴퓨터 화면에 떠오르게 하는데 이용할 수 있다고 말하는데, 이 특허가 출원된 2001년에는 barcode의 사용은 이미 일상적인 것이었으며, URL을 수령인에게 보내는 것도 인터넷의 평범한 사용방법이었다.

결국, 항소법원은 이들 특허의 구성요소에서 이들 특허의 성격을 추상적 아이디어의 적용 예(a patent-eligible application of the abstract idea)로 바꾸어놓는 발명적 개념을 찾을 수 없었으므로, 이들 특허 모두가 특허법 제101조 하에서 특허 적격성이 없음을 확인한 후 원고의 항소를 기각하고, 원고의 청구를 기각한 지방법원의 판결을 유지하였다.

## 11. 지하철운임 지불용 신용카드와 특허적격성

Smart Systems Innovations, LLC v. Chicago Transit Authority (Fed. Cir. 2017).
2017. 10. 18. 연방항소법원(CAFC) 판결

### (1) 서설

연방항소법원(Court of Appeals for the Federal Circuit, 이하 "항소법원")은 Smart Systems사건에서 소프트웨어 발명이 특허적격성(patent eligibility)을 가지려면, 발명적 성격의 구체적 요소를 포함하고 있어야 한다는 것을 다시 한번 강조하였다.[79]

즉, 항소법원은 이 사건에서 문제된 특허가 새로운 타입의 은행카드나, 지하철 개찰구, 또는 데이터베이스를 도입하지도 않았고, 현존하는 데이터 처리 방법을 발전시키지도 않았으며, 다만 재래식 방법에 의한 데이터의 수집, 저장, 인식만을 그 내용으로 하고 있으므로, 발명적 성격의 구체적 요소가 결여되어 있으며, 따라서 이들 특허는 추상적 아이디어에 불과하다고 판시하였다.

이하에서는 이 사건에서 문제된 특허와 그 특허적격성에 대한 법원의 입장을 자세히 살펴본다.

---

79) Smart Systems Innovations, LLC v. Chicago Transit Authority (Fed. Cir. 2017).

## (2) 사건의 진행과정

Smart Systems Innovations사(이하 "SSI")는 자기회사가 보유한 미국특허 제7,566,003호(이하 "'003특허"), 제7,568,617호(이하 "'617특허"), 제8,505,816호(이하 "'816특허"), 그리고 제8,662,390호(이하 "'390특허")를 Chicago Transit Authority (이하 "CTA")가 침해했다는 이유로 일리노이주 북부 연방지방법원(이하 "지방법원")에 특허침해소송을 제기하였다.

CTA는 이에 대응하여, 이들 특허는 모두 미국특허법 제101조의 특허적격성(patent eligibility)을 갖추지 못하였으므로 무효라고 주장하며, 지방법원이 약식판결(Judgment on the pleadings)로 SSI의 청구를 기각할 것을 신청하였다.[80] 지방법원이 이 약식판결을 내리자 SSI는 항소법원에 항소하였다.

## (3) 연방항소법원의 판결

### 1) 특허적격성 판단을 위한 Alice 2단계 분석

항소법원은 먼저 특허적격성 판단을 위해 Alice사건에서 대법원이 마련한 2단계 분석법을 다음과 같이 설명하였다:

> 미국특허법 제101조는 무엇이 특허받을 수 있는 사항(patentable matters)인지를 규정하였는데 법원은 이에 더하여 자연법칙, 자연현상, 그리고 추상적 아이디어는 특허를 받을 수 없는 사항(unpatentable matters, 불특허사항)이라고 판례로써 추가하였다. Alice사건에서 연방대법원은, 발명이 특허를 받을 수 있는 사항인가를 판단하기 위한 2단계 분석방법을 도입하였는데, 첫 번째는 발명이 판례에 의해 추가된 불특허사항 중의 하나인가를 보고 그렇지 않다면 특허적격성이 있는 사항이므로 특허적격성 심사는 거기서 끝난다. 그러나, 만일 예컨대 불특허사항 중의 하나인 추상적 아이디어에 해당한다면, 두 번째의 분석으로 나아가 그것이 발명적 요소를 포함하여, 추상적 아이디어의 하나의 적용 예로서 특허적격성을 갖는 것인가를 본다.

---

80) Fed. R. civ. P. 12(c); Judgment on the pleadings란 사건의 사실관계에 관하여는 당사자 사이에 이견이 없고 법률문제만 쟁점으로 남아 있을 때 당사자 일방의 신청이 있으면 법원이 그 법률문제만 심리한 후 결론을 내리는 판결이다. 이 판결을 항소법원이 심리(review)할 때는 항소심은 법률심이므로 원고가 소장에서 주장한 사실을 모두 진실로 간주하고, 합리적인 범위에서 원고에게 유리한 모든 추정을 하면서 심리한다. Matrix IV, Inc. v. Am. Nat'l Bank & Tr. Co., 649 F.3d 539, 547 (7th Cir. 2011).

이어서 항소법원은 이 분석법을 본 사안에 적용하여 문제된 특허들의 특허적격성을 판단하였다.

### 2) Alice제1단계 분석

항소법원은, Alice제1단계 분석에서는 특허가 전체적으로 보아 특허를 받을 수 없는 사항에 해당하는가를 본다고 하면서[81] 이 때 법원은 특허가 어떤 수단이나, 방법에 초점을 맞추고 있는가 아니면, 어떤 결과나 효과에 초점을 맞추고 있고 이를 위해 이용하는 방법이나 기계는 기존의 일반적인 것이어서 특허 자체는 추상적 아이디어에 불과한가를 본다고 하였다.[82]

이 쟁점을 심리했던 지방법원은, "이들 특허의 청구항에서 발명에 해당되지 않는 요소를 설명한 언어들을 모두 배제하고 그 알맹이만을 놓고 보면, 이들 특허는 결국 신용카드로 지하철이나 버스의 운임을 지불하는 추상적 아이디어에 불과하다"고 판단하였다.

지방법원은 또 "이들 특허가 승객들로 하여금 보다 신속하게 대중교통수단을 이용할 수 있게 해준다 하더라도 그 청구항의 핵심이 어떤 금융거래(운임의 지불은 금융거래)를 내용으로 하고 있으면, 최근 판례는 이를 추상적 아이디어로 보고 있다"고 지적하였다.

이 문제를 판단하기 위해 항소법원은 먼저 각 특허의 성격을 분석한 후, 선 판례들의 법리를 적용하며 이들 특허가 추상적 아이디어인가 아닌가를 판단하였다. 즉:

> '003특허와 '617특허는, 은행카드로부터 승객에 대한 정보를 얻고, 그 정보를 이용하여 은행카드가 유효한지를 확인한 후 무효이면 대중교통수단의 이용을 거절하는 것을 내용으로 한다.
>
> '816특허는 은행카드로부터 승객의 정보를 얻어 그 카드와 연계된 계좌의 잔고에서 운임을 지불하는 것을 내용으로 하며, '390특허는 은행카드가 어느 정기권(예컨대, 월간 지하철카드)과 연결되어 있는가를 확인해서 연결되어 있으면, 다른 금액의 운임을 지불하게 하는 것을 내용으로 한다.

---

81) McRO, Inc. v. Bandai Namco Games Am. Inc., 837 F.3d 1299, 1313 (Fed. Cir. 2016).
82) McRO, 837 F.3d at 1313.

그러므로, 종합적으로 볼 때, 이들 특허는 대중교통을 위한 금융거래를 가능하게 하는 것이며, 그 거래를 위한 정보의 수집을 내용으로 한다. 이들은 새로운 종류의 은행카드나, 지하철 개찰구, 데이터베이스 또는 향상된 데이터 처리방법을 제공하지는 않으며, 데이터의 수집, 저장, 인식방법을 그 내용으로 하고 있는데, 법원은 그 동안 정보의 수집, 저장, 인식방법을 내용으로 하는 특허를 추상적인 아이디어로 보아 왔다.[83]

Enfish사건에서 보듯이, 특허가 컴퓨터의 기능을 발전시켰을 때는 이를 추상적 아이디어로 보지 않았다.[84] 즉, 특허가 컴퓨터의 기능을 향상시켰으면 이를 추상적 아이디어를 뛰어넘는 발명으로 보고, 특허가 컴퓨터의 기능을 향상시킴이 없이 컴퓨터를 그냥 일반적인 도구로 썼을 뿐이면, 그 특허를 추상적 아이디어로 보았다.[85] 이 사건에서는 문제된 특허들이 컴퓨터기술을 향상시키지는 못하였으므로 Enfish 법리를 적용하면 이들 특허는 추상적 아이디어에 불과하다.

한편, McRo사건에서의 특허는 구체적인 법칙들이 종합적으로 적용되게 함으로써 데이터의 기술적 처리방법을 발전시켰으므로 추상적 아이디어가 아니라고 판시하였는데,[86] 본 사건의 특허들은 데이터의 기술적 처리방법을 향상시키지는 못하고, 컴퓨터는 데이터의 수집과 처리를 위해서 일반적으로 이용됐을 뿐이므로 McRo법리 하에서도 이들 특허는 추상적 아이디어로 보아야 한다.

이와 같이 이 사건의 특허들이 Alice제1단계 분석에서 추상적 아이디어로 분석되었으므로, 항소법원은 이들 특허의 특허적격성에 관한 Alice제2단계 분석으로 나아갔다.

### 3) Alice제2단계 분석

항소법원은, Alice제2단계 분석을 한 후, 다음과 같이 이들 특허의 특허적격성을 부인하는 결론을 내렸다:

Alice제2단계 분석에서는 특허의 구성요소가 개별적 혹은 종합적으로 관찰하였을 때 발명적 성격(inventive concept)을 띠어 추상적 아이디어를 특허적격성을 갖는 이

---

83) Elec. Power Grp., LLC v. Alstom S.A., 830 F.3d 1350, 1353 (Fed. Cir. 2016); Intellectual Ventures I LLC v. Capital One Fin. Corp., 850 F.3d 1332, 1340 (Fed. Cir. 2017).

84) Enfish, 822 F.3d at 1335.

85) Id. at 1335-36.

86) 837 F.3d at 1315-16.

아이디어의 하나의 적용 예가 되도록 하였는가를 판단하여야 한다.[87] 특허는 그것이, 잘 알려지지 않은, 새로운 요소를 추가로 포함하고 있을 때 발명적 성격을 띠게 된다.[88]

이 쟁점에 관하여 지방법원은 "거래의 승인을 멀리서 하도록 하지 않고 현장에서 할 수 있게 한 것은 시간을 절약하는 효과가 있지만 특허가 본질적으로는 은행카드에 의한 운임지불방법, 즉 추상적 아이디어에 해당하므로, 이러한 시간절약의 효과도 특허의 추상적 아이디어로서의 성격을 바꾸어 놓지는 못한다"고 판단하였는데 본 법원도 의견을 같이 한다.

Diehr사건에서 대법원은 컴퓨터를 이용하여 고무를 경화시키는 기술을 특허적격성이 있다고 보았는데 이는 그 특허가 잘 알려진 수학적 공식을 이용하였지만 이 공식을 기존 업계의 기술적 숙제를 푸는데 이용하였기 때문이었다.[89] 본 사건에서처럼 특허의 내용이 일반적 컴퓨터부품을 추상적 아이디어를 실행하는 데 사용할 뿐일 때에는 Diehr법리를 적용해도 특허적격성을 인정할 수 없다.[90]

그러므로, 항소법원은 Alice제2단계 분석에서, 이 사건의 특허들이 추상적 아이디어를 특허적격성이 있는 것으로 변화시킬 발명적 요소를 갖추고 있지 못하다고 결론 내렸으며, 따라서 이들 특허가 특허적격성이 결여되어 무효라는 이유로 원고의 항소를 기각하고 지방법원의 판결을 유지하였다.

## 12. 멀티캐스팅 시스템의 특허적격성

Two-Way Media, Ltd. v. Comcast Cable Communications, Inc., Nos. 16-2531, 16-2532 (Fed. Cir. Nov. 1, 2017).
2017. 11. 1. 연방항소법원(CAFC) 판결

### (1) 서설

Two-Way Media사건에서는 멀티캐스팅[91]특허의 특허적격성이 문제되었

---

87) Alice, 134 S.Ct. at 2357.
88) Id. at 2357, 2359.
89) 450 U.S. at 185-93, 101 S.Ct. 1048.
90) LendingTree, LLC v. Zillow, Inc., 656 Fed.Appx. 991, 997 (Fed. Cir. 2016).
91) 인터넷상에서 특정의 복수인에게 동시에 정보를 전송하는 방식

다. 연방지방법원은 Alice사건에서 대법원이 마련한 특허적격성의 2단계 심리기준을 적용한 후 이들 특허가 불특허사항에 관한 것, 즉 특허적격성이 결여된 특허여서 무효라고 판단하였으며, 연방항소법원(Court of Appeals for the Federal Circuit, 이하 "항소법원")도 같은 기준에 의해 심리한 후 같은 결론에 도달하였다.

이하에서는 문제된 멀티캐스팅 시스템의 특징과 그 특허적격성을 판단하기 위한 법원의 Alice기준의 적용과정을 차례로 살펴본다.

### (2) Two-Way-Media의 멀티캐스팅 시스템특허의 특징

Two-Way-Media의 멀티캐스팅 시스템은 4개의 미국특허, 즉, 5,778,187호 특허("'187특허"), 5,983,005호 특허("'005특허"), 6,434,622호 특허("'622특허"), 그리고 7,266,686호 특허("'686특허")로 구성되어 있었다. 이 4개의 특허는 멀티미디어 메시지를 인터넷 같은 네트워크에서 송신하는 방법에 관한 것이었다.

인터넷으로 메시지를 송신할 때는 주로 하나의 송신기가 하나의 수신기로 메시지를 송신하는데(unicast) 이러한 통신방법은 이메일 통신이나 인터넷에서의 거래행위를 하는 데는 불편이 없다. 그러나, 비디오나 오디오 등 멀티미디어 메시지를 한꺼번에 여러 수신자에게 보내는 경우에는 인터넷에 과중한 부담을 주어 이러한 재래식 통신방법으로는 원활한 통신이 이루어지지 않았다.

Two-Way-Media의 멀티캐스팅 방식은 하나의 멀티미디어 메시지를 다수의 멀티캐스팅 루트로 보내고, 이 루트들이 받은 메시지를 각기 필요한 수만큼 복제하여 다수의 수신인에게 송신하는 방식이었다. 이 멀티캐스팅 방식에 의하면 하나의 메시지를 다수의 수신인에게 송부하면서도 막대한 인터넷 용량을 필요로 하지 않았다.

이들 특허의 시스템은 확장, 축소가 가능한(scalable) 구성체(architecture)로 이루어져 있어서, 실시간으로 원활하게 메시지를 전달할 수 있었으며, 네트워크의 상태를 탐지하여 실시간으로 송신된 메시지에 관하여 기록도 남길 수 있게 하고 있었다.

### (3) Alice 심리기준

미국특허법 제101조는 무엇이 특허받을 수 있는 사항인지를 규정하였는데 법원은 판례에 의해 자연법칙, 자연현상, 그리고 추상적 아이디어를 특허를 받을 수 없는 사항(불특허사항)으로 추가하였다. Alice사건에서 연방대법원은, 발명이 특허를 받을 수 있는 사항인가를 판단하기 위한 2단계 분석방법을 도입하였는데, 첫 번째는 발명이 판례에 의해 추가된 불특허사항 중의 하나인가? 예컨대, 추상적 아이디어인가를 보고, 만일 추상적 아이디어에 해당하면, 두 번째의 분석으로 나아가 그 특허의 어느 구성요소나 구성요소의 합이 발명적 요소를 갖춤으로써 그 특허로 하여금 추상적 아이디어를 넘어 추상적 아이디어가 적용된 하나의 예로서 특허적격성을 갖는 것으로 변화시켰는가를 본다.

## (4) 연방지방법원의 판결

Delaware주의 연방지방법원(이하 "지방법원")은 먼저 '187특허와 '005특허가 특허적격성을 갖추었는지를 심리한 후 이들은 1) 메시지를 보내고, 2) 보낸 메시지가 도착했는지 확인하고 3) 메시지를 전달한 실적을 기록하는 추상적 아이디어를 그 내용으로 하고 있다고 결론 내렸다. 나아가 지방법원은 이들 특허가 Alice제2단계기준에서 말하는 "발명적 요소"를 갖추고 있지 않다고 하였다.

Two-Way-Media는, 이들 특허가 인터넷 네트워크에 존재하는 과중한 통신부담, 병목현상, 기록의 부실 등의 문제를 해결하는 컴퓨터 구성체로 이루어져 있으므로 발명적 요소가 충분하다고 주장하였으나 지방법원은 "이들 특허의 청구항 어디에도 그러한 구성체에 관한 언급이 없다"는 이유로 이 주장을 받아들이지 않았고, 그 결과, '187특허와 '005특허는 미국특허법 제101조의 특허적격성이 없다고 결론 내렸다.

이어서 지방법원은 '622특허와 '686특허의 특허적격성을 심리한 후 '622특허는 메시지의 실시간 전달을 탐지하는 추상적 아이디어를, 그리고 '686특허는 메시지의 실시간 전달의 실적을 계산하는 추상적 아이디어를 각기 그 내용으로 하고 있다고 판단하였다. 그리고 이들은 발명적 요소를 포함하고 있지 않다고 판단하였는데, 그 이유는 이들 특허가 컴퓨터를 이용하고 있으나 컴퓨터의 기능을 재래식으로 이용하고 있을 뿐이기 때문에 추상적 아이디어에 발명적 요소를 추가하지 못하였다고 하였다.

### (5) 연방항소법원의 판결

#### 1) '187특허와 '005특허

항소법원은 이 사건 특허들의 특허적격성을 판단하기 위하여 Alice 심리기준을 적용하면서 제1단계의 분석, 즉 특허가 추상적 아이디어인가를 가리는데 있어서는, 그 특허가 어떤 효과를 달성하기 위한 구체적인 수단에 초점을 맞추고 있는가 아니면, 어떤 결과나 효과에 초점을 맞추면서 그 효과를 달성하기 위한 일반적인 장비의 일반적 이용을 언급할 뿐인가를 보았다. 항소법원은 '187특허와 '005특허의 대표적 청구항인 '187특허의 제1청구항에 관하여 언급하면서 이 청구항은 메시지를 변환하고, 보내고, 통제하고, 탐지하고, 기록을 남기는 기능적 결과에 대해서 언급할 뿐 이러한 결과를 어떻게 달성했는지에 대해서는 충분한 설명이 없고 일반적인 장비의 일반적 이용만을 언급하였다고 지적했다. 따라서, 이 특허는 추상적 아이디어로 볼 수밖에 없다고 하였다.

그러므로, 항소법원은 Alice의 제2단계분석에 나아갔는데, Two-Way-Media의 주장에 의하면 이 특허의 발명적 요소는 확장, 축소가 가능한(scalable) 구성체(architecture)를 이용하여 종래의 네트워크의 취약점을 개선한 점에 있다는 것인데, '187특허의 청구항은 이 구성체에 관하여 언급하고 있지 않으므로 이 구성체는 특허의 범위로서 청구되지 않았다고 항소법원은 지적하였다. 즉, 이 특허의 명세서는 이 특허의 구성체(architecture)에 의해 네트워크의 과중한 부담, 정체현상, 전달시간의 변동, 통신기록의 부정확 등의 문제를 해결했다고 설명하나, 막상 청구항은 이러한 효과를 위하여 재래식 컴퓨터나 네트워크 장비를 일반적 방식으로 사용하는 것에 대해서만 언급하고 있을 뿐 명세서가 설명한 구성체에 대해서는 아무 언급이 없으므로 이 특허에는 발명적 요소가 포함되어 있지 않다고 하였다.

결국, 항소법원은 지방법원과 마찬가지로 '187특허와 '005특허가 특허적격성이 없다고 결론 내렸다.

#### 2) '622특허와 '686특허

지방법원이 '622특허와 '686특허를 추상적 아이디어로 판단한 데 대하여

Two-Way-Media는 이를 오판이라고 주장하였는데, Two-Way-Media에 의하면 지방법원은 특허의 전문(preamble)을 인용하면서 특허의 내용을 너무 단순화하였고, 또 이들 특허가 기술적 애로 사항을 해결한 것을 간과하였기 때문에 그러한 오판에 도달했다는 것이다. 그러나 항소법원은, 특허 청구항의 요점을 부각시키기 위하여(for distillation) 특허의 전문(preamble)을 인용하는 것은 부적절한 것이 아니라고 설명하였다.

　　Alice의 제1단계 분석에서 항소법원은, '622특허는 메시지를 실시간으로 이용자에게 전달하는 것을 탐지하고, '686특허는 실시간으로 전달된 메시지의 양을 측정하는데, 이들은 이미 판례상 추상적 아이디어로 인정된 것들과 매우 유사하므로 추상적 아이디어에 해당한다고 판시하였다. 예컨대, BASCOM사건에서는 정보를 거르는(filtering) 것을,[92] Elec. Power Grp.사건에서는 정보를 수집하고, 분석하고, 그 결과를 개시하는 것을,[93] 그리고, Ultramercial사건에서는 광고를 현금처럼 이용하는 것을 각기 추상적 아이디어로 보았다고 했다.[94]

　　그리하여, 항소법원은 Alice의 제2단계 분석으로 나아갔으며, 이 분석에서 항소법원은, 이들 특허의 청구항이 데이터를 준비하고, 송신하고, 송신된 데이터에 관하여 기록을 남기는 것을 언급하고 있으나, 이러한 추상적 아이디어를 별도로, 구체적으로 실행하는 과정에 대해서는 아무 언급이 없고, 오로지 기존의 컴퓨터와 네트워크 장비들을 일반적 용도로 이용하는 것에 대해서만 설명하고 있으므로 '622특허와 '686특허에서는 발명적 개념을 찾아볼 수 없다고 하였다.

## (6) 결론

　　그러므로, 항소법원은 '187특허, '005특허, '622특허 그리고 '686특허가 미국특허법 제101조에 의거 특허적격성이 없다고 판단한 지방법원의 판결을 유지하고, 원고의 항소를 기각하였다.

---

92) BASCOM Glob. Internet Servs., Inc. v. AT & T Mobility LLC, 827 F.3d 1341, 1348 (Fed. Cir. 2016).
93) Elec. Power Grp. v. Alston SA, 830 F.3d at 1351-53 (Fed. Cir. 2016).
94) Ultramercial, Inc. v. Hulu, LLC, 772 F.3d 709, 715 (Fed. Cir. 2014).

# II

# 특허의 요건

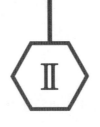

# 특허의 요건

## 13. 발명의 공개와 증거의 범위

Amgen Inc. v. Sanofi, Aventisub LLC, No. 17-1480 (Fed. Cir. 2017).
2017. 10. 5. 연방항소법원(CAFC) 판결

### (1) 서설

2017. 10. 5. 미국 연방항소법원(Court of Appeals for the Federal Circuit, CAFC, 이하 "항소법원")은 Amgen사건에서 특허법상의 세 가지 주요쟁점에 관하여 심리하였는데, 그것은 1) 우선권출원일(priority date, 이하 "출원일") 이후의 증거라도 특허발명의 기재(written description), 발명의 실시가능성(enablement)을 증명하는 증거로는 사용할 수 있는가? 2) 항체(antibody)발명의 기재(written description)는 어떠한 때 충족되는가? 그리고 3) 침해행위금지명령과 관련 된 공공의 이익침해는 어떻게 분석할 것인가? 등이었다.[1]

이 쟁점들에 관하여 항소법원은, 1) 출원일 이후의 증거라도 그것이 출원일 현재의 기술수준을 증명하기 위해서가 아니고, 특허발명의 기재(written description), 발명의 실시가능성(enablement)을 증명하기 위해서는 사용할 수 있다, 2) 항체발명의 기재는 항체(antibody) 자체의 제조기술을 기재함으로써 충족될 수 있으며, 항원(antigen)의 기재로써는 충족될 수 없다. 그리고 3) 약품특허의

---

[1] Amgen Inc. v. Sanofi, Aventisub LLC, 2017 U.S. App. LEXIS 19416 (Fed. Cir. Oct. 5, 2017).

침해의 경우 침해약품을 시장에서 추방하면 언제나 공익이 침해된다고 볼 수는 없다고 결론 내렸다.

이하에서는 이 세 가지 쟁점에 관하여 당사자의 주장과 법원의 판단을 차례로 살펴본다.

### (2) 사건의 진행과정과 연방지방법원의 판결

Amgen사(이하 "Amgen")는 Sanofi사(이하 "Sanofi")의 콜레스테롤강하제, Praluent가 Amgen의 특허를 침해했다고 주장하며, Sanofi를 상대로 Delaware주 연방지방법원에서 특허침해소송을 제기하였다. 이 특허는 LDL콜레스테롤 수준을 떨어뜨리는 효과를 가져오는 항체들(antibodies)을 포함하는 속(genus)에 관한 것으로서 Amgen은 이 특허기술을 이용하여 Repatha라는 약을 제조, 판매하고 있었다.

연방지방법원(이하 "지방법원")에서 Sanofi는 특허의 침해문제는 다투지 않고 기재불비, 실시불가능, 진보성 결여 등의 이유로 Amgen의 특허가 무효라고 주장하였다. 배심의 평결이 있은 뒤 지방법원은 Amgen의 특허가 무효가 아니라고 판결하고, 12년간 Praluent의 판매를 금지하는 명령도 내렸다. 이에, Sanofi는 항소법원(CAFC)에 항소하였다:

### (3) 발명의 기재(written description)와 실시가능성(enablement)에 관한 증거

항소심에 제기된 첫 번째 쟁점은 Amgen특허의 출원일, 즉 2008. 1. 9. 이후에 개발된 항체에 관한 증거를 지방법원에서 피고(Sanofi)가 제출하였으나 지방법원이 이를 채택하지 않은 것은 적절했는가였다.

#### 1) 발명의 기재(written description)

미국특허법 제112조는 "특허명세서에는 그 특허와 관련된 분야의 평균적 기술자가 그 특허를 실시할 수 있도록 발명을 간단 명료하고 정확하게 기재하여야 한다."라고 규정하고 있다.[2] 그런데, 발명이 어떤 속(genus)에 관한 것일

---

2) 35 U.S.C. §112.

때 이 규정을 준수하기 위해서는 그 속(genus)에 포함되는 대표적인 종(species)의 숫자나 그 속(genus)에 포함되는 종(species)의 공통된 구조적 특징을 공개함으로써 해당업계의 기술자가 그 속에 포함되는 종(species)을 인식할 수 있게 하여야 한다는 것이 일찍이 Ariad사건에서 항소법원이 취한 입장이다.[3]

법원은, 특허명세서가 발명을 충분히 공개하였는가는 출원일의 기술수준을 기준으로 판단하는데,[4] Praluent 등 출원일 이후에 개발된 항체는 출원일에는 존재하지도 않았던 항체이므로 이에 관한 증거가 출원일 현재의 기술 수준을 보여주는 것은 아니므로, 이를 출원일 현재의 기술수준에 관한 증거로 채택할 수 없다고 하였다.[5]

그러므로 여기서 문제되는 것은, 특허의 출원일 이후에 생긴 증거를 출원일 현재의 기술 수준에 관한 증거로는 채택할 수 없더라도 발명의 공개에 관한 증거, 즉 genus발명의 기재의 충분성에 관한 증거로는 사용할 수 있는가였는데 이에 대하여 항소법원은,

출원일 이후에 생긴 증거는 이를 출원일 현재의 기술수준을 증명하는 증거로는 사용할 수 없으나, 발명의 기재에 관한 증거, 즉 genus특허가 거기에 포함되는 종의 대표적인 수를 공개하였는가를 증명하기 위한 증거로는 사용할 수 있다. 왜냐하면, 출원일 이후에 생긴 어떤 종(species)은 어느 genus특허가 그에 포함되는 종의 대표적인 수를 공개하지 못했다는 것을 증명하는 증거가 될 수 있기 때문이다.[6]

이 사건에서 Sanofi는 Praluent를 포함하여 출원일 이후에 생긴 항체를 Amgen의 genus특허가 그에 포함되는 종의 대표적인 수를 공개하지 않았다는 것을 증명하기 위한 증거로 제출하였으므로 이들 증거의 사용은 적절한 것이었는데, 지방법원이 이들 증거를 배제한 것은 오판이었다.

라고 결론내리면서, 출원일 이후의 증거를 배제한 지방법원의 판결을 파기하고 사건을 지방법원에 환송하여 지방법원이 이 증거를 참고하며 발명의 기재의 충분성을 다시 판단하도록 하였다.

---

3) Ariad Pharm., Inc. v. Eli Lilly & Co., 598 F.3d 1336, 1350 (Fed. Cir. 2010).
4) Id. at 1355.
5) In re Koller, 613 F.2d 819, 825 (CCPA 1980); In re Hogan, 559 F.2d 595, 605 (CCPA 1977).
6) Ariad, 598 F.3d at 1350.

## 2) 실시가능성(enablement)

실시가능성의 증명과 관련하여 항소법원은,

> 발명의 실시가능성(enablement)에 관하여 판례는 "특허명세서는 해당분야 기술자들이 발명품을 과도한 실험을 거치지 않고도 온전히 만들고 사용할 수 있게 가르치는 것이어야 한다."라고 설명하고 있다.[7]
>
> Sanofi는 Amgen의 특허발명이 출원일 후에 오랜 기간에 걸쳐 과도한 실험을 거친 후에야 이를 실시할 수 있었다는 사실을 증명하기 위하여 출원일 이후에 생긴 증거, 즉 Praluent를 비롯한 출원일 이후에 생긴 항체에 관한 증거를 제출하였는데, 이 증거는 그 발명이 출원일 현재 과도한 실험을 거치지 않고 실시할 수 있는 것이었는지 여부를 판단하는 증거가 될 수 있었으므로 단순히 그것이 출원일 이후에 생긴 것이라고 해서 배제하는 것은 적절치 않았다.

라고 판시하면서 출원일 이후의 증거를 배제한 지방법원의 판결을 파기하고 사건을 지방법원에 환송하여 지방법원이 이 증거를 참고하며 발명의 실시가능성을 다시 판단하도록 하였다.

## (4) 발명의 기재의 법적 요건에 관한 배심교육(jury instruction)

Sanofi는 또 지방법원의 배심교육이 부적절했다고 주장했는데, 이 사건에서의 지방법원의 배심교육은:

> 1) 항체(antibody)발명에 있어서 발명의 기재의 요건을 충족하기 위해서는 해당 속(genus)에 포함되는 대표적인 종(species)의 숫자나 그 속(genus)에 포함되는 종(species)의 공통된 구조적 특징을 공개함으로써 해당업계의 기술자가 그 속에 포함되는 종(species)을 인식할 수 있게 하여야 한다.
>
> 2) 항체의 발명의 경우는, 그 특허출원 당시의 항체제조기술에 비추어 볼 때 그 새로 규정된 항원(a newly characterized antigen)에 맞는 항체를 생산한 것이 평범한 기술일 때는 그 새로 규정된 항원을 공개하면 그 항체의 구조와 기능의 관계를 공개한 것으로 본다.

---

7) Genentech, Inc. v. Novo Nordisk A/S, 108 F.3d 1361, 1365 (Fed. Cir. 1997).

는 것이었는데 이 중 2)번 배심교육의 적절성이 문제되었다.

　　Sanofi는, 항체발명을 명세서에 기재(written description of an invention)할 때 항원을 공개하면 기재요건을 충족시킨 것으로 볼 수는 없으므로 지방법원의 2)번 배심교육이 부적절했다고 주장하였고, 항소법원도 의견을 같이하면서 2)번 배심교육은 새로 규정된 항원(a newly characterized antigen)에 맞는 항체를 생산하는 것이 평범한 기술일 경우에는 항원의 공개에 의해서 항체발명의 기재요건이 충족될 수 있다고 하였는데, 그렇게 되면 발명이 아닌 것, 즉 항원(antigen)에 관한 기재를 항체발명의 기재로 인정해 주는 오류를 범하게 된다고 하였다.

　　그러므로, 항소법원은 지방법원의 배심교육이 부적절했다는 이유로 지방법원판결을 파기하고 사건을 지방법원에 환송하였다.

### (5) 침해금지명령(permanent injunction)의 요건

　　항소법원은 침해금지명령의 요건 중 공익을 침해할 염려가 있는가를 심리, 판단하는 데 있어서 지방법원이 범한 오류 두 가지를 지적하였다. 즉,

　　첫째, eBay판례에 따라 침해금지명령은 공익(public interest)을 해치지 않는 범위에서 발할 수 있는데8) 지방법원은 침해금지명령이 공익을 해치게 된다고 판단하고 나서도 침해금지명령을 발하였으니 이는 eBay법칙의 명백한 위반이며,

　　둘째, 침해금지명령이 공익을 해치게 된다는 결론에 도달할 때에도 지방법원은, 침해약품을 시장에서 추방하면 소비자의 선택의 범위가 좁아져 공익을 해친다고 판단하였는데, 침해약품을 시장에서 추방하게 되면 언제나 공익을 해친다고 볼 수는 없다. 만일 그렇다면 법원은 침해약품을 시장에서 추방하는 침해금지명령은 언제나 내릴 수 없다는 불합리한 결과를 가져오게 되기 때문이다. 그러므로, 지방법원은 공익침해의 요건심리에서도 오류를 범했다고 했다.

　　결국, 항소법원은 발명의 기재와 실시가능성에 관한 지방법원의 판결과 아울러 지방법원의 침해금지명령도 파기하고, 새로운 심리를 위해 사건을 지방법원에 환송하였다.

---

8) eBay, Inc. v. MercExchange, L.L.C., 547 U.S. 388 (2006).

## 14. 특허기술의 자명성과 객관적 증거

Merck Sharp & Dohme Corp. v. Hospira, 2017-1115 (Fed. Circuit 2017).
2017. 10. 26. 연방항소법원(CAFC) 판결

### (1) 서설

Merck사건에서 연방항소법원(Court of Appeals for the Federal Circuit, 이하 "항소법원")은 문제된 특허기술이 자명하다(obvious)는 지방법원의 판결을 유지하면서,9) 특허권자의 상업적 성공, 경쟁자의 복제시도 등 객관적 증거가 특허기술의 특허가능성(patentability)을 뒷받침하더라도, 그 특허기술이 선행기술에서 상당부분 알려져 있고, 단지 통상적인 실험을 거치면 곧 도달할 수 있는 기술이라면, 이를 자명한 기술로서 특허받을 수 없는 것으로 보는 것이 옳다고 판시하였다.

이하에서는 이 사건의 진행과정과 문제된 특허기술의 자명성에 대한 법원의 판단을 살펴보기로 한다.

### (2) 사건의 진행과정

Hospira사(이하 "Hospira")는 Merck사(이하 "Merck")의 항생제, Invanz와 같은 성분의 약품을 제조해서 Invanz와 다른 상표를 사용해서 판매하기 위하여 미국의 FDA에 ANDA신청(약식신약신청, abbreviated new drug application)을 하고, 이 신청을 했음을 2014년 5월 29일 Merck에게 통보하였다. Merck는 이에 대응하여 Hospira가 신약을 제조, 판매하면, Merck의 미국특허 제5,953,323호(이하 "'323특허")와 제6,486,150호(이하 "'150특허")를 침해하게 됨을 이유로 Delaware주의 연방지방법원에서 특허침해소송을 제기하였다.

연방지방법원(이하 "지방법원")은 사건심리 후, '323특허가 유효하며 Hospira의 신약은 이 특허를 침해한다고 판단하고, '150특허는 '323특허와 국제출원공보에 실린 Almarsson(PCT publication WO98/18800)에 비추어 자명(obvious)하므로

---

9) 특허기술이 자명하다는 것은 진보성(non-obviousness)이 결여된 것을 말한다. 발명이 해당업계의 통상의 기술자가 어렵지 않게 생각해 낼 수 있는 것이었으면 미국특허법은 이를 자명(obvious)한 것이었다고 하고, 우리특허법에서는 진보성이 없다고 한다.

무효라고 결론을 내렸다.

## (3) 연방지방법원의 판결

지방법원이 '150특허는 그 출원 당시에 이미 자명한(obvious) 기술이었다고 결론 내린 이유는 다음의 두 가지였다:

1) '150특허의 약품제조기술에서, 마지막 합성방법은 선행기술로 공개되어 있는 것이었고 이에 이르는 3단계 기술도 통상의 실험을 통해서 터득할 수 있는 기술이었으며,

2) 특허명세서에 공개된 제조온도는 선행기술에 공개되어 있지는 않았지만, 이 약품의 품질저하는 저온으로 처리할수록 방지할 수 있다는 것은 이미 알려져 있었으므로 해당분야의 평균적 기술자라면 제조과정에서 온도를 빙점보다는 높은 최저온도를 유지하려고 노력했을 것이므로 자명한 온도로 볼 수 있다.

지방법원은 '150특허의 특허가능성(patentibility)을 뒷받침하는 객관적 증거(objective evidence), 즉 Invanz약품의 상업적 성공과 타 업체의 Invanz약품의 복제시도도 검토하였으나, 이러한 증거도 Hospira가 증명한 '150특허의 강한 자명성(obviousness)을 뒤집지는 못한다고 판단하였다.

즉, Invanz약품이 상업적으로 성공하였지만, 그것은 Merck가 전용실시권을 가진 제5,478,820호 특허(이하 "'820특허")가 타 업체의 참여를 방해한 결과로 볼 수 있으므로10) 특허가능성의 증거로서는 취약하며, Hospira는 '150특허의 침해를 피하려고 5가지의 약품합성을 시도하였으나, 성공하지 못하고 결국 '150특허기술에 의존할 수밖에 없었지만, 이것도 Hospira의 강한 자명성 증명을 극복하지는 못한다고 판시하였다.

## (4) 연방항소법원의 판결

항소법원은 먼저 항소심의 심리범위에 관하여, 항소심 법원은 지방법원의 판단 중에서 법적 판단은 이를 새로 심리할 수 있으나, 사실판단은 명백한

---

10) 타 업체는 '820특허의 침해가 두려워 Invanz의 주 성분인 ertapenem의 합성을 꺼려했다.

오류가 있을 때에만 심리할 수 있다고 전제한 후,[11] 이 사건에서 자명성 (obviousness)여부의 판단은 법적 판단이며, 그 판단의 기초가 되는 선행기술의 내용, 해당업계 평균적 기술자의 능력, 자명성을 부정하게 하는 객관적 사실 (상업적 성공 등) 등은 사실판단의 영역에 속한다고 설명하였다.[12]

### 1) '323특허, Almarsson과 '150특허의 자명성

Merck는, '323특허와 Almarsson이 선행기술에 속하지 않는다는 데는 이견 이 없는데도 불구하고 지방법원이 '150특허를 '323특허와 Almarsson에 비추어 볼 때 자명하다(obvious)고 판단한 것은 오류였다고 주장하였다.

이에 대응하여 Hospira는, '150특허는 '323특허와 Almarsson을 실시하는 기술로서 자명한 기술에 불과하므로 지방법원이 '150특허를 자명한 것으로 파 악한 것은 정확했다고 주장했다. 즉, '150특허의 21호 청구항은 3단계의 행위 를 기재하고 있는데 이 3단계는 해당업계의 평균적 기술자라면 '323특허를 실 시하는 과정에서 당연히 터득하게 되는 기술적 단계라는 것이다.

항소법원은 Hospira와 의견을 같이 하며, '150특허가 그 출원 당시에 자명 한 기술에 해당했다고 판단한 지방법원의 판단은 옳았다고 했다. 예컨대, 특허 명세서에서 공개된 제조온도가 선행기술로 공개되어 있지는 않았지만, 이 약품 의 품질저하는 저온으로 처리할수록 방지할 수 있다는 것은 이미 알려져 있었 으므로 해당분야의 평균적 기술자라면 제조과정에서 온도를 빙점보다는 높은 최저온도를 유지하려고 노력했을 것이라고 한 지방법원의 분석은 정확했다고 하였다.

그러므로, '150특허의 제조방법은 이미 알려진 방법을 실시하는 과정에서 자연스럽게 알게 되는 방법이므로 자명한 방법에 해당한다고 본 지방법원의 판단을 항소법원은 유지하였다.

### 2) 객관적 증거(Objective Evidence)

Merck는, 이 사건에서 '150특허의 비자명성(nonobviousness)을 뒷받침하는 객관적 증거, 즉 원고의 Invanz약품의 상업적 성공과 타업체의 Invanz약품의

---

11) Golden Blount, Inc. v. Robert H. Peterson Co., 365 F.3d 1054, 1058 (Fed. Cir. 2004).

12) Apple Inc. v. Samsung Elecs. Co., 839 F.3d 1034, 1047-48, 1051 (Fed. Cir. 2016).

복제시도는 설득력이 있었는데도 불구하고 지방법원이 이 증거의 증거력을 과소평가한 것은 오류였다고 주장하였다.

　이에 대하여 Hospira는 Merck가 제출한 객관적 증거(혹은 2차적 고려사항, secondary considerations)의 증거력은 Hospira가 증명한 강한 자명성을 뒤집기에는 부족하다는 지방법원의 판단은 옳았다고 주장하며, 지방법원의 사실판단은 명백한 오류가 발견되지 않는 한 항소심에서 존중되어야 하는데, Merck는 이에 관하여 지방법원의 명백한 오류를 증명하지 못했다고 지적하였다.

　이 사건에서는 무엇보다 ’323특허와 Almarsson에 기한 ’150특허의 자명성이 뚜렷하게 드러나서, 문제된 객관적 증거가 어느 정도의 증거력을 가지더라도 ’150특허의 강한 자명성을 뒤집을 수는 없었다는 점이 주목할 만하다.

　지방법원은, Invanz약품이 상업적으로 성공하였지만, 그것은 Merck가 전용실시권을 가진 ’820특허가 타 업체의 참여를 배제한 결과로 볼 수 있으며[13] 비자명성(nonobviousness)의 증거로서는 취약하다고 판단하였는데, 항소법원도 의견을 같이하며 상업적 성공이 어느 특허기술로 인하여 달성됐다기보다는 다른 원인에 의해 경쟁자의 시장참여가 배제되어 달성됐다고 보일 때는 그것이 특허의 비자명성의 증거로 볼 수는 없다고 하였다.

　이 결론을 뒷받침하기 위하여 항소법원은 Merck & Co.사건 판례를 인용하였는데, 이 사건에서 항소법원은 원고가 보유한 다른 특허권과 원고에 대한 FDA판매승인으로 인하여 타 업체의 시장참여가 봉쇄된 경우에는 원고의 상업적 성공을 특허기술의 비자명성의 증거로 볼 수 없다고 판시한 바 있다.[14]

　지방법원은, Hospira가 ’150특허의 침해를 피하려고 5가지의 약품합성을 시도하였으나, 성공하지 못하고 결국 ’150특허기술에 의존할 수밖에 없었지만, 이것도 ’323특허와 Almarsson을 근거로 한 ’150특허의 강한 자명성을 극복하지는 못한다고 판단하였는데 항소법원도 이와 의견을 같이 하였다.

### (5) Newman판사의 소수의견

　Newman판사는, 이 사건의 다수의견이 최근의 항소법원의 몇몇 판례와 마

---

13) 타 업체는 ’820특허의 침해가 두려워 Invanz의 주 성분인 ertapenem의 합성을 꺼려했다.
14) Merck & Co. v. Teva Pharm. USA, Inc., 395 F.3d 1364, 1377 (Fed. Cir. 2005).

찬가지로 Graham판례와[15] KSR판례가[16] 요구한 것을 준수하지 않았다고 지적하였다. 즉, 이 두 판례는 자명성 판단에 있어서는 비자명성을 뒷받침하는 객관적 증거를 중요한 증거로 삼아야 한다고 하였으나, 이를 준수하지 않았다는 것이다.

Newman판사는, 이들 객관적 증거가 가장 증거력 있고, 설득력 있는 증거인 경우도 허다하므로 자명성 판단에 있어서 이들 증거는 중복적이거나, 보충적인 증거로 취급하여서는 안되고 독립적인 증거로 삼아야 한다고 하였다. 즉, Newman판사에 의하면, 이들 객관적 증거는 언제나 다른 증거들과 함께 고려되어야 하며, 법원이 특허기술의 자명성을 검토하였으나 아직 의문점이 남았을 때만 보충적으로 이용되어서는 안 된다고 하였다.

## 15. 특허요건으로서의 발명의 비자명성

Bayer Pharma AG v. Watson Labs., Inc., No. 2016-2169 (Fed. Cir. Nov. 1, 2017).
2017. 11. 1. 연방항소법원(CAFC) 판결

### (1) 서설

Bayer사건에서 연방항소법원(Court of Appeals for the Federal Circuit, 이하 "항소법원")은 연방지방법원(이하 "지방법원")이 Bayer사(이하 "Bayer")의 발기부전치료제에 관한 특허가 유효출원일 현재 자명하지 않았으므로 유효라고 한 판결을 파기하였다.[17] 항소법원은, 지방법원이 법원에 제출된 증거서류를 모두 참고하지는 않았으며, 우월한 기술은 우월하지 않은 기술을 회피하게 한다고 단정함으로써 우월하지 않은 기술도 자명성의 근거가 될 수 있음을 간과하였다고 하였다.

이하에서는 Bayer의 발기부전치료제(Staxyn)의 제조방법의 자명성에 관한

---

15) Graham v. John Deere Co., 383 U.S. 1, 86 S.Ct. 684, 15 L.Ed.2d 545 (1966).

16) KSR International Co. v. Teleflex Inc., 550 U.S. 398, 399 (2007).

17) Bayer Pharma AG v. Watson Labs., Inc., No. 2016-2169 (Fed. Cir. Nov. 1, 2017). 특허의 요건의 하나인 우리특허법의 진보성을 미국특허법은 비자명성(nonobviousness)이라고 칭한다.

지방법원과 항소법원의 판단을 살펴본다.

## (2) 사건의 진행과정

2003년에 미국 식약청(Food & Drug Administration, "FDA")은 Bayer사(이하 "Bayer")에게 Levitra라는 이름의 발기부전치료약, vardenafil hydrochloride trihydrate(이하 "vardenafil")의 판매를 승인하였다. 당시에 약품시장에는 발기부전치료제로서 Viagra와 Cialis가 이미 나와 있었다. 2013년 12월 24일에는 Bayer가 미국특허 제8,613,950호(이하 "'950특허")의 특허권자가 되었는데(유효출원일 2005. 3. 1.), 이 특허는 입에서 신속히 녹는 정제(oral disintegration tablet, "ODT")로 만들어진 vardenafil에 관한 것이었다. Bayer는 이 약을 제조하여 Staxyn이라는 이름으로 판매하였다.

Watson사(이하 "Watson")가 Bayer의 Staxyn과 같은 성분의 약품을 제조해서 Staxyn과 다른 상표를 사용해서 판매하기 위하여 미국의 FDA에 ANDA신청(약식신약신청, abbreviated new drug application)을 하자 Bayer는 이에 대응하여 Watson이 신약을 제조, 판매하면, Bayer의 '950특허를 침해하게 됨을 이유로 미국특허법 제271조(e)(2)(A)항에 의거 Delaware 연방지방법원(이하 "지방법원")에 특허침해소송을 제기하였다.[18]

이 약은 vardenafil hydrochloride trihydrate에 최소한 두 가지의 sugar alcohol을 첨가하고, 코팅이 안된 정제로 만들어 입안에서 신속히 녹게 한 ODT방식의 발기부전치료제(an erectile dysfunction drug)였다.

## (3) 특허의 요건으로서의 비자명성(non-obviousness)과 항소심의 심리 범위

### 1) 특허(patentability)의 요건으로서의 출원발명의 비자명성(non-obviousness)

발명이 특허를 취득하려면, 그것이 비자명성(혹은 진보성)을 갖추었어야 한다.[19]

---

18) 미국특허법 제271조(e)(2)(A)항은 타인의 유효한 특허의 대상인 약에 관하여 약식신약신청 (ANDA)을 하는 행위는 특허의 침해행위가 된다고 규정하고 있다. 그러므로 ANDA신청인은 해당 약에 관한 특허가 무효임을 주장하게 된다.

19) 35 U.S.C. §103.

즉, 특허출원을 한 발명(이하 "출원발명")과 선행기술을 비교하였을 때, 출원발명이 유효출원일(effective filing date) 현재, 그 발명이 속한 업계의 일반적 기술자라면, 어렵지 않게 생각해낼 수 있었다면, 즉, 자명하였다면(obvious) 그 발명에 대해서는 특허를 허여할 수 없다.[20] 그런데, 자명성의 판단을 위해서는 네 가지의 사실을 참고한다. 즉, 1) 선행기술의 범위와 내용, 2) 선행기술과 출원발명의 차이점, 3) 유효출원일 현재의 해당 업계의 기술수준, 그리고, 4) 비자명성(nonobviousness)을 뒷받침하는 객관적 증거(objective indicia)들이 그것이다.[21]

### 2) 항소심의 심리범위

그런데, 판례는 자명성 판단을 법률판단으로 보므로, 자명성에 관하여 결론을 내릴 때에는 먼저 기초가 되는 사실에 관하여 사실판단을 한 후에 이를 토대로 법률판단인 자명성 판단을 하게 된다.[22] 그러므로, 지방법원의 자명성 판단을 항소심법원이 심리(review)할 때에는 항소심은 법률심이므로 자명성 판단은 항소법원이 새롭게 다시 할 수 있으나 지방법원의 사실판단은 이를 존중하여 명백한 오류가 있을(clearly erroneous) 때에만 바로잡을 수 있다.[23]

### (4) 연방지방법원의 판결

Watson은 발기부전치료제를 ODT형식으로 제조하는 9개의 선행기술에 관한 자료와 sorbitol과 mannitol을 sugar alcohol로 첨가하는 7개의 선행기술에 관한 자료를 증거로 제출하고, 해당업계의 일반적 기술자라면 vardenafil을 ODT방식으로 만들면서 sorbitol과 mannitol을 첨가하는 것을 어렵지 않게 생각했을 것이라고 주장하였다.

그러나, 지방법원은 Watson의 주장을 받아들이지 않고, 법원에 제출된 선행기술은 오히려 vardenafil을 ODT방식으로 만드는 것을 회피하도록 유도하고

---

20) In re Kubin, 561 F.3d 1351, 1356 (Fed. Cir. 2009); Graham v. John Deere Co., 383 U.S. 1, 17-18 (1966).

21) 비자명성을 뒷받침하는 객관적 증거로는 1) 오랫동안 해결하지 못한 업계의 숙제의 해결, 2) 업계의 찬사, 그리고 3) 상업적 성공 등이 있다.

22) Pfizer, Inc. v. Apotex, Inc., 480 F.3d 1348, 1359 (Fed. Cir. 2007).

23) Id.

있으며, '950특허제품과 관련된 객관적 증거(objective indicia, 상업적 성공 등)는 이 특허의 비자명성(nonobviousness)을 뒷받침하고 있다고 결론 내렸다.

그 결과 지방법원은, Watson이 '950특허기술이 당시에 자명하였으므로 무효라는 것을 명백하고 설득력 있는 증거(clear and convincing evidence)로 증명하는데 실패하였다고 지적하면서 '950특허의 유효를 확인하였다.[24] Watson은 항소하였다.

### (5) 연방항소법원의 판결

항소가 제기된 주요 쟁점은 '950특허의 내용인 1) ODT방식에 의한 varde-nafil 제조와 2) sorbitol과 mannitol을 sugar alcohol로 첨가하는 것이 당시에 해당업계의 일반적 기술자에게 자명한 기술이었는가 하는 것이었다.

#### 1) ODT방식에 의한 vardenafil 제조(Vardenafil ODT Limitation)

'950특허의 ODT방식에 의한 vardenafil 제조와 관련하여 항소법원은 Watson이 증거로 제출한 선행기술에 주목하였다.

즉, Watson측의 증인인 Jacobs박사는 1) Chang선행기술이 "발기부전치료제는 ODT로 제조하는 것이 적합하다"고 설명하였고 2) Boolell선행기술과 Fryburg선행기술도 ODT방식으로 vardenafil를 제조한 것을 공개하였으며, 3) 기타 다수의 회사가 당시에 발기부전치료제를 ODT로 제조하기 시작하였다고 증언하였는데, 이렇게 제출된 6개의 선행기술, 즉 Chang, Boolell, Fryburg, Bell-Huff, Furitsu, 그리고 Chen은 당시에 vardenafil을 ODT로 제조하는 것이 자명하였는가(obvious)를 판단하는 데 있어서 매우 중요한 기초사실이었음에도 불구하고 이들을 지방법원이 판결에서 언급조차 하지 않은 것은 지방법원의 명백한 실수(clear error)였다고 하였다.

항소법원은, 지방법원이 이러한 실수를 범한 것은 당시에 시장에 ODT로 제조한 발기부전치료제가 없었다는 사실을 지나치게 중시했기 때문이라고 하면서 자명성의 문제는 당시에 시장에 그와 같은 방식의 약품이 있었는가의 문

---

24) 특허는 일단 허여되면 유효한 것으로 추정된다. 35 U.S.C. §282. 그리고, 이와 같이 유효로 추정되는 특허가 무효임을 증명하려면 상대방은 명백하고 설득력 있는 증거로 증명하여야 한다고 연방대법원은 판시하였다. Microsoft Corp. v. i4i Ltd. Partnership 564 U.S. 91 (2011).

제가 아니라 당시에 선행기술이 무엇을 가르쳐주고 있었는가의 문제라고 하였다. 결국 선행기술들을 종합하여 판단할 때 vardenafil을 ODT로 제조하는 것은 당시의 선행기술로부터 자명한 기술이었으며, 따라서 이와 같은 선행기술을 간과한 것은 지방법원의 사실판단에 있어서의 명백한 실수(clear error)로 볼 수밖에 없다고 하였다.

지방법원은, 또한, 전문가의 증언을 토대로, 당시의 선행기술은 vardenafil을 입에서 즉시 녹는 ODT방식으로 제조하는 것을 피하도록 유도하고 있었다고 결론 내렸다. 왜냐하면 전문가의 증언에 의하면 vardenafil은 쓴맛이 있어서 입안에서 녹게 만들면 주요 대상인 노인층이 약의 이용을 꺼리는 결과를 가져올 것이라고 하였다.

그러나, 항소법원은, 지방법원이 vardenafil의 이러한 특징이 업계에서 vardenafil을 ODT로 제조하는 것을 회피하도록 만들었다고(teaching away) 단정한 것은 오류였다고 지적하였다. 왜냐하면, 지방법원의 판단은 해당 업계의 일반적 기술자가 어느 방식을 가장 선호할 것인가에 기초를 두고 있으나, 자명성의 문제는 가장 우월한 기술이 자명하였는가의 문제가 아니며, 적합성이 있는 기술이 자명하였는가의 문제로서 우월하지 않은 기술이라도 채용할 경제적 가치가 있었으면 자명성의 근거가 될 수 있기 때문이라고 하였다. 즉, 쓴 맛이 있는 약이라도 제조할 경제적 가치가 있었으면 자명성의 근거가 될 수 있다는 것이다.

2) sorbitol과 mannitol의 첨가(Sorbitol and Mannitol Limitation)

sorbitol과 mannitol을 sugar alcohol로 첨가한 것이 당시의 선행기술로부터 자명하였는가?

이 쟁점에 관하여 항소법원은 먼저, 당시의 선행기술에서는 ODT방식의 약품제조 시에 sugar alcohol을 첨가하는 것은 널리 알려져 있었다고 지적하고, 그러므로 이 사건에서 문제되는 것은 vardenafil을 ODT로 제조할 때 sorbitol과 mannitol을 sugar alcohol로 첨가하는 것이 선행기술로부터 자명하였는가라고 하였다. 당시의 약품시장에서는 sorbitol이나 mannitol을 첨가하여 만든 Vardenafil을 찾아볼 수 없었다.

지방법원은 다시 한번, 당시의 선행기술이 무엇을 가르쳐주고 있었는가 보다는 당시의 시장에 그러한 상품이 있었는가를 더 중시하여 이들 sugar alcohol을 첨가하는 것이 자명하지 않았다는 결론을 내렸다. 그러나, 당시에는 mannitol 한가지로, 또는 mannitol과 sorbitol을 혼합하여 제조한 첨가제가 기성품으로 시장에 나와 있었으므로, 항소법원은, 이 두 가지의 sugar alcohol을 첨가하는 것이 선행기술로부터 자명한 것으로 볼 수 있었다고 했다.

### (6) 결론

이러한 이유에서, 항소법원은, Watson이 명백하고 설득력 있는 증거로 '950특허기술이 자명했다는 것을 증명하지 못하였다고 한 지방법원의 판결을 파기하였다.

# 특허권

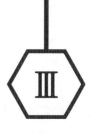

# 특허권

## 16. 특허권의 남용

Brulotte v. Thys Co., 397 U.S. 29 (1964).
1964. 11. 16. 연방대법원 판결
Kimble v. Marvel Entertainment, LLC, 576 U.S. ____, 135 S. Ct. 2401 (2015).
2015. 6. 22. 연방대법원 판결

### (1) 서설

특허권의 남용(patent misuse)은 특허권자의 부적절한 권리행사를 말하는데, 예컨대, 특허받은 물건과 특허받지 않은 물건을 묶어서 로열티를 지불케 함으로써 특허권의 객관적 범위를 초과하여 권리를 행사하거나, 유효기간이 지난 후에도 로열티를 지불케 함으로써 유효기간을 초과하여 권리를 행사하는 경우 등을 말한다. 특허권의 남용이 있으면 그 남용이 있는 동안 특허권자는 권리를 행사할 수 없게(unenforceable) 된다.[1]

1964년 Brulotte사건에서 연방대법원은, 특허의 유효기간이 경과한 후에도 로열티를 지불하기로 계약을 체결하면 이는 특허권의 남용(patent misuse)이 되며, 따라서 특허권자는 그 권리를 행사할 수 없게 되고(unenforceable) 해당 조항

---

[1] 특허출원절차에서 부정직한 행위(inequitable conduct)를 한 때에도 특허권을 행사할 수 없게 되는데(unenforceable), 이 경우는 영원히 행사할 수 없게 되나, 특허권남용으로 인하여 특허권을 행사할 수 없게 된 경우는 그 남용이 존재하는 기간 동안만 행사할 수 없게 되는 것이 다르다.

은 법적 효력이 없다고 판결하였다.2) 또 이 원칙은 연방법의 원칙으로서 주법보다 우월하므로 주법에 다른 규정이 있더라도 이 원칙이 적용된다고 하였다.3)

Brulotte판례는 그 후 많은 학자들의 비판을 받았으나, 대법원은 2015년 Kimble v. Marvel사건에서 이 판례의 법리를 다시 심리한 후 그 정당성을 재확인하고, 이를 적용하여 재판하였다.

이하, 두 사건의 개요를 살펴보면,

## (2) Brulotte v. Thys Co., 397 U.S. 29 (1964).

### 1) 사건의 배경

열매를 따는 기계에 관한 특허를 가지고 있던 Thys씨(이하 "Thys")는 워싱턴 주의 한 농부 Brulotte씨(이하 "Brulotte")에게 그의 발명품 즉, 열매 따는 기계를 3,000불에 판매하고 Brulotte에게 그 기계를 사용하는 라이선스를 제공하면서 그 대가로 1년에 500불 혹은 수확한 열매 200파운드당 3.33불의 로얄티를 받기로 했다. 이 계약서에는 유효기간이 없었다. 이 라이선스계약에 포함된 7개의 특허 중 마지막 것이 1957년에 유효기간 경과로 효력을 상실하자 Brulotte는 로열티 지불을 중지하였고, Thys는 계약위반을 이유로 Brulotte를 상대로 워싱턴 주의 지방법원에 소송을 제기하였다.

워싱턴 주의 지방법원은 원고 Thys의 승소로 판결하였고, 워싱턴 주 대법원은 하급법원의 판결을 유지하며, 이 사건에서 로열티의 지불기간은 비록 특허의 유효기간보다 길지만, 그 특허발명의 이용 대가를 장기간에 걸쳐 소액으로 지불할 수 있게 해주는 합리적 기간으로 볼 수 있다고 하였다.4) Brulotte가 연방대법원에 상고허가신청을 하자 연방대법원은 이를 승인하였다.

### 2) 연방대법원의 판결

연방대법원은 먼저 이 문제에 대하여 일찍이 Stone 대법원장이 Scott Paper Co. v. Marcalus Co. 사건에서 언급한 다음 구절을 인용하였다. 즉,

---

2) Brulotte v. Thys Co., 397 U.S. 29 (1964).
3) Id.
4) 62 Wash. 2d 284, 382 P.2d 271 (1963).

특허권의 존속기간이 경과한 후에도 특허의 효력이 유지되도록 하려는 특허권자 혹은 그의 권리 승계자의 어떠한 시도도 특허정책 즉, 특허법의 목적에 반하는 것이다.5)

그리고, 이 사건에서의 로열티 지불기간은 특허발명의 이용 대가를 장기간에 걸쳐 소액으로 지불케 해주는 합리적 기간이라고 본 워싱턴 주 대법원의 견해를 배척하면서 연방대법원은 다음과 같이 판결하였다:

이 계약에서 특허의 유효기간이 경과한 후에 지불하는 로열티는 그 유효기간 경과 후의 특허발명 사용에 대한 것이었으며, 유효기간 중의 사용에 대한 대가를 유효기간 후에 지불하는 것은 아니었다. 이 라이선스계약은 특허의 유효기간 경과 전과 후를 구분하지 않고 독점기간 중의 조건을 독점기간 경과 후에까지 적용되게 하였으므로 Thys는 라이선스계약을 통하여 자신의 독점권이 특허의 유효기간 후에까지 미치게 한 것이며 이는 특허법에 위배되고 그 약정은 효력이 없다(unenforceable).6)

특허권자는 자신이 가진 독점권을 이용해서 최대한 높은 로열티를 받을 수 있도록 노력할 수 있다. 그러나 독점권을 이용하여 로열티가 특허기간 경과 후에까지 지불되도록 하는 것은 마치 특허된 제품의 판매를 특허되지 않은 제품의 판매와 묶어서 행함으로써 특허대상의 범위를 넓히는 것과도 같으며, 특허기간이 지난 후에도 기계의 사용에 대하여 로열티를 내도록 하는 것은 이미 공중의 자유이용에 제공된 특허발명에 대하여 독점권을 주장하는 것이다. 기계의 사용에 필요한 특허발명들 중의 마지막 것이 유효기간이 다하면 특허권은 이미 소멸됐고, 그 효력을 더 오래 지속시키려는 라이선스계약은 효력이 없다(unenforceable).7)

## (3) Kimble v. Marvel Entertainment, LLC, 576 U.S. ____, 135 S. Ct. 2401 (2015).

### 1) 사건의 배경

이 사건의 원고, Stephen Kimble씨(이하 "Kimble")는 1990년에 미국특허권을 취득하였는데 이는 어린아이 등이 스파이더맨의 역할을 하고 싶을 때 손바

---

5) Scott, 326 U.S. 249, 256 (1946).

6) 379 U.S. at 31-32.

7) Id. at 32-34.

닥에서 거품으로 된 거미줄을 분출할 수 있게 해주는 기술에 관한 것이었다.[8]

　　Marvel Entertainment사(이하 "Marvel사")도 스파이더맨 완구를 제조 판매하였는데 이 완구도 손에서 거품으로 된 거미줄을 뿜음으로써 스파이더맨 흉내를 낼 수 있게 하는 것이었고, Kimble의 특허기술과 같은 기술을 이용한 것이었다. 1997년 Kimble은 Marvel사를 상대로 특허침해소송을 제기하자 당사자는 화해(settlement)로 소송을 종결하였는데 그 화해계약의 내용은 Marvel사는 50만 불의 선수금과 장래 Marvel사의 스파이더맨 완구 판매액의 3%의 로열티를 Kimble에게 지불하는 것을 조건으로 Kimble의 특허를 구입하는 것이었다. 이 계약에서 당사자는 로열티지불의 기한을 정하지 않고 해당제품이 팔리는 때까지 3%의 로열티를 지불하는 것으로 하였다.[9]

　　그 후 Marvel사는 특허발명에 대한 로열티는 특허의 유효기간 동안에만 지불할 의무가 있다는 Brulotte사건에서의 대법원판례를 알게 되고 그래서 Kimble 특허의 유효기간이 지난 후에 로열티 지불을 중단하였다. Kimble은 계약 불이행을 이유로 Marvel사를 상대로 소를 제기하였고 Marvel사는 반소를 제기하며, 자신이 더 이상 Kimble에게 로열티를 지불할 의무가 없음을 확인해 줄 것을 청구하였다. 이 사건을 심리한 연방항소법원은 "만일 당사자가 로열티는 특허의 유효기간 동안만 지불되며 그 이후에는 지불이 불가능하다는 것을 미리 알았다면 Kimble은 더 많은 로열티를 요구했을" 터이므로 Brulotte 판례를 이 사안에 적용하는 것은 불합리하다. 그러나 항소법원이 대법원판례를 뒤집을 수는 없으므로 Brulotte판례에 따라 판결한다고 하며 Marvel사의 승소로 결론을 내렸다.[10]

### 2) 연방대법원의 판결

　　Kimble이 연방대법원에 상고하자 대법원은 Brulotte판례의 정당성을 설명하고 선례구속성의 원칙에 따라 Brulotte판례를 사건에 적용하였다.

　　대법원은 국민의 발명을 촉진할 필요성과 새로운 발명을 일반 대중이 널리 이용하게 할 필요성이라는 두 개의 사회적 이익을 미국특허법이 어떠한 선

---

　　8) Kimble, 135 S. Ct. at 2405.
　　9) Id. at 2406.
　　10) Kimble v. Marvel Enterprises Inc., 727 F.3d 856 (9th Cir. 2013).

에서 조화시키고 있는지를 설명하고, 그 정책에 따라, 특허의 유효기간 즉 특
허발명의 독점적 이용기간이 지나면 특허발명은 일반대중이 자유롭게 이용할
수 있게 되어야 한다고 하며 다음과 같이 판결하였다.11)

대법원은 그 동안 유효기간이 지난 특허발명, 또는 특허가 불가능한 원리를 일반
인이 자유롭게 이용하는 것을 제한하는 어떠한 조치도 이를 무력화시키기 위하여
노력해 왔다. 대법원은 이러한 제한을 담은 주법규정(state statutes)이 무효임을 선언
한 바 있으며, 특허의 유효기간이 만료된 발명은 일반대중에게 귀속하게 되고 따라
서 누구나 자유롭게 이를 만들고 판매할 수 있다고 하였다. 또, 그러한 자유이용을
제한하는 계약조항의 무효도 선언한 바 있는데, 예컨대 특허의 라이선스를 취득한
자가 장래 그 특허의 유효여부를 다투는 것을 포기하는 약정을 했을 때 그 약정이
무효임을 선언하면서 어느 기업이 무효인 자신의 특허발명을 대중이 자유롭게 이용
하는 것을 방해하는 것이나 유효기간이 지난 자신의 특허발명을 누구나 자유롭게
이용하는 것을 방해하는 것은 소비대중의 이익을 부당하게 박탈하는 것이라고 지적
하였다.

Brulotte사건에서 대법원은 특허의 유효기간이 경과한 후에도 로열티 지불을 강제
할 수 있게 하면 특허의 유효기간 후에는 일반대중이 특허발명을 자유롭게 이용할
수 있게 하려는 특허법의 정책이 무너지게 된다고 했다.

Kimble은 법원이 특허의 유효기간 경과 후의 로열티 지불약정의 효력을 정할 때
Brulotte원칙을 적용하지 말고 공정거래법(Antitrust Law)에서 하듯이 계약조항을 구
체적·개별적으로 검토하여 합리성이 있는가(Rule of Reason)를 보아 판단할 것을 제
안하지만 공정거래법에서의 평가에는 훨씬 많은 요소의 검토, 즉, 관련사업체의 성
격, 공정행위가 있은 전후의 관련사업체의 사정변화, 불공정행위의 역사, 성격, 효과,
시장의 경제적 분석, 시장참여의 장애요소 등의 검토를 요한다.

선례구속성의 원칙(stare decisis)이 잘못된 판결을 반복하게 하는 경우도 있으나
일반적으로 적용법이 안정적인 것이 적용법이 정확한 것보다도 중요하므로 선례구
속성의 원칙을 지키게 된다. 선례구속성의 원칙을 뒤집는 것은 작은 일이 아니다.
왜냐하면 이 원칙은 법치주의의 초석으로서 법의 공정하고, 예측가능하고, 일관된
발전을 가능하게 하며 판례에 대한 신뢰를 높이고, 사법제도의 완전성에 기여할 뿐
만 아니라 선 판례에 대한 도전을 억제함으로써 끝없는 재소송으로 인한 비용을 법

---

11) 135 S. Ct. at 2406-09.

원도 당사자도 절약할 수 있게 하기 때문이다.

그러므로, 법원이 선 판례를 뒤집으려면 그 판례가 부당하다는 단순한 믿음을 넘어 특별한 정당화 사유가 있어야 한다. 이 점은 이 사건에서처럼 실정법규정의 해석이 문제된 경우에 더욱 그러하다. 왜냐하면, 법원의 판결에 대한 비판이 시중에 퍼지면 의회가 법의 오류를 발견하고 법을 개정할 수 있기 때문이다. 그러나, Brulotte 원칙에 관해서는 의회가 이를 개정할 기회가 여러 번 있었으나 이를 거부하였다. 즉, 최근 50여 년 동안에 미국특허법의 개정이 여러 차례 있었으나 Brulotte 원칙은 손대지 않았으며, 심지어는 Brulotte 원칙을 Kimble의 주장과 같이 공정거래법상의 분석방법으로 대체하는 것을 내용으로 하는 법안이 발의되었을 때에도 의회는 이를 거부하였다.

이어서 대법원은 다음과 같이 특허법의 정책을 설명하였다.

첫째, Brulotte 원칙의 기초를 이루는 특허정책이 변하지 않았다. 그러므로 Brulotte 원칙을 뒤집으면 특허법체계를 허무는 결과가 된다.[12]

둘째, Kimble은 공정거래법에서 행해지는 법적 합리성 판단(rule of reason)을 특허의 유효기간 경과 후의 로열티 지불조항의 효력 판단에도 적용하여 그것이 불공정행위면 그 효력을 부인하고 합리성이 있으면 그 구속력을 인정해야 한다고 주장하나 이와 같은 합리성판단에는 사안에 대한 정밀조사가 필요해서 엄청난 소송비용이 발생하고 결론에 대한 예측가능성도 낮다. 그러므로 Brulotte 원칙 대신 법적 합리성 판단의 원칙을 채용하면 법의 실용성이 현재보다 훨씬 떨어지게 된다.[13]

셋째, Kimble은 특허의 유효기간 후의 로열티 지불이 경쟁을 억제하지 않고 오히려 경쟁을 촉진하는 결과를 가져온다고 주장한다. 왜냐하면 로열티를 유효기간 경과 전후에 걸쳐 지불하면, 유효기간 중에는 로열티금액이 작아질 것이므로 그렇게 되면 소비재의 가격이 낮아질 것이고 또 더 많은 업체가 라이선스를 받아 경쟁에 참여할 것이기 때문이라고 한다. 이 사건이 불공정행위에 관련된 사건이라면 Kimble의 이 주장이 설득력이 있었을 것이다. 그러나 이 사건은 불공정행위 사건이 아니고 특허사건이다. 특허사건은 특허정책에 기해서 판결하게 된다. 의회는 특허법을 제정할 때 "특허의 유효기간이 지나면 특허발명은 모두가 자유롭게 사용할 수 있다"고 결

---

12) 135 S. Ct. at 2410.
13) Id. at 2411.

정했다. 그리고 특허정책의 수립은 의회의 소관이다.14)

넷째, 선례구속성의 원칙을 준수함으로써 법원은 법치주의를 지키는 동시에 입법정책의 결정은 의회에 맡길 수 있는 것이다.15)

그리하여, 특허의 유효기간이 경과한 후에도 로열티를 지불하기로 약정한 Kimble과 Marvel의 화해계약은 특허권의 남용(patent misuse)에 해당되어, 특허권자는 그 권리를 행사할 수 없으며(unenforceable), 해당 조항은 법적 효력이 없다고 결론을 내렸다.

## 17. 미국 시스템특허의 역외적 효력(NTP v. RIM)

NTP, Inc. v. Research In Motion, Ltd., 418 F.3d 1282 (Fed. Cir. 2005).
2005. 8. 2. 연방항소법원(CAFC) 판결

### (1) 서설

미국특허법 제271조(a)항은 누구든지 권한 없이 타인의 특허발명을 미국 내에서 제조, 사용, 판매의 청약, 판매하거나 미국 내로 수입하면 특허침해가 성립한다고 하여 이른바 특허의 직접침해의 요건을 규정하고 있다. 즉, 이 조항에 의하면 직접침해가 성립하려면 침해행위가 미국 내에서 이루어졌어야 하는데 행위가 미국 내에서 이루어졌는지 여부는 언제나 명확한 것은 아니어서 미국특허소송상 예민한 쟁점이 되곤 하였다.

예컨대, 특허가 방법특허일 때, 방법은 여러 단계적 행위(step)로 구성되어 있는데 이 방법의 사용행위가 특허의 직접침해가 되려면 이 모든 단계적 행위를 미국 내에서 행하였어야 하는지, 또 시스템 혹은 장치특허에 있어서 그 장치의 사용이 특허의 직접침해가 되려면 그 장치의 구성요소가 모두 미국 내에 있고 이를 미국 내에서 사용했어야 하는지, 아니면 장치의 일부가 미국 외에 있더라도 그 장치전체의 통제와 이용이 미국 내에서 이루어졌으면 특허의 직

---

14) Id. at 2413.
15) Id. at 2414.

접침해가 성립하는지 등이 문제되었다.

이 문제는 미국특허법의 역외적 효력문제의 하나로서 일찍이 NTP, Inc. v. Research In Motion, Ltd., 418 F.3d 1282(Fed. Cir. 2005) 사건에서 심리되었다.

### (2) 사건의 배경

NTP는 미국 버지니아 주에 위치한 회사로서 e-mail 시스템과 무선통신시스템을 접목하는 데 필요한 5개의 특허를 보유하고 있었다. 이들 특허기술은 무선통신망을 이용하여 e-mail 시스템들 사이에 메시지를 전달하는 시스템과 방법을 그 내용으로 하고 있었다.

RIM(Research In Motion, Ltd.)은 Canada회사로서 Blackberry 무선 e-mail 통신기술을 보유하고 있었는데 이 기술은 e-mail 메시지를 무선통신망을 통하여 Blackberry 휴대폰들 사이에 전달하는 기능을 수행하였다.

이 기술은 3가지 구성요소를 갖추고 있었는데 e-mail 메시지를 보내거나 받는데 필요한 Blackberry 휴대폰, 메시지를 RIM의 시스템에 보내는 역할을 하는 Redirector software, 그리고 무선으로 메시지를 전달해 주는 무선통신망이 그것이었다. Redirector software는 모든 메시지를 Canada에 위치한 RIM의 Relay switch로 보냈고 Relay switch는 메시지를 변형하여 무선통신으로 연결할 수 있도록 하였다. 그래서 Blackberry e-mail 통신은 모두 Canada에 있는 RIM의 Relay switch를 거쳐야만 가능했다.

2001년 11월 NTP는 RIM의 Blackberry 통신기술이 NTP의 상기 다섯 가지 특허를 침해했다고 주장하며 버지니아 주의 연방지방법원에 특허침해소송을 제기하였다. 그런데 이 다섯 가지 특허는 시스템특허와 방법특허로 이루어져 있었다.

### (3) 연방지방법원의 판결

RIM은 미국특허법 제271조(a)항을 인용하면서 동 조항은 미국특허의 침해행위를 미국 내의 행위로 한정하고 있는데 RIM의 통신은 미국 밖에서 이루어진 행위이므로 미국특허의 침해행위가 될 수 없다고 하였다. 즉, RIM의 무선통신이 이루어질 때 이에 이용된 Relay switch는 미국 내가 아니고 Canada에 존재하였으므로 RIM의 통신을 미국 안에서 이루어진 행위로 볼 수 없으며, 따라서 제271조(a)항에 의거 RIM의 행위는 미국특허의 침해행위가 될 수 없다고 하였다. 그리하여 RIM은 연방지방법원(이하 "지방법원")에 RIM의 통신이 미국특허의 침해행위가 되지 않는다는 약식재판(Summary Judgment)을 신청하였다.

지방법원은 이 같은 RIM의 제271조(a)항 해석을 받아들이지 않고 RIM의 약식재판신청을 기각하고, 본 안 심리를 한 결과 RIM이 NTP의 다섯 개 특허를 모두 침해하였다고 판결하였다. 이에, RIM이 항소하였다.

### (4) 연방항소법원의 판결

연방항소법원(Court of Appeals for the Federal Circuit, 이하 "항소법원")은 2004년 12월의 판결에서는 RIM의 제271조(a)항 해석을 배척하면서 RIM은 무선 e-mail 통신과 관련된 NTP의 시스템특허와 방법특허를 모두 침해하였다고 판단하였다.[16]

그 후 RIM 측의 재심리신청(motion for reconsideration)이 있자 항소법원은 이를 다시 심리한 후, 2005년 8월 입장을 바꾸어 1) RIM의 Relay switch가 비록 Canada에 있었다 하더라도 RIM의 Blackberry 시스템의 수익적 이용(beneficial use)이 미국 내에서 이루어졌으므로 시스템특허에 관한 한 RIM은 NTP의 특허를 침해하였다고 보아야 하며, 2) 한편, 방법특허는 이를 구성하는 개개의 행위가 모두 미국 내에서 이루어져야 하는데, RIM의 Relay switch는 Canada에서만 작동하였으므로 RIM은 NTP의 방법특허는 침해하지 않았다고 판시하였다.[17] RIM은 자신의 행위가 특허침해행위에 해당하지 않는다는 근거로 Deepsouth 사건판결을 원용하였다.[18]

Deepsouth 사건에서는 물건특허에 있어서 이를 구성하는 부품들을 미국 내에서 제작하였으나 부품상태로 수출하여 외국에서 이를 조립하여 사용한 경우에 제271조(a)항에 의거 특허의 직접침해가 성립하는가가 문제되었다. 이 사건을 심리한 대법원은, 이 경우 미국 내에서는 물건의 부품만 제조했을 뿐 물

16) NTP, Inc. v. Research In Motion, Ltd., 392 F.3d 1336 (Fed. Cir. 2005)("NTP I").
17) NTP, Inc. v. Research In Motion, Ltd., 418 F.3d 1282 (Fed. Cir. 2005)("NTP II").
18) Deepsouth Packing Co. v. Laitrim Corp., 406 U.S. 518 (1972).

건을 완성하는 행위는 미국 내에서 이루어지지 않았으므로 제271조(a)항에 의하면 특허의 직접침해가 성립하지 않는다고 판시하였다. 항소법원은 RIM이 Deepsouth 사건을 인용한 것은 부적절했다고 하면서 Deepsouth 사건에서는 침해행위의 전부가 외국에서 이루어진 데 반해 NTP 사건에서는 침해행위의 일부가 피고 RIM에 의해 미국 내에서 행해졌다고 지적하였다.

항소법원은 또한 Decca 사건 판례를 이 사건에 적용하였다.[19) Decca 사건에서는 Decca사의 무선항해시스템특허를 미국 정부가 침해했는지 여부가 문제되었다. 이 시스템은 하나의 master controller와 3개의 중계기(transmitter)에 의해서 운행되었는데 master controller와 2개의 중계기는 미국에 있었고, 중계기 하나는 Norway에 위치하고 있었다. 법원은 미국 정부가 이 시스템을 사용할 때 중계기 하나가 Norway에 있었다 하더라도 이 시스템의 수익적 이용이 미국 내에서 이루어졌으므로 미국 정부는 이 시스템특허를 침해했다고 판결하였다.

RIM은 이 Decca 판례가 NTP사건에 적용될 수 없다고 주장하면서 그 이유는 Decca 사건에서는 master controller가 미국 내에 있었고 미국 외에 존재했던 것은 control 기능이 없는 중계기 하나였지만, NTP 사건에서는 Blackberry 시스템 전체를 위한 controller가 Canada에 있었기 때문에 Decca 사건과는 판이 하다는 것이다. 그러나, 항소법원은 이 주장을 받아들이지 않으면서 Blackberry 휴대폰 가입자가 휴대폰을 미국 내에서 사용하는 것으로써 제271조(a)항의 미국 내 사용은 충분히 성립하였다고 설명하였다.

이어서 항소법원은 Decca 사건의 수익적 이용 개념을 NTP의 시스템특허와 방법특허에 적용하면서, 시스템특허의 경우에는 시스템이 전체적으로 이용에 제공된 장소, 즉 시스템이 통제되고 수익적으로 이용된 장소에서만 그 침해가 발생할 수 있다고 보아야 하는데 이 사건에서 RIM의 고객들은 미국 내에서 메시지의 전달을 통제하고, 메시지전달에 의해 이익을 얻었으므로 RIM의 행위는 해당 시스템특허를 침해한 행위로 보아야 하며, RIM의 Relay switch가 Canada에 존재한 것은 이 시스템특허침해의 성립에 장애가 되지 않는다고 하였다.

---

19) Decca Ltd. v. United States, 544 F.2d 1070 (Ct. Cl. 1976).

법원은 더 나아가 시스템의 사용과 방법의 사용의 차이에 주목하여, 시스템 혹은 장치의 사용은 그 시스템 혹은 장치를 구성하는 요소들을 전체적으로 사용하는 것을 의미하므로 그 전체적 사용의 중심을 보게 되고 그 사용의 중심이 미국에 있었으면, 구성요소의 일부가 미국 외에 있었어도 시스템의 미국 내 사용이 성립하는 것으로 보아야 하며, 이에 반하여 방법의 사용은 그 방법을 구성하는 행위를 하나하나 모두 수행하는 것을 의미하므로, 그 구성행위가 모두 미국 내에서 이루어지지 않았으면 방법의 사용이 미국 내에서 있었다고 할 수 없다고 하였다. 그리하여 법원은 RIM의 Relay switch가 Canada에 있었으므로 이 switch의 사용행위를 구성요소로 하는 NTP의 "방법특허"는 RIM이 침해하지 않았다고 하였다.

### (5) 결어

이것이 현재 시스템특허와 방법특허의 침해여부에 관하여 미국 연방법원이 취하는 입장이다. 매우 예민한 분야여서 장차 법원의 입장이 부분적으로 수정될지도 모르나 현재로서는 미국특허출원서의 작성이나 미국특허소송을 수행함에 있어서 이 법원의 입장을 참고하지 않을 수 없다.

미국특허 출원서에 발명의 내용을 적을 때 만일 발명이 미국 외에 존재하는 장치 등 구성요소를 포함하고 있으면 가능한 한 시스템으로 기술하여 시스템특허출원을 하는 것이 권리를 극대화할 수 있는 방법일 것이다. 또 특허소송을 수행함에 있어서는 만일 시스템특허의 침해여부가 문제되었고, 특허의 구성요소의 일부가 미국 외에 존재한 경우에는 그 시스템의 수익적 사용이 미국 내에서 이루어졌는지 여부를 면밀히 검토해야 할 것이다.

## 18. CBM(covered business method) 특허의 범위

Versata Development Group, Inc. v. SAP America, Inc. (Fed. Cir. 2015).
Unwired Planet LLC v. Google Inc., 841 F.3d 1376 (Fed. Cir. 2016).
Secure Axcess, LLC v. PNC Bank Nat'l Ass'n et al., No. 2016-1353, 2017 WL 676601 (Fed. Cir. Feb. 21, 2017).

### (1) 서설

미국의회는 covered business method(CBM)특허라는 카테고리를 새로 설정한 후 미국특허청이 부여한 영업방법(business method)특허 중에 CBM특허에 해당하는 특허에 대해서는 특허항고심판원(Patent Trial and Appeal Board, 이하 "PTAB")에 그 무효확인심판을 신청할 수 있게 하였다.[20]

특허침해소송의 피고 측에서 활용할 수 있는[21] 이 심판절차에서, 신청인은 법에 규정된 모든 특허무효사유[22]를 주장할 수 있을 뿐만 아니라 소송절차에서보다 낮은 수준의 입증으로도 무효확인을 받을 수 있어서[23] 특허침해소송의 피고에게는 이 심판절차가 중요한 무기가 될 수 있다. 의회가 이 행정심판절차를 마련한 것은 CBM특허소송의 피고가 신속하고 경제적으로 CBM특허의 효력을 다툴 수 있도록 배려한 것이다.

이와 같이 CBM특허의 경우 피고에게 편리한 무효확인절차가 마련되어 있으므로 방법특허의 특허권자는 침해소송을 제기하기 전에 자신의 특허가 CBM특허인가를 면밀히 검토할 필요가 있으며, 침해소송의 피고는 문제된 특허가 CBM특허이어서 그 효력을 PTAB에서 다툴 수 있는 건 아닌가 확인해 볼 필요가 있다.

---

20) AIA §18(d)(1); 37 c.f.r. 42.301(a).

21) 37 c.f.r. 42.302(a).

22) 35 usc §101 (불특허사항); §102 (신규성); §103 (진보성); §112 (기재불비).

23) 특허가 일단 부여되면 특허의 유효가 추정되므로 소송절차에서는 그 무효를 증명하려면, 높은 수준의 증거(clear and convincing evidence)를 제출해야 하나 특허청의 심판절차에서는 통상수준의 증거(preponderance of evidence)로써도 특허의 무효를 증명할 수 있다.

## (2) CBM특허의 의의

그러면 CBM특허는 어떠한 특허인가? 미국발명법(AIA, America Invents Act) 제18조는, CBM(Covered Business Method)특허란 금융상품이나 서비스를 제공하기 위하여 데이터를 가공하거나, 기타 작업을 하는 방법이나 그에 수반되는 장치를 내용으로 하는 특허로서 기술적 발명을 포함하지 않은 것이라고 규정한다. 이 CBM특허의 개념정의에서 핵심이 되는 것은 1) 금융상품이나 서비스를 제공하는데 쓰인다는 것과 2) 기술적 발명을 포함하지 않는다는 것이다:

1) 특허가 금융상품이나 서비스를 제공하는데 쓰였다고 인정되려면 특허가 금융산업분야의 것일 필요는 없으나[24] 금융활동적 요소는 갖추고 있어야 하며[25] 금융활동에 부수적이거나 보충적인 것만으로는 부족하다.[26]

2) 특허가 기술적 발명을 포함한 경우란 특허의 내용이 신규성과 진보성을 갖추고 기존의 기술적 문제를 기술적 방법으로 해결한 경우를 말한다.[27]

그리고, 특허의 청구항 중 어느 하나라도 이러한 CBM특허에 해당될 때에는 CBM특허의 무효확인심판절차를 이용할 수 있다.[28] 그러나, 어느 청구항이 CBM특허에 해당하는가 아닌가는 애매한 경우가 많아서 그 동안 당사자 사이에서 위의 두 핵심쟁점에 관하여 열띤 공방이 이루어졌고, PTAB와 연방항소법원(Court of Appeals for the Federal Circuit, 이하 "항소법원")은 이 판단에 필요한 기준을 제공하려고 노력해 왔다. 여기서는 그동안 그러한 노력을 기울인 주요 사건의 판결을 살펴본다.

---

24) Versata Development Group, Inc. v. SAP America, Inc. (Fed. Cir. 2015).

25) Secure Axcess, LLC v. PNC Bank Nat'l Ass'n et al., No. 2016-1353, 2017 WL 676601 (Fed. Cir. Feb. 21, 2017).

26) Unwired Planet LLC v. Google Inc., 841 F.3d 1376 (Fed. Cir. 2016).

27) 37 c.f.r. 42.301(b).

28) AIA §18(d)(1).

### (3) Versata 사건[29]

Versata사건에서 문제된 특허는 가격을 결정하는 방법에 관한 것이었다. 이 방법은 다수의 상품과 다수의 구매기관을 계층적으로 배열한 표를 이용하여 가격을 결정하는 방법이었는데 직접적으로 금융상품과 관련된 것은 아니었다. 오히려 이 특허는 그 실시 예로서 컴퓨터 부품의 가격을 결정하는 방식을 설명하고 있었다. 따라서 이 특허가 CBM특허가 되려면 해당 법 조항에서의 이른바 "금융상품 또는 서비스"를 금융산업 이외의 분야에서의 그것도 포함하는 것으로 해석해야 했다.

이 사건에서 PTAB는 법에 규정된 "금융상품 또는 서비스(financial product or service)"에서의 "금융(financial)"을 "금전과 관련된(relating to monetary matters)"으로 해석하면서 금융상품과 서비스는 금융산업에 있어서의 그것만을 의미하는 것은 아니며 금융산업 외의 분야에서의 금전과 관련된 모든 상품과 서비스도 포함한다고 보았는 데, 항소법원은 이 해석을 수용하면서 특허가 은행, 증권회사 등 금융기관의 것이거나, 금융기관의 활동에 직접적으로 영향을 주는 것이 아니어서 금융산업 이외의 분야의 것이라 하더라도 금전과 관련된 상품이나 서비스를 제공하는 데 쓰이는 것이면 CBM특허가 되는 것이라고 하고 그래서 이 사건 Versata의 특허는 금융산업 외의 분야에서 금전과 관련된 상품을 제공하는 데 쓰이므로 CBM특허라고 결론 내렸다.

또한, AIA 제18조에 의하면 특허가 기술적 발명을 포함하고 있으면 CBM특허가 될 수 없는데, Versata의 특허가 기술적 발명에 해당하는 것은 아닌가 하는 쟁점에 관하여 항소법원은, 특허가 컴퓨터의 사용을 필수적 요소로 하고 있다고 해서 기술적 발명이 되는 것은 아니라고 했다, 한편, Versata는 Versata의 특허가 대기업으로 하여금 계층적 배열표를 이용해서 가격을 결정할 수 있도록 함으로써 가격결정상의 기술적인 어려움을 해결하였으므로 기술적 발명에 해당한다고 주장하였는데, 항소법원은 이를 배척하면서, Versata의 특허는 오히려 조직관리표를 창안하였으므로 비기술적 발명에 해당한다고 하였다.

따라서 항소법원은 Versata의 특허가 CBM특허에 해당한다고 한 PTAB의

---

29) Versata Development Group, Inc. v. SAP America, Inc. (Fed. Cir. 2015).

결정을 유지하였다.

### (4) Unwired Planet 사건[30]

Unwired Planet사건에서 문제된 특허는 무선통신기를 사용하는 자가 그 통신기의 위치를 추적하지 못하도록 장치(setting)하는 방법에 관한 특허였다.

이 특허가 CBM특허인가를 판단하기 위하여 PTAB는 특허의 청구항이 금융활동에 부수적이거나 보충적인 행위를 내용으로 하고 있는가를 검토한 후, 이 특허의 위치추적차단 서비스는 결국 서비스의 판매에 관련된 것이기 때문에 이 특허는 금융활동에 부수적인 행위를 내용으로 하고 있으며 따라서 CBM특허에 해당한다고 하였다.

항소법원은, 어떠한 특허도 어느 정도는 상품이나 서비스의 판매에 관련되어 있는데, 이 정도의 관련성을 근거로 특허를 CBM특허로 인정하면 거의 모든 특허가 CBM특허로 되어 CBM특허의 행정심판절차의 대상이 될 텐데 그렇게 되면 일정범위의 특허에 한하여 제한적으로 PTAB가 심판권을 행사하도록 하려는 의회의 뜻에 정면으로 배치되는 결과가 된다고 하였다.

"금융활동에 부수적이거나 보충적인 것"이라는 표현은 CBM특허를 정의하는 AIA 제18조 규정에는 없으며, 만일 금융활동에 부수적, 보충적 기능을 한다는 이유로 어느 특허를 CBM특허로 본다면, 예컨대, 새로 발명된 전등을 은행의 귀중품 보관실에서 사용했을 때 매우 유용했으면 이 전등이 은행업에 부수적, 보충적 기능을 한다는 이유로 그 전등특허도 CBM특허로 보게 되는 매우 부적절한 결과가 생긴다고 하였다.

결국, 항소법원은, PTAB가 Unwired Planet사의 특허를 CBM특허로 보아 CBM특허의 행정심판절차에 부친 결정을 파기하고 사건을 PTAB에 환송했으며, 본 안의 쟁점, 즉 특허의 무효여부에 관하여는 판단하지 않았다.

---

30) Unwired Planet LLC v. Google Inc., 841 F.3d 1376 (Fed. Cir. 2016).

### (5) Secure Axcess 사건[31]

항소법원은, 특허가 AIA 제18조(d)(1)항에 규정된 CBM특허가 되려면 금융활동적 요소(a financial activity element)를 갖추고 있어야 하며, 금융활동에 부수적이거나 보충적인 것에 불과한 특허는 CBM특허가 될 수 없다고 했다.

Secure Axcess 사건에서 문제된 특허(제7,631,191호 특허, 이하 "'191특허")는 정확한 컴퓨터 웹 페이지를 제공해주는 방법에 관한 것이었다. PTAB는 '191특허가 금융기관의 고객으로 하여금 정확하게 금융기관의 웹 페이지에 접속할 수 있게 도와주는 것으로서, 금융상품이나 서비스에 부수되는(incidental to a financial product or service) 작업을 담당하므로 CBM특허에 해당한다고 판단하였다. 또한 금융기관들은 고객에게 어느 금융기관의 웹 페이지에 정확하게 접속했다는 확신을 줄 필요가 있으며 '191특허는 이러한 금융기관의 필요성 때문에 개발된 것이므로 CBM특허로서 CBM특허의 행정심판절차에 회부될 수 있다고 하였다.

Secure Axcess사가 항고하자, 항소법원은 '191특허를 CBM특허로 해석한 PTAB의 결정을 파기하고, 그 특허는 의회가 법으로 정한 CBM특허에 해당하지 않는다고 판결 하였다. 항소법원은 그 파기이유로서, CBM특허를 정의한 법규정을 보면 CBM특허는 금융활동적 요소를 갖추고 있어야 하는데 '191특허에는 이 금융활동적 요소가 결여되어있기 때문이라고 했다.

법원은 Unwired Planet사건에서 법원이 취했던 입장 즉, 금융서비스에 부수적이거나 보충적인 작업을 내용으로 하는 특허가 CBM특허라고 하면 법에 위배된다는 입장을 상기시키면서, 의회는 CBM특허를 제한적 범위에서 인정하였는데, 만일 어떠한 작업방법이나 이에 수반된 장치가 금융상품이나 서비스를 제공하는데 부수적 혹은 보충적으로 이용되었다고 해서 그 방법에 관한 특허를 모두 CBM특허라고 하면 이는 해당 규정을 지나치게 넓게 해석하는 것으로서 CBM심판을 법이 허용한 범위를 넘어 이용하는 결과가 된다고 하였다.

---

31) Secure Axcess, LLC v. PNC Bank Nat'l Ass'n et al., No. 2016-1353, 2017 WL 676601 (Fed. Cir. Feb. 21, 2017).

# 19. 특허권 소진의 범위

Impression Products, Inc. v. Lexmark International, Inc., 581 U.S. 1523 (2017).
2017. 5. 30. 연방대법원 판결

## (1) 서설

전통적인 특허권 소진론은 특허권자가 특허제품을 판매하면 그 제품에 대한 특허권자의 독점적 권리가 모두 소멸한다고 한다.[32] 그래서, 특허권 소진론에 의하면 한 번 특허제품이 판매되면 그 구매자나 그 후의 소유자는 그 제품을 자유롭게 사용하거나 다시 판매할 권리를 가지게 된다고 한다.[33]

그러나 최근, 연방대법원(이하 "대법원")은 Impression Products 사건에서 특허권 소진론의 적용범위를 다시 심리하였으며, 새로 대두된 문제는, 1) 특허권자가 특허제품을 조건부로 판매하였을 때, 어쨌든 판매행위는 있었으므로 전통적인 소진론에 따라 특허권자는 제품에 대한 권리를 모두 잃게 되는가 아니면 그 조건이 효력을 유지하여, 구매자가 그 조건을 위반하면 특허침해가 성립하는가 하는 문제와 2) 미국특허제품을 해외시장에서 판매한 경우에도 특허권이 소진되는가 하는 문제였다.

이 쟁점에 관하여 대법원은 1) 조건부판매의 경우, 즉 판매 후의 구매자의 행위를 제한하는 조건을 부쳐 판매한 경우, 그 조건은 특허법이 아니라 계약법에 의해서만 관철될 수 있으며, 2) 특허제품의 최초의 판매가 있었으면 그것이 국내에서의 판매이든 해외에서의 판매이든 특허권은 소멸한다고 판시하였다.[34]

이하에서는 이 대법원 판례의 법리적 근거를 살펴본다.

---

32) Quanta Computer, Inc. v. LG Electronics, Inc. 553 U.S. 617, 625 (2008).

33) Bowman v. Monsanto Co. 133 S. Ct. 1761, 1764 (2013).

34) Impression Products, Inc. v. Lexmark International, Inc., 581 U.S. 1523 (2017).

## (2) 사건의 사실관계

Lexmark사(이하 "Lexmark")는 프린터기에 사용하는 잉크 카트리지에 관한 특허를 보유한 회사로서 이 특허를 이용하여 잉크 카트리지를 제조하여 국내 외에서 판매하였는데 국내에서 판매된 물건의 전부와 해외에서 판매된 물건의 일부는 일회용으로 하여 재판매를 금지한다는 조건(single-use/no-resale restriction)을 명백하게 붙여 판매하였다. Impression Products사(이하 "Impression")는 한 번 사용된 이들 재사용/재판매 금지 카트리지를 사들여 이를 재사용/재판매할 수 있게 재생시킨 후 미국 내에서 판매하였고 외국에서 획득한 Lexmark의 카트리지도 재사용/재판매가 가능하도록 재생시킨 후 이를 미국 내에 수입하였다. 이에 Lexmark는 Impression을 상대로 특허침해소송을 제기하였다.

여기서 문제는 Lexmark가 제품의 재사용/재판매를 금지하는 조건을 명백히 붙여 제품을 판매하였는데 이 조건을 위반한 Impression의 행위가 특허의 침해행위가 되는가 아니면 일단 판매는 이루어졌으므로 소진론에 따라 제품에 대한 특허권은 소멸하였고 Impression의 행위는 정당한가 하는 것이었다.

## (3) 연방지방법원과 연방항소법원의 판결

연방지방법원(이하 "지방법원")에서 Impression Product사는, Lexmark사의 특허권은 카트리지가 판매된 순간 소진되었으므로 Lexmark사의 청구의 기각을 신청하였고, 이에 지방법원은 국내에서 판매된 재사용/재판매 금지 카트리지에 관해서는 Impression Products사의 주장을 받아들여 Lexmark사의 청구를 기각하였으나, 해외에서 판매된 카트리지에 관해서는 특허권이 소진되지 않았다는 이유로 Lexmark사의 청구를 기각하지 않았다.

Lexmark사가 항소하자 연방항소법원(Court of Appeals for the Federal Circuit, 이하 "항소법원")은 일찍이 Mallinckrodt사건에서 항소법원이 취하였던 입장을 따르며,

1) 조건부 판매에 있어서는 조건이 상대방에게 명확히 전달되고 조건이 불법적인 것이 아니면, 특허권자는 판매 후에도 특허침해소송에 의해 그 조건을 관철시킬 수 있다고 하였다.[35] 항소법원은, 특허권 소진의 효력을 추정적

효력으로 이해하고 이러한 추정적 효력은 특허권자가 명백히 조건을 붙여 제품을 판매한 경우에는 발생하지 않는다고 하였다.

2) 제품이 해외에서 판매된 경우에 관하여 항소법원은 Jazz Photo사건에서 항소법원이 취한 입장을 답습하며, 제품이 해외에서 판매된 경우에는 특허권이 소진되지 않으며, 따라서 해외에서 판매된 제품을 특허권자의 동의 없이 미국 내로 수입하여 판매하면 특허침해행위가 된다고 하였다.36) 해외판매의 경우 특허권이 소진되지 않는 것은 해외판매는 특허권자에게 특허에 대한 정당한 보상을 보장하지 못한다는 데 그 이유가 있다고 하였다.

### (4) 연방대법원의 판결

#### 1) 조건부판매의 경우

연방대법원(이하 "대법원")은, Lexmark사가 제품의 재사용이나 재판매를 제한하는 조건을 붙여 제품을 판매하였다 하더라도 제품을 최초로 판매했을 때 Lexmark의 특허권은 소진됐다고 하고, 다만 그 조건의 이행은 계약법에 의하여 강제할 수 있다고 하였다. 대법원은, 현대사회에서 공급되는 다량의 제품에는 많은 특허가 내재되어 있는데 "최초의 판매행위 이후에도 특허권의 효력이 미치게 하는 것은 특허권자에게 큰 도움도 되지 않으면서 상거래의 안전만을 위협하게 된다"고 하였다.

대법원은, 자동차 수리업을 예로 들면서, "자동차 수리업이 안정적으로 운영될 수 있는 것은 최소한 자동차를 가지고 수리소로 오는 손님들은 그 자동차의 소유자일 것이므로 마음 놓고 자동차를 수리해도 된다는 믿음을 자동차 수리소가 가질 수 있기 때문이라고 했다. 만일 자동차에 들어가는 수많은 부품의 제조업체가 부품의 최초의 판매 이후에도 그에 대한 특허권을 행사할 수 있는 것으로 하면 원활한 상거래는 파탄에 이르게 될 것이다."라고 하였다.

#### 2) 해외판매의 경우

미국저작권법 제109조(a)항은 " … 저작물의 소유자는 저작권자의 간섭을 받지 않고 자유롭게 저작물을 판매하거나 기타 처분을 할 수 있다. … "라고 규

---

35) Mallinckrodt, Inc. v. Medipart, Inc., 976 F. 2d 700 (Fed. Cir. 1992).

36) Jazz Photo Corp. v. International Trade Commission, 264 F. 3d 1094 (Fed. Cir. 2001).

정하고 있는데, Kirtsaeng사건에서 대법원은 이 조항을 해석하면서 저작물의 경우 해외에서 판매된 경우에도 저작권은 소진된다고 판결하였다.

대법원은 2013년 Kirtsaeng사건에서의 이 대법원 판례를 인용하며, 해외에서의 특허제품의 최초의 판매도 국내에서의 특허제품의 최초의 판매와 마찬가지로 제품에 대한 특허권을 소진시킨다고 했다. 대법원은, 저작물의 판매로 인한 저작권의 소진을 규정한 법 조항은 보통법상의 저작권 소진의 원칙에 근거를 두고 있는데 이 보통법 원칙은 지리적으로 제한 없이 적용되는 것이므로, 저작권 소진의 법규정도 지리적 제한 없이 적용되어야 한다고 하였다.[37]

대법원은, 이 저작권법상의 원칙을 저작권법과 밀접한 관계에 있는 특허법에 적용하는 것은 자명한(straightforward) 이치로 보인다고 하면서, "특허권 소진의 원칙과 저작권 소진의 원칙을 달리 취급할 아무런 이론적, 실질적 (theoretical or practical) 근거도 찾아볼 수 없다"고 하였다.

## 20. 특허권 소진의 범위

Quanta Computer, Inc. v. LG Electronics, Inc., 128 S.Ct. 2109, 86 U.S.P.Q.2d 1673 (2008).
2008. 6. 9. 연방대법원 판결

### (1) 서설

#### 1) 특허권의 소진론

특허법은 특허권자에게 특허의 존속기간 동안 미국 내에서 특허제품을 제조, 사용, 판매, 판매에의 제공 또는 수입하는 행위를 독점할 배타적 권리를 부여하였다.[38] 그런데 전통적인 특허권 소진론은 특허권자가 특허제품을 판매하면 그 제품에 대한 특허권자의 이와 같은 독점적 권리가 모두 소멸한다고 한다.[39] 그래서, 특허권 소진론에 의하면 한 번 특허제품이 판매되면 그 구매자

---

37) 17 U.S.C. §109(a).
38) 35 U.S.C. 154(a).
39) Quanta Computer, Inc. v. LG Electronics, Inc. 553 U.S. 617, 625 (2008).

나 그 후의 소유자는 특허권자의 간섭을 받지 않고, 그 제품을 자유롭게 사용
하거나 다시 판매할 권리를 가지게 되는 것이다.[40] 특허권의 소진론은 특허침
해소송에서 피고가 방어방법으로 원용하면서 발달해 왔다.

### 2) 특허권 소진에 관한 판례의 변천

Quanta사건이전에 연방항소법원(Court of Appeals for the Federal Circuit, 이하
"항소법원")과 연방지방법원(이하 "지방법원")은 수년 동안 이 소진론의 적용범위
를 축소해 왔다. 예컨대, 특허권자가 물건을 판매할 당시에 계약으로 일정한
조건을 부과하였을 경우에는 특허권의 소진이 생기지 않고 그 조건의 이행은
특허권의 행사에 의해 강제할 수 있다고 했다. 그 이유는 이런 경우 특허권자
는 조건이 부과된 물건을 상당하는 가격에 판매하였을 것이기 때문이다. 다만,
계약에 의한 조건의 부과가 공정거래법이나 계약법에 위배되거나, 특허의 남용
에 해당하면 이를 허용하지 않았다. 그리고 방법특허의 경우는 특허권의 소진
론이 적용되지 않는다고 하였다.

그러나, Quanta사건에 이르러 연방대법원은 이러한 하급법원들의 소진론
의 적용범위를 축소하는 경향에 제동을 걸면서 소진론의 적용을 확대하는 판
결을 내놓았다.

Quanta사건에서 특허권의 소진에 관하여 제기된 문제는 1) 방법특허의 경
우, 어떠한 때 물건의 판매로 인하여 방법특허가 소진될 수 있는가 하는 문제
와 2) 어떠한 때, 특허권 소진의 전제가 되는 권한 있는 판매가 있었다고 볼
수 있는가의 문제였다.

이 문제에 대하여 연방대법원은 1) 방법특허의 경우, 만일 물건이 방법특
허의 중요부분을 모두 갖추고 있을 때(substantially embodies) 그 물건을 판매하
면 방법특허가 소진된다고 하고 2) 특허권자가 제품이 판매된 후의 구매자의
행위를 제한하는 조건을 부쳐 제품이 판매되도록 하였을 때에도 권한 있는 판
매행위가 있었으면 특허권은 소진된다고 판시하였다.

이하에서는 Quanta사건에 관하여, 그 사실관계, 하급심의 판결, 연방대법
원의 판결의 순으로 살펴본다.

---

40) Bowman v. Monsanto Co. 133 S. Ct. 1761, 1764 (2013).

### (2) 사실관계

LG 전자㈜(이하 "LG")는 마이크로프로세서와 칩셋에 관한 물건특허와 이들 부품과 메모리, 버스 등을 결합시켜 컴퓨터를 제조하는 방법에 관한 방법특허를 보유하고 있었다. LG는 인텔(Intel)사에게 라이선스를 제공하여 인텔이 이 특허기술을 이용하여 마이크로프로세서와 칩셋을 제조한 후 이를 이용하여 스스로 컴퓨터를 제조하거나, 이들 부품을 제3자에게 판매할 수 있도록 하였다. 다만, LG와 인텔이 이 License계약과 동시에 체결한 Master계약서에서는 인텔이 이들 마이크로프로세서와 칩셋을 제3자에게 판매할 때는, 이들 제품과 인텔사 이외 회사(이하 "비인텔사")의 제품을 결합하여 컴퓨터를 제조해서는 안 된다는 것을 구매자에게 고지하도록 인텔사에게 의무를 부과하였다.

Quanta Computer, Inc.(이하 "Quanta")는 인텔이 LG의 특허기술을 이용하여 생산한 마이크로프로세서와 칩셋을 인텔로부터 구입하고 그 용도제한에 관한 고지도 받았다. 그러나 Quanta는 그 용도제한을 위반하면서 인텔의 마이크로프로세서와 칩셋을 비인텔사가 제조한 메모리와 버스에 결합하여 다량의 컴퓨터를 생산, 판매하였다.

LG는 Quanta를 상대로 소를 제기하며, Quanta가 LG의 특허를 침해하였음을 주장하였다. Quanta사가 인텔의 마이크로프로세서와 칩셋을 비인텔사가 제조한 메모리와 버스에 결합하여 컴퓨터를 생산함으로써 LG의 방법특허를 침해했다는 것이다.

### (3) 하급심의 판결

사건을 맡은 지방법원은, "판매에 의한 특허권 소진의 원칙은 물건특허에는 적용되나 방법특허에는 적용되지 않는다고 하면서, 그러므로 Quanta사가 인텔로부터 구입한 마이크로프로세서와 칩셋을 비인텔사의 메모리와 버스에 결합하여 컴퓨터를 생산한 행위는 LG의 방법특허의 침해행위가 된다"고 판결하였다.

이어, 항소심에서 항소법원은 특허권 소진의 원칙은 방법특허에는 적용되지 않는다고 하고, 또한, 이 사건에서는 LG가 인텔에게 LG특허 마이크로프로세서와 칩셋을 제조, 판매하는 것을 허락하면서 이들 부품을 비인텔사 메모리와 버스에 결합하여 컴퓨터를 제조할 구매자에게 판매하는 것을 허락하지는 않았으므로 인텔의 Quanta사에 대한 판매행위는 권한 있는 판매행위(authorized sale)로 볼 수 없으며 따라서 이 사건에서는 정당한 판매행위가 결여되어 있으므로 특허권 소진의 원칙이 적용될 수 없다고 판시하였다.

### (4) 연방대법원의 판결

#### 1) 방법특허와 특허권의 소진
##### ① 당사자의 주장

LG는 방법특허는 유체물에 관한 것이 아니며 어떤 과정에 관한 것이므로 그 권리가 판매에 의해서 소진될 수는 없다고 하면서 소진론은 발명의 모든 요소를 갖춘 물건의 판매 시에 적용되어야 한다고 주장하였다.

한편, Quanta는, 방법특허라고 해서 소진론이 적용되지 않을 이유는 없으며, 그동안 연방대법원과 항소법원도 소진론을 방법특허에 적용해왔다고 주장하였다. 즉, 어느 특허기술의 일부만을 이용하여 만든 물건을 판매한 때에는, 그 특허권이 소진되지 않을 것이나, 이 사건에서처럼 인텔이 제조한 마이크로프로세서와 칩셋은 컴퓨터 시스템 안에서 메모리 및 버스와 결합함으로써 LG의 방법특허를 실시하게 되며, 그 이외의 용도는 상상할 수 없으므로, 인텔의 제품은 이미 LG의 방법특허를 체화하고 있다 하겠고, 따라서 그 제품의 판매는 방법특허를 소진시키는 것으로 보아야 한다고 했다.

##### ② 연방대법원의 판결

대법원은 방법특허에 소진론이 적용된 사례로서 Ethyl Gasoline Corp. 사건과[41] Univis 사건을[42] 검토한 후, 방법특허는 유체물을 대상으로 하는 것은 아니므로 유체물처럼 판매될 수는 없으나, 방법이 유체물에 체화되어(embodiment) 판매될 수는 있으며, 이러한 때에는 그 방법에 대한 특허는 소진된다고 결론을 내렸다.

즉, Univis 사건에서는 반가공품 렌즈에 대한 특허가 문제되었는데 특허된

---

41) Ethyl Gasoline Corp. v. United States, 309 U.S. 436 (1940).
42) United States v. Univis Lens Co., 316 U.S. 241 (1942).

반가공품 렌즈는 이를 구입한 도매상이나 소매상이 갈고 닦아서 다초점 렌즈를 만들 수 있는 재료였다. 대법원은 이 반가공품 렌즈가 판매되었을 때 이 렌즈로 다초점 렌즈를 만드는 방법특허도 소진되었다고 보았는데 그 이유는 이 렌즈는 갈고 닦아서 다초점 렌즈로 만드는 이외에는 다른 용도가 없었으며, 그 갈고 닦는 과정은 특별한 것이 아니고 모든 안경렌즈의 제조과정에 불과하기 때문이라고 했다.

대법원은 인텔의 마이크로프로세서와 칩셋은 LG특허의 모든 요소를 체화하고 있어서 통상적인 메모리 및 버스와 결합만 하면 사용할 수 있었으며, 다른 용도는 존재하지 않았으므로 그 판매에 의해 LG의 관련특허는 방법특허까지 모두 소진되는 것으로 보아야 한다고 했다. 요컨대, 판매된 상품이 특허의 핵심적 요소를 모두 이용해서 만들어진 것이면 판매로 해당 특허권은 소진된다는 것이다.

방법특허에 관해서는 판매된 물건에 방법특허의 중요부분이 체화되어 있었는가(substantial embodiment)여부를 판단하였지만 특허권의 소진에 관하여 대법원은 물건특허와 방법특허를 달리 취급한 적이 없다고 하면서 만일 방법특허에 관하여 특허권 소진론이 적용되지 않는다고 하면 모든 특허에 방법에 관한 청구항을 포함시켜서 판매행위 이후에도 로열티의 지불을 강제하려는 움직임이 횡행하게 될 것이다.[43] 그러므로, 특허권 소진론이 공익에 기여하는 길을 막는 이러한 기만행위를 차단하기 위해서라도 방법특허에도 특허권 소진론이 적용되는 것으로 판단해야 할 것이라고 했다.

### 2) 권한 있는 판매행위와 특허권의 소진

LG는 인텔의 제품판매행위는 권한 있는 판매행위(authorized sale)가 아니었다고 주장한다. 왜냐하면, LG는 인텔에게 인텔제품을 비인텔사의 메모리나 버스와 결합해서 사용할 구매자에게 판매하는 것을 금지했기 때문이라고 했다.

대법원은 그러나 LG측이 LG와 인텔 사이에 체결한 라이선스 계약과 Master 계약내용을 정확하게 파악하지 못했다고 지적하면서, 라이선스 계약의 어디에도 인텔이 인텔 제품을 비인텔사의 메모리나 버스와 결합해서 사용할

---

43) University of Rochester v. G. D. Searle & Co., 358 F.3d 916 (Fed. Cir. 2004).

구매자에게 판매하는 것을 금지하는 조항이 없기 때문에 그러한 판매를 권한 없는 판매로 볼 수는 없다고 했다.

또 Master 계약에서 LG는 인텔이 제품구입자에게 인텔 제품을 비인텔사 제품과 결합해서 사용할 수 없다는 것을 미리 고지하도록 했는데 인텔은 Quanta에게 제품을 판매할 때 이 고지의무를 이행하였기 때문에 계약위반행위도 없었다고 했다.

그러므로, 인텔의 Quanta에 대한 제품판매행위는 권한 있는 판매행위였으며, 따라서 그 판매에 의해 LG의 특허권은 모두 소진된 것으로 보아야 한다고 판시하였다.

## 21. 특허권의 균등적 범위

Enzo Biochem Inc. v. Applera Corp. (Fed. Cir. 2017).
2017. 8. 2. 연방항소법원(CAFC) 판결

### (1) 서설

2017년 8월 2일 연방항소법원(Court of Appeals for the Federal Circuit, 이하 "항소법원")은 미국특허 제5,449,767호(이하 "'767특허")의 청구항의 해석과 그 균등적 침해의 범위에 관하여 Conneticut주 연방지방법원(이하 "지방법원")과 입장을 같이하며 이 지방법원의 판결을 유지하였다.

Enzo사건도 특허의 균등적 침해여부를 심리, 판단한 사건이었다. 균등적 침해여부를 판단하려면 먼저 특허 청구항을 해석하여 특허의 균등적 범위를 파악하여야 하는데 Enzo사건에서는 청구항을 해석할 때 청구항의 기재내용은 물론 명세서의 기재내용까지 참고하여 그 균등적 범위를 확인하였다는데 특징이 있다.

이하에서는 Enzo Biochem사와 Applera사 사이에서 13년간 지속된 이 사건에서 미국법원이 특허의 균등적 침해문제를 어떻게 처리했는지 살펴본다.

### (2) 사건의 진행과정

이 사건에서 문제된 특허발명은 어떤 샘플로부터 특정의 DNA배열이나, RNA배열을 찾아내거나 혹은 알려지지 않은 새로운 DNA배열을 찾아내는 뉴클리오티드(nucleotide) 탐색기에 관한 것이었다.

이 사건은 2004년에 Enzo가 Applera를 상대로 특허침해소송을 제기함으로써 시작되었는데, 이 소송에서 Enzo는 Applera가 Enzo의 특허 6개를 침해했다고 주장하였다가 2012년에 특허침해의 범위를 수정하여 Applera가 미국특허 제5,449,767호(이하 "'767특허")의 1, 8, 67, 68 그리고 70번 청구항만을 침해했다고 주장하였다. 그러자, 배심은 Applera가 이들 청구항을 침해하였다고 판단하고, Applera는 Enzo에게 48.6백만불을 손해배상해야 한다는 평결을 내놓았다.

Conneticut주 지방법원이 이 평결에 따라 판결하자 Applera는 항소법원에 항소하면서, 지방법원은 청구항의 해석에서 오류를 범했다고 주장하였다. 즉, '767특허의 청구항은 오로지 간접적 탐색만을 내용으로 하고 있는데 지방법원은 그 청구항이 직접적, 간접적 탐색을 모두 포함하고 있는 것으로 해석했다고 하였다. 만일 청구항이 직접적 탐색도 포함하고 있다고 해석하면 '767특허는 오히려 기재불비와 실시불가능(lack of written description and lack of enablement)을 이유로 무효로 취급될 것이라고 주장하였다.

항소법원은 '767특허의 1번 청구항을 대표적 청구항으로 취급하면서, 1번 청구항은 간접적 탐색만을 내용으로 하고 있다고 판단하고, 이 청구항이 직접적, 간접적 탐색을 모두 포함하고 있는 것으로 해석한 지방법원의 판결을 파기한 후, 사건을 지방법원에 환송하였다(Enzo II).[44]

환송 후의 지방법원에서 Enzo는 Enzo II판결이 간접적 탐색만 포함하고 있다고 한 청구항은 1번 청구항이며 따라서 다른 청구항은 직접적 탐색도 포함하고 있다고 주장하였다. 그러나 지방법원은 Enzo II판결이 간접적 탐색만을 포함하고 있다고 한 청구항은 1번 청구항만은 아니며, 모든 청구항이라고 하면서 따라서 직접적 탐색만을 이용하는 Applera의 기술은 '767특허를 침해하지

---

44) Enzo Biochem, Inc. v. Applera Corp. (Enzo II), 780 F.3d 1149, 1150 (Fed. Cir. 2015).

않았다고 하며 약식판결(summary judgment)로 Applera측의 불침해를 선언하였
다.45) Enzo는 다시 항소하였다.

### (3) 연방항소법원의 판결

#### 1) Enzo Ⅱ의 적용범위

항소심에서 Enzo는 같은 주장을 되풀이하였다. 즉, Enzo Ⅱ판결이 간접적
탐색만 포함하고 있다고 한 청구항은 1번 청구항이며 따라서 다른 청구항은 직
접적 탐색도 포함하고 있다고 주장하였다. 그러나, 항소법원은 Enzo Ⅱ판결이
간접적 탐색만을 내용으로 하고 있다고 한 청구항은 1번 청구항만이 아니라 문
제된 모든 청구항이었다고 하면서 그 이유로 다음의 두 가지 점을 지적하였다:

　1) Enzo Ⅱ 판결에서 항소법원은 지방법원이 문제의 "청구항들"("claims")이 직접
적 탐색도 포함하고 있다고 해석한 것은 오류였다고 지적하였으므로, Enzo Ⅱ는 1번
청구항만이 아니라, 이들 청구항 모두가 간접적 탐색만을 포함하고 있다고 해석한
것이다.46) 또

　2) Enzo Ⅱ사건에서 항소법원은 '767특허의 "청구항들"이 직접적 탐색도 포함하는
가를 판단하기 위하여 명세서의 기재사항을 참고하였으나 명세서에서는 이들 청구
항에 직접적 탐색도 포함됐다는 근거를 찾을 수 없었다고 하였다.

#### 2) 균등적 침해의 성립여부

항소법원은, Applera의 제품이 직접적 탐색을 내용으로 하고 있고, Enzo의
특허는 간접적 탐색만을 내용으로 하고 있으므로 Applera의 제품은 Enzo의 특
허를 직접적으로(문언적으로, literally) 침해하지 않았지만, 그러나 그 제품의 구
성요소와 특허제품의 구성요소 사이에 균등성이 인정되면 균등적 침해가 성립
한다고 설명하고,47) 그런데 둘 사이에 균등성이 인정되는가 아닌가는 특허의

---

45) 약식판결(summary judgment)은 이를 신청한 상대방 측에 유리한 합리적 추정을 모두 해도 사
　　건의 주요사실에 관하여 다툼이 없는 경우에 사실심리를 생략하고 법적 문제에 대하여만 하
　　는 판결을 말한다.

46) Enzo Ⅱ, 780 F.3d at 1150.

47) Warner-Jenkinson Co. v. Hilton Davis Chem. Co., 520 U.S. 17, 21 (1997).

성질, 선행기술, 그리고 주변사정 등을 종합하여 판단하여야 한다고 하였다.[48]

이어서 항소법원은 이 사건에서 문제된 청구항들은 균등론에 의하더라도 직접적 탐색기술은 포함할 수 없다는 것을 다음과 같이 설명하였다:

> 일찍이 본 법원(CAFC)은 Dolly사건에서 "특허 청구항으로부터 구체적으로 제외된 요소는 균등론을 주장하여 다시 찾아올 수 없다"고 판시한 바 있다.[49] 그런데 이 사건의 '767특허는 그 명세서에서 간접적 탐색기술이 직접적 탐색기술보다 탐색능력이 우월하다고 강조하고 있으므로 직접적 탐색기술은 청구항의 범위에서 구체적으로 제외한 것으로 청구항을 해석할 수 있다.
>
> 그러므로, Dolly의 법리를 이 사건에 적용하면, 청구항의 범위에서 구체적으로 제외됐던 직접적 탐색기술을 균등론에 의해서 되찾아 올 수는 없으며 청구항은 간접적 탐색기술만 포함하고 있다고 보아야 한다. 지방법원이 적절히 지적했듯이 이 사건에서 "Enzo든, 배심원들이든 직접적 탐색기술이 간접적 탐색기술과 중요한 차이가 없고 서로 균등하다고는 말할 수 없을 것이다".

결론적으로 직접적 탐색기술을 사용하는 Applera의 제품이 균등론에 의하더라도 간접적 탐색기술에 관한 Enzo의 특허를 침해했다고 볼 수는 없으며, 따라서 항소법원은 Enzo의 항소를 기각하고 지방법원의 약식판결을 유지하였다.

---

48) Graver Tank & Mfg. Co. v. Linde Air Prods. Co., 339 U.S. 605, 609 (1950).
49) Dolly, Inc. v. Spalding & Evenflo Cos., 16 F.3d 394, 400 (Fed. Cir. 1994).

# IV

# 특허권의 침해

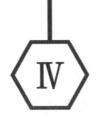

# 특허권의 침해

## 22. 공동행위자의 방법특허침해

Akamai Technologies, Inc., v. Limelight Networks, Inc., -- F.3d -- (Fed. Cir. 2015) (en banc).
2015. 8. 13. 연방항소법원(CAFC) 전원합의부 판결

### (1) 서설

방법특허의 직접침해는 행위자가 스스로 또는 대리인이나 피고용인을 지휘, 감독하여 방법특허를 구성하는 행위의 전부를 수행한 경우에 성립한다.[1]

그렇다면, 만일 피고가 방법특허를 구성하는 행위의 거의 전부를 스스로 행하고 마지막 행위만을 고객이 자유롭게 행할 수 있도록 여건을 마련한 경우에, 고객이 그 마지막 행위를 스스로 행하면, 피고는 그 방법특허를 침해한 자로서 책임을 져야 하는가?

이 경우, 피고는 고객을 지휘, 감독하지 않았으므로 그 동안의 법리에 의하면, 고객의 행위는 피고에게 귀속되는 것("attributable to a single party")으로 볼 수 없고 따라서 피고의 방법특허침해는 성립하지 않는 것으로 보게 된다.

그런데, 2015년 8월 Akamai사건에서 연방항소법원(Court of Appeals for the Federal Circuit, 이하 "항소법원")은 이와 같이 복수의 행위자가 침해행위를 분담

---

1) 35 U.S.C. §271(a): Muniauction, Inc. v. Thomson Corp., 532 F.3d 1318 (Fed. Cir. 2008).

한 경우(divided infringement)의 침해성립문제를 심리하고 새로운 기준을 제시하였다. 즉, 항소법원은, 피고가 타인이 어떤 이익을 취득하려면 방법특허를 구성하는 행위의 일부를 행해야 하게끔 조건을 마련하고 그 수행방법이나 시기도 미리 알렸을 경우에는 피고는 그 타인의 행위에 대하여 책임을 져야한다고 판시하였다.

여기서는 이 법문제의 해결을 위해 연방지방법원, 연방항소법원, 연방대법원이 고심했던 Akamai사건의 진행과정을 살펴보기로 한다.

## (2) 연방지방법원과 연방항소법원의 판결

Akamai사(이하 "Akamai")는 CDN(Content Delivery Network)을 사용하여 전자정보를 효과적으로 전달하는 방법특허의 전용실시권자였다. 같은 분야의 Limelight사(이하 "Limelight")도 CDN을 이용하여 전자정보를 전달하였는데 Limelight사는 Akamai사 방법특허의 방법을 구성하는 행위 중 거의 모든 행위를 스스로 수행하고 마지막 행위 즉 tagging만은 고객이 임의로 행하도록 하고 고객의 tagging을 지휘, 감독하지는 않았다.

2006년에 Akamai는 Limelight를 상대로 Massachusetts주의 연방지방법원에서 특허침해소송을 제기하였으며, 연방지방법원(이하 "지방법원")의 배심원단은 Limelight가 Akamai의 특허를 침해했다고 평결하였다.

그러나, 사건이 아직 연방지방법원에 계속 중에 항소법원은 Muniauction사건에서 같은 문제를 다루면서 직접침해가 성립하려면, 한 행위자가 방법특허를 구성하는 행위 모두를 스스로 행하거나 타인을 지휘, 감독하여 행함으로써 행위 전체가 감독자의 행위로 간주될 수 있는 경우여야 한다고 판시하였다. Muniauction사건에서 항소법원은 피고의 특허침해를 부인하였는데 그 이유는 이 사건에서 피고는 방법특허 구성행위의 일부만 행하였고 나머지는 피고의 고객들이 행하였는데 피고는 그 시스템의 이용법을 고객들에게 미리 고지하였을 뿐 고객들을 지휘, 감독하지는 않았기 때문이었다.[2]

지방법원은 이 법리를 원용하며, 이 사건에서 Limelight사는 Akamai사의 방법특허를 구성하는 행위를 전부 수행하지는 않고 마지막 행위인 Tagging은

---
2) Muniauction, 532 F.3d at 1330.

고객의 자유에 맡겼으므로 Limelight사의 행위는 특허의 직접침해를 구성하지 않는다고 판단하였다. 또한 이 사건에서 Limelight사가 간접침해의 책임을 지려면 타인의 직접침해행위에 의존해야 하는데 이 사건에는 타인의 직접침해행위가 존재하지 않았으므로 Limelight사의 행위는 특허의 간접침해도 될 수 없다고 하였다.[3]

Akamai사가 항소하자, 항소법원은 지방법원의 판결을 파기하면서, 피고는 원고의 방법특허를 구성하는 행위의 일부만을 수행하고 나머지 행위는 타인이 수행하였는데, 피고는 그러나 타인의 행위를 유도하였으므로 미국특허법 제271조(b)항의[4] 특허의 유도침해의 책임을 지며, 이 경우 타인의 직접침해행위가 존재하지 않는다 하더라도 특허의 유도침해의 성립에는 영향을 미치지 않는다고 하였다.[5]

### (3) 연방대법원의 판결

Limelight가 상고하자 연방대법원은 사건을 심리한 후 다음과 같은 이유로 항소법원의 제271조(b)항 적용을 파기하고 사건을 항소법원에 환송하였다:[6]

Muniauction 사건에서 항소법원은 방법특허를 구성하는 모든 행위를 피고가 단독으로 혹은 타인을 지휘, 감독하여 수행한 경우가 아니면 방법특허의 직접침해가 성립하지 않는다고 하였는데 이 직접침해의 성립요건을 전제로 판단할 때, 이 사건에서는 Akamai 방법특허를 실시하는 단계적 행위의 전부를 Limelight나 그 고객 등 어느 개인에게 귀속시킬 수 없으므로 이 사건에서는 아무도 직접침해행위를 했다고 볼 수 없다.

특허의 유도침해는 직접침해행위가 존재할 때 이에 의존하여서만 성립할 수 있는 것이므로[7] 특허의 직접침해행위가 없는 이 사건에서 Limelight의 행위를 특허의 유도침해행위로 볼 수도 없다. 예컨대 어느 방법특허를 구성하는 행위가 12가지인데

3) Akamai Technologies, Inc. v. Limelight Networks, 614 F. Supp. 2d 90 (2009).
4) Id. §271(b).
5) Akamai Technologies, Inc. v. Limelight Networks, Inc., 692 F.3d 1301 (Fed. Cir. 2012).
6) Limelight Networks, Inc. v. Akamai Technologies, Inc., 134 S. Ct. 2111 (2014).
7) Aro Mfg. Co. v. Convertible Top Replacement Co., 365 U.S. 336, 341.

피고가 타인에게 대가를 지불하고 그 중 가장 중요한 행위를 수행하게 하였다고 하자. 그리고 나머지의 어느 행위도 행해지지 않았다고 하자. 이 때에도 이 사건에 관한 항소법원의 입장에 의하면 피고가 방법특허 구성행위의 주요부분을 타인이 행하도록 유도하였다는 이유만으로 제271조(b)항에 의거 피고를 특허침해의 유도행위자로서 책임을 지도록 하게 되는데 직접침해행위가 완성된 적이 없는데도 침해유도행위의 성립을 인정하는 것은 불합리하다.

제271조(b)항의 해석에 관한 당 법원의 입장은 미국특허법 제271조(f)(1)에[8] 의해서도 뒷받침되고 있다. 즉, 제271조(f)(1)은 피고가 특허발명품의 부품을 전부 또는 거의 전부 해외에 공급해서 해외에서 그 특허발명품이 생산되도록 적극적으로 유도하였으면, 특허침해의 유도행위가 성립하도록 규정하고 있는데, 이는 제품의 생산행위가 해외에서 이루어졌으므로 미국특허의 직접침해행위는 없는 경우이지만 의회가 특별조항을 두어 미국특허침해의 유도행위가 성립하는 것으로 하고 있는 것이다.

특허침해가 되지 않는 행위를 유도했을 때도 그 유도행위에 대하여 행위자가 책임지도록 할 필요가 있을 때는 의회가 입법에 의해 그렇게 하고 있는데, 의회의 그러한 입법이 없을 때 법원이 비침해행위를 유도한 행위에 대하여 행위자가 책임지게 하는 것은 사법권의 한계를 일탈하는 것이다.

이 사건에서는 해당 방법특허를 구성하는 행위를 어느 개인이 모두 수행한 것으로 볼 수는 없는 상황이므로 직접특허침해는 존재하지 않으며, 따라서 Limelight는 특허침해의 유도행위를 한 자로도 볼 수 없다.

이 법리에 의하면, 방법특허를 구성하는 단계적 행위들을 피고가 의도적으로 타인과 나누어 행하고 그 타인의 행위를 (계약 또는 고용관계 등에 의하여) 피고의 행위로 간주할 수 없는 경우에는 피고가 방법특허침해의 책임을 모면할 수 있는 불합리한 결과가 발생하겠으나 이는 항소법원의 특허법 제271조(a)항의 해석 즉, 직접침해의 성립범위의 해석에 따른 결과이며, 이러한 불합리를 예방하기 위해서 특허법이 명백히 규정하고 있는 침해유도행위의 성립범위를 근본적으로 변경하는 것은 정당화될 수 없다.

당 법원의 심리대상으로 제기된 문제는 이 사건에 특허법 제271조(a)항의 직접침해행위는 존재하지 않는 것을 전제로 하고, 그런 때 제271조(b)항의 침해유도행위가 성립할 수 있는가 하는 것이므로, 당 법원은 이 사건에서 직접침해행위의 성립범위

---

8) 35 U.S.C. §271(f)(1).

를 판단한 Muniauction 판결의 정당성은 심리하지 않고 제271조(b)항의 해석 적용만 한다. 그리하여, 당 법원은 제271조(b)항의 해석 적용에 관한 이 사건 항소법원의 판결을 파기하며, 제271조(a)항의 재해석 문제는 항소법원에 환송한다.

## (4) 파기환송 후 연방항소법원의 판결

### 1) 항소법원 합의부의 판결

대법원이 사건을 항소법원에 환송하며 제271조(a)항의 재해석을 요구하자 2015년 5월 항소법원 합의부가 이를 재해석하였으나 항소법원 합의부는 기존 항소법원 판례를 뒤집을 권한은 없으므로 Muniauction사건에서의 제271조 (a)항 해석을 답습하며, 고객이 수행한 행위는 Limelight의 행위로 볼 수 없고 따라서 Limelight의 행위는 제271조(a)항의 직접침해행위가 되지 않는다고 판시하였다. 그리하여, 항소법원은 사건을 항소법원 판례도 뒤집을 수 있는 전원합의부의 심리에 부쳤다.

### 2) 항소법원 전원합의부의 판결

그 후 2015년 8월 행해진 전원합의부의 심리, 재판에 의하면,[9] 피고가 방법특허의 구성행위를 타인과 나누어 행한 경우에 그 타인의 행위를 피고의 행위로 간주할 수 있으면 피고가 방법특허의 직접 침해자로서 책임을 지게 되는데, 이렇게 피고의 행위로 간주될 수 있으려면:

  i) 피고가 타인을 지휘 감독하는 관계에 있었거나,
  ii) 피고가 다른 자와 공동사업을 수행했어야 한다는 것이다.

피고가 타인을 지휘 감독하는 경우로서 종래의 판례는 피고가 1) 대리관계를 이용해서 타인이 어떤 행위를 하게 하거나 또는 2) 계약관계에 의해서 타인이 어떤 행위를 하게 하는 경우를 인정하였다. 그러나 이 사건에서 전원합의부는 피고가 대리책임을 지게 되는 또 하나의 경우로서, 피고가 a) 타인이 어느 행위를 행하여야만 어떤 활동에 참여하거나, 이익을 취득할 수 있게 하고,

---

9) Akamai Technologies, Inc., v. Limelight Networks, Inc., -- F.3d -- (Fed. Cir. 2015) (*en banc*), 2015 U.S. App. LEXIS 14175 (Aug. 13, 2015).

b) 그 행위를 행하는 방식이나 시기를 미리 고지해 놓은 경우를 추가하였다. 법원은 이것이 저작권법상의 대리책임의 법리를 원용한 것임을 밝히고 있다.[10)]

공동사업자에게는 불법행위의 법리가 적용되어 공동사업자 개개인은 다른 공동사업자의 대리인이나 종업원의 지위에 있으며 따라서 어느 공동사업자의 행위에 대해서는 다른 공동사업자도 책임을 지게 된다는 것이다.[11)] 그런데 이러한 공동사업자로서 인정을 받으려면 1) 사업자사이의 계약, 2) 공동으로 추구하는 목적, 3) 금전적 이익을 추구하는 공동목적, 4) 사업의 운영에 관한 평등한 발언권 등이 갖추어져 있어야 한다고 한다.

이러한 입장에 서서 전원합의부는 이 사건에서 피고는 원고의 특허를 직접침해했다고 보았다. 즉 이 사건의 사실관계를 보면, 피고 Limelight는 원고 Akamai의 방법특허를 실시하는 과정에서 1) 그 방법의 구성행위 중 "tagging"과 "serving"을 고객이 수행하지 않으면 고객이 피고의 content delivery network을 이용할 수 없게 하고 2) 그 고객이 수행하는 행위의 방법과 시기를 미리 고지해 놓았으므로 고객이 이를 수행하는 행위는 피고의 행위로 간주할 수 있으며 따라서 피고는 특허의 직접침해의 책임을 져야 한다는 것이다.


## 23. 특허의 무효인식과 유도침해의 성립여부

Commil U.S.A. LLC v. Cisco Systems, Inc., 575 U.S. _____ (2015).
2015. 5. 26. 연방대법원 판결


### (1) 서설

타인이 어느 특허를 직접 침해하도록 유도한 자가 선의로 그 특허를 무효라고 믿었으면 그는 특허법 제271조b항에 규정된 특허의 유도침해의 책임을 지지 않는가? 이것이 Commil 사건의 주요쟁점이었다.[12)]

2015년 5월 26일 미국연방대법원은 이 사건에 대한 연방항소법원(Court of

---

10) Metro-Goldwyn-Mayer Studios Inc. v. Grokster, Ltd. 545 U.S. 913, 930 (2005).

11) Restatement (Second) of Torts §491 cmt. b.

12) Commil U.S.A. LLC v. Cisco Systems, Inc., 575 U.S. _____ (2015).

Appeals for the Federal Circuit, 이하 "항소법원")의 판결을[13] 파기, 환송하면서 피고가 특허를 무효로 믿었다고 해서 특허의 유도침해의 주관적 요건이 결여된 것은 아니라고 했다.[14] 이하에서는 특허의 유도침해의 주관적 요건을 밝힌 연방대법원의 이 사건 판례를 살펴본다.

## (2) 사실관계

Commil U.S.A.사(이하 "Commil")가 보유한 방법특허는 단파무선통신망에 의해 통신서비스를 제공하는 방법에 관한 것이었다. 이 방법은 무선통신소를 다수 설치함으로써 이용자가 넓은 영역을 이동하면서도 이 통신망에 계속 연결되어 있을 수 있게 하고, 신속하고 안정된 통신을 할 수 있게 하였다.

Cisco Systems사(이하 "Cisco")가 Commil의 방법특허를 무효라고 생각하며 이 방법을 이용할 수 있는 장비들을 Cisco의 고객들에게 공급함으로써 고객들이 이 방법을 이용하게 하자 Commil은 Cisco가 그 고객들로 하여금 Commil의 방법특허를 침해하도록 유도하였으므로 특허의 유도침해의 책임이 있다고 주장하며 Cisco를 상대로 Texas주의 연방지방법원에 특허침해소송을 제기하였다.[15]

## (3) 연방지방법원과 연방항소법원의 판결

Cisco는 Commil의 특허가 내용의 불명확(Indefiniteness), 기재불비(Lack of written description), 또 실시불가능(Nonenablement) 등의 결함이 있으므로 무효라고 주장하며 특허의 유도침해를 부인하였다. Cisco가 유도침해의 성립을 부인하기 위하여 자신이 선의로 해당특허가 무효라고 믿은 증거의 채택을 지방법원에 신청하였으나 지방법원은 이를 채택하지 않고 Commil의 주장을 받아들여 Cisco가 유도침해로 인한 손해배상금, 6천4백7십만 불을 Commil에게 지불하도록 명하였으며, Cisco는 항소하였다.

항소심에서 Cisco는 1) 지방법원이 특허의 유도침해의 주관적 성립요건을 특허의 유효를 알은 경우는 물론 알 수 있었을 경우("should-have-known"), 즉 과

---

13) Commil USA LLC v. Cisco Systems Inc., 720 F.3d 1361 (Fed Cir. 2013).
14) No. 13-896, May 26, 2015 slip op. at 11.
15) 35 U.S.C. §271(b).

실적 요소만 있는 경우까지 확대한 것은 오판이며, 2) Cisco가 선의로 해당특허가 무효라고 믿은 증거를 제출하였으나, 지방법원이 이를 채택하지 않은 것도 오판이라고 주장하였다.

즉, 유도침해가 성립하려면 유도자에게 주관적 요건, 즉 자신은 특허침해행위를 유도한다는 인식이 있었어야 하는데, 유도자가 선의로 해당특허가 무효라고 믿고 자신이 유도하는 행위는 특허침해행위가 아니라고 인식한 경우에는 이러한 유도침해의 성립에 필요한 주관적 요건이 결여된 경우이므로 Cisco가 선의로 해당특허가 무효라고 믿은 증거가 있으면 법원이 이를 채택했어야 한다고 주장하였다.

항소법원은, 일찍이 Global-Tech사건에서 연방대법원은, 유도침해가 성립하려면, 유도행위자에게 특허침해에 대한 현실적 인식 또는 고의적 무관심(actual knowledge or willful blindness)이 있었어야 한다고 판시하였는데[16] 이 사건에서 지방법원이 과실적 요소 즉, 특허의 유효를 알 수 있었을 상황("should-have-known")만 존재했으면 유도침해가 성립하는 것으로 본 것은 오판이라고 지적했다.

항소법원은 또한 DSU Medical사건에서 "유도침해행위는 특허침해행위를 유도하는 행위를 말하며, 따라서, 유도행위자가 선의로 어느 행위를 불침해행위(noninfringement)로 인식하고 이를 유도하였으면 유도침해의 주관적 성립요건이 결여된 것으로 본다"고 했는데,[17] 무효인 특허를 침해하는 것은 불가능하므로 유도행위자가 선의로 어느 특허를 무효라고 믿고 이를 유도한 경우도 선의로 불침해행위(noninfringement)를 유도한 경우와 같이 유도침해의 주관적 성립요건이 결여된 경우로 보아야 한다고 하였다. 그래서, 유도행위자의 주관적 요건의 존부를 판단하는 데 있어서는 선의로 특허를 무효로 인식한 경우와 선의로 피유도행위가 불침해행위로 인식한 경우를 구별할 필요는 없다고 하였다.[18]

그리하여, 항소법원은 지방법원의 판결을 파기, 자판하면서 Cisco의 행위는 특허의 유도침해를 구성하지 않는다고 판시하였다. Commil이 상고하자 대

---

16) Global-Tech Appliances Inc. v. SEB SA, 131 S.Ct. 2060 (2011).
17) DSU Medical Corp. v. JMS Co. Ltd., 471 F.3d 1293 (Fed. Cir. 2006) (en banc in relevant part).
18) Id. at 1368.

법원은 상고심을 허락하였다.

### (4) 연방대법원의 판결

사건을 심리하면서 대법원은 먼저 Global-Tech Appliances, Inc. v. SEB S.A.사건에서 대법원이 취한 입장을 원용하였다. 즉, Global-Tech 사건에서 대법원은 특허의 유도침해가 성립하려면 행위자가 해당특허의 존재를 알고 있은 것만으로는 부족하며 그에 더하여 자신이 유도하는 타인의 행위가 해당특허를 침해하는 행위라는 것도 인식했어야 한다고 하였다.[19] 그리고 유도침해행위의 고의는 침해행위의 인식에 관련되어 있지, 특허의 유효성의 인식에 관련되어 있는 것은 아니므로, 행위자가 선의로 특허가 무효라고 믿은 것은 유도침해의 성립에 부정적 영향을 주지 못한다고 하였다.

대법원은 또한, 피고가 선의로 특허가 무효인 것으로 믿은 사실을 특허의 유도침해를 부인하는 근거로 인정하면 1) 의회가 명문으로 모든 특허는 유효한 것으로 추정한다고 규정한 취지에 크게 위배되며,[20] 2) 특허침해소송의 부담과 비용을 폭증케 할 염려가 있는데 그 이유는 특허의 유효여부를 판단하는 것은 침해여부를 판단하는 것보다 어려운데 거의 모든 피고가 특허를 무효로 믿었다고 주장하며 유도침해의 성립을 다투면 증거개시절차(discovery)가 부당하게 복잡해질 뿐만 아니라 배심원은 피고가 특허를 무효로 인식한 문제와 특허 자체의 유무효 문제를 구분해서 파악해야 하는 부담도 안게 된다고 하였다.

대법원은 더 나아가, 불법행위법이나 형법에서 피고의 법에 대한 무지 혹은 "나는 그것이 합법적이라 생각했다"는 주장은 피고의 방어방법으로 인정되고 있지 않은데 특허법에서도 같은 법리가 적용되어야 한다고 했다. 또 피고가 특허를 무효로 인식한 것을 방어방법으로 인정하지 않으면 원고의 남소를 방지할 수 없다는 주장에도 동의할 수 없다고 하면서, 원고의 남소는 법원의 제재, 원고가 소송비용을 부담토록 하는 것 등에 의해 방지할 수 있다고 했다. 또 피고가 특허를 무효로 인식한 것을 특허소송에서 방어방법으로 사용할 수 없다 하더라도 특허의 무효를 확인해 주는 특허청의 절차가 있으므로 이를 이용

---

19) Slip op. at 6.
20) Slip op. at 10-11. 35 U.S.C. §282(a).

해서 소송에 대응할 수 있다고 하였다.

## 24. 미국특허의 유도침해가 미국관세법 제337조의 위반행위가 될 수 있는가?

Suprema, Inc. v. U.S. Int'l Trade Comm'n, No. 2012-1170, slip op. (Fed. Cir. Aug. 10, 2015).
2015. 8. 10. 연방항소법원 판결

### (1) 서설

제품이 미국에 수입되는 시점에는 미국특허를 침해하지 않는 물품이었으나 미국에 수입된 이후에 미국특허를 침해하게 되는 제품을 미국국제무역위원회(U.S. International Trade Commission, ITC, 이하 "무역위원회")는 미국특허를 침해하는 물품의 수입을 금지하는 미국관세법 제337조[21]를 적용하며 그 국내반입을 금지할 수 있는가?

2015년 8월 미국연방항소법원(Court of Appeals for the Federal Circuit, 이하 "항소법원") 전원합의부는 Suprema사건에서 이 쟁점에 관하여 심리하고 긍정적인 답을 내놓았다.[22] 이 판결은 미국 내의 직접침해행위를 해외에서 적극적으로 유도한 경우에 이러한 유도행위도 간접침해행위로서[23] 미국관세법 제337조의 위반행위가 된다는 것을 확인해 주었으며, 따라서 침해물품의 미국 내 반입을 금지하는 것이 주목적인 관세법 제337조가 반입 당시에는 아직 침해물품이 아닌 물품의 반입까지도 금지할 수 있게 했다는 데 그 특징이 있다.

미국관세법 제337조는 미국특허를 침해하는 물품의 수입, 수입을 위한 매매, 그리고 수입 후의 매매행위를 불법행위로 규정하고 있다.[24] 이러한 불법행위로 피해를 입은 특허권자가 제337조에 의한 구제를 원하는 때에는 무역위원

---

21) 19 U.S.C. §1337.
22) Suprema, Inc. v. U.S. Int'l Trade Comm'n, No. 2012-1170, slip op. (Fed. Cir. Aug. 10, 2015).
23) 35 U.S.C. §271(b).
24) 19 U.S.C. §1337(a)(1)(B)(i).

회에 소를 제기할 수 있으며, 무역위원회는 그 소장을 검토하여 사건에 대한 조사를 개시할 것인지를 결정한다. 조사결과 제337조의 위반행위가 확인되면 그 필요한 구제조치를 취하게 되는데 구제조치에는 관세청(United States Customs and Border Protection)으로 하여금 해당 침해물품의 국내반입을 금지토록 하는 배제명령(exclusion orders)과 국내에서 침해물품의 거래를 못하도록 하는 거래중지명령(cease and desist orders)이 있다.

### (2) 사건의 배경

신청인 Cross Match Technologies, Inc.(이하 "Cross Match")은 지문감식기술에 관한 특허를 보유하고 있었다. 2010년 5월 Cross Match는 Suprema, Inc.(이하 "Suprema")과 Metalix, Inc.(이하 "Metalix")이 Cross Match의 특허를 침해하는 지문감식기를 미국에 수입함으로써 제337조를 위반했음을 이유로 무역위원회에 소를 제기하였다. 한국회사인 Suprema는 지문감식기를 생산하여 미국회사인 Metalix에게 판매하고 아울러 그 지문감식기의 사용에 적합한 소프트웨어를 개발하는 도구도 함께 공급하였다. Metalix는 이 지문감식기를 수입하여 소프트웨어 개발도구를 이용하여 프로그래밍을 한 후 이를 미국 내에서 판매하였다.

### (3) 무역위원회의 결정과 연방항소법원 합의부의 판결

2011년 6월 무역위원회는 행정판사(administrative judge)의 예비결정을 심사한 후 Metalix는 미국 내에서 Suprema의 지문감식기를 프로그래밍하여 사용함으로써 '344특허(Cross Match의 방법특허)를 직접침해하였으며, Suprema는 '344특허의 존재를 알면서 Suprema의 지문감식기와 소프트웨어 개발도구를 미국의 Metalix에게 공급하여 Metalix가 '344특허를 직접침해하도록 적극적으로 유도하였으므로 Suprema는 '344특허를 유도침해하였다고 결론 내렸다. 그 구제방법으로, 무역위원회는, Suprema와 Metalix가 미국으로 공급하려고 하는 지문감식기와 소프트웨어 개발도구의 미국 내 반입을 금지하는 배제명령을 발하였다. Suprema와 Metalix는 이에 불복하여 항소법원에 항소하였다.

2013년 12월 항소법원 합의부는 사건을 심리한 후, 특허침해의 성립을 인정한 무역위원회의 결정을 파기하였다. 항소법원은 관세법 제337조에 규정한

"침해하는 … 물품"은 수입되는 시점에 이미 특허권을 침해하고 있는 물품을 뜻하는데 이 사건에서 지문감식기는 수입될 당시에는 아직 프로그래밍이 되어 있지 않은 비침해품이었으므로 제337조의 "침해하는 … 물품"에 해당하지 않고 따라서 무역위원회는 이 물품에 대하여 배제명령을 발할 권한이 없다고 판시했다. Cross Match와 무역위원회가 항소법원 전원합의부의 재심을 신청하자 전원합의부는 이를 승인하였다.

### (4) 연방항소법원 전원합의부의 판결

물품이 미국으로 수입되는 시점에는 아무 특허도 침해하지 않았으나, 물품이 미국으로 수입된 후에 수입업자가 물품공급자가 유도한 대로 그 물품으로 특허를 직접 침해하는 경우에 이를 제337조에 규정한 특허를 침해하는 물품으로 볼 것인가 하는 것이 이 사건의 핵심문제였다. 왜냐하면 그것이 침해하는 물품에 해당된다면, 무역위원회는 제337조에 따라 해당물품의 미국 내 반입을 금지하는 명령을 발할 권한이 있기 때문이다. 항소법원 전원합의부는 이 핵심문제를 검토한 후 6대4의 다수의견으로 항소법원 합의부의 판결을 파기하였다.

관세법 제337조를 해석하는 데 있어서 전원합의부는 법규정의 해석 시에 적용되는 Chevron원칙을 원용하였다.25) Chevron원칙에 의하면 법규정의 뜻을 해석하는 데 있어서는 첫째로 의회가 직접적으로 문제에 대한 답을 제공하는가를 보고 만일 그렇다면 그에 따르면 되므로 분석은 거기서 멈추게 되나 그렇지 않다면, 둘째로 행정관청의 그 문제에 대한 해답이 법규정의 해석으로서 용인할 수 있는 것(permissible construction)인가를 보고 그렇다면, 이 행정관청의 해석이 존중되어야 한다는 것이다.26)

이 사건에 관한 Chevron의 첫 번째 질문에 대하여 전원합의부는 부정적인 답을 했다. 왜냐하면 법규정은 수입 후의 침해행위를 유도하는 데 이용되는 물품을 침해하는 물품으로 본다거나 보지 않는다고 하는 명문의 규정을 두고 있지 않기 때문이다.27)

---

25) Chevron, U.S.A., Inc. v. Natural Resources Defense Council, Inc., 467 U.S. 837 (1984).

26) 467 U.S. at 842-43.

27) Slip op. at 15.

그래서, 전원합의부는 Chevron의 두 번째 질문으로 나아가 주무관청의 법규정해석이 합리적인가를 보았는데 이 사건에서 무역위원회가 특허의 유도침해도 제337조의 적용대상이라고 해석한 것은 합리적이라고 판단했다.[28] 왜냐하면, 많은 경우에 물품을 수입하는 시점에는 아직 전체 행위가 행해지지 않았을 것이기 때문에 "침해하는 물품"에 해당하는지 판단할 때 수입 후의 행위까지 고려하는 것이 합리적이라는 것이다.

전원합의부는 법이 "침해하는 물품"이라고 규정했을 때 "침해하는"은 특허발명에 대한 사람의 행위를 뜻하는 것이라고 한다. 그리하여, 특허법이 규정한 직접침해행위 35 USC §271(a), 유도침해행위 35 USC §271(b), 그리고 기여침해행위 35 USC §271(c) 중의 그 어느 것도 "침해하는"의 범위에서 제외될 수 없다고 한다.

전원합의부는 나아가 다음과 같이 판시하였다:

제337조에서 "침해하는"이라는 말이 현재형이라고 해서 이 조항이 직접침해행위와 유도침해행위가 수입 당시에 이미 행해졌을 것을 요구하는 것은 아니다. 직접침해행위는 간접침해행위의 기초가 되는 것인데, 기여침해의 경우 직접침해행위가 기여행위보다 나중에 이루어져도 그동안 기여침해행위가 제337조의 적용대상이라고 보는 데에 이의가 없었으며, 따라서 제337조는 수입 후의 행위까지 고려 대상으로 하고 있다고 보아야 하며, 유도침해의 경우에도 수입 후의 행위까지 고려하여 제337조를 적용할 수 있다.

제337조의 입법역사도 무역위원회의 제337조 해석을 뒷받침하고 있다. 즉, 의회가 1922년 제337조의 전신인 법 조항을 입법할 때, 무역위원회의 권한을 넓게 규정하며, 모든 형태의 불공정거래행위를 단속할 수 있다고 했고, 1930년 제337조를 제정할 때는 무역위원회의 넓은 권한을 재확인하면서, 불공정행위란 넓고 포괄적인 개념으로서 그 범위는 규정된 행위의 유형에 구애되지 않는다고 했다. 그리고 1988년에 제337조의 내용을 수정할 때도 무역위원회의 권한을 축소하지 않고 오히려 이를 확대하기 위하여 종전에는 제337조의 절차를 신청하는 자가 해당 국내산업의 피해를 증명해야 하던 요건을 없앴다.[29]

---

28) Id. at 20.
29) Id. at 21-22.

그리하여, 최근 약 40년간 무역위원회는 특허의 유도침해가 제337조의 "침해"의 범위에 속하는 것으로 판단하고 그 권한을 수입 후의 행위에까지 행사하였으며, 항소법원은 여러 사건에서 이 입장을 지지하였다.30)

결국 이 판결은 특허의 국내에서의 직접침해행위가 예상되고 이를 적극적으로 유도하는 행위가 해외에서 행해졌을 때 무역위원회는 제337조에 의거해서 특허권자의 권리를 보호하는 조치를 취할 수 있음을 재확인하여 주었다.

## 25. 미국관세법 제337조의 "물품"의 의미

ClearCorrect Operating, LLC v. ITC, No. 2014-1527, Slip Op. (Fed. Cir. Nov. 10, 2015).
2015. 11. 10. 연방항소법원(CAFC) 판결

### (1) 서설

미국관세법 제337조는 미국특허를 침해하는 물품(articles)의 수입행위를 금지하고, 위반이 있으면 미국 국제무역위원회(U.S. International Trade Commission, ITC, 이하 "무역위원회")가 해당 물품의 국내반입을 금지하거나(exclusion order), 국내에서의 거래를 금지(cease and desist order)할 수 있도록 규정하고 있는데,31) 이때의 "물품"이 유체물만을 의미하는가 아니면 형체가 없는 디지털데이터(digital data)도 포함하는가? 이것이 ClearCorrect사건에서의 핵심쟁점이었다.

이 사건에서 무역위원회는 인터넷상에서 전송된 디지털데이터는 제337조의 물품에 해당한다고 결정하였으나, 연방항소법원(Court of Appeals for the Federal Circuit, 이하 "항소법원")은 이 결정을 파기하면서 여기의 물품은 유체물만을 의미한다고 판결하였다.

만일 항소법원이 무역위원회의 결정을 파기하지 않고, 전송된 디지털데이

---

30) Young Eng'rs Inc. v. Int'l Trade Comm'n, 721 F.2d 1305 (Fed. Cir. 1983); Vizio, Inc. v. Int'l Trade Comm'n 605 F.3d 1330 (Fed. Cir. 2010); Emcore Corp. v. Int'l Trade Comm'n, 449 F.App'x 918 (Fed. Cir. 2011).
31) 19 U.S.C. §1337(a)(1)(B).

터도 제337조의 물품에 해당한다고 보았다면, 전송에 크게 의존하고 있는 소프
트웨어, 음악, 영화 등의 산업은 해적판의 수입을 억제할 수 있는 중요한 수단
을 얻게 되었을 것이다. 그러나, 항소법원은 유체물만이 물품이라고 해석하고,
물품의 범위를 디지털데이터에까지 확대할 것인지는 의회가 결정할 문제라고
하였다.

### (2) 사실관계

미국의 ClearCorrect Operating사는 미국에 있는 치과의사들로부터 환자들
의 치열수치를 받아서 이를 파키스탄에 있는 계열사 ClearCorrect Pakistan사에
보내고 ClearCorrect Pakistan사는 이 수치를 이용하여 치열교정기의 디지털 데
이터(digital data sets)를 만든 후 이를 다시 미국의 ClearCorrect Operating사로
전송하였는데(electronic transmission) 이 디지털 데이터를 3D 프린터로 복사하면,
환자들에게 필요한 치열교정기를 제조할 수 있었다. 그러나 수입된 것은 디지
털 데이터였고 유체물은 아니었다. Align Technology사는 ClearCorrect Operating
사와 ClearCorrect Pakistan사(이하 합쳐서 "ClearCorrect")가 Align Technology사의
치열교정기술에 관한 특허를 침해하는 물품을 수입하였다는 이유로 2012년
4월 무역위원회에 소를 제기하였다.

### (3) 무역위원회의 결정

사건이 무역위원회의 심리에 부쳐지자 미국관세법 제337조에 규정된 물품
의 범위가 어디까지인가가 문제되었다. 즉, 미국관세법 제337조는 미국특허를
침해하는 "물품"의 수입을 금지하고 있는데 여기서 말하는 물품의 의미는 무
엇인가? 이 사건에서는 유체물의 수입행위는 없었고 전송에 의한 데이터의 수
입행위만 있었으므로 전송된 데이터가 여기의 "물품(articles)"에 해당하는가가
문제되었다.

무역위원회는 전송된 데이터도 여기의 물품에 해당한다고 하고, 따라서
Align Technology의 특허를 침해하는 ClearCorrect의 디지털 데이터의 수입을
배제하고 그 국내거래를 금지하는 배제명령(exclusion order)과 국내거래중지명령
(cease and desist order)을 발하였다.

일찍이 1998년 무역위원회는 Certain Hardware Logic Emulation Systems and Components Thereof[32)]사건에서, 전송된 데이터도 물품에 해당하며 따라서 무역위원회의 권한이 미친다고 판단하였는데, ClearCorrect사건에서 무역위원회는, 다시 같은 문제를 심리한 후 같은 결론을 내린 것이다. 이에, ClearCorrect는 항소법원에 항소하였다.

### (4) 연방항소법원의 판결

제337조의 물품에 디지털데이터가 포함되는가? 이 문제에 관하여 항소법원은, 제337조를 집행하는 주무관청인 무역위원회가 물품에 디지털데이터가 포함되는 것으로 해석한데 주목하고 Chevron원칙을 적용하여 법원이 이러한 주무관청의 해석을 존중해야 하는가를 심리하였다.

Chevron원칙은 1) 법규의 내용이 분명하지 않은 경우에 2) 그 법규를 집행하는 행정청이 그 법규를 해석한 것이 있으면, 그 해석이 합리적인가를 보아 합리적이면 법원도 그 행정청의 해석을 존중한다는 원칙이며, 이 원칙을 적용하기 위하여 위의 두 가지를 확인하는 것을 Chevron테스트라고 한다.[33)]

Chevron테스트의 첫 번째 질문은 법규의 내용이 분명한가 불분명한가 인데 이에 대한 해답을 찾기 위해 항소법원은 미국관세법을 제정한 시기, 즉 1920년대와 1930년대의 사전을 참고한 후, 법규의 의미, 내용이 분명하며, "물품"은 유체물을 의미하고 디지털데이터는 포함하지 않는다고 결론 내렸다.

항소법원은 또한 "물품"이라는 말이 제337조와 관세법 전체에 걸쳐서 어떻게 사용되었는지를 살펴본 후, 만일 물품이 무체물도 포함하는 것으로 해석하면 관세법의 여러 조항이 유명무실해질 것이라고 하면서, 예컨대 제337조의 압수조항은 무역위원회가 불법적인 수입품을 압수할 수 있다고 규정하는데 디지털데이터는 압수가 불가능하므로 만일 디지털데이터가 물품에 포함된다고 해석하면 이 조항은 디지털데이터에 관해서는 유명무실해질 것이라고 했다.

법규의 내용이 분명하다고 판단했음에도 항소법원은 Chevron의 두 번째 질문에도 답하면서 무역위원회는 물품이라는 말의 평범한 의미, 이 조항의 입

---

32) Inv. No. 337-TA-383 (1998).

33) Chevron U.S.A., Inc. v. Natural Resources Defense Council, Inc., 467 U.S. 837 (1984).

법역사를 오해하여 불합리한 결론에 도달하였다고 하면서, 주무행정청의 법 해석이 합리적인 해석이라고 볼 수 없으므로 법원이 그 해석을 존중할 필요는 없다고 하였다.

재판부는 무역위원회에서 소수의견을 냈던 David Johnson위원과 의견을 같이하며, 디지털데이터에 대해서는 배제명령이 발해져도 현실적으로 배제하는 것이 불가능하므로 "물품"에 디지털데이터가 포함되는 것으로 해석하여도 실효성이 없다고 하였다.

### (5) Newman판사의 소수의견

재판부에서 소수의견을 낸 Newman판사는 이 법원의 다수의견이 제337조를 1922년이나 1930년에 존재하던 기술수준에 묶어놓았다고 비판하면서, 그동안 무역위원회와 항소법원은 기술변화에 발맞추어 "물품"의 의미를 확대 해석하는 경향이 있었으며,[34] 여기서도 물품의 범위를 기술변화에 맞추어 넓게 해석하는 것이 모든 형태의 불공정행위를 규제하려는 제337조의 입법취지에 맞는다고 하였다.

Newman판사는 다수의견을 통렬히 비판하면서, 다수의견대로 하면, 무역위원회는 CD-ROM의 불법수입은 통제할 수 있어도 그 CD-ROM에 담겨있는 데이터만을 불법으로 전송(transmission)수입 하면 이를 통제할 수 없는 불합리가 생긴다고 하였다.

## 26. 해외에서의 물건의 판매행위가 미국특허의 침해행위가 되는 경우

### (1) 서설

미국특허법 제271조 (a)항은, "누구든지 권한 없이 특허발명품을 미국 내에서 만들거나, 사용하거나, 판매청약을 하거나, 판매하면 … 특허를 침해한 것이 된다."라고 규정한다.[35]

---

34) Fortnightly Corp. v. United Artists Television, Inc., 392 U.S. 390, 395-96 (1968).

35) 35 U.S.C. §271(a).

여기서 미국 내의 판매란 어떤 경우를 말하는가? 물건의 판매를 위해서는 협상, 계약, 제조, 인도 등의 행위를 하게 되는데 미국 내의 판매가 되려면 이들 행위가 모두 미국 내에서 행해졌어야 하는가 아니면 이 중의 어느 행위가 미국에서 행해졌을 때 미국 내의 판매로 보는가?

미국법원은 판매에 필요한 행위의 전부를 미국 내에서 행했을 때는 물론 그 일부만 미국 내에서 행했을 때도 경우에 따라 미국 내의 판매로 보고 있다. 그러나 그 기준은 아직 명쾌하다고 할 수는 없는 상황이다.

여기서는 판매행위의 일부만 미국에서 행해진 여러 경우를 예시하고, 그때마다 미국 법원이 취한 입장을 살펴보기로 한다.

## (2) 해외에서 판매계약을 체결하고 미국 내에서 물건을 인도한 경우

### 1) Transocean사건[36]

#### ① 사실관계

Maersk사는 2005년 Keppel사에게 DSS-21정유굴착장치의 건조를 주문한 후, Statoil사를 접촉하여 Statoil이 그 굴착장치를 사용하는 문제를 협의하였다. 그 후, 두 개의 미국회사, Maersk사와 Statoil사는 DSS-21굴착장치의 매매계약을 노르웨이에서 체결하면서 DSS-21의 인도장소를 미국의 멕시코만(the U.S. Gulf of Mexico)으로 정하고 필요한 경우에 Statoil은 그 인도장소를 멕시코만 밖으로도 정할 수 있게 했다.

계약서에서는 또한 만일 DSS-21이 Transocean사의 미국특허를 침해한다는 법원판결이 있을 경우 Maersk사가 이를 회피하기 위해 DSS-21를 변경할 수 있는 권리를 유보하였다. 그 후 Transocean사는 GSF사를 상대로 특허침해소송을 제기하여 DSS-21와 같은 GSF사의 굴착장치가 Transocean의 특허를 침해했다는 판결과 GSF사가 침해를 중단하기 위해 GSF의 굴착장치에 포장소매(casing sleeve)를 설치하라는 금지명령이 있었다. Maersk사는 GSF사에 대한 이 금지명령의 소식을 듣고 DSS-21에 포장소매를 설치하여 탐사파이프가 해저바닥에 내려지지 않도록 했다.

---

36) Transocean Offshore Deepwater Drilling, Inc. v. Maersk Construction USA, Inc., 617 F.3d 1296 (Fed. Cir. 2010).

② 연방항소법원 판결

이 사건에서 문제되는 것은 노르웨이에서 어느 미국회사가 다른 미국회사에게 미국특허제품을 미국에서 인도하는 판매계약의 청약을 했는데 그것이 물건의 미국 내의 인도를 내용으로 하고 있으므로 제271조(a)항의 미국 내의 판매의 청약이 되는가 이다.

연방항소법원(Court of Appeals for the Federal Circuit, 이하 항소법원)은, 제271조(a)항의 판매의 청약이 있었는가를 판단하기 위해서는 청약행위의 장소를 볼 것이 아니라 그 청약에 의해 장래 발생할 판매관련행위의 장소를 보아야 한다고 하고 따라서 이 사건에서는 제품을 미국 내에서 인도하기로 하였으므로 제271조(a)항의 판매의 청약이 있었다고 판단하였다.

이 사건에서는 1) Maersk사가 특허침해를 회피하기 위해 추후에 DSS-21를 변경할 수 있는 권리를 계약 시에 유보하였으므로 DSS-21굴착장치가 특허를 침해하는 물건으로 볼 수 없다는 주장이 있었으나 법원은, 침해물건여부는 판매청약 당시 계약서에 첨부한 설계도에 그려진 물건, 즉 변경 전의 물건에 대하여 판단하게 된다고 하였고, 또한, 2) 인도장소를 청약 시에 미국 내로 정하고 후에 이를 변경할 수 있도록 하였더라도 인도장소는 청약 시에 정한 미국으로 보아야 한다고 했다. 따라서 이 사건에서는 침해물건의 미국 내에서의 인도를 내용으로 하는 판매의 청약이 있었다고 법원은 결론지었다.

특허를 침해하는 제271조(a)항의 미국 내의 판매도 이 사건에서 있었는가에 관하여 법원은 판매의 청약의 경우와 같은 법리를 적용하며, 두 개의 미국회사 사이에 판매계약이 해외에서 체결되었고 그 계약이 침해물건의 미국 내인도를 내용으로 하는 것이었으므로 제271조(a)항의 판매행위가 성립한다고 판단하였다.

### (3) 미국에서 판매계약을 체결하고 해외에서 물건을 인도한 경우

#### 1) Halo사건[37]

만일 어느 회사가 권한 없이 타인의 미국특허제품에 관하여 미국 내에서 판매의 청약 또는 판매계약을 하고 그에 따라 해외에서 물건을 제조하고 공급

---

37) Halo Electronics, Inc. v. Pulse Electronics, Inc., Nos. 13-1472, -1656 (Fed. Cir. Oct. 22, 2014).

하였을 때 그 특허를 침해한 것이 되는가?

Halo사건에서 피고, Pulse사는 미국에서 특허된 전자부품을 해외에서 제조해서 해외의 전자제품회사에 공급할 목적으로 판매계약을 위한 협상을 미국에서 수행하였다. 협상은 미국에서 수행하였으나 Pulse사는 부품판매의 계약은 해외에서 체결하고 해외에서 부품을 제조, 공급하였으며, 부품을 공급받은 전자제품회사들은 이들 부품으로 전자제품을 생산하여 미국을 비롯한 세계각국에 판매하였다.

판매가 어디에서 이루어졌다고 볼 것인가에 관하여 항소법원은, 이 사건에서는 물건의 판매를 위한 행위의 대부분, 즉 필요한 요건을 갖춘 계약의 체결, 물건의 인도, 기타 이행행위가 모두 해외에서 행하여졌으므로 판매가 미국 밖에서 이루어졌다고 보아야 하며, 계약의 체결을 위한 물건가격의 조정 등 협상이 미국 내에서 행해졌다고 해서 그것만으로 판매가 미국 내에서 이루어졌다고 볼 수는 없다고 하였다.

나아가 Pulse사의 행위가 제271조(a)항의 미국 내의 판매의 청약으로 볼수 있는가에 관하여 법원은 Transocean판결의 법리를 적용하며, 판매의 청약이 침해행위를 구성하려면 미국 내에서 이루어질 판매를 위한 청약이어야 한다고 하고, 따라서 여기의 청약은 미국에서 행하여졌더라도 미국 밖에서 이루어질 판매를 위한 청약이었으므로 제271조(a)항의 미국 내의 판매의 청약으로 볼 수 없다고 하였다.

### 2) M2M사건[38]

M2M사건에서는 피고회사가 미국회사로서 다른 미국회사와 미국 내에서 전자부품의 판매를 위한 협상과 판매계약을 하고 판매대금까지 미국 내에서 받았으나 그 전자부품은 해외에서 제조하여 해외에서 별도의 회사에게 공급하였고, 그 회사는 공급받은 전자부품으로 전자제품을 생산하여 미국을 비롯한 세계 각국에 판매하였다.

사건을 심리한 연방지방법원은, 이 사건에서 판매에 필요한 행위가 적잖이 미국 내에서 행하여졌으나 특허침해가 되는 판매가 어디서 이루어졌는가를

---

38) M2M Solutions LLC v. Motorola Solutions, Inc., 2016 U.S. Dist. LEXIS 872 (D. Del. Jan. 6, 2016).

판단하는 데 있어서는 물건의 인도지가 중요한 요인이 된다고 하면서, 물건의
제조 및 인도가 해외에서 이루어진 이 사건에서 피고의 행위가 제271조(a)항의
판매에 해당된다고 볼 수는 없다고 판시하였다. 물건의 인도지가 중요한 결
정요인이 된다는 판단을 뒷받침하기 위하여 법원은 같은 입장을 취했던 연방
지방법원 판례인 Ziptronix사건판결과[39] Lake Cherokee사건판결도[40] 인용하
였다.

### (4) 해외에서 판매하였는데 그 물건이 미국으로 수입된 경우

#### 1) 직접침해가 성립되는 경우
##### ① Litecubes사건[41]

Litecubes사건에서는 판매제품의 소유권 이전이 해외에서 이루어졌지만 연
방항소법원(Court of Appeals for the Federal Circuit, 이하 "항소법원")은 미국특허의
침해를 인정하였다.

Litecubes사건에서 Canada의 GlowProducts사는 조명에 의해 인공적으로
얼음처럼 보이는 제품(artificial illuminated ice-cubes)을 미국의 고객들에게 판매하
였는데 제품을 Canada의 항구에서 인도하는 F.O.B.조건으로 판매하였다.
F.O.B.조건으로 판매하였으므로 제품에 대한 소유권은 물건을 Canada의 항구
에서 배에 선적하는 순간 매수자인 미국의 고객들에게 이전되고 이후 제품의
미국으로의 운송에 따르는 비용과 위험은 매수자인 미국의 고객들의 부담이
되었다.

특허의 침해를 부인하는 GlowProducts의 주장에 의하면, 이 사건에서 판
매제품의 인도와 권리이전이 Canada에서 마무리되었으므로 GlowProducts의 판
매행위는 Canada에서의 판매행위이며, 미국 내의 판매행위라고 할 수 없고, 해
외에서 권리가 이전된 후 물건을 미국으로 수입하는 행위는 매수자인 미국의
고객들에 의해 수행되었으므로 GlowProduct가 제품을 미국으로 수입한 것으로
도 볼 수 없다는 것이다.

---

39) Ziptronix, Inc. v. Omnivision Techs., Inc., 71 F. Supp. 3d 1090 (N.D. Cal. 2014).
40) Lake Cherokee Hard Drive Techs., L.L.C. v. Marvell Semiconductor, Inc., 964 F. Supp. 2d 653
(E.D. Tex. 2013).
41) Litecubes, LLC v. Northern Light Products, Inc., 523 F.3d 1353 (Fed. Cir. 2008).

그러나 항소법원은 이 사건의 제품판매는 미국에서 이루어진 것이라고 판단하였다. 즉, 제271조(a)항의 판매지를 결정하는 기준을 언제나 물건의 소유권이 이전된 곳으로 볼 수는 없으며, 이 사건에서는 제품의 구매자가 미국에 있었고 물건이 직접 미국으로 공급되었으므로 판매계약과 권리이전까지 해외에서 이루어졌다 하더라도 제품의 판매가 제271조(a)항의 미국 내의 판매에 해당한다고 하였다.

### 2) 유도침해가 성립하는 경우

#### ① MEMC사건[42]

그러나, 해외의 판매자가 미국 내의 구매자에게 직접 공급하지 않고 해외의 구매자에게 공급하였으며, 그 해외의 구매자가 미국에 있는 고객에게 공급한 경우에는 법률관계도 달라진다. 예컨대, MEMC사건에서는 어느 일본회사가 다른 일본회사에게 F.O.B. 일본의 조건으로 물건을 판매하고 물건을 일본의 항구에서 선적 인도하였으며, 물건은 다시 매입회사의 자회사에 의해 미국에 공급되었다.

항소법원은, 이 사건에서 제271조(a)항의 판매는 일본에서 일본회사들 사이에서 이미 완결되었고, 그 후 매입회사의 자회사가 물건을 미국에 공급한 행위는 그 판매행위의 일부로 볼 수 없다고 하며, 해외에서 인도한 물건이 궁극적으로는 미국으로 수입될 것이라는 것을 해외의 판매자(일본회사)가 알았다는 것만 가지고는 제271조(a)항의 판매에 의한 특허침해책임을 지게 할 수 없다고 하였다.

그러나 항소법원은, 이 사건에서는 일본의 판매회사가 특허의 직접침해의 책임은 지지 않는다 하더라도, 제271조(b)항의 유도침해의 책임을 질 여지는 있다고 하였다. 왜냐하면, 이 사건에서 일본의 판매회사는 물건이 궁극적으로 미국에 공급될 것이라는 일반적인 인식을 가지고 구매회사에게 물건을 인도하는데 그치지 않고 적극적으로 구매자의 미국 자회사가 물건을 미국으로 수입하는 것을 도왔기 때문이다.

---

42) MEMC Electronic Materials, Inc. v. Mitsubishi Materials Silicon Corp., 420 F.3d 1369 (Fed. Cir. 2005).

② Power Integrations사건[43]

비슷한 사건으로서 Power Integrations사건이 있다. 이 사건에서는 Fairchild 사가 전기회선을 해외의 전자회사에 판매하고 해외의 전자회사는 이 회선을 이용해서 휴대폰의 충전기를 생산하여 세계 각국에 판매하였다.

원고, Power Integrations사는 해외의 전자회사가 전세계에 공급한 충전기 전부에 대하여 특허침해로 인한 손해배상을 청구하였지만 연방항소법원은 이 청구를 기각하고 해외의 전자회사가 미국으로 공급한 충전기에 관하여서만 Power Integrations사는 Fairchild사에게 제271조(b)항의 유도침해의 책임을 물을 수 있다고 판결하였다.

이 사건에서 Fairchild사는 해외의 전자회사들의 충전기 중의 일부가 미국으로 수입될 것을 알고 있었을 뿐만 아니라 그러한 수입행위로 해외의 전자회사가 미국특허침해의 책임을 지게 되면 이를 변상해 주었으므로, 법원은 Fairchild사가 그러한 특허침해행위를 적극적으로 유도한 것으로 보고, 따라서 Fairchild사는 제271조(b)항의 특허의 유도침해의 책임을 져야 한다고 결론 내렸다.

## 27. 부품수출에 의한 특허의 간접침해의 성립요건

Promega Corp. v. Life Technologies Corp., Nos. 13-1011,-1029,-1376 (Fed. Cir. Dec. 15, 2014).
2017. 2. 22. 연방대법원 판결

### (1) 서설

미국특허법 제271조(f)(1)항은:

누구든지 권한 없이 특허제품의 부품의 전부 또는 주요부분을 조립되지 않은 상태로 미국에서 해외로 공급함으로써 해외에서 그 부품들이 완제품으로 조립되도록

---

43) Power Integrations, Inc. v. Fairchild Semiconductor International, Inc., 711 F.3d 1348 (Fed. Cir. 2013).

적극적으로 유도한 자는, 그 조립이 미국 내에서 이루어졌다면 특허의 침해가 됐을 경우, 특허침해의 책임을 진다.

라고 규정하고 있다. 그런데 Promega Corp. v. Life Technologies Corp.사건에서는 이 조항의 적용을 둘러싸고 심각한 논쟁이 있었다. 즉, 첫째로 이 조항에서 언급한 적극적 유도행위가 있었다고 하려면 유도행위자가 타인을 유도했어야 하는가 아니면, 자신을 유도한 경우도 포함하는가 즉, 유도행위자가 유도행위 후 스스로 해외에서 그 유도된 행위를 한 경우에도 제271조(f)(1)항의 유도행위가 있었다고 할 수 있는가, 둘째로 특허제품의 부품의 주요부분(a substantial portion)을 해외로 공급하였다고 하려면, 적어도 둘 이상의 부품이 해외로 공급되었어야 하는가 아니면 한 개의 부품을 공급한 경우에도 중요부분의 공급이 있었다고 봐야 할 경우가 있는가가 문제 되었다.

## (2) 사건의 배경

Life Tech.는 여러 개의 부품으로 구성된 생체실험기구를 생산하였는데 이 기구는 DNA를 확대하거나 복사하는데 쓰이는 것이었다. Life Tech.는 이 기구를 만드는데 필요한 부품의 하나인 Taq polymerase를 미국에서 생산하였는데 이를 영국에 있는 Life Tech. 공장에 보내서 그 곳에서 다른 나라에서 생산된 나머지 부품들과 합쳐서 생체실험기구를 조립 생산하였으며 이를 전세계에 판매하였다.

이 생체실험기구에 관한 특허를 보유한 Promega가 Life Tech를 상대로 특허침해소송을 제기하고, Life Tech.가 미국특허법 제271조(f)(1)항에 위반하여 부품수출에 의한 특허의 간접침해행위를 했다고 주장하자 Life Tech.는 이 사건에서 부품의 조립행위가 부품 공급자 이외의 자에 의해 이루어지지 않았고 공급자 자신에 의해 이루어졌으며, 부품도 한 가지만 공급하였으므로 부품의 중요부분을 공급했다고 보기 어렵고, 그러므로 이 사건의 사실관계는 제271조(f)(1)항의 요건을 충족시키지 못했다고 주장하였다.

### (3) 연방지방법원의 판결

연방지방법원은 Life Tech.의 주장을 받아들여 약식판결(JMOL, judgment as a matter of law)로 Life Tech의 승소를 선언하였다. 즉, 제271조(f)(1)항은 1) 행위자가 타인의 부품조립행위를 유도할 것을 요건으로 하므로 타인이 존재했어야 하며, 2) 부품의 중요부분을 공급했어야 하므로 적어도 둘 이상의 부품이 미국에서 해외로 송출됐어야 하는데, 이 사건에서는 제품의 조립생산이 타인의 개입 없이 Life Tech.에 의해 해외에서 이루어졌으며, 미국에서 하나의 부품만 해외에 공급하였으므로 Life Tech.의 행위를 제271조(f)(1)항의 부품공급에 의한 간접침해행위로 볼 수 없다고 하였다.

### (4) 연방항소법원의 판결

연방항소법원(Court of Appeals for the Federal Circuit, 이하 "항소법원")은, 미국 특허법 제271조(f)(1)항의 위반이 있으려면 유도의 대상이 타인이어야 하는 것은 아니라고 하고, 그러므로 유도행위자 자신이 해외에서 스스로 부품조립행위를 한 경우도 이 조항에 위배된다고 하면서 다음과 같이 설명하였다:

> 조립행위를 적극적으로 유도할 때 반드시 타인의 존재를 요구하지는 않는다. 의회가 유도행위를 두 당사자 사이에서 이루어지는 것으로 상정했다면 해당 조항 속에 타인(another)이라는 말을 넣어 "타인(another)의 부품조립행위를 적극적으로 유도하는 경우"로 쉽게 규정할 수 있었는데 제271조(f)(1)항에는 이 "타인"이라는 말이 없고 조항의 초점은 오히려 조립행위를 하는 행위자보다는 조립행위에 맞추어져 있다.

> 의회가 뜻이 넓은 어휘를 사용하여, 조립행위를 하는 행위자보다는 조립행위에 초점을 맞춘 점, 그리고 이 조항이 Deep South사건에서 발견된 법의 맹점을 입법적으로 보완한다는 데 뜻을 두고 있는 점을 생각하면, 의회가 이 조항이 부품을 해외의 제3자에게 공급한 경우에는 물론, 부품을 해외의 지사나 자회사에게 공급한 경우에도 적용되는 것으로 입법했다고 보아야 할 것이다.

법 제271조(f)(1)항에 위반한 특허침해행위가 성립하려면 최소한 둘 이상의 부품이 미국에서 해외로 공급됐어야 하는가에 관하여는:

경우에 따라서는 어느 특허제품을 조립하는데 필요한 부품 한 가지만을 해외에 공급한 후 해외에서 나머지 부품을 구해 완제품을 조립한 경우에도 법 제271조(f)(1)항에 위반한 특허침해행위가 성립한다고 보며, 이 사건의 사실관계를 살펴보면, 특허된 생체실험기구의 한 부품인 Tag Polymerase를 미국에서 영국의 공장으로 공급하여 특허제품을 조립한 Life Tech.는 법 제271조(f)(1)항에 위반한 특허침해행위를 했다고 보아야 할 것이다. "부품의 주요부분"의 의미를 해석할 때 '이는 복수의 부품을 뜻하며, 하나의 부품은 부품의 주요부분이 될 수 없다'라고 해석하는 것은 부적절하다.

라고 판결하였다.

### (5) 연방대법원의 판결

Life Tech.는 항소심 판결에 불복하여 연방대법원에 상고하였고, 이 사건 상고가 제기한 두 쟁점에 관하여 대법원은,

1) 제271조(f)(1)항의 유도침해행위는 행위자가 본인 스스로의 침해행위를 유도한 경우에도 성립하는가에 대하여는 이를 긍정하는 항소법원의 입장을 유지하였으나

2) 다수의 부품으로 구성된 발명품의 부품 한 가지만 해외로 공급하였을 때도 제271조(f)(1)항의 유도침해행위가 성립할 수 있는가에 관하여는 부정적 결론을 내리며, 항소법원의 판결을 파기하였다.

이 파기판결의 이유는 다음과 같다:

1) 제271조(f)(1)항에서의 부품의 "주요부분(substantial portion)"은 수량적 개념으로 보아야 한다. 일반적으로 "주요부분"이라는 말은 수량적인 의미로도 그리고 질적인 의미로도 쓰일 수 있으나 이 조항에서 전후 관계(context)를 살펴보면 여기서의 "주요부분"은 양적 의미를 가진 것으로 판단된다.

"중요한(substantial)"이란 표현 앞에 있는 "전부(all)"와 뒤에 있는 "부분(portion)"은 모두 수량적 의미를 지닌 것이며 따라서 이 조항의 전후 관계(context)는 "주요부분"의 의미가 수량적인 것임을 표현하고 있고 질적인 의미로 해석될 여지는 없다. 그리고 만일 이를 질적인 의미로 해석하면 "주요부분(substantial portion)"이 수식하

고 있는 "부품들의(of the components)"라는 말과 조화가 되지 않는다.

Promega측이 주장하는 case-by-case로 판단하는 방법 즉, 질적 판단이나 수량적 판단의 어느 하나에 구애되지 않고 배심원들로 하여금 문제의 부품이 질적으로 혹은 수량적으로 볼 때 주요부분에 해당되는가를 판단케 하는 방법은 받아들일 수 없다. 왜냐하면, 배심원들이 구체적인 경우에 처하여 불명확한 규정의 내용을 명확하게 해석하게 하는 것은 문제를 해결하기보다 문제를 더 복잡하게 할 염려가 있기 때문이다.

2) 이렇게 주요부분의 의미를 수량적인 것으로 파악하면 하나의 부품만 제조해서 침해행위를 적극적으로 유도한 경우에는 제271조(f)(1)항의 유도침해가 성립하지 않는데, 이러한 결론은 제271조(f)항의 전체적인 구조가 뒷받침하고 있다. 즉, 제271조(f)(1)항은 다수 부품(components)의 주요부분이라고 복수적 개념을 규정하여 복수의 부품만이 주요부분이 될 수 있음을 밝히고 있으며 제271조(f)(2)항은 "어떠한 부품(any components)"이든지 특허발명을 실시하는 데만 쓰이는 부품을 공급하는 경우에 기여침해가 성립한다고 규정하는데 (1)항의 유도침해는 복수의 부품을 공급한 경우에만 성립하고 (2)항의 기여침해는 단수의 부품을 공급한 경우에도 성립하는 것으로 특허법이 규정하고 있다고 해석하는 것이 각 조항의 특징을 살리는 해석이 될 것이다.

3) 이러한 결론은 제271조(f)항의 입법역사도 뒷받침해 주고 있다. 즉, 이 조항은 특허제품의 부품만 미국에서 생산하고 그 부품의 조립은 외국에서 했을 때 특허권을 보호할 수 없는[44] 법의 맹점을 보충하여 그러한 경우에도 미국의 특허권의 효력이 미치도록 함으로써 특허권을 보호하려는 것인데[45] 제271조(f)항은 특허제품의 부품의 전부 또는 복수로 구성된 주요부분을 공급하여 해외에서 완제품이 조립되도록 한 경우에 제(1)항에 의해 유도침해가 성립하는 것으로 하고 특허제품의 제조에만 쓰이는 부품을 하나 이상 만들어 해외로 공급하여 해외에서 완제품이 조립되도록 한 경우에 제(2)항에 의해 기여침해가 성립하도록 하는 데 그 의도가 있는 것으로 보인다.

---

44) Deepsouth Packing Co. v. Laitram Corp., 406 U. S. 518 (1972).
45) 특허제품의 완제품을 미국에서 만들지 않고 그 부품만 만들면 미국특허의 침해는 성립되지 않는다. 미국에서 만든 부품을 해외에 공급하여 해외에서 완제품을 조립하면 해외에는 미국 특허권이 미치지 않는 것이 원칙이므로 역시 미국특허의 침해가 성립하지 않는데, Deepsouth Packing사건에서 이러한 법의 맹점을 인식한 후 미국의회는 이를 해결하기 위하여 제271조(f)항을 신설하였다.

그러므로, 이 사건에서처럼 부품 중의 하나만 미국에서 공급되고 나머지 부품은 모두 해외에서 조달되어 특허제품이 조립되었으며 미국에서 공급된 하나의 부품이 특허제품의 제조 이외의 목적에도 사용될 수 있는 것인 경우에는 제271조(f)(1)항이 적용될 여지가 없다.

## 28. 행위의 분담에 의한 방법특허의 직접침해

Medgraph, Inc. v. Medtronic, Inc., No. 15-2019 (Fed. Cir. 2016).
2016. 12. 13. 연방항소법원(CAFC) 판결

Eli Lilly & Co. v. Teva Parenteral Medicines, Inc., No. 15-2067 (Fed. Cir. 2017).
2017. 1. 12. 연방항소법원(CAFC) 판결

### (1) 서설

방법특허를 구성하는 행위를 어느 한 행위자가 모두 행하면 물론 그 방법특허의 직접침해가 성립한다. 그러나, 만일 둘 이상의 행위자가 그 구성행위를 나누어서 행하고 아무도 전체를 행하지 않았으면 어떻게 되는가? 이런 경우에는 행위자들 모두의 행위를 어느 자의 행위로 볼 수 있으면(attributable) 그 자가 구성행위의 전부를 행한 것으로 보아 그가 그 방법특허의 직접침해의 책임을 지게 된다.

그러면 어떤 경우에 방법특허를 구성하는 타인의 행위에 대하여 자신의 행위처럼 책임을 져야 하는가? 즉, 어떠한 경우에 2인 이상이 행위를 분담하여 방법특허를 침해하였는데 특정인의 직접침해(divided infringement)가 성립하는가? 이에 관하여 법원은 그동안 일정한 기준을 제시하였는데, 연방항소법원(Court of Appeals for the Federal Circuit, 이하 "항소법원")은 최근에 Akamai사건에서 이를 더욱 발전시켜, 다수자 참여의 경우의 직접침해의 성립범위를 확대하였다.

최근에, 이 Akamai원칙을 적용하여 재판한 사건으로는 Medgraph사건과 Eli Lilly사건이 있다. 이 두 사건은 Akamai원칙을 적용하여 방법특허의 분담에 의한 직접침해의 성립여부를 판단하는 예를 보여줌으로써 실무상 적지 않은 참고가 되고 있다. 이하에서는 방법특허의 분담에 의한 직접침해의 성립에 관한 이론을 검토하고, 이어서 Akamai원칙을 적용한 위 두 사건 판례를 살펴본다.46)

### (2) 행위의 분담에 의한 방법특허의 직접침해(Divided Infringement) 이론

어떠한 경우에 다른 자의 행위에 대하여 책임을 지게 되는가? 법원은 다음의 두 경우에 다른 자의 행위에 대하여 책임을 지게 된다고 한다:

1) 다른 행위자를 지휘, 감독한 경우(directing or controlling),
법원은 당사자 사이에 대리관계나 계약관계(an agency or contractual relationship)가 있을 때 이러한 지휘, 감독관계를 인정해 왔다. 그리고

2) 다수의 행위자가 공동기업을 구성하고 있는 경우
공동기업의 구성원들이 분담하여 방법특허를 구성하는 행위 전부를 수행하였으면 모든 구성원이 그 방법특허의 직접침해의 책임을 지게 된다.47) 공동기업은 다음의 네 가지 요건을 갖추었을 때 성립한다. 즉, i) 구성원 사이의 명시적 또는 묵시적 합의, ii) 구성원 공동의 목표, iii) 금전적 수익이 공동의 목표일 것 iv) 기업의 운영에 관한 구성원의 동등한 발언권 등이다.48)

그런데, Akamai사건에서 연방항소법원은 타인의 행위에 대하여 책임을 지는 위의 첫 번째 경우를 확대하면서, 다음의 경우에도 타인을 지휘, 감독하는 경우에 포함된다고 하였다. 즉, 어떤 자가

I) 타인이 방법특허의 어느 구성행위를 행하여야만 일정한 활동에 참여하거나 일정한 이익을 누릴 수 있도록 해놓고 또
ii) 타인이 그 구성행위를 행하는 방법이나 시기를 미리 알려놓은 경우

---

46) Medgraph, Inc. v. Medtronic, Inc., No. 15-2019 (Fed. Cir. 2016); Eli Lilly & Co. v. Teva Parenteral Medicines, Inc., No. 15-2067 (Fed. Cir. 2017).
47) Id. at 1023, n.1.
48) *Id.* at 1023.

에는 그 타인을 지휘, 감독하는 경우로 보아야 한다는 것이다.[49]

### (3) Medgraph사건

Medtronic사는 당뇨병을 관리하는 기구를 제조 판매하였다. CareLink라고 불리는 이 기구로는 당뇨병 환자가 자신의 혈당치를 측정하여 이를 CareLink 시스템의 network에 올림으로써 의사가 그것을 치료에 참고자료로 이용할 수 있게 하였다. Medgraph사는 Medtronic사가 자사의 당뇨병 진단 및 치료방법에 관한 특허를 침해하였다는 이유로 Medtronic사를 상대로 New York주의 연방지방법원에서 특허침해소송을 제기하였다.

Medgraph사의 주장에 의하면, Medtronic사는 Medgraph사의 당뇨병 진단 및 치료방법을 구성하는 행위들을 일부는 스스로 행하고 나머지는 환자나 의사가 행하도록 하였는데 방법특허에 관한 법리상 이는 Medtronic사가 전체 행위를 수행한 것으로 볼 수 있다는 것이다.

따라서, 이 사건에서 환자나 의사가 행한 행위를 법리상 Medtronic사가 행한 행위로 볼 수 있는가가 문제되었는데, Medtronic사와 환자 또는 의사 사이에는 대리관계나 기타 계약관계가 존재하지 않았으므로 항소법원은 Akamai사건의 두 가지 요건이 이들 사이에 존재하는지를 보았다.

첫 번째 요건에 관하여 항소법원은 Medtronic사가 자사의 당뇨병관리 시스템을 이용하는 전제조건으로서 환자나 의사가 일정한 방법특허의 구성행위를 할 것을 요구한 사실이 없었다고 지적하였다. 왜냐하면, 환자가 그러한 구성행위를 하지 않아도 Medtronic사는 환자의 CareLink 시스템 이용을 거부하지 않았기 때문이다.

두 번째 요건에 관하여 보면, Medtronic사는 환자들에게 혈당의 측정과 보고에 관하여 자유를 주어서 환자들은 혈당을 미리 측정하여 보고해도 되었고, 측정기를 의사에게 가져와서 의사가 이를 측정하여 이용하도록 하여도 되었다. 그러므로, Medtronic사는 환자가 방법특허의 구성행위를 하는 방법과 시기를 통제하지 않았으며, 따라서 두 번째 요건도 갖추어져 있지 않았으므로 항소법원은 특허의 불침해로 판단한 지방법원의 약식판결(summary judgment)을

---

49) Akamai V, 797 F.3d 1020, 1022 (Fed. Cir. 2015).

유지하고, Medgraph사의 항소를 기각하였다.

## (4) Eli Lilly사건

Eli Lilly사건에서 관련된 특허는 폐암의 화학적 치료방법에 관한 것이었다. 이 사건에서는 그 치료방법을 구성하는 행위를 의사와 환자가 나누어서 행하였고 전부를 혼자서 행한 자는 없었다. 제품에 부착된 라벨(label)은 환자가 화학치료를 받기 1주일 전까지 비타민B복합체를 일정량 복용할 것을 요구하고 있었다.

법원은 제품에 부착된 라벨과 전문가의 진술을 근거로, 첫째, 의사들은 이 화학요법에 의한 치료의 전제조건으로 환자가 비타민B복합체를 미리 복용할 것을 요구하였다고 했다. 즉, Akamai원칙의 제1요건을 충족시켰다는 것이다.

이 사건 피고의 주장에 의하면, 이 사건에서 의사들은 환자의 비타민복용을 미리 확인하거나, 환자와 일정한 계약을 맺거나, 또는 비타민복용이 없으면 치료를 거부하겠다고 위협한 적이 없으며 다만 제품에 부착된 라벨만이 비타민복용을 안내하고 있었으므로 이것만으로는 환자의 비타민 복용을 치료의 조건으로 했다고 볼 수 없다고 했다.

그러나 법원은 이에 찬성하지 않고, 환자의 혈청에 비타민B복합체의 함량이 낮으면 화학요법에 의한 치료를 거부하였는데 이는 환자들의 비타민복용을 안내하는데 그치지 않고 이를 환자치료의 조건으로 하였다고 볼 수밖에 없다고 하였다.[50]

Akamai원칙의 제2요건에 관하여 법원은, 제품의 라벨과 전문가의 진술을 근거로, 언제 얼마큼의 비타민B복합체를 환자가 복용해야 하는지는 의사가 결정하였으며 환자가 방법특허의 구성행위 중 일부를 언제 어떻게 행할지는 환자에게 미리 알려 놓았다고 하고 따라서 이 사건의 사실관계는 Akamai원칙의 제2요건도 충족시킨다고 하였다.[51]

따라서 Akamai원칙에 의하면, 이 사건에서 환자의 비타민 복용행위는 의사의 행위로 귀착되므로(attributable) 의사는 방법특허의 구성행위 전체를 수행

---

50) Eli Lilly at 1366.
51) Eli Lilly at 1367.

한 직접침해자로서 책임을 진다고 법원은 판시하였다.

이어서 법원은 피고회사들이 의사들의 직접침해행위를 유도한 유도침해자로서 책임을 지는가를 검토하였는데, 피고회사들은 Eli Lilly사의 폐암 화학치료 용품과 같은 제품을 시장에 공급하면서 제품의 라벨에서 비타민의 사전 복용에 관하여 설명하였으므로 피고회사들은 의사들의 직접침해행위를 유도하였으며 따라서 피고회사들은 유도침해자로서 책임을 져야 한다고 법원은 결론을 내렸다.

## 29. 시스템특허의 "사용"에 의한 침해의 요건

Intellectual Ventures I LLC v. Motorola Mobility LLC,(Fed. Cir. Sep. 13, 2017).
2017. 9. 13. 연방항소법원(CAFC) 판결

### (1) 서설

누구든지 미국 내에서 미국특허의 유효기간 내에 권한 없이 그 특허발명품을 제조하거나, 사용하거나, 판매하면 그 특허의 침해행위가 성립한다.[52] 즉, 특허발명품을 사용하는 행위도 독립한 특허침해행위가 되는데 만일 특허가 시스템에 관한 것일 때, 어떠한 행위가 있으면 그 시스템을 사용했다고 볼 수 있는가에 관하여는 그동안 논쟁이 있어왔다. Intellectual Ventures사건에서 연방항소법원(Court of Appeals for the Federal Circuit, 이후 "항소법원")이 심리한 주요 쟁점도 이것이었으며,[53] 이 사건에서 항소법원이 내린 결론은 시스템의 사용 행위는 사용자가 그 시스템의 구성요소를 모두 이용했을 때 성립한다는 것이었다.

이하에서는 Intellectual Ventures사건의 진행과정과 시스템특허의 사용에 의한 침해에 관한 법원의 입장을 자세히 살펴본다.

---

52) 35 U.S.C. §271(a).
53) Intellectual Ventures I LLC v. Motorola Mobility LLC (Fed. Cir. Sep. 13, 2017).

## (2) 사건의 진행과정과 연방지방법원의 판결

Intellectual Ventures(이하 "IV")사는 Motorola사가 자사의 미국특허 제 7,810,144호(이하 "'144특허")와 제7,120,462호(이하 "'462특허")를 침해했다는 이 유로 Delaware주의 연방지방법원에 특허침해소송을 제기하였다. '144특허는 시 스템특허였는데, 이 시스템은 컴퓨터 파일을 어느 컴퓨터에서 다른 컴퓨터로 전송할 수 있고 또 전송결과기록을 출력하는 인증장치에 연결하여 전송결과기 록도 출력하여 이용할 수 있게 한 시스템이었다.

Motorola는 이 시스템과 유사한 시스템을 구축하여 고객으로 하여금 본문 과 사진이 포함된 메시지를 MMSC(multimedia messaging service center)를 통하여 전송하도록 하였는데 IV사는 Motorola가 권한 없이 IV사의 시스템을 사용하는 특허침해행위를 했다고 주장하였다. 이에 Motorola는 이들 특허의 무효와 불침해 를 주장하며 방어하였다. 그러나 배심은 Motorola가 이들 특허의 무효를 증명하는 데 실패하였으며, 이들 특허를 침해하였다는 평결을 내렸다. 이에 Motorola는 이들 배심의 평결이 충분한 증거에 의해 뒷받침되지 않았다(not supported by substantial evidence)고 주장하며, 지방법원이 이를 뒤집는 판결(judgment as a mat- ter of law, JMOL)을 할 것을 신청하였다. 지방법원이 이 신청을 기각하자, Motorola는 항소법원에 항소를 제기하였다.

## (3) 연방항소법원의 판결

제271조(a)항에 규정된 "사용"의 의미에 관하여 항소법원은 이 문제에 관 하여 먼저 판결했던 Centillion사건을 참고하였다.[54]

Centillion사건은 고객들이 사후정산장치에 사후정산서비스와 사후정산보 고서를 신청함으로써 그 장치가 사후정산서비스와 그 보고서를 제공하도록 하 였으므로 사용자가 사후정산장치를 지배하고 그로부터 이득을 얻은 사건이었 다. 이 사건에서 쟁점이 된 것은 시스템의 사용자가 시스템 전체를 점유하고 있지는 않으면서 시스템을 사용했을 때도 특허침해행위로서의 시스템 사용이

---

54) Centillion Data Systems, LLC v. Quest Communications International, Inc., 631 F.3d 1279 (Fed. Cir. 2011).

성립하는가였다.

항소법원은, 이 사건에서 사용자는 비록 시스템 전체를 점유하고 있지는 않았지만, 시스템에 서비스를 신청함으로써 시스템이 작동하도록 하고 그 시스템의 개개의 구성요소로부터 이득을 얻었으므로 그 시스템 사용은 특허침해가 된다고 판단하였다.

지방법원은 Centillion판결을 원용하면서, 시스템특허의 사용에 의한 침해가 성립하려면 사용자가 전체적으로 그 시스템으로부터 이득을 얻었으면 되고 그 이득이 시스템의 구성요소의 일부에서 발생했어도 무방하다고 판시하였다. 그러나, 항소법원은 의견을 달리하였다. 항소법원이 볼 때, Centillion판례는 사용자가 시스템을 직접적 혹은 간접적으로 지배하고 시스템의 개개의 구성요소로부터 이득을 얻었어야(from each and every element of the claimed system) 시스템특허의 사용에 의한 침해가 성립한다고 판단하였다고 하였다.

이어서 항소법원은, 이 법리를 이 사건에 적용하면서, Motorola의 고객들은 이 시스템에서 전송보고서를 출력한 증거가 없으며, 더욱이 그들이 전송보고서에 대해서 알았거나, 받았거나, 이용했다는 증거도 없으므로, 그들이 이 시스템의 모든 구성요소로부터 이득을 얻었다고 볼 수는 없으며 따라서, Motorola가 이 시스템특허('144특허)를 침해했다고 볼 수는 없다고 하였다.

그리하여, 항소법원은 '144특허의 직접침해가 있었다고 한 지방법원의 판결을 파기하고 사건을 지방법원에 환송하였다.

### (4) Newman판사의 소수의견

Newman판사는 이 사건에서 Motorola측의 행위가 특허침해를 구성하지 않는다는 재판부 다수의 결론에는 동의하였지만 다수의견의 Centillion법리의 해석에는 동의하지 않았다. Newman판사는, 사용에 의한 시스템 특허의 침해가 성립하려면 사용자가 시스템의 모든 구성요소를 실시하여야 하지만 사용자가 얻는 이득은 시스템 전체에서 우러나오면 된다고 하며, 그러므로 시스템의 개개의 구성요소로부터 이득을 얻은 것을 증명하도록 요구할 필요는 없다고 하였다. Newman판사는, 이 사건에서 Motorola측의 시스템특허 침해가 성립하지 않는 것은 Motorola측이 시스템특허의 구성요소를 모두 실시하지는 않았기 때문이라고 지적하였다.

## 30. 유도침해와 출원심사과정에서의 청구범위축소의 효력

Sanofi v. Watson Laboratories, No. 16-2722, 16-2726 (Fed. Cir. 2017).
2017. 11. 9. 연방항소법원(CAFC) 판결

### (1) 서설

Sanofi v. Watson Laboratories사건에서 제기된 쟁점은 세 가지였다. 즉, 1) 약품을 그 용법에 관한 안내문을 동봉하여 판매하였을 때 어떠한 경우에 특허의 유도침해가 성립하는가, 2) 발명의 자명성은 어떠한 경우에 존재하는가, 그리고 3) 모출원의 심사 중에 독립청구항을 개정하여 청구의 범위를 축소하였을 때, 어떠한 경우에 그 효력이 후속출원에 미치는가 등이었다.

이 쟁점에 관하여 연방지방법원(이하 "지방법원")은 1) 피고의 행위는 유도침해에 해당하며, 2) 원고의 특허는 자명하지 않았으며 3) 원고의 특허청구범위의 축소는 후속출원에 영향을 미치지 않는다고 판단하였는데 연방항소법원(Court of Appeals for the Federal Circuit, 이하 "항소법원")도 입장을 같이하며 지방법원의 판결을 유지하였다.

이하에서는 이들 쟁점에 관한 법원의 판단과 그 근거를 순차로 살펴본다.

### (2) 사건의 진행과정

Sanofi사(이하 "Sanofi")는 미국특허 제8,318,800호(이하 "'800특허")와 제8,410,167호(이하 "'167특허")를 보유하고 있었는데, 이들 특허는 심장혈관약인 dronedarone의 구성성분과 그 용도를 기술하고 있었다. 즉, '800특허는 dronedarone의 약학적 성분을 설명하였고, '167특허는 특정의 증상을 보이는 환자에게 dronedarone을 씀으로써 입원을 예방하는 방법을 설명하고 있었다. dronedarone은 Multag이라는 이름으로 판매되고 있었다.

Watson사와 Sandoz사(이들을 대표해서 이하 "Watson")는 Multag과 같은 성분

의 약을 제조, 판매하기 위하여, 미국의 FDA에 ANDA신청(약식신약신청, abbre-
viated new drug application)을 하였다. 이들 회사(Watson사와 Sandoz사)는 '167특허
와 '800특허가 무효이며, 이들이 dronedarone을 제조, 판매해도 이들 특허를 침
해하지 않는다고 진술하였다. 그러나, Sanofi는 이 두 회사의 신약은 미국특허
법 제271조(e)(2)(A)에 위반하여 Sanofi의 특허를 침해하게 된다는 이유로
Delaware주의 연방지방법원(이하 "지방법원")에 특허침해소송을 제기하였다.[55]

## (3) 지방법원의 판결

지방법원은, 1) Watson이 dronedarone을 Watson이 작성한 안내문(label)과
함께 의사들에게 판매하면 의사들이 '167특허를 침해하도록 유도하는 결과가
되며, 2) Watson은 '167특허가 자명하므로(obvious) 무효라고 주장하였으나 이
를 증명하는 데는 실패했다고 보았다. 그리고 3) '800특허는 Watson의 주장과
는 달리 polysorbate surfactant 성분을 포함하고 있으므로 Watson의 신약은
'800특허를 침해하게 된다고 판시하였다. 이에 Watson은 연방항소법원(Court of
Appeals for the Federal Circuit, 이하 "항소법원")에 항소하였다.

## (4) 연방항소법원의 판결

Watson은 지방법원의 판단 중, 1) Watson이 '167특허를 유도 침해하였다
고 한 것, 2) '167특허는 자명하였으므로(obvious) 무효라는 Watson의 주장을 배
척한 것, 그리고 3) '800특허의 출원, 심사과정에서 출원인이 포기한 것은 이
특허의 권리 범위에 포함되지 않는다는 Watson의 주장을 배척한 것에 대하여
항소하였다.

### 1) 유도침해의 성립여부

항소법원은, 제271조(b)항의 유도침해가 성립하려면, 행위자가 해당 특허
에 대하여 알면서, 고의로 그 침해행위를 유도하고(actively induces infringement),
유도된 행위는 특허의 직접침해를 구성하는 행위여야 한다고 전제한 후,

---

55) 미국특허법 제271조(e)(2)(A)항은 타인의 유효한 특허의 대상인 약에 관하여 약식신약신청
(ANDA)을 하는 행위는 특허의 침해행위가 된다고 규정하고 있다. 그러므로 ANDA신청인은
해당 약에 관한 특허가 무효임을 주장하게 된다.

a) Watson은 ANDA신청시에 '167특허에 대해서 이미 알고 있었고,

b) 약품에 동봉된 "안내문이 침해를 격려하거나, 추천하거나, 촉진하는 경우에는" 안내문이 고의적으로 침해행위를 유도한 것으로 볼 수 있는데 이 사건에서 동봉된 안내문 중의 "지시와 용도(indications and usage)"난은 dronedarone이 atrial fibrillation환자들의 입원할 위험을 감소시켜 준다고 언급함으로써 의사들이 이러한 환자들에게 dronedarone을 처방하도록 고의로 유도하고 있었다.

c) 또한, 이 약을 구입한 의사들이 이를 '167특허에서 언급된 환자들에게 쓰는 행위는 유도된 행위에 해당하므로,

Watson이 FDA의 승인을 받아 위의 안내문과 함께 dronedarone을 판매하는 행위는 '167특허의 유도침해행위가 된다고 판시하였다.

미국특허법 제271조(b)항은 "누구든지 특허의 침해를 적극적으로(actively) 유도한 자는 특허의 침해자로서 책임을 진다"라고 규정하고 있는데, 지방법원은, Watson이 dronedarone을 Watson이 작성한 안내문(label), 즉, Multag의 안내문과 매우 유사한 안내문과 함께 판매하는 행위는 "유도행위"로 그리고 의사들이 '167특허에서 언급된 환자들에게 이 약을 쓰는 행위는 유도된 행위로 보았다.

한편, Watson은, Multag약이 '167특허를 침해하는 행위에만 쓰이는 것은 아니며 이 특허를 침해하지 않는 용도로도 쓰일 수 있으며, 문제의 안내문이 이 약을 특허를 침해하지 않는 용도에 쓰는 것을 금지한 것도 아니므로 지방법원이 문제의 안내문을 침해행위의 고의적 유도의 근거로 삼은 것은 오류였다고 주장하였다.

그러나, 항소법원은, 미국특허법 제271조(c)항의 기여침해가 성립하려면, 침해행위의 수단이 비침해적 용도(substantial noninfringing use)에는 쓰이지 않는 것이 요구되지만, 제271조(b)항의 유도침해의 성립을 위해서는 이러한 요건이 필요 없다고 하면서, 저작권에 관한 판례였지만 같은 취지가 적용된 Grokster 판례를 인용하였다.[56]

Grokster사건에서는 Grokster사를 포함한 몇몇 회사가 무료로 컴퓨터 사용

---

56) MGM Studios v. Grokster, 544 U.S. 903 (2005).

자들에게 소프트웨어(file-sharing software)를 공급하여 컴퓨터 사용자들이 무단으로 타인의 음악이나 영상 저작물을 이 소프트웨어에 다운로드 받아서 이용할 수 있도록 하였다. Grokster 등은 이러한 컴퓨터 사용자들의 저작권 침해행위를 조장하였고 그 과정에서 광고수입을 올리기도 했다. 지방법원과 항소법원에서는 그 소프트웨어가 그러한 불법행위뿐만 아니라 합법적인 행위에도 쓰일 수 있었다는 이유로 Grokster 등은 컴퓨터 사용자들의 저작권침해행위에 대하여 책임을 지지 않는다고 판시하였다.

그러나, 연방대법원은 의견을 달리하며, 항소심 판결을 파기하였다. 대법원에 의하면, 비록 저작권법은 타인의 저작권침해행위에 대하여 책임지는 경우를 별도로 규정하고 있지는 않지만 간접적책임론(secondary liability doctrines)이 여기에 적용될 수 있다고 하면서 본 사건에서는 저작권침해행위가 광범위하게 자행되었으므로 침해자를 개별적으로 추적하는 것보다는 소프트웨어의 공급자로 하여금 간접책임을 지도록 하는 것이 실용적이라고 하면서 Grokster 등은 저작권의 직접침해행위를 조장하고 수익도 올린 데 대하여 저작권의 간접침해자로서의 책임을 져야 한다고 결론 내렸다.

그러므로, Grokster판례는 권리를 침해하지 않는 용도에도 쓰일 수 있는 제품이라도 권리를 침해하는 데 쓰도록 유도한 자는 유도침해의 책임을 진다는 원칙을 선언한 것이며 항소법원은 이를 이 사건에 적용하였다.

### 2) '167특허의 자명성

미국특허법 제103조의 자명성의 존재여부의 판단은 그 기초가 되는 사실을 토대로 내리는 법적 판단이다.[57] 항소법원은 법적 판단은 스스로 다시 할 수 있으나 기초가 되는 사실의 판단은 명백하게 실수가 있는(clearly erroneous) 경우에만 이를 바로 잡을 수 있다.[58]

이 사건에서 지방법원은 해당 업계의 일반적 기술자가 dronedarone이 atrial fibrillation환자의 입원할 위험을 줄이는 효과가 있을 것으로 합리적 기대(reasonable expectation)를 하지 못하였을 것으로 판단을 하였는데, 항소법원은 이 자명성의 기초가 되는 사실에 관한 판단을 명백한 실수(clear error)로 보지 않았

---

57) Allergan, Inc. v. Sandoz Inc., 726 F.3d 1286, 1290 (Fed. Cir. 2013).
58) Pfizer, Inc. v. Apotex, Inc., 480 F.3d 1348, 1359 (Fed. Cir. 2007).

다. 항소법원은, 이 사건에서 '167특허의 자명성을 뒷받침하는 증거가 일부 있으나, 충분하지는 않으므로 이 증거만으로는 지방법원이 '167특허의 자명성을 부인한 것을 명백한 실수였다고 볼 수는 없다고 하면서 지방법원의 판단을 유지하였다.

### 3) '800특허의 효력범위

'800특허의 침해를 부인하기 위하여, Watson은, 이 사건에서 '800특허의 권리범위에서 약조제용 계면활성제(polysorbate surfactants)는 배제되어야 하는데 지방법원이 이를 권리범위에 포함시킨 것은 오판이었다고 주장하였다. 즉, Sanofi는 '800특허출원의 모출원(parent application)의 심사과정에서 독립청구항들을 개정하여 약조제용 계면활성제(polysorbate surfactants) 성분이 있는 약품구성물들(pharmaceutical compositions)을 청구항에서 배제하였는데 이 청구항의 개정으로 '800특허의 권리범위도 그만큼 축소되었다고 주장하였다.

그러나, 항소법원은, 모출원의 청구항 개정이 후속출원(혹은 자출원)에도 효력을 미치려면 후속출원의 청구항이 모출원의 해당 청구항과 같은 표현을 지니고 있어야 하는데, '800특허의 청구항에는 이와 같은 표현이 결여되어 있으므로 '800특허의 권리범위는 모출원의 청구항개정으로 영향받지 않았다고 하였다. 즉, 약조제용 계면활성제(polysorbate surfactants)가 '800특허의 권리범위에서 제외되지 않으므로 Watson의 ANDA신청은 '800특허의 침해를 구성한다고 항소법원은 결론 내렸다.

# 재판적(Venue)

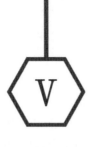

# 재판적(Venue)

## 31. 특허침해소송의 재판적(Venue)

TC Heartland LLC v. Kraft Foods Group Brands LLC No. 16-341 (2017).
2017. 5. 22. 연방대법원 판결

### (1) 서설

미국민사소송법 제1400조(b)항은 특허침해소송을 제기할 수 있는 지역 (venue)으로서 "법인의 거주지"를 규정하였는데, 2017. 5. 22. 미연방대법원은 TC Heartland 사건에서 법인의 거주지는 법인이 설립등기를 한 주(state)를 뜻한 다고 판결함으로써 제1400조(b)항의 법인의 거주지가 법인이 설립등기를 한 주인가 아니면 그 법인에 대하여 인적 관할권을 행사할 수 있는 모든 주를 의 미하는가에 대한 그동안의 논란을 잠재웠으며, 여러 주를 거주지로 보았을 때 생겼던, 원고에 의한 법원 고르기(forum shopping)의 폐해도 예방할 수 있게 되 었다.

최근 약 25년 동안은 "법인이 거주하는 지역"의 의미를 피고에게 인적 관 할권이 성립하는 모든 지역으로 넓게 해석한 연방항소법원(Court of Appeals for the Federal Circuit, 이하 "항소법원")의 VE Holding사건 판례가 적용되어,[1] 원고 가 광범위한 영역에서 법원을 골라서(forum shopping) 원고에게 호의적인 법원

---

1) VE Holding Corp. v. Johnson Gas Appliance Co., 917 F.2d 1574 (Fed. Cir. 1990).

에 소송을 제기해 왔으므로 이에 대한 비판의 목소리가 높았다.

이하에서는 TC Heartland사건의 사실관계, 쟁점, 입법과 판례의 변천과정 그리고 대법원판결의 순으로 이 법 문제에 관하여 살펴본다.

### (2) 사건의 사실관계

TC Heartland사는 Indiana주에 본부를 둔 회사로서 물맛을 좋게 하는 감미 제를 제조 판매하는 회사였다. 2014년 Kraft Foods사는 TC Heartland사의 감미 제가 Kraft Foods사의 특허를 침해하여 만들어졌다고 주장하면서 Delaware주의 지방법원에 특허침해소송을 제기하였다.[2] 이에 TC Heartland사는 재판적(venue) 위반을 이유로 소를 각하하거나, 사건을 Indiana주로 이송해 줄 것을 지방법원 에 신청하였으나 법원은 이를 거절하였다.

그러자 TC Heartland사는 항소법원에 명령장(a writ of mandamus)을 신청하 여, 항소법원이 지방법원에게 소의 각하 또는 소송의 Indiana주로의 이송을 명 할 것을 신청하였다.[3] 그러나 항소법원은 VE Holding판례와 같은 입장을 취하 며 TC Heartland사의 명령장(a writ of mandamus)신청을 기각하고 지방법원의 판 결을 유지하였다.[4]

### (3) 사건의 쟁점

이 사건에서는, 특허침해소송은 어느 지역의 법원에 제기할 수 있는가? 즉, 특허침해소송의 재판적(venue)이 문제되었는데,[5] 이에 대한 법조문은 미국 민사소송법 제1400조(b)항과 제1391조(c)항이 있었다.

제1400조(b)항은, 특허침해소송을 제기할 수 있는 지역으로,

1) 피고의 거주지, 또는
2) 피고가 침해행위를 행하고 영업소도 두고 있는 곳

---

2) Complaint, Kraft Foods Grp. Brands v. TC Heartland, LLC, No. 14-cv-28 (D. Del. Jan. 14, 2014).

3) Petition for Writ of Mandamus, In re TC Heartland, No. 16-105 (Fed. Cir. Oct. 23, 2015).

4) In re TC Heartland LLC, No. 16-105 (Fed. Cir. 2015).

5) 재판적이란 민사소송법상 사건이 처리되는 장소 또는 법원을 말하며, 재판적의 문제는 사건에 대하여 어느 법원이 재판권을 행사하게 하는 것이 적합한가의 문제이다.

을 규정하였는데, 이 중, 피고의 거주지의 의미가 문제되었다.

한편, "제1391조(c)항은 "법인은 그에 대하여 인적 관할이 있는 지역에 거주하는 것으로 본다."라고 규정하였는데, 법인의 거주지에 관하여 제1400조(b)항만을 적용하여 법인이 설립등기를 한 곳을 거주지로 볼 것인가 아니면, 제1391조(c)항을 보충 적용하여 법인에 대하여 인적 관할이 있는 곳 모두를 거주지로 볼 것인가가 문제였다.

피고와 어느 지역 사이에 최소한의 접촉(minimum contacts)만 있은 경우에는 그 지역의 법원이 피고에 대하여 인적 관할권을 행사할 수 있는데[6] 이러한 지역을 피고에 대하여 인적 관할권이 성립하는 지역이라고 한다. 예컨대, 피고가 어느 지역에서 상품을 판매하였으면, 피고와 그 지역 사이에 최소한의 접촉이 있은 것으로 보아 그 지역을 인적 관할권이 성립하는 지역으로 보는데, "법인이 거주하는 지역"을 인적 관할권이 성립하는 모든 지역으로 해석할 경우 원고는 피고가 상품을 판매한 모든 지역에서 특허침해소송을 제기할 수 있게 된다.

### (4) Fourco Glass판례 및 관련법의 개정 추이

1957년 Fourco Glass사건에서 대법원은, 제1400조(b)항은 특허침해소송의 재판적(venue)를 정할 때 적용되는 오직 하나의 조항으로서 이 조항에 제1391조(c)항이 보충 적용되어서는 아니 되고 따라서 특허침해소송을 제기할 수 있는 피고법인의 거주지는 피고가 설립등기를 한 곳으로 보아야 한다고 판시하였다.[7]

1988년에 개정된 연방법은 제1391조가 이 장(chapter)에 속한 재판적[8] 규정에 두루 적용된다고 규정하였는데, 제1400조가 같은 장에 속해 있었으므로, 1990년 EV Holding사건을 심리한 특허항소법원은 1988년의 연방법 개정으로 인하여 Fourco판례는 효력을 상실했으며, 제1391조(c)항이 제1400조(b)항의 법인의 거주지 결정에 보충 적용되어야 한다고 판시하였다. 이후 25년간은 이 원

---

6) International Shoe v. Washington 326 U.S. 310 (1945).

7) Fourco Glass Co. v. Transmirra Products Corp., U.S. 222, 228-29 (1957).

8) 그 장(chapter)에 속한 재판적이란 민사소송 일반의 재판적을 의미하며 제1400조도 이 장에 속해 있으므로 특허침해소송의 재판적도 이 장에 속한 재판적이다(필자 주).

칙이 적용되어, 특허침해소송은 피고법인에 대해 인적 관할권이 성립하는 모든 지역의 법원에 제기할 수 있는 것으로 해석되어 왔다.

2011년 의회는 다시 제1391조를 개정하면서 제1391조가 민사소송의 재판적 결정에 두루 적용된다는 구절(under this chapter)을 삭제하고, 다른 법 조항에 달리 규정한 바가 없으면(otherwise provided by law) 제1391조(c)항이 연방지방법원에 제기되는 모든 민사소송에 적용된다고 규정하고 제1391조(c)(2)항은, 피고는 그에 대하여 인적 관할권이 미치는 지역에 거주하는 것으로 본다고 규정하였다. 따라서 제1400조가 달리 규정한 다른 법 조항에 해당하는가가 문제되었다.

### (5) 연방대법원의 판결

대법원은 여기에 제기된 법 문제를 의회가 민사소송법 제1391조를 개정할 때 제1400조(b)항의 뜻을 개정하였다고 볼 수 있는가의 문제로 보고, 이에 대하여 부정적인 결론을 내렸다. 즉, 대법원에 의하면, 의회는 법을 개정할 때는 그 의도를 개정되는 법 조항에서 분명하게 드러내는데 제1391조에는 그러한 의회의 의도가 드러나 있지 않다고 했다. 더구나 현재의 제1391조에는 "다른 법 조항에 다른 규정이 없으면(otherwise provided by law)"이라는 구절까지 있어서, 제1391조가 제1400조(b)항의 뜻을 개정할 의도가 있었다고 보기가 더욱 어렵다고 했다.

Kraft Food사는, 의회가 2011에 법을 개정할 때는 VE Holding판결의 입장이 20년 이상 적용되어왔는데 2011년에 제1391조를 개정하면서 이들 판결에 대하여 침묵을 지킨 것은 이를 추인한 것으로 보아야 한다고 주장하였으나, 대법원은 이를 일축하면서 "무엇보다 법 조항이 VE Holding판결을 추인하는 뜻을 전혀 밝히지 않고" 있기 때문에 그렇게 해석하는 것은 무리라고 하고, 의회는 오히려 2011년 개정안에서 "이 장에서의(under this chapter)"라는 표현을 삭제함으로써 1391조가 제1400조(b)항에 영향을 줄 길을 막았다고 했다.

결국, 대법원은 1) 제1400조(b)항이 특허소송의 재판적을 결정하는 유일한 규정이고, 2) 제1391조(c)항은 Fourco Glass판결이나 제1400조(b)항을 변경하지 않았으며, 3) 제1400조(b)항의 법인의 주소(residence)는 법인이 설립등기를 한 주(state)를 의미한다는 결론을 내렸다.

그리하여, 대법원은 연방항소법원의 판결을 파기하고 사건을 원심법원에 환송하였다.

### (6) 결어

법인에 대하여 특허침해소송을 제기할 때, 피고의 주소지는 법인등기를 한 주를 의미하고 그 법인에 대하여 인적 관할권을 가지는 모든 주를 의미하지는 않는다는 것이 대법원의 입장이므로, 향후 특허권자들은 더 이상 특허침해소송을 제기할 지역을 고를 수 없게 되었고, 특허침해자들이 여러 주에 흩어져 있을 경우에는 소제기가 용이하지 않게 되었다. 한편 특허침해소송의 피고들은 먼 곳에서 소를 제기당할 우려가 줄어들었다고 하겠다.

## 32. 특허침해소송의 재판적(Venue)

In re Cray, Inc., __ F.3d __, No. 2017-129 (Fed. Cir. 2017).
2017. 9. 21. 연방항소법원(CAFC) 판결

### (1) 서설

특허침해소송을 제기할 수 있는 지역 즉, 특허침해소송의 재판적(venue)에9) 관하여 미국민사소송법 제1400조(b)항은 다음과 같이 규정하고 있다:10)

1) 피고의 거주지(where the defendant resides) 또는
2) 피고가 침해행위를 행하고 규칙적, 지속적으로 영업을 수행하는 장소(a regular and established place of business)도 두고 있는 곳

피고의 거주지의 의미에 관하여는 1990년 VE Holding사건에서 연방항소

---

9) 재판적이란 민사소송법상 사건이 처리되는 장소 또는 법원을 말하며, 재판적의 문제는 사건에 대하여 어느 법원이 재판권을 행사하는 것이 적합한가의 문제이다.
10) 28 U.S.C. §1400(b).

법원(Court of Appeals for the Federal Circuit, 이하 "항소법원")이 "피고에게 인적 관할권이 미치는 모든 지역"이라고 넓게 해석함으로써11) 원고는 피고가 거래행위를 한 여러 주의 법원 중에서 원고에게 유리한 법원을 골라 소송을 제기할 수 있었으며, 이러한 법원 고르기(forum shopping)의 폐해가 심했으므로 비판의 대상이 되곤 하였다. 그러나, 2017. 5. 연방대법원이 TC Heartland12)사건에서 피고의 거주지란 법인이 설립등기를 한 주(state)를 말한다고 좁게 해석함으로써 약 25년 동안 지속된 법원 고르기(forum shopping)의 폐해를 잠재울 수 있게 되었다.

그러자 이번에는 "피고가 규칙적, 지속적으로 영업을 수행하는 장소"의 의미에 관하여 논쟁이 치열해 졌는데 그 이유는 피고가 규칙적, 지속적으로 영업을 수행하는 장소의 의미를 될수록 넓게 해석하면 원고가 다시 어느 정도 법원 고르기를 할 수 있기 때문이다. In re Cray사건도 이 논쟁이 전개된 사건이었다.

## (2) 사건의 사실관계

Cray사는 첨단 슈퍼컴퓨터를 판매하고 있었는데 이 컴퓨터들이 Raytheon사의 특허를 침해했다고 주장하며 Raytheon사가 Texas주 동부지역 연방지방법원(이하, "지방법원")에 특허침해소송을 제기하였다. 피고 Cray사는 원고가 재판적(venue)이 없는 법원에 소송을 제기했다는 이유로 소송의 이송을 법원에 신청하였다.13) Cray사의 주장에 의하면 Cray사는 Texas주에서 설립된 법인도 아니며,14) 또 Texas주 동부지역에서 특허침해행위를 하거나, 이 지역에 "규칙적, 지속적인 영업장소"를 두지도 않았으므로 Cray사가 Texas주 동부지방법원에서 소송을 제기당할 이유가 없다고 했다. 결국 Texas주 동부지역이 Cray사가 규칙적, 지속적으로 영업을 수행하는 장소였는가가 논쟁의 초점이 되었으며 이와 관련된 사실관계의 확인이 중요하게 되었다.

Cray사는 Washington주에 본사를 두고 전국 각지에 영업소를 둔 회사이

---

11) VE Holding Corp. v. Johnson Gas Appliance Co., 917 F.2d 1574 (Fed. Cir. 1990).
12) TC Heartland LLC v. Kraft Foods Group Brands LLC No. 16-341 (2017).
13) 28 U.S.C. §1406(a).
14) TC Heartland LLC v. Kraft Foods Group Brands LLC., No. 16-341 (2017).

다. Cray사는 Texas주의 동부지역에 직접 사무소를 열지는 않고 Harless씨와 Testa씨가 이 지역의 이들의 집에서 각기 Cray사를 위해 일하도록 하였다. Testa씨는 그 지역에 살면서 2010년에서 2011년까지 지역담당 지배인으로 일했다. Harless씨는 약 7년 동안 판매담당이사로 일하면서 Cray시스템을 3억 4천 5백 만 불 어치 파는데 관여하였다. Harless씨는 Cray사로부터 업무를 위한 휴대폰의 사용료, 인터넷 사용료, 출장비 등을 지원 받았으며, 자기집의 전화번호를 자신의 사무실 전화번호로 표시하였지만 Cray사의 제품을 집에 보관하거나 그 카탈로그를 집에 두지는 않았다. Cray사는 Harless씨 집의 사용료를 지불한 적은 없으며 Harless씨의 집을 Cray사의 영업장소로 표시한 적도 없다.

### (3) 연방지방법원의 판결

지방법원의 Gilstrap판사는 Harless씨의 활동이 Texas 동부지역을 Cray사의 규칙적, 지속적 영업장소가 있는 곳으로 볼 수 있는 근거를 제공하며 따라서 Texas주 동부지역 지방법원에 이 사건 재판적이 있으며, 소송을 이송할 이유가 없다고 했다.

Gilstrap판사는 In re Cordis사건에서 적용된 규칙적, 지속적 영업장소의 성립에 필요한 4가지 요건을 Cray사건에 적용한 후 Cray사건은 위 4가지 요건을 모두 갖추고 있다고 결론 내리면서, 소송이송신청을 기각하였다. 이에 Cray사는 Gilstrap판사의 기각결정에 불복하며 항소법원에 직무집행명령(a writ of mandamus)을 신청하였다.[15]

### (4) 연방항소법원의 판결

항소법원은 Gilstrap판사가 적용한 4개의 요건을 해당 법 조항을 충실히 반영하지 못한다는 이유로 배척하고 스스로 3개의 요건을 제시하였다. 즉, 피고의 규칙적, 지속적 영업장소가 있다고 하기 위해서는 1) 해당 지역에 "물리적 장소"가 있을 것 2) 그 장소에서 규칙적이고 지속적인 영업활동이 있었을

---

15) 직무집행명령(a writ of mandamus)은 법관의 결정에 대하여 중간항소(interlocutory appeal)가 불가능할 때 그 결정에 불복하는 당사자가 그 법관을 상대로 상급법원에 제기하는 신청으로서 상급법원이 그 법관으로 하여금 오판을 시정하도록 명하게 하는 소송행위이다.

것 3) 그 장소는 피고의 것일 것이다.16)

　항소법원에 의하면, 첫째 "물리적 장소"가 있었어야 하므로 물리적 위치가 없는 인터넷의 공간은 여기에 해당되지 않으나 사무실이나 상점처럼 고정된 위치에 있을 것을 요하지는 않으며 이동이 있었어도 물리적, 지리적 위치를 가진 장소에서 피고의 영업이 수행되었으면 이 요건은 충족된다고 했다.17)

　둘째, 영업의 장소를 옮겨도 규칙적, 지속적인 영업장소가 될 수는 있으나 그러려면, 영업장소가 한 곳에 최소한 한 거래행위를 마무리하는 데 필요한 시간 동안은 머물러 있어야 한다고 하고, 피고의 영업행위를 수행하는 자가 자신의 집을 어느 지역에서 다른 지역으로 옮길 때 피고의 승인 없이 자신의 결정으로 옮길 수 있었으면, 그의 집을 피고의 영업장소로 볼 수가 없다고 했다.18)

　셋째, 영업장소가 피고의 것이어야 하는데 종업원이 어느 장소에서 영업행위를 하는 것을 허락한 것만으로는 이를 피고의 영업장소라고 할 수 없다고 전제한 후, 이 사건에서 피고는 종업원의 영업장소를 소유하지도, 임차하지도 않았으며, 그 장소를 영업장소로 선택하거나 변경하는 데 관여하지도 않았고, 그 장소에서 상품을 전시하거나, 재고를 보관하지도 않았으므로 이를 피고의 영업장소로 볼 수 없다고 하였다. 그리고 지방법원은 이 사건에서 이 세 번째 요건을 갖추지 못한 장소를 피고의 영업장소로 보는 오류를 범했다고 지적하였다.

　결론적으로 항소법원은 Gilstrap판사가 미국민사소송법 제1400조(b)항에 규정된, 피고가 "규칙적, 지속적으로 영업을 수행하는 장소"의 의미를 잘못 해석해서 피고 측의 소송이송신청을 기각하였다고 판시하면서, 지방법원이 소송을 이송하도록 직무집행명령(a writ of mandamus)을 발하고, 다만 어느 법원으로 이송하는 것이 적합한가는 지방법원이 제1400조(b)항을 해석하여 결정하여야 한다고 판결하였다.

---

16) *Cray*, slip op. at 4.
17) Id. at 11.
18) Id. at 12-13.

## 33. TC Heartland판결과 재판적에 관한 이의신청

In re Micron Tech., Inc., No. 2017-138, 2017 U.S. App. LEXIS 22956, at 15-16 (Fed. Cir. Nov. 15, 2017).
2017. 11. 15. 연방항소법원(CAFC) 판결

### (1) 서설

미국 연방민사소송법 제1400조(b)항은, 특허침해소송의 재판적 즉, 특허침해소송을 제기할 수 있는 지역을 1) 피고의 거주지, 또는 2) 피고가 침해행위를 행하고 영업소도 두고 있는 곳으로 규정하였는데 2017년 5월 미연방대법원은 TC Heartland 사건에서,[19] 이 조항에 규정된 "법인의 거주지"는 법인이 설립등기를 한 주(state)를 말한다고 판결하였다. 이로써, 그동안 이 "법인의 거주지"를 법인에 대하여 인적 관할권을 행사할 수 있는 모든 주를 의미하는 것으로 해석하여[20] 특허소송의 재판적(venue)을 광범위하게 인정함으로써 원고가 자신에게 유리한 법원을 골라(forum shopping) 소를 제기했던 폐해를 방지하게 됐으며, 향후 특허소송의 재판적(venue)에 있어서의 큰 변화를 예고하였다.

그러면, TC Heartland판결이 내려졌을 때, 이미 이 판결에 위배되는 지역의 법원에서 진행 중이던 특허소송의 재판적 문제는 어떻게 할 것인가에 관하여 논란이 있어 왔는데, 미국연방항소법원(Court of Appeals for the Federal Circuit, 이하 "항소법원")은 최근 In re Micron Tech사건에서, 그와 같이 이미 진행 중이던 특허소송에서는 피고가 TC Heartland판결에 의거해서 재판적에 관하여 이의를 제기할 수 있다고 판결하였다.[21]

### (2) 사건의 진행과정

In re Micron Tech. 사건은 2016년 6월 원고 하버드 대학이 피고 Micron Tech.사(이하 "Micron")를 상대로 Massachusetts주의 연방지방법원(이하 "지방법

---

19) TC Heartland LLC v. Kraft Foods Group Brands LLC No. 16-341 (2017).

20) VE Holding Corp. v. Johnson Gas Appliance Co., 917 F.2d 1574 (Fed. Cir. 1990).

21) In re Micron Tech., Inc., No. 2017-138, 2017 U.S. App. LEXIS 22956 (Fed. Cir. Nov. 15, 2017).

원")에서 특허침해소송을 제기함으로써 개시되었다. Micron은 Delaware주법에 따라 설립되고 주된 사무실은 Idaho주에 두고 있었다.

2016년 8월 Micron은, 연방민사소송법 제12조(b)항에 의한 신청을 하면서 제12조(b)항(6)호에 의거해서, 원고의 소가 재판에 적합한 청구를 내용으로 하지 못하였으므로 법원이 청구를 기각할 것을 신청하였으나, 제12조(b)항(3)호에 의거한 재판적(venue)에 관한 이의제기는 하지 않았다.

2017년 5월 연방대법원이 TC Heartland사건에서 "법인의 거주지"는 법인이 설립등기를 한 주(state)를 말한다고 판결하자, Micron은 이 사건의 재판적이 부적절함을 이유로 Massachusetts주 지방법원이 소를 각하하거나, 소송을 재판적 있는 법원으로 이송해 줄 것을 신청하였다.

그런데 연방민사소송법 제12조(g)(2)와 제12조(h)(1)(A)은, 피고가 소송의 초기에 민사소송법 제12조(b)항의 신청을 하면서 제12조(b)항(3)호의 재판적에 관한 이의제기를 신청에 포함시키지 않았으면, 피고는 재판적에 관하여 이의를 제기할 권리를 상실한다고 규정하고 있다.[22] 지방법원은 이 조항들을 적용하면서, Micron이 소송 초기에 제12조(b)항의 신청을 하면서 제12조(b)항(3)호에 의거한 재판적에 관한 이의제기를 하지 않았으므로 Micron은 재판적에 관한 이의제기권을 2016년 8월에 상실하였다고 판시하였다.

이에 Micron은 항소법원에 직무집행명령(a writ of mandamus)을 신청하고, 항소법원이 지방법원의 이 결정을 파기하고 지방법원에게 사건을 재판적 위반으로 각하하거나, Delaware주의 법원이나, Idaho주의 법원으로 이송하도록 명령해 줄 것을 신청하였다.[23]

### (3) 연방항소법원의 판결

신청을 받은 항소법원은 Micron의 재판적에 관한 이의신청을 기각한 지방법원의 결정을 파기하고, 사건을 지방법원에 환송하면서 그 이유를 다음과 같이 설명하였다:

---

22) 28 U.S.C. 12(g)(2); 12(h)(1)(A).

23) 직무집행명령(a writ of mandamus)은 법관의 결정에 대하여 중간항소(interlocutory appeal)가 불가능할 때 그 결정에 불복하는 당사자가 그 법관을 상대로 상급법원에 제기하는 신청으로서 상급법원이 그 법관에게 오판의 시정을 명하게 하는 소송행위이다.

소송의 재판적에 관하여 이의가 있는 피고는 연방민사소송법(이하 "민사소송법")
제12조(b)항(3)호에 따라 법원에 재판적(venue) 위반을 이유로 소를 각하할 것을 신
청할 수 있다. 그러나 이 각하 신청도 일정한 제한을 받는다. 즉,

민사소송법 제12조(g)항(2)호와 제12조(h)항(1)호는, 초기에 제12조(b)항 신청을 할
때 이와 함께 할 수 있었던 신청을 하지 않은 경우에는 그 때 같이 할 수 있었던 신
청은 후에 할 수 없다고 규정한다. 그러므로 이 사건의 피고처럼 제12조(b)항의 신
청을 할 때, 제12조(b)항(6)호의 청구의 기각신청은 하면서 이와 동시에 할 수 있었
던 제12조(b)항(3)호의 재판적에 대한 이의신청은 하지 않은 경우에는 제12조(g)항
(2)호와 제12조(h)항(1)호에 의해 피고는 재판적에 관한 이의신청권을 포기한 것으로
보게 된다. 이와 같이 이의신청권을 포기한 것으로 보는 것은 피고가 제12조(b)항의
신청을 할 때 재판적에 관하여 이의신청을 할 수 있었는데 그렇게 하지 않았다는 데
그 이유가 있다.

그러므로, 이 사건에서 Micron이 재판적에 관한 이의신청권을 포기하였는가를 보
려면, 2016년 8월에 Micron이 제12조(b)항의 신청을 할 때 재판적에 관한 이의신청
을 할 수 있었는데도 하지 않았는가를 보면 될 것이다. 그런데, TC Heartland 판결은
2017년 5월에 내려졌으므로 두말할 것도 없이 2016년 8월에는 Micron이 재판적에
관하여 이의신청을 할 수 없었다. 그러므로, Micron은 재판적에 관한 이의신청권을
포기한 적이 없다고 보아야 한다.

그러므로, 이 사건에서 Micron은 재판적에 관하여 이의신청을 제기할 권리가 있
으나, 그렇다고 해서 본 법원이 곧바로 지방법원에게 Micron의 이의신청을 수용하라
고 명할 수는 없다. 왜냐하면, 법원이 재판적에 관한 이의신청을 수용할 수 없는 경
우는 제12조(g)항(2)호와 제12조(h)항(1)호가 적용된 경우 이외에도 있기 때문이다.
예컨대 재판적에 관한 이의신청이 시기적으로 너무 늦어진 때에는 이미 소송절차가
많이 진행되어서, 재판적을 변경하면, 소송의 신속이나 경제의 이념에 반할 염려가
있는데, 이런 경우에는 피고의 재판적에 관한 이의신청을 수용할 수 없기 때문이다.

연방대법원은 일찍이 Dietz사건에서, "민사소송법은 소송을 진행할 때 적용할 원
칙을 모두 다 명문화하지는 못하였으며, 민사소송절차의 진행에 있어서 준수해야 할
최고의 원칙은 분쟁의 적정, 신속, 경제적인 해결이다"라고 판시한 바 있다.[24]

따라서, 지방법원은 이 사건에서 제12조(g)항(2)호와 제12조(h)항(1)호 규정을 떠
나서도 피고가 재판권에 관한 이의신청을 할 수 없는 이유가 있는가를 심리하여야

---

24) Dietz v. Bouldin, Inc., U.S., 136 S.Ct. 1885, 1891, 195 L.Ed.2d 161 (2016).

하며, 이 권한은 Dietz판례의 취지에 따라 행사되어야 할 것이다.

그러므로, 본 법원은 Micron의 재판적에 관한 이의신청을 기각한 지방법원의 결정을 파기하며, 지방법원으로 하여금 피고가 다른 이유에서 재판권에 관한 이의신청권을 상실하였는지 여부를 심리할 수 있도록 사건을 지방법원에 환송한다.

# 특허침해소송의 방어방법

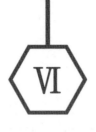

# 특허침해소송의 방어방법

## 34. On-sale bar의 성립범위

The Medicines Co. v. Hospira, Inc. ., Nos. 14-1469, 14-1504 (Fed. Cir. July 11, 2016) (en banc).
2016. 7. 11. 연방항소법원(CAFC) 전원합의부 판결

### (1) 서설

　　AIA(America Invents Act) 개정 전의 미국특허법 제102조(b)항(Pre-AIA 35 U.S.C. §102(b))은 발명이 그를 위한 미국특허출원일로부터 1년 이상 전에 미국 내에서 판매됐으면 그 발명에 대하여는 특허를 받을 수 없다(on-sale bar)고 규정하고 있었다. 이 on-sale bar규정은 AIA 개정 후의 미국특허법에도 존재하는데(35 U.S.C. §102(a)(1)) 다만 개정법은 지역을 확대하여 판매행위가 미국 내에서 행해진 때뿐만 아니라 해외에서 이루어진 때에도 특허금지사유가 되도록 하고 시간적으로도 1년의 유예기간을 제공하지 않고, 판매행위가 특허의 유효 출원일(미국 내외를 포함한 최우선일)전에 있었으면 금지사유가 되도록 하여 그 시간적, 지리적 적용범위를 확대하였다.

　　The Medicines Co. v. Hospira, Inc.사건에서 on-sale bar(판매행위로 인한 특허금지)의 적용여부가 문제된 특허는 2011년, AIA에 의한 미국특허법 개정이 있기 전에 등록된 것이기 때문에 법원은 개정 전의 미국특허법 제102조(b)항의

적용여부에 관하여 판시하였다.

그러나, on-sale bar의 입법취지는 신구법에서 동일하므로 The Medicines Co.사건에서의 판결은 신법하에서도 크게 참고가 될 것이다. 일설은 구법이 "in public use or on sale"이라고 규정했는데 비해 신법이 "on sale, or otherwise available to the public"이라고 규정하였으므로 신법하에서는 on-sale bar를 적용할 때 대중의 접근이 가능했는가를 보다 더 참고하게 될 것이라고 예상하기도 한다.

### (2) 사건의 사실관계

The Medicines Co.(이하 "TMC")는 2005년에 Angiomax약품의 제조방법을 연구한 결과, Angiomax는 그 제조방법에 결함이 있어서 FDA승인기준을 초과하는 불순물을 포함하게 되는 것을 발견하고, 연구를 더 진행한 결과 이 약품의 불순도를 현저히 낮출 수 있는 제조방법을 발견하고 이 제조방법에 관하여 두 개의 제조방법특허를 취득하였다.

2010년에 TMC는 Hospira, Inc.(이하 "Hospira")를 상대로 특허침해소송을 제기하였는데 그 이유는 Hospira가 당국에 제출한 ANDA(약식신약신청, abbreviated new drug applications)에 기술된 약품이 TMC의 특허를 침해하는 제품이라는 것이었다. 그 후 소송을 진행하는 과정에서 새로운 사실이 확인되었는데 그것은 TMC가 TMC의 해당특허를 출원하기 1년도 더 전에 Ben Venue Laboratories(이하 "Ben Venue")로 하여금 TMC의 방법특허를 이용해서 Angiomax 약품을 생산하도록 한 것이었으며, 이로 인해 TMC의 특허는 on-sale bar에 저촉되어 무효인가 하는 문제가 대두되었다.

### (3) 연방지방법원의 판결

일찍이, 연방대법원은 Pfaff사건에서 on-sale bar를 적용하는 조건을 제시하면서, on-sale bar는 발명이 1) 특허를 출원할 만큼 성숙해 있었고 2) 판매행위의 대상이 되었을 때 적용된다고 하였다. 이 사건에서, 연방지방법원(이하 "지방법원")은 이 기준을 적용하면서 해당발명은 특허를 출원할 만큼 성숙되어 있었으나, TMC와 Ben Venue사이에는 단지 Ben Venue가 TMC에게 약품제조

서비스를 판매하는 행위만 있었고 발명품의 판매행위는 존재하지 않았으므로 on-sale bar의 두 번째 요건을 갖추지 못하였고 또 그 약품의 생산도 실험적 목적으로 행해진 것에 불과하였으므로 TMC의 특허는 무효로 되지 않았다고 판결하였다. 이에 Hospira는 연방항소법원(Court of Appeals for the Federal Circuit, 이하 "항소법원")에 항소하였다.

## (4) 연방항소법원 합의부의 판결

연방항소법원(이하, "항소법원")은 이 사건에서 Ben Venue는 청구서를 서비스의 제공에 대한 것으로 발행하고 또 제조된 약품의 판매는 이루어지지 않았지만 on-sale bar의 성립여부를 판단하려면 그 입법취지에 주목해야 한다고 하면서, on-sale bar는 발명자나 그 양수인이 특허출원 1년도 더 전(이하, "금지기간")에 발명을 상업적으로 이용하는 것을 예방하는 데 목적이 있는데 이러한 발명의 상업적 이용이라는 측면에서 볼 때는 방법특허에 의해 만들어진 상품을 판매하는 경우와 방법특허를 실시하는 서비스를 판매하여 그 상품을 생산하는 경우를 구별할 필요는 없다고 하였다.

법원은, 만일 이 경우 on-sale bar가 적용되지 않는다고 판결하면 TMC는 방법특허를 실시하는 서비스의 제공계약을 통하여 쉽게 on-sale bar를 회피할 수 있게 될 것이라고 지적하면서 이 사건의 경우는 발명의 상업적 이용("commercial exploitation")이 있은 경우로서 새로운 발명품을 개발하기 위하여 타인의 서비스를 이용("secret, personal use")할 뿐이어서 on-sale bar가 적용될 수 없는 경우와 구별된다고 하였다.

나아가, 이 사건에서의 Angiomax 생산이 실험적 생산에 해당하였는지에 관하여도 지방법원과 입장을 달리하면서, 발명의 실시(reduction to practice)가 완료된 후에는 실험적 생산이 이루어질 수 없을 뿐만 아니라 이 사건의 제품생산은 상업적 이용을 목적으로 한 것이었으므로 실험적 목적의 생산으로 볼 수 없다고 하였다.

결국 항소법원은 이 사건에서 약품제조업자에게 약품제조를 주문한 것은 판매준비행위(offer for sale)로서 특허법상 on-sale bar에 저촉되며, 따라서 해당 특허의 무효사유가 된다고 하였다. 이는 그간 항소법원이 일관되게 견지해오던 공급자예외(supplier exception to on-sale bar) 불인정의 원칙을 재확인한 것이라고 할 수 있었다.

### (5) 연방항소법원의 전원합의부 심리 결정

TMC가 위의 항소법원 합의부의 판결에 불복하며 항소법원 전원합의부의 심리를 신청하자 2015. 11. 13. 항소법원은 이를 받아들이며 이 사건 당사자에게 다음의 쟁점에 대한 의견개진을 요구하였다:

- 이 사건에서 TMC의 행위는 특허법 제102조(b)항의 on-sale bar에 저촉되는 판매행위에 해당하는가?
- 이 사건에서 제품에 대한 소유권이 이전된 적이 없는데 제102조(b)항의 판매가 있었다고 할 수 있는가?
- 이 사건에서 제품생산은 상업적 목적으로 이루어졌는가 아니면 실험적 목적으로 이루어졌나?
- Special Devices사건에서 본 법원이 수립한 공급자예외(supplier exception to on-sale bar) 불인정의 원칙을 본 법원이 파기하거나 수정해야 하는가?

위의 질문을 보면 공급자예외 불인정의 원칙 즉, 발명자가 공급자와 공급계약을 체결했을 때도 이를 on-sale bar의 저촉행위로 보고 공급자에 대하여 예외를 인정하지 않는 원칙을 항소법원이 재고해 보려는 의도가 엿보였다. 이 원칙은 발명은 했어도 스스로 자신의 발명을 제조할 여건이 허락되지 않아서 제조업자에게 제조를 의뢰해야만 하는 소규모 사업자에게 중대한 영향을 미치는 원칙이다. 항소법원의 신중한 태도도 이러한 영향을 알기 때문이었을 것이다.

### (6) 연방항소법원 전원합의부의 판결

2016. 7. 11. 항소법원 전원합의부는 만장일치의 판결로, 어떠한 경우에 특허법 제102조(b)항에 규정한 특허금지의 원인이 되는 "판매"(on-sale-bar)가 있었다고 볼 수 있는가를 판단하였다.

법원은 제102조(b)항에 규정한 판매가 있었다고 하려면, 발명품에 관하여 상업적 판매행위가 있었어야 하며, 상업적 판매행위는 모범상법규정(Uniform

Commercial Code) 제2-106조에 규정한 판매행위의 특징들을 갖춘 것이어야 한다고 하였다.

법원은 Pfaff사건에서 제시한 on-sale bar성립을 위한 2개의 요건에 언급하면서, 이 사건에서는 그 중 첫 번째 요건인 "발명품이 판매에 제공되거나 판매되었는가" 여부를 판단하여야 한다고 하며, "판매"는 상법적 의미의 판매를 말하며, 상법상 판매는 구매자가 구매하는 목적물에 대한 대가로 판매자에게 대가를 지불하거나 지불을 약속하고 판매자는 목적물에 대한 권리를 구매자에게 양도하는 계약인데 법원은 모범상법규정에 의거해서 당사자의 의사소통이 상업적 판매의 수준에까지 무르익었었는지를 볼 것이라고 했다. 그리하여 법원은 다음과 같이 판시하였다:

> 발명품을 생산하기 위하여 하청제조업체가 단순히 발명품을 제조하는 서비스를 발명자에게 판매하는 계약은 발명품의 상업적 판매행위에 해당하지 않는다. 따라서, 이 특허의 출원일보다 1년도 더 전에 TMC와 Ben Venue 사이에서 이루어진 거래행위는 발명품의 상업적 판매행위에 해당되지 않는다.
>
> 거래행위로부터 상업적 이득을 얻었다는 것만으로는 제102조(b)항의 on-sale bar가 성립되지 않는다. 발명품이 상업적으로 판매된다(commercially marketed)는 의미에서의 판매에 부쳐졌어야 한다. 이 사건에서 상업적 판매행위가 없었다고 판단하는 이유는 1) 단지 발명품을 제조하는 서비스만이 발명자에게 판매됐을 뿐 발명품은 판매되지 않았다는 것, 2) 발명자가 제조된 발명품에 대하여 권리를 보유하고 Ben Venue에게는 아무 권리도 이전해 주지 않아서 발명품을 제3자에게 팔 수 없도록 했다는 것, 그리고 3) 발명품의 재고를 확보하는 행위만으로는 on-sale bar가 성립하지 않는다는 것 등이다.

재고축적문제에 관하여 법원은:

> 발명자가 재고축적을 통하여 상업적 이익을 얻었다고 해서 제102조(b)항에 의한 on-sale bar가 성립하지는 않는다. On-sale bar는 실제로 발명품을 판매했을 때 성립하며, 판매를 준비하는 행위에 의해서는 성립하지 않는다. 발명자가 발명품과 관련하여 상업적 이익을 얻는 모든 행위가 on-sale bar를 촉발하는 것은 아니다. 발명자가 하청제조업자의 도움을 받아 재고를 축적하는 것을 발명자가 자력으로 자신의

공장에 재고를 축적하는 것보다 더 나쁘게 볼 수는 없다.

라고 하였다. 그리고 공급자예외(supplier exception to on-sale bar) 불인정의 원칙에 관하여는:

발명자와 공급자의 계약을 언제나 제102조(b)항의 상업적 판매에 해당한다거나, 해당하지 않는다고 보는 것은 타당하지 않으며, 공급계약도 그 성격을 가려 상업적 판매에 해당하는지 여부를 판단할 문제이다. 요컨대 거래행위의 성격이 문제이지 거래행위의 주체가 누구였는가는 중요하지 않다.

라고 하였다. 그리고, 이 사건에서 법원은 TMC의 행위가 발명품의 판매행위에 해당하지 않는다고 결론 내렸으므로 그것이 실험적 목적의 행위였는가를 규명할 필요성이 없어졌다고 하였다.

## 35. Laches(권리행사 태만)의 효과

SCA Hygiene Products Aktiebolag v. First Quality Baby Products, No. 13-1564 (September 18, 2015).
2017. 3. 21. 연방대법원 판결

### (1) 서설

Laches는 권리행사의 태만 또는 지연을 말하는데 그 태만으로 권리행사의 상대방에게 해를 끼친 경우에는 상대방이 이를 소송에서 방어방법으로 사용할 수 있다는 것이 영미의 전통적 법 원칙이다.

특허권자가 특허침해소송을 뒤늦게 제기한 경우에 피고는 형평법에 따라 Laches를 방어방법으로 사용할 수 있다는 원칙은 일찍이 1992년 Aukerman사건에서 연방항소법원(Court of Appeals for the Federal Circuit, "항소법원")이 선언하였다.[1] 즉, 특허침해소송에서 피고가 Laches를 방어방법으로 사용하려면 피

---

1) Aukerman Co. v. R.L. Chaides Constr. Co., 960 F.2d 1020 (Fed. Cir. 1992)(en banc).

고는 1) 특허권자가 특허침해소송을 불합리하게 그리고 용납할 수 없을 정도
로(unreasonably and inexcusably) 뒤늦게 제기하였다는 것, 그리고 2) 그 지연으로
인하여 피고는 중대한 피해(material prejudice)를 입었다는 것을 증명하여야 하
며, 만일 특허권자가 특허침해의 사실을 알았거나, 알 수 있었을 때로부터 6년
이 지난 후에 특허침해소송을 제기했을 때에는 그 지연이 불합리하고 용납할
수 없는 것으로 추정된다고 했다.[2]

그런데 미국연방대법원은 2014년 Petrella사건에서 Laches를 저작권침해소
송에서는 방어방법으로 사용할 수 없다고 판시하였다.[3] 이에 특허침해소송에
서도 Laches는 더 이상 방어방법이 될 수 없는 것이 아닌가 하는 논의가 지속
되었는데 2015년 9월 항소법원은 SCA Hygiene사건에서 이 문제를 심리한 후
Laches는 특허침해소송에서는 방어방법이 될 수 있다고 판시하였다.[4]

## (2) 사건의 배경

SCA Hygiene Products사(이하 "SCA")와 First Quality Baby Products사(이하
"First Quality")는 노인편의용품시장에서의 경쟁사였다. 2003년 10월 SCA는
First Quality에게 편지를 보내어 First Quality의 제품 중의 하나가 SCA의 특허
를 침해하였다고 주장하였다. 2003년 11월 First Quality는 답장을 보내면서
SCA의 해당특허는 무효라고 주장하였다. SCA는 답장하지 않았고, 다만, 2004
년 7월 해당특허에 대하여 미국특허청의 재심사(reexamination)를 신청하였다.
2007년 3월 특허청은 해당특허의 유효를 재확인하였다. 2010년 8월 SCA는
First Quality를 상대로 해당특허의 침해소송을 제기하였다. 그리하여, 특허침해
소송은 두 당사자가 특허침해문제로 처음 접촉한 후 약 7년이 지나서 제기되
었으며, 이 때는 이미 First Quality가 노인편의용품의 제조업에 중대한 투자를
한 후였다.

2) Id. At 1028.
3) Petrella v. Metro-Goldwyn-Mayer, Inc., 134 S.Ct. 1962 (2014).
4) SCA Hygiene Products v. First Quality Baby Products, LLC, No. 2013-1564, 2015 WL 5474261 (Fed. Cir. Sept. 18, 2015)(en banc).

### (3) 연방지방법원과 연방항소법원 합의부의 판결

연방지방법원은 이 사건에서 SCA는 금반언의 원칙(equitable estoppel)의 적용을 받아 특허침해소송을 제기할 권리를 상실했다고 하며 약식재판(summary judgment)으로 SCA의 청구를 기각하였고 이에, SCA는 항소하였다.5)

SCA의 항소가 항소법원에 계류 중에 연방대법원은 Petrella사건에서 저작권법 제507조(b)항을 해석하며, Laches를 저작권침해소송에서는 방어방법으로 사용할 수 없다고 판결하였다.6) 항소법원 합의부는, Petrella판결은 저작권침해소송에서 Laches항변을 제기할 수 없다는 뜻이며, 특허침해소송에서의 Laches 항변까지 불가능하다는 뜻은 아니라고 하며, 특허침해소송에서는 Laches항변을 제기할 수 있다고 하였다. 그러나 Laches항변으로 손해배상을 거부할 수는 있으나 특별히 악질적인 경우가 아니면 소의 제기자체를 금지하거나 장래의 손해배상까지 거부할 수는 없다고 하였다. SCA가 항소법원 전원합의부의 재심을 신청하자 항소법원은 이를 승인하였다.

### (4) 항소법원 전원합의부의 판결

#### 1) 특허침해소송의 제기와 Laches항변

2015년 9월 항소법원 전원합의부는 특허침해소송에서는 Laches항변을 제기할 수 있다고 판시하였다. 이러한 결론에 도달하기 위하여 법원은 특허법 제286조와 저작권법 제507조(b)항의 성격을 비교하였다. 법원에 의하면 저작권법 제507조(b)항은 Petrella사건에서 대법원이 분석한 대로 시효에 관한 규정인데 비해 특허법 제286조는 손해배상의 범위에 관한 규정이라는 것이다.

저작권법 제507조(b)항은 시효규정으로서 저작권침해소송을 할 수 있는 기간을 3년으로 한정하고 있으므로 소의 제기는 3년이 경과한 후에는 할 수 없으나, 특허법 제286조는 손해배상금의 한정에 관한 규정으로서 6년이 경과

---

5) 약식재판(summary judgment)은 법원에 소장과 답변서가 접수된 후 본안 심리에 들어가기 전에 당사자 일방이 신청할 수 있는 재판으로서 사건의 사실관계가 이미 밝혀져서 더 이상 확인해야 할 주요사실이 존재하지 않을 때(when there are no material factual issues to be tried) 법원이 그 사실관계에 법을 적용하여 행하는 재판을 말한다.

6) Petrella v. Metro-Goldwyn-Mayer, 134 S. Ct. 1962 (2014).

한 후에도 손해배상을 청구할 수는 있으나 손해배상금은 6년분을 초과할 수 없다는 것이다. 그리고 특허의 경우에는 소의 제기가 늦어져서 상대방에게 피해를 입힌 경우에는 손해배상의 범위를 결정할 때 이를 참고해야 한다는 것이다.

법원은 또, 저작물의 경우와 달리 특허발명의 경우에는 후 발명이 선 발명을 모방하지 않고 독자적으로 이루어졌다고 하더라도 선 발명만 보호되는 것이므로 선 발명자가 소의 제기를 태만히 한 경우에는 후 발명자가 불측의 손해를 입을 우려가 있으므로 Laches항변이 불가능하면 후 발명자는 아무 보호막도 없는 것이 된다고 하였다. 그러므로 특허침해소송에서는 Laches항변이 가능해야 한다고 하였다.

더구나 특허법은 제282조(b)(1)항에서 Laches항변을 명문화 했다고 볼 수 있다는 것이다. 즉, 이 조항은 "불침해(noninfringement), 무배상책임(absence of liability), 그리고 권리행사불가(unenforceability) 등의 항변은 특허의 무효 또는 침해소송에서 방어방법이 될 수 있다"고 규정하는데, 이 조항의 적용범위는 넓으며, 그 방어방법의 범위 내에 Laches항변도 포함된다는 것이다. 이러한 결론을 뒷받침하기 위하여 법원은 1952년 특허법의 제정과정에 깊이 참여했던 P. J. Federico씨가 그의 논문에서 언급한, "불침해(noninfringement), 무배상책임(absence of liability), 그리고 권리행사불가(unenforceability) 등의 항변에는 형평법상의 항변인 Laches도 포함된다"고 한 말을 인용하기도 했다.

## 2) 손해배상과 Laches항변

다음으로 법원은 Laches항변으로 손해배상청구에 대항할 수 있는가를 검토하였는데 그에 대한 해답은 특허법의 명문이나 그 입법역사 등 어느 곳에서도 찾을 수 없었다. 따라서 법원은 "의회가 어느 쟁점에 관하여 명시적, 혹은 묵시적으로 답하지 않을 때에는 보통법의 원칙에 따르라는 뜻으로 받아들인다"는 전통적인 법 해석 원칙에 따라 1952년까지의 판례를 조사하고 그 때까지 판례들이 한결같이 Laches항변으로 손해배상청구에 대항하는 것을 인정한 것을 확인한 후 특허법 제282조(b)(1)항은 Laches항변으로 손해배상청구에 대항하는 것을 인정한 것으로 해석했다.

법원은 그러나 미래의 로열티에 대해서는 또 다른 입장을 취하였다. 즉, 형평의 원칙을 적용할 때 원고 측에 Laches(소제기의 태만)가 있었으면, 특별히 악질적인 정황(egregious circumstances)이 없는 한 미래의 로열티는 피고가 지불해야 한다는 것이다. 법원은 또 Laches의 경우와 금반언의 원칙(equitable estoppel)이 적용되는 경우를 구별하였다. 즉, 금반언의 원칙은 특허권자가 상대방을 오도함으로써 손실을 입게 한 경우(misleading and consequent loss)에 적용되는 원칙인데, 그 적용에 의해 특허권자는 소권을 상실하게 되고 그러므로 특허권자는 과거는 물론 미래의 로열티도 청구할 수 없다는 것이다.[7] 예컨대, 특허권자가 자신의 권리를 주장할 의사가 없는 것처럼 행동함으로써 상대방이 이를 믿고 중대한 투자를 한 경우에 특허권자가 후에 특허의 침해를 주장하면 상대방이 불측의 손해를 입게 되는데 이는 형평의 원칙에 위배되므로 이 때에는 금반언의 원칙(equitable estoppel)을 적용하여 특허권자가 소권을 상실한 것으로 본다는 것이다.

### 3) 금지명령(injunction)과 Laches항변

다음으로 항소법원은 Laches항변으로 법원의 금지명령을 저지할 수 있는가를 심리하였다. 법원은 이와 관련하여 Petrella판례와 eBay판례를[8] 인용하며 다음과 같이 판단하였다:

즉, eBay판례에 의하면 원고가 법원의 금지명령을 받으려면 1) 특허침해로 인해 자신이 회복할 수 없는 피해를 입었다는 것, 2) 이러한 피해는 금전배상만으로는 보전이 불가능하다는 것, 3) 금지명령으로 인해 원고와 피고가 겪을 어려움을 저울질할 때 금지명령을 발하는 것이 형평의 원칙에 맞다는 것, 4) 금지명령이 공공의 이익을 침해하지 않는다는 것 등을 증명하여야 한다.[9] 또 Petrella판례에 의하면 법원이 금지명령을 발할 것인가를 판단할 때에는 원고가 소의 제기를 태만히 한 것을 참고할 수 있다고 한다.[10] 그러므로, Laches는 eBay의 요건을 심리할 때에 참고되어야 할 사항이며, 따라서, 지방법원은 Laches와 함께 eBay요건에 해당하는 다른 주요사

---

7) Petrella, 134 S. Ct. at 1977.

8) eBay Inc. v. MercExchange, L.L.C., 547 U.S. 388 (2006).

9) Id. at 391.

10) 134 S. Ct. at 1978.

실 들을 참고하여 금지명령을 발할 것인지 여부를 판단해야 할 것이다.

### 4) 사건의 파기환송

또한 지방법원은 이 사건에 금반언의 원칙(equitable estoppel)을 적용하며 원고의 소권상실을 이유로 약식재판(summary judgment)으로 청구를 기각하였으나, 항소법원은 이 사건에서 SCA측에 Laches는 있었어도 금반언의 원칙(equitable estoppel)을 적용할 만한 상황은 존재하지 않았다고 하면서 지방법원의 판결을 파기한 후 지방법원이 이 의견에 따라 다시 판결하도록 사건을 지방법원에 환송하였다.

### (5) 연방대법원의 판결

### 1) 항소법원 판결의 파기

SCA Hygiene이 상고하자 대법원은 저작권에 관한 Petrella판결의 법리를 특허사건에도 적용하며, 이 사건 항소법원의 판결을 뒤집었다.

대법원은, 특허법 제286조에 정한 6년 내에 제기한 손해배상청구에 대하여는 Laches항변으로 대항할 수 없다고 판시하고 만일 이를 허용하면 이는 특허침해에 대하여 손해배상을 받을 수 있는 기간을 정한 의회의 뜻을 저버리는 것이며, 법관에게 의회의 입법내용을 변경할 수 있는 권한을 부여하는 것으로서 권력분립의 원칙에 위배된다고 하였다.

First Quality 측은, 특허법 제286조의 기간은 소가 제기된 때로부터 역으로 계산하는데 반해 저작권법 제507조(b)항의 기간은 소의 원인이 발생한 때로부터 전향적으로 계산되므로 두 조항 사이에는 중요한 차이가 있고 따라서 Petrella사건의 법리가 특허사건에 적용되어서는 안 된다고 주장하였지만, 대법원은, Petrella사건에서도 대법원이 제507조(b)항의 시효기간이 소 제기 시로부터 역으로 계산된다고 언급하고 있다고 하며 First Quality 측의 주장을 일축하였다.

### 2) 제282조는 법의 다른 규정에 해당하는가?

항소법원은, 제286조가 "법에 다른 규정이 없는 한" 특허침해로 인한 손해배상은 소 제기 전 6년 내에 발생한 손해에 대하여 청구할 수 있다고 하였는데, 제282조를 이러한 "법의 다른 규정"으로 보아 제282조의 Laches를 제286조의 기간 내 손해배상청구에 대한 방어방법으로 사용할 수 있다고 판결하였으나, 대법원은, 제282조가 설혹 Laches를 방어방법으로 규정하였다 하더라도 그것이 제286조에 의한 6년 내의 손해배상청구에 대한 방어방법이 될 수 있다고 볼 하등의 근거가 없다고 하였다.

### 3) 1952년까지의 판례

다음으로 대법원은 1952년 특허법이 제정되기 전의 판례들을 검토하였다. 즉, Laches는 법이 정한 기간 내에 제기한 손해배상청구에 대하여는 대항할 수 없다는 것이 당시의 일반원칙이었는데 이 일반원칙이 특허사건에는 적용되지 않게 할 만큼 그 당시의 판례들이 성숙해 있었는가를 검토하였다. 대법원은, 1952년 이전의 판례 중에는 법정기간 내에 제기한 손해배상청구에 대하여 Laches로 대항할 수 있도록 한 판례들이 있었으나 당시의 일반원칙에 대하여 예외를 인정할 만큼 판례가 성숙되어 있었던 것은 아니었다고 결론 내렸다.

### 4) 금반언의 법칙(Equitable Estoppel)의 원용

대법원은 또한, Laches항변은 당사자사이의 불공평을 제거하기 위하여 인정하는 것인데 그러한 불공평은 금반언(equitable estoppel)의 법칙에 의해서도 해소될 수 있는 경우가 많다고 하였다.

### (6) 결어

요컨대, 특허침해로 인한 손해배상청구를 법정기간 내에 하면 그 배상청구에 대하여는 피고가 Laches로써 대항할 수 없다. 그러나, 만일 원고가 손해배상청구와 함께 침해행위 금지명령을 법원에 신청하였으면 피고는 금지명령 신청에 대하여는 Laches로써 대항할 수 있을 것이다. 그러나, 금지명령의 요건을 심리할 때 법원이 원고의 Laches를 참고할 수 있느냐에 관하여는 이 사건 항소법원은 긍정하였으나 대법원은 언급하지 않았다.

## 36. 특허침해소송의 방어방법으로서의 피고의 IPR절차 신청

### (1) 서설

특허침해소송을 제기당한 피고는 특허항고심판원(Patent Trial and Appeal Board, PTAB)에 IPR(inter partes review)을 신청하여 문제된 특허의 무효심판을 구할 것인가를 심각하게 검토하게 된다. 특허의 무효확인은 소송절차에서도 구할 수 있으나 IPR절차를 이용하면 보다 신속하고 경제적으로 목적을 달성할 수 있기 때문이다. 특히, 무효의 입증에 있어서, IPR절차에서는 개연성이 높은 증거(preponderance of evidence)를 제출하면 되지만, 소송절차에 있어서는 명백하고 설득력 있는 증거(clear and convincing evidence)에 의하여야 하므로 소송절차에서의 입증책임이 더 무겁다.

더구나 IPR절차에서 PTAB는 그동안 IPR신청자에게 우호적인 경향을 나타냈으므로 특허침해소송에서 피고가 IPR신청을 하면 원고는 IPR절차를 중도에 종결지음으로써 특허의 효력을 유지하기 위하여 특허침해소송을 서둘러 취하하는 경향을 보여 왔다. 따라서 IPR이 피고에게는 원고가 특허침해소송을 조속히 취하하도록 유도하는 방어수단이 되었다.

### (2) IPR 절차

IPR절차는 PTAB의 주관 하에 특허의 효력을 심리하는 쟁송절차인데, 어느 특허의 청구항 중, 한 개 이상의 효력을 다투는 경우이면, 이를 이용할 수 있다. 절차의 신청은 특허권자 이외의 자가 할 수 있으며, 특허가 등록된 지 9개월이 경과한 후에 할 수 있다. 무효의 원인으로는 특허법 제102조의 신규성(novelty), 제103조의 진보성(nonobviousness)의 결여를 주장할 수 있으며, 증거로서는 기존 특허나 출판물에 있는 선행기술만을 이용할 수 있다.

IPR절차의 신청이 있으면 상대편인 특허권자는 예비답변서(preliminary response)를 제출할 수 있다. IPR절차는 신청자가 최소 한 개의 청구항에 관하여 무효증명을 할 수 있는 상당한 개연성(reasonable likelihood)이 보였을 때 PTAB가 그 개시를 결정한다.

절차가 개시되면, 중도에 각하되지 않는 한 PTAB는 1년 내에 최종결정을 내려야 하는데 상당한 이유가 있으면 그 기간을 6개월 연장할 수 있다.

### (3) IPR절차의 신청으로 특허침해소송을 취하시키는 여러 경우

특허법 제317조(a)항은 "개시된 IPR절차는 신청자와 특허권자의 공동신청이 있으면 이를 종결시킬 수 있다. 다만 그러한 공동신청이 있기 전에 PTAB가 이미 본 안에 관하여 판단을 하였으면 그러하지 아니하다."라고 규정하고 있다.[11]

이와 같이 법은 IPR절차가 개시된 후의 절차종결에 관하여 규정하고 있으나, 화해에 의한 특허침해소송의 취하는 IPR절차의 종결과 함께 하는 경우는 물론 절차신청이 있기 전에도, 그리고 신청은 하였으나 절차가 개시되기 전에도 행해지고 있다.

#### 1) IPR절차개시 전의 특허침해소송의 취하
#### ① 절차신청 전의 특허침해소송의 취하

IPR절차의 신청은 특허침해소송의 소장부본이 피고에게 송달된 때로부터 1년 내에 할 수 있는데[12] 피고가 이 기간 내에 일찍이, 문제된 특허의 무효원인을 잘 발굴하여 원고 측에 주장하면서 IPR절차를 신청할 뜻을 밝히면, 그 절차의 신청 이전이라도 원고가 화해에 의해 특허침해소송을 취하하는 경우가 있다. 이러한 움직임은 원고가 자신의 특허의 효력에 대한 PTAB의 판단을 예방할 필요성이 클수록 나타나고 있는데, 예컨대, 원고가 피고 이외의 자에게도 특허침해를 주장할 계획이 있을 때는 자신의 특허의 약점을 잠재적 피고들에게 보이지 않기 위하여 IPR절차를 예방할 필요성이 크므로, 이러한 경우에는 피고의 절차신청이 있기 전에도 특허침해소송을 취하하게 된다.

#### ② 절차신청 후 개시결정 전의 특허침해소송의 취하

피고가 신청서에서 원고의 특허에 속한 청구항의 대부분에 관하여 설득력 있는 무효원인을 제시했으면, PTAB가 절차의 개시를 결정할 가능성이 높아지므로 그 개시결정이 있기 전에 절차를 종결할 이익이 원고측에 있으며, 또 절

---

11) 35 U.S.C. §317(a).
12) 35 U.S.C. §315(b).

차신청이 있으면, 원고는 그에 대응하여 예비답변서를 PTAB에 제출하고 PTAB는 이를 토대로 절차개시여부를 결정하는데, 예비답변서를 제출하기 전에 원고가 절차를 종결하면 특허의 효력에 대한 원고 측의 주장을 공개할 필요 없이 절차를 종결할 수 있어서 원고에게 유리하다.

2016년 10월까지의 통계를 보면, IPR절차는 약 17%가 절차개시결정 전에 종결된 반면, 절차가 개시된 후에는 약 13.5%만 종결되었다.[13] 즉, 원고는 IPR절차를 그 개시 전에 종결짓는 것을 개시 후에 그렇게 하는 것보다 선호하는 경향을 볼 수 있는데, 이것은 원고가 절차의 조기종결에 역점을 두고 있음을 말해준다.

### 2) 절차의 개시 후의 특허침해소송과 IPR절차의 종결

제317조(a)항에 의하면, PTAB는 사건의 본 안에 관하여 아직 판단하지 않았으면 당사자의 공동신청이 있을 때 IPR절차를 종결할 수 있다고 한다. 또 37 C.F.R. §42.74는 당사자의 공동신청이 있더라도 PTAB는 화해의 당사자가 아니므로 절차의 진행에 관하여 독자적으로 결정할 수 있다고 규정하고 있는데 PTAB는 제317조(a)항과 37 C.F.R. §42.74를 종합적으로 해석하여 당사자의 공동신청이 있어도 절차를 종결시킬 것인지 더 진행시켜 최종결정까지 갈 것인지를 재량으로 결정할 권한이 있다고 한다. 이하에서는 PTAB가 이 재량권을 각 사건에서 어떻게 행사했는지를 살펴본다.

### ① Blackberry사건

Blackberry사건에서 PTAB는 당사자의 절차종결의 공동신청은 구두변론이 있기 전에 접수되어야 한다고 했다. 이 사건에서는 당사자의 절차종결의 공동신청이 구두변론 후 약 2개월이 지나서 접수되었는데[14] PTAB는 IPR절차의 신청인인 Blackberry에 관하여는 IPR절차를 종결하고 MobileMedia에 대해서는 절차를 그대로 진행시켜 문서에 의한 최종결정으로 Blackberry가 다툰 MobileMedia의 특허 청구항 전부를 무효라고 선언하였다. 절차를 종결시키지 않고 최종결정을 내리는 이유로 PTAB는, 당사자가 공동신청을 했을 때는 이

---

13) October 2016 AIA Trial Statistics.

14) Blackberry Corp., et al. v. MobileMedia Ideas, LLC, IPR2013-00036, Paper 64 (PTAB Jan. 21, 2014) at 2.

미 사건의 쟁점에 관하여 충분한 변론이 이루어졌었기 때문이라고 설명하였다.

이 사건에서는 MobileMedia가 Blackberry를 상대로 특허침해소송을 제기하자 Blackberry는 그 방어방법으로써 IPR절차를 신청하며 MobileMedia의 특허의 무효를 주장하였고, 자신의 특허의 무효여부에 대한 판단을 예방하고 싶은 MobileMedia가 Blackberry와 화해함으로써 특허침해소송을 종결시키고 IPR절차의 종결을 Blackberry와 공동으로 신청하였으나 신청이 늦어져서 MobileMedia는 소기의 목적을 달성할 수 없었다. 조기의 공동신청이 얼마나 중요한지 깨닫게 해준다.

② Kinetic사건

Kinetic사건에서 PTAB는 구두변론이 끝난 후에 접수된 당사자 공동의 절차종결신청을 기각하였다. 그 이유로 PTAB는, 이 사건에서는 당사자 사이의 화해가 구두변론 후에 이루어졌고 사건의 쟁점에 관하여 상당수준의 판단이 이루어진 후에 공동신청이 있었으므로 절차를 종결함이 부적절하다고 하였다.15)

③ Apple사건

Apple사건에서 PTAB는 구두변론이 있은 후에 접수된 당사자의 절차종결신청을 기각하였다. PTAB는, 당사자의 절차종결신청이 너무 늦게 접수되었다고 지적하면서, PTAB가 아직 문서에 의한 최종결정은 내리지 않았지만 이미 주요쟁점에 관하여 상당한 심리와 판단이 이루어졌으므로 절차의 종결이 부적절하다고 하였다.16)

④ Interthinx사건

Interthinx사건에서는 절차종결신청이 구두변론일 하루 전에 접수되었으나 PTAB는 신청이 늦었다는 이유로 이를 기각하였다. PTAB는 IPR절차의 신청인인 Interthinx에 관해서만 절차를 종결하고 Corelogic에 대해서는 절차를 끝까지 진행시켰는데 그 이유는 당사자가 절차종결을 신청했을 때는 이미 사안의 쟁점에 관하여 충분한 변론이 있었고 구두변론의 개시가 임박해 있었으므로 이

---

15) Kinetic Technologies, Inc. v. Skyworks Solutions, Inc., IPR 2014-00690, Paper 43 (PTAB Oct. 19, 2015) at 20.

16) Apple, Inc. v. OpenTV, Inc., IPR2015-00969, IPR2015-00980, IPR2015-01031, Paper 29 (PTAB Sep. 10, 2016) at 4.

사건에서는 Corelogic에 대해서 절차를 끝까지 진행하여 문서에 의한 최종결정을 내리는 것이 적절하다고 했다.[17]

⑤ Google사건

Google사건에서는 당사자가 절차종결신청을 하자 PTAB는 절차의 신청인, 즉 Google에 대해서는 절차를 종결하고 상대방인 Createads에 대해서는 절차를 진행시켰는데, 그 이유는 이 사건에서 그 효력이 문제된 특허에 관하여 다수의 연방지방법원에 침해사건이 계류 중이어서 그 효력의 유무에 관하여 최종결정을 내릴 필요성이 크다는 것이었다.[18]

### (4) 결어

사건의 본 안에 관하여 이미 판단이 있었는가를 가릴 때 PTAB는 문서에 의한 최종결정이 있었는지, 구두변론이 행해졌는지에 구애되지 않고, 사건과 관련된 여러 요인을 고려해서 절차를 진행할 것인지를 판단하였는데, 예컨대, 구두변론이 없었더라도 사안에 관하여 충분한 변론이 있었는지, 문제된 특허에 관하여 다른 절차들이 진행 중인지도 검토의 대상이 되었다.

이와 같이 절차종결신청에 대한 PTAB의 대응이 예측하기 어려우므로, 특허권자는 될수록 IPR절차가 개시되기 전에 특허침해소송을 화해로 종결하고 IPR절차를 종결시킬 필요가 있고, 절차가 개시된 후면 구두변론이 열리기 훨씬 전에 이 같은 조치를 취할 필요가 있다.

## 37. Ensnarement (선행기술 구속금지) 방어

Jang v. Boston Scientific Corp., 2016-1575, slip op. (Fed. Cir. Sept. 29, 2017).
2017. 9. 29. 연방항소법원(CAFC) 판결

### (1) 서설

어느 특허권의 효력이 미치는 범위는 그 특허의 청구항에 기재되어 있다.

---

17) Interthinx, Inc. v. Coreplogic Solutions, LLC, CBM2012-00007, Paper 47 (PTAB Nov. 12, 2013).
18) Google, Inc. v. Createads, LLC, IPR2014-00200, Paper 40, at p. 2, 42 (Feb. 26, 2015).

그래서 누구든지 특허권자의 허락 없이 그 청구항에 기재된 것을 그대로 실시하면 그 특허의 침해가 성립하는데 이러한 침해를 문언적 침해(literal infringement)라고 부른다. 그런데 이러한 문언적 침해가 없으면 특허의 침해는 없다고 하면, 특허의 보호가 미흡해진다. 왜냐하면, 특허권자의 허락 없이 특허청구항의 구성요소를 약간 변형하여 실시했을 때 그것이 중요하지 않은 변형이었는데도 청구항을 문자 그대로 실시한 것은 아니라는 이유로 특허의 침해를 부인하게 되기 때문이다. 그래서 특허청구항의 요소와 실질적으로 같은, 즉 균등한 요소를 이용하여 특허발명을 실시한 경우에도 특허의 침해가 성립하는 것으로 보며, 이를 특허의 균등적 침해(infringement under the doctrine of equivalents)라고 한다.

그런데 변형된 요소가 균등적인가 아닌가를 판단하는 것이 쉽지 않은 경우가 많으므로 균등적 침해를 특허의 침해로 인정하는 것이 특허권자를 과잉보호하게 될 우려도 없지 않다. 그래서 법은 균등적 침해의 범위를 제한하는 원칙들을 만들었는데, 그 하나는 특허출원, 심사과정에서의 출원인의 진술에 관한 금반언의 법칙(prosecution history estoppel)이고 또 하나는 여기서 설명하려는 선행기술 구속(ensnarement)금지의 원칙이다.

출원, 심사과정에서의 진술에 관한 금반언의 법칙은 출원인이 특허의 출원, 심사과정에서 특허가 등록되도록 하기 위해서 포기했던 청구항의 범위를 특허등록 후에 균등론에 의거해서 되찾는 것을 금지하는 원칙을 말하며

선행기술 구속(ensnarement)금지의 원칙은 특허권자가 균등론에 의해 특허권의 범위 내에 선행기술을 포함시키는 것을 금지하는 원칙이다. 특허침해소송에서 균등적 침해 주장에 대하여 피고가 선행기술 구속금지의 원칙으로 대항했을 때는 법원은 심리의 편의를 위하여, 원고로 하여금 침해제품이 문언적으로 침해하게 되는 가상의 청구항을 작성케 한 후, 원고로 하여금 이 가상의 청구항이 선행기술을 포함하고 있지 않다는 것을 증명케 한다.

## (2) 사건의 개요와 연방지방법원의 판결

David Jang박사(이하 "Jang"박사)는 심장 스텐트에 관한 미국특허 제5,922,021호(이하 "021 특허")의 특허권자로서 Boston Scientific Corp.(이하

"BSC")를 상대로 제기한 특허침해소송에서 BSC의 Express Stent가 Jang박사의 '021특허를 침해했는지 여부가 문제되었다.

이 침해여부에 관하여 BSC는 본안전 신청(a pretrial motion in limine)에서[19] 선행기술 구속금지(ensnarement)를 방어방법으로 제기하였으며 지방법원은 이에 대응하여, 만일 배심이 Express Stent가 '021특허를 균등적으로 침해했다고 평결할 경우에는 피고의 선행기술 구속금지 방어에 관하여 심리하겠다고 결정하였다.

침해여부에 관하여 배심재판이 진행된 결과 배심은 BSC의 Express Stent 가 '021특허를 문언적으로는 침해하지 않았으나 균등적으로는 침해하였다고 평결하였다.

그러자 피고가 제기한 ensnarement(선행기술 구속금지) 문제에 대한 심리가 개시되었는데 이 심리가 있으면, 원고는 가상적 청구항을 작성하여 자신의 특허권의 균등적 범위를 설정하고 피고의 제품이 그 가상적 청구항을 문언적으로 침해하지만 그 청구항에 선행기술은 포함되어 있지 않다는 것을 증명해야 피고의 제품이 원고의 특허권을 균등적으로 침해했다는 것을 증명한 것이 된다.

이를 위해 Jang박사는 두 개의 가상적 청구항을 법원에 제출하였는데 지방법원은 Jang박사가 피고의 ensnarement 문제를 심리하는 데 필요한 가상의 청구항을 제출하는 데 실패하였다고 판단하였다. 왜냐하면, 가상의 청구항은 기존청구항의 범위를 넓혀서 작성해야 하는데 Jang박사가 제출한 가상의 청구항은 기존청구항의 범위를 부당하게 축소하였거나, 기존청구항의 범위를 전혀 넓히지 않은 것이었기 때문이다. 결국 지방법원은, Jang박사가 기존의 청구항의 범위를 넓히는 가상의 청구항을 제출하고 그것이 피고의 제품은 포함하지만 선행기술은 포함하지 않는다는 것을 보여줌으로써 피고의 균등적 침해를 증명하는데 실패하였다는 이유로 균등적 침해를 인정한 배심의 평결을 파기하고, 피고 측에 침해행위가 없었음을 확인하였다.

---

19) Pretrial motion in limine는 본안 심리전의 신청으로서 증거능력이 없는 증거를 본안 심리에서 증거로 채택하지 말 것을 요구하는 신청이다. 이 사건에서는 청구항의 부적절한 균등범위를 법원이 인정하지 않게 하기 위해 ensnarement 방어를 pretrial motion in limine에서 제기하였다.

## (3) 연방항소법원의 판결

원고가 항소하자 연방항소법원(Court of Appeal for the Federal Circuit, 이하 "항소법원")은 지방법원에 의한 배심원의 균등침해 평결의 파기와 피고의 in limine 본안전 신청의 시기적 적절성에 관하여 다음과 같이 판시하였다:

### 1) 배심원의 균등침해 평결의 파기

특허권자는 자신의 특허권의 균등적 범위를 증명할 책임이 있으며, 이 책임을 법원에 전가할 수 없다. 그런데 이 입증을 위해 가상의 청구항을 이용할 때에는 가상의 청구항은 기존의 청구항의 범위를 넓히는 것만을 이용할 수 있다. 본 사건에서는 원고가 제출한 가상의 청구항이 모두 부적절하였으므로 지방법원이 가상의 청구항을 심리하는 것을 거절하였는데, 이는 타당한 판단이었다.

원고가 법원의 심리에 적합한 가상의 청구항을 제출하는 데 실패하였으므로 원고는 균등적 침해를 증명할 책임을 다하지 못하였고, 따라서 지방법원이 배심의 균등적 침해 평결을 파기하고 피고 측에 침해행위가 없었음을 확인한 것도 적절하였다.

### 2) in limine 본안전 신청과 ensnarement문제의 심리

원고의 주장에 의하면, ensnarement방어는 피고가 약식재판(summary judgment)이나[20] JMOL(judgment as a matter of law)재판의[21] 신청과 함께 제기해야 한다고 일찍이 항소법원(CAFC)이 Depuy사건에서 판시하였는데 이 사건의 피고는 ensnarement방어를 in limine 본안전 신청(pretrial motion in limine)과 함께 제기하였으므로 심리의 대상이 될 수 없다고 하였다.

그러나 본 법원은 원고가 ensnarement방어의 제기시기에 관한 Depuy판결의 취지를 너무 좁게 해석하였다고 본다. Ensnarement문제는 법적 문제이므로 법원이 심리해야 하는데 법원은 스스로의 판단에 의해서 이 문제를 어떤 신청과 함께라도 심리할 수 있다. Depuy사건에서도 본 사건에서와 마찬가지로 배심이 균등적 침해 평결을 한 후에 지방법원이 ensnarement문제를 별도의 변론 기일에 심리하였다.

---

20) 약식재판(summary judgment)은 법원에 소장과 답변서가 접수된 후 본안 심리에 들어가기 전에 당사자 일방이 신청할 수 있는 재판으로서 사건의 사실관계가 이미 밝혀져서 더 이상 확인해야 할 주요사실이 존재하지 않을 때(when there are no material factual issues to be tried) 법원이 그 사실관계에 법을 적용하여 행하는 재판을 말한다.

21) JMOL판결은, 합리적인 배심이라면 JMOL판결을 신청한 당사자의 상대방에게 유리한 사실판단을 할 것인가를 법원이 검토한 후 그렇지 않다고 판단되면 내리는 판결이다.

그러므로, 본 사건에서 BSC가 본안전의 in limine신청으로 ensnarement문제를 제기하고 지방법원이 본안 심리 후에 ensnarement문제를 별도의 변론 기일에 심리한 것은 법적으로 아무 문제가 없다고 하겠다.

## 38. 출원인의 불성실행위와 특허권의 행사불가

Regeneron Pharmaceuticals, Inc. v. Merus N.V., No. 2016-1346, slip op. (Fed. Cir. 2017).
2017. 7. 27. 연방항소법원(CAFC) 판결

### (1) 서설

미국특허법상 특허의 출원단계에서 출원인이 특허의 성립여부를 좌우할 정도로 중요한 참고자료를 심사관을 기만할 의도로 심사관에게 공개하지 않았으면 이는 출원인의 불성실행위(inequitable conduct)에 해당하며, 그 법적 효과는 해당 특허권을 행사할 수 없게 되는 것이다(unenforceable). 그런데 이러한 출원단계에서의 출원인의 불성실행위의 존재여부는 출원단계에서의 제반 행위나 정황을 근거로 판단하는 것이 상식일 것이다.

그런데도 2017. 7. 연방항소법원(Court of Appeals for the Federal Circuit, 이하 "항소법원")은 Regeneron v. Merus사건에서 이례적으로 출원단계에서의 불성실행위의 존재를 특허등록 7-8년 뒤에 생긴 특허침해소송 중의 원고의 소송행위를 근거로 인정함으로써 업계의 주목을 끌었으며, 향후 특허침해소송의 원고에게 하나의 경종이 되고 있다.

### (2) 불성실 행위(inequitable conduct)와 특허권의 행사불가 (unenforceable)

미국특허의 출원인은 자신의 발명의 특허가능성 결정에 있어서 중요한 정보로서 자신이 알고 있는 것은 모두 출원과정에서 특허청에 제공해야 할 의무를 부담하는데, 이를 출원인의 정직의무(duty of candor and good faith)라고 하고

이 의무를 위반하는 행위를 불성실행위(inequitable conduct)라고 한다.22)

특허출원과정에서 출원인의 불성실행위가 있었으면 법원은 특허권자의 그 특허권행사를 금지할 수 있다(unenforceable).23) 따라서 특허침해소송에서 피고는 방어방법의 하나로서 원고의 이러한 불성실행위를 주장하는 경우가 많다.24) 특이한 점은, 특허의 무효(invalid)의 경우는 어느 청구항에 관하여 무효가 입증되면 그 청구항만 무효가 되지만 불성실행위의 경우에는 어느 청구항에 관하여 불성실행위가 입증되면 그 청구항이 속한 특허 전체를 행사할 수 없게 된다는 점이다.25)

### (3) 불성실행위의 요건

그런데 이러한 불성실행위는 두 개의 요건을 갖추었을 때 성립한다. 즉, 첫째 출원인이 특허청에 제공하지 않은 정보가 중요한 것(materiality)이어야 하며, 둘째 출원인이 특허청을 속이려는 의도(intent)로 이를 공개하지 않았어야 한다.26)

그러면, 출원인이 공개하지 않은 정보는 어느 정도로 중요한 것이어야 하는가? 판례는 그것이 특허의 허여 여부를 좌우할 정도로 중요한 것이어야 (but-for material) 한다고 판시한다.27) 즉, 특허청이 그 정보를 알았다면 특허를 거절했을 텐데 그 정보가 없어서 특허가 허여됐다는 정도의 중요성을 말한다고 한다.

정보의 중요성을 판단할 때는 청구항의 뜻을 합리적인 최 광의의 뜻으로 해석하여(broadest reasonable construction) 판단하며 입증의 정도는 진실일 개연성이 높은 수준(preponderance of evidence)의 증명을 요한다.28) 정보가 이미 심사관에게 알려진 정보이상의 내용을 가지고 있지 못할 때에는 그 정보는 중복적인 (cumulative) 것으로서 특허의 허여 여부를 좌우하는 것이 아니므로 불성실행위

22) 37 CFR §1.56 (1977).
23) Therasense, Inc. v. Becton, Dickinson & Co., 649 F.3d 1276 (Fed. Cir. 2011).
24) Id. at 1285.
25) Id. at 1288.
26) Id. at 1290.
27) Id. at 1291.
28) Id. at 1291-92.

구성에 필요한 중요성(materiality)을 갖춘 것이라 할 수 없다.29)

불성실행위를 증명하기 위해서 피고는 정보의 이와 같은 중요성을 증명해야 할 뿐만 아니라 특허 출원인이 특허청을 속이려는 구체적인 의도(specific intent)를 가지고 그 정보를 공개하지 않았다는 사실도 증명하여야 한다. 즉, 출원인이 해당 정보를 알고 있었고, 그것의 중요성도 알고 있었으나, 의도적으로 (deliberately) 그 정보를 숨겼다는 사실을 명백하고 설득력 있는 증거로써(clear and convincing evidence) 증명하여야 한다.30) 법원은 정황증거에 의해서도 이러한 의도가 있었음을 간주할(infer) 수 있다고 판시하였는데, 예컨대, 출원인이 자신이 가지고 있는 정보와는 다른 진술 즉, 부정직한 진술을 반복적으로 했을 때에도 이러한 의도가 있었다고 간주하는 것이 타당하다고 했다.31)

### (4) 사건의 전개과정

Regeneron사는 미국특허 8,502,018호(이하 "'018특허")의 특허권자였다. '018특허는 유전학적으로 제조된 생쥐에 관한 특허로서 이 생쥐는 항체를 생성하는 것이었으므로 인간의 질병치료를 위한 연구에 유용하였다.

2013년 Regeneron사는 Merus사가 '018특허를 침해했다는 이유로 Merus사를 상대로 New York주의 남부연방지방법원에서 특허침해소송을 제기하였다.32)

그러나 Merus사는 Regeneron사가 특허출원단계에서 불성실행위를 행하였으므로 '018특허는 권리행사가 불가능하고 따라서 Merus사의 '018특허침해도 성립하지 않는다고 주장하였다. 즉, '018특허와 관련된 4개의 참고사항(reference)이 이 특허의 성립을 좌우할 만큼 중요한 것이었는데(but-for material) 출원인이 특허청을 기만할 의도로 이를 특허청에 공개하지 않았다는 것이다.

29) Regents of the Univ. of Calif. v. Eli Lilly & Co., 119 F.3d 1559, 1575 (Fed. Cir. 1997).
30) Therasense, 649 F.3d at 1290.
31) Slip Op. at 11.
32) Regeneron Pharmas., Inc. v. Merus B.V., 144 F. Supp. 3d 530, 537 (S.D.N.Y. 2015).

### (5) 연방지방법원의 판결

사건을 접수한 연방지방법원은 사건을 2단계로 나누어 심리하기로 결정하였다. 즉, 첫 번째로, 공개하지 않은 참고사항이 중요한 것이었나를, 그리고 두 번째로, 출원인이 이들 참고사항을 숨긴 것은 특허청을 기만할 의도에서였는가를, 심리하기로 하였다. 제1단계의 심리에서 지방법원은 출원인이 공개하지 않은 참고사항은 특허의 성립을 좌우할 만큼 중요한(but-for material) 것이었으며, 중복적인(cumulative) 것은 아니었다고 판단하였다.

그러나, 제2단계로 출원인이 특허청을 기만할 의도로 중요한 정보를 특허청에 공개하지 않았는가에 관하여는 지방법원이 이를 심리도 하지 않고 Regeneron은 특허청을 기만할 의도로 그 정보를 특허청에 공개하지 않았다고 결론 내렸는데(adverse inference) 그 이유는 Regeneron사가 소송진행 중에 지방법원의 증거수집 노력에 지나치게 비협조적이고 부정직한 태도를 보였기 때문이라고 했다.

지방법원에서의 Regeneron사측의 부적절한 소송행위를 열거하면, 1) 발명을 그 요소별로 분석하며 구체적으로 특허침해를 주장하지 않은 것, 2) 발명의 구상(conception)과 실시(reduction to practice)에 관하여 소지하고 있는 증거를 법원에 제출하지 않은 것, 3) 변호사와 당사자 사이의 비밀유지특권을 포기한 후에도 변호사와 Regeneron사 사이의 교신내용을 법원에 공개하지 않은 것 등이다.

### (6) 연방항소법원의 판결

Regeneron사가 항소하자 항소법원의 심리의 초점은 지방법원이 원고, Regeneron사측의 부당한 소송행위를 근거로 원고 측에 특허청을 기만할 의사가 있었다고 간주하면서 원고 측에 불성실행위가 있었다고 판단한 것은 적절했는가이었다.

항소법원은, 이 사건에서 지방법원이 원고 측의 부적절한 소송행위를 근거로 원고 측이 출원단계에서 특허청을 기만할 의도를 가졌던 것으로 간주하고 '018특허의 효력을 부인한 것은 단순히 원고의 비협조적인 소송행위에 대하여 제재를 가하는 것은 아니며, 원고 측이 교활한 소송행위에 의하여 출원단계에서의 기만적 행위를 알아내기 어렵게 하려는 의도가 엿보였기 때문이라고 하였다. 그러므로, 항소법원은, 지방법원이 원고 측의 기만적 의도(intent to deceive)를 확인하면서 불성실행위(inequitable conduct)의 성립을 인정한 것은 재량권을 남용한 것으로 볼 수 없다고 하면서 지방법원의 판결을 유지하였다.

### (7) Newman 판사의 소수의견

Newman판사는 재판부의 다수의견에 대하여 다음과 같은 요지의 반대의견을 제기하였다.

1) 원고 측의 기만적 의도(intent to deceive)에 관하여 증인신문, 반대심문 등 증거조사절차가 전혀 이루어지지 않았음에도 이러한 의도의 존재를 인정한 것은 근본적 정의와 사법절차(fundamental fairness and judicial process)의 원칙에 위배된다.

2) 원고 측이 공개하지 않은 참고자료는 심사관이 이미 알고 있는 자료와 중복적인(cumulative) 것이어서, 만일 이 자료를 심사관에게 공개하였다 하더라도 특허 여부의 결론은 같았을 것이므로 공개되지 않은 자료를 특허 여부를 좌우할 정도로 중요한 자료였다고 볼 수 없다.

3) 심사관을 기만하려는 의도를 출원절차가 끝난 지 7-8년 후에 이루어진 부적절한 소송행위를 근거로 간주할(infer) 수는 없으며, 이 사건에서는 이러한 의도가 Therasense사건에서 요구한대로 명백하고 설득력 있는 증거(clear and convincing evidence)에 의해 증명되지 않았다.

# 특허침해에 대한 구제

# 특허침해에 대한 구제

## 39. 고의적 침해와 증액배상

Halo Electronics, Inc., v. Pulse Electronics, Inc. and Stryker Corp. v. Zimmer, Inc. (2016).
2016. 6. 13. 대법원판결

### (1) 서설

2016년 6월 13일 미국 연방대법원은 Halo사건과 Stryker사건을 병합 심리한 후 특허를 침해한 피고에게 증액배상을 명할 때 적용하는 Seagate판결의 엄격한 요건을 폐기하고 원고가 보다 쉽게 증명할 수 있는 요건을 새로 정립하였다.[1] 구체적으로 연방대법원은 (1) Seagate 요건 중 객관적 요건을 폐기하고, 행위자의 주관적 인식내용 즉, 주관적 요건에 의해 보통의 특허침해를 넘는 악질적인 침해행위가 있었는가를 판단하도록 하고, (2) 원고가 증액배상의 요건을 증명할 때 명백하고 설득력 있는 증거(clear and convincing evidence)에 의하도록 하던 것을 침해행위의 증명에 일반적으로 적용하는 개연성 높은 증거(preponderance of the evidence)로 하도록 입증책임의 수준을 낮추었고, (3) 연방지방법원(이하 "지방법원")이 증액배상을 명하는 판결을 했을 때 항소가 있으면 연방항소법원(Court of Appeals for the Federal Circuit, 이하 "항소법원")은 지방법원이

---

[1] Halo Electronics, Inc., v. Pulse Electronics, Inc. and Stryker Corp. v. Zimmer, Inc. (2016).

재량권을 남용하였는가만을 심리하게 하여, 지방법원이 재량권을 남용한 경우에만 지방법원의 판결을 파기할 수 있도록 함으로써 지방법원의 판단을 더 존중하게 하였다.

### (2) 증액배상을 위한 Seagate 요건

미국특허법 제284조는 "특허의 침해가 있었을 때는 법원이 침해자에게 실제로 발생한 손해의 3배까지 배상할 것을 명할 수 있다"고 규정하고 있다.[2] 그런데, 특허법 규정은 증액배상의 요건에 관하여 더 구체적으로 언급하지 않았으므로, 항소법원은 Seagate사건에서 법원이 이 증액배상을 명할 때 충족시켜야 하는 2단계 요건을 마련하였다.[3] 즉, 첫째, 피고의 행위가 타인의 유효한 특허를 침해할 가능성이 객관적으로 높았는데도 불구하고 피고가 그 행위에 나아갔다는 것과 둘째, 피고가 행위 시에 그 특허침해의 높은 가능성을 알았거나 적어도 알 수 있었다는 것인데, 증액배상을 받으려면 특허권자가 이 두 개의 요건을 모두 명백하고 설득력 있는 증거(clear and convincing evidence)로 증명해야 한다는 것이다.[4]

### (3) 하급심법원의 판결

Halo사건에서 배심원은 피고의 특허침해를 확인하였으나 지방법원은 손해의 증액배상은 명하지 않았는데, 그 이유는 비록 피고가 행위 시에 문제된 특허의 존재를 알았지만 행위 당시에 객관적으로 높은 특허침해의 가능성이 존재했다는 Seagate의 첫 번째의 요건을 원고가 증명하지 못했기 때문이라고 했다. 항소법원도 입장을 같이했다. 항소법원은, 피고가 제기한 발명의 진보성의 결여에 관한 주장이 비록 소송에서 받아들여지지는 않았지만 전혀 근거 없는 주장은 아니었다고 하며, Seagate의 객관적 요건을 부인하였다. 항소법원은, 이 사건에서 진보성에 관한 피고의 방어방법이 소송진행 중에 개발됐으며, 침해행위 당시에는 피고가 알지도 못하던 것이었으므로 고려의 대상이 되어서는 안

---

2) 35 U.S.C. §284.
3) In re Seagate Technology, LLC, 497 F. 3d 1360, 1371 (Fed. Cir. 2007).
4) Ibid.

된다는 원고의 주장도 받아들이지 않았다.

Stryker사건에서 연방지방법원은 피고의 고의적 특허침해를 확인하고 피고가 실손해의 3배의 손해배상을 할 것을 명하였다. 그러나, 항소법원은, 피고가 소송에서 주장한 불침해 방어방법이 소송에서 받아들여지지는 않았어도 방어방법으로서 전혀 근거 없는 것은 아니었다는 이유로 이 증액배상판결을 파기하였다.

### (4) 연방대법원의 판결

대법원은 먼저 제284조로 돌아가 그 조항의 표현을 음미하였다. 즉, 제284조는 "법원이 손해배상금을 3배까지 증액할 수 있다"("may increase")고 하였는데 할 수 있다("may")는 말은 법원의 재량을 인정한 것이라고 하였다.[5] 그러므로 제284조에 따라 증액배상을 명하려고 할 때 지방법원은 재량권을 행사할 수 있어야 하는데, Seagate요건은 특허법이 지방법원에게 부여한 이 재량권을 지나치게 억압하고 있다고 대법원은 지적하였다. [6]그러나, 재량권이 주어졌으므로 지방법원은 고의적 특허침해가 있은 경우에도 증액배상을 꼭 명해야 하는 것은 아니며, 그 재량권을 부여한 법의 취지를 고려하여 지방법원이 재량으로 판단하여 행사해야 하며, 역사적으로 볼 때에 재량권의 범위는 좁아지는 경향이 있어서, 일반적으로 지극히 악의적인 경우(egregious cases of culpable behavior)에 증액배상이 명해지곤 하였다.

대법원은 나아가 Seagate요건들을 구체적으로 비판하고, 철폐하였다.

### 1) Seagate의 객관적 요건의 철폐

대법원은 먼저 Seagate의 객관적 요건을 배척하였는데 그 이유는 이 요건이 법원이 재량으로 고의적 침해자에게 증액 배상케 하는 길을 막고 있기 때문이라고 하였다. 즉, 피고가 아무리 악의적인 특허침해자였다고 하더라도 Seagate요건을 적용하면, 법원이 피고의 침해행위가 객관적으로 특허침해의 가능성이 높은 상황에서 행해졌다는 것을 확인하기 전에는 피고에게 증액배상을 명할 수 없는데 타인의 특허를 약탈한 자라 하더라도 제소를 당했을 때 변호

---

5) Halo Electronics, Inc., v. Pulse Electronics, Inc. 579 U.S. ____, slip op. at 8.

6) Id. at 8-9.

사의 재능에 따라 방어방법을 잘 구사하면 책임을 모면할 수 있게 된다는 것이다.7)

대법원은, 피고가 때로는 행위 시에 알지도 못했던 방어방법에 의해 증액배상을 모면할 수 있다는 것이 불합리하다는 것이다. 즉, Seagate의 객관적 요건은 행위자의 인식내용과는 무관하기 때문에 침해자는 자신이 행위 시에 믿지 않은 방어방법 혹은 행위 후에 알게 된 방어방법도 소송에서 주장할 수 있게 되며 이에 의해 객관적 요건의 결여로 책임을 면할 수도 있다는 것이다.

대법원에 의하면 어떤 행위자의 책임은 행위 당시에 그 행위자가 인식한 내용에 의해 결정하는 것이 타당하다는 것이다. 그러므로, Halo사건에서 대법원은 Seagate요건이 너무 엄격하고, 특허법 제284조 규정에도 맞지 않는다는 이유로 이를 철폐하였다.8)

### 2) 명백하고 설득력 있는 입증책임의 폐기

Seagate판례에 의하면 원고는 명백하고 설득력 있는 증거에 의해 피고의 고의적 침해를 증명해야 증액배상을 받을 수 있는데 대법원은 이 입증책임도 지나치게 무겁다는 이유로 철폐하였다.9)

대법원은, 특허침해소송에서 요건사실들은 개연성이 높은 증거(preponderance of evidence)에 의해 증명하면 충분하다고 했다. 왜냐하면, 의회는 더 높은 수준의 입증책임을 부과할 필요가 있는 경우에는 특허법에 이를 규정하였는데 제284조에는 그러한 조항이 없으므로 원고는 피고의 고의적 침해를 증명할 때 개연성이 높은 증거로 증명하면 되고 명백하고 설득력 있는 증거에 의해 증명할 필요는 없다고 한다.10)

### 3) 재량권의 남용이 있는가만 심리

지방법원이 Seagate요건을 적용해서 재판했을 경우에는, 항소심은 Seagate 요건별로 심리수준을 달리하게 된다. 즉, 객관적 요건은 처음부터 다시, 주관적 요건은 오류를 뒷받침하는 중대한 증거가 있는가, 증액배상을 명하는 최종판단

---

7) Id. at 9-10.

8) Id. at 10.

9) Id.

10) Id.

은 재량권의 남용이 있는가를 심리하게 된다.[11] 그러나, 제284조의 취지는 고의적 특허침해가 있었을 때 증액배상을 명할 것인가 여부는 지방법원이 재량으로 결정하도록 하려는 것이므로, 항소심에서 지방법원의 판결을 심리할 때에도 재량권의 남용이 있었는가만 보면 된다고 대법원은 판시하였다.[12]

### (5) Halo판결 후

Halo판결로 인해 앞으로 증액배상을 받는 것이 상대적으로 쉬워졌다. 왜냐하면, 이 판결에 의해, Seagate판례가 요구했던 고의적 침해 성립의 객관적 요건이 철폐되고 또 원고의 입증책임도 완화되었기 때문이다. 앞으로 고의적 침해 여부는 피고가 행위 시에 그 특허침해의 높은 가능성을 알았거나 적어도 알 수 있었는가에 따라, 즉 행위자의 마음상태에 따라 판단하게 될 것이며, 그래서 행위자가 행위 시에 생각하지도 않았던 방어방법은 소송에서 주장할 수 없게 될 것이다.

연방대법원은 일찍이 법원이 변호사비용의 배상을 명할 때 적용해 온 엄격한 요건을 Octane사건과 Highmark사건에서 완화하였는데, 그 결과, 특허의 증액배상의 엄격한 요건 즉, Seagate요건도 완화될 것이라는 예측이 많았다.[13] 그러나, Octane사건이나 Highmark사건의 판례는 법원이 사건의 전체적 상황(totality of the circumstances)을 참고하여 변호사비용의 배상 여부를 판단할 것을 요구하는데 반하여, Halo사건 판례는 법원이 사건의 전체적 상황(totality of the circumstances) 중에서도 침해행위의 객관적 조건보다는 침해자의 마음가짐을 관찰하여 증액배상을 명하도록 한 점이 다르다.

---

11) Id. at 12.

12) Id. at 12-13.

13) 35 U.S.C. §285; Octane Fitness, LLC v. ICON Health & Fitness, Inc., 572 U.S. ____ (2014); Highmark, Inc. v. Allcare health Management System, Inc., 572 U.S. _____ (2014).

## 40. 디자인특허침해의 경우 "제조물"의 범위

Samsung Electronics Co., Ltd., et al. v. Apple Inc., 580 U.S. ___, No. 15-777, slip
op. (Dec. 6. 2016).
2016. 12. 6. 연방대법원 판결

### (1) 서설

미국특허법 제289조는, 누구든지 타인에게 특허된 디자인이나 그와 유사
한 디자인을 도용하여 물건을 만들거나 판매하면 그 디자인특허를 침해한 것
이 되며, 침해자는 특허권자에게 그 제조물(an article of manufacture)로부터 얻은
총 수익(total profit)을 배상할 책임이 있다고 규정한다.14)

그런데, 도용한 디자인이 제조물의 전체에 적용되었으면 침해자의 총 수
익도 제조물 전체로부터 얻은 총 수익으로 보는 것이 타당하나 도용한 디자인
이 제조물의 일부에만 적용되었을 때, 침해자가 배상해야 할 총 수익을 제조물
중 도용한 디자인이 적용된 부분으로부터의 총 수익으로 볼 것인가 아니면 전
체로부터의 총 수익으로 계산할 것인가가 문제이며 그것이 이 사건의 핵심문
제였다.

### (2) 연방지방법원의 판결

2011년 Apple사는 삼성을 상대로 미국연방지방법원(이하 "지방법원")에 특
허침해소송을 제기하면서 삼성의 스마트폰이 Apple의 스마트폰 디자인특허
3개를 침해하였다고 주장하였다. 배심재판으로 진행된 1심 절차에서 양 당사
자는 침해여부에 관하여 맹렬히 다투었으나 최종적으로 배심은, 삼성이 만든
여러 가지의 스마트폰이 Apple의 3개의 디자인특허, 즉 스마트폰의 모양 중 모
서리가 둥근 사각형의 앞면, 아이콘이 바둑판 모양으로 배열된 검은색 스크린
등에 관한 특허를 침해하였다고 평결하였고, 이에, 지방법원은 삼성이 이들 스
마트폰을 판매해서 얻은 총 수익금 3억 9천 9백만 불을 Apple에게 배상금으로

---

14) 35 usc §289.

지불할 것을 명하였다. 삼성은 항소하였다.

### (3) 연방항소법원의 판결

연방항소법원(Court of Appeals for the Federal Circuit, 이하 "항소법원")에서 삼성은, 디자인특허를 침해한 제조물은 스마트폰 전체가 아니고 그 중 앞면과 스크린뿐이므로 배상금액을 이들 범위로 제한하여야 한다고 주장하였으나, 법원은 이를 받아들이지 않았다. 법원은, 특허법 제289조가 명백하게 "디자인특허가 적용된 제조물로부터의 총 수익을 배상해야" 한다고 규정하고 있다고 지적하면서, 삼성은 "배상금액을 디자인특허가 적용된 부분에서 온 수익으로 한정해야 한다고 주장하지만, 삼성의 스마트폰의 내용물(innards)은 그 껍질과는 별도로 소비자에게 판매되는 제조물이 아니므로" 배상금액은 스마트폰 전체에 대해서 산정해야 한다고 판시하면서 삼성의 항소를 기각하고 지방법원의 판결을 유지하였다.

삼성은, 항소법원의 이러한 법규해석을 따르면 결국 어느 물품이 타인의 디자인 특허를 침해한 부분이 그 물품의 아무리 작은 부분이라 하더라도 그 디자인특허침해에 대한 배상은 그 물품 전체를 판매한 총 수익을 지불해야 하는 매우 불합리한 결과가 생긴다고 비판하면서 대법원에 상고허가를 신청하였다.

### (4) 연방대법원의 판결

2016년 3월, 연방대법원은 삼성의 상고를 허가하고 Apple의 디자인특허사건을 심리하기로 하였다. 대법원이 마지막으로 디자인특허사건을 심리한 것은 1894년의 Dunlap v. Schofield사건이었으므로 대법원으로서는 실로 100여 년만의 디자인특허사건의 심리였으며, 이 사건의 상고심은 디자인특허침해로 인한 손해배상의 법리에 중대한 변화를 가져올 잠재력을 가졌으므로 업계의 초미의 관심을 끌었다.[15]

상고심에 제기된 쟁점은 오직 한가지였다. 즉, 타인의 디자인특허를 침해하여 어느 물건의 오직 한 부품에만 적용하였을 때 그 침해자의 배상금은 물건 전체로부터의 수익인가 아니면 그 부품으로 인한 수익에 한정되는가였다.

---

15) Dunlap v. Schofield, 152 U.S. 244 (1894).

사건을 심리한 연방대법원은 다음과 같이 판시하였다:

(1) 이 사건의 쟁점에 대한 해답은 법규의 본문에서 찾을 수 있다. 즉, 제조물이란 손이나 기계에 의해 만들어지는 물건이므로 소비자에게 판매되는 완성품은 물론 그 부품도 이에 해당된다고 해석된다. 이러한 법규해석은 미국특허법 제171조(a)항과 일치한다. 왜냐하면, 이 조항은 디자인특허에 의해 보호되는 것을 "제조물"("article of manufacture")이라고 규정했는데 그동안 특허청이나 법원은 다수의 부품으로 이루어진 물건의 부품도 디자인특허의 대상인 제조물로 해석해왔기 때문이다.16)

이 법규해석은 또한 미국특허법 제101조의 "제품"("manufacture")의 의미에 대한 법원의 해석과도 일치하는데, 왜냐하면, 법원은 모든 새롭고 유용한 제품이면(완성품이든, 그 부품이든17)) 일반 특허의 보호대상으로 보고 있기 때문이다.18)

(2) 제289조에 규정된 "제조물"(article of manufacture)의 범위에는 소비자에게 판매되는 완성품이 포함됨은 물론 그 부품도, 그것이 별도로 판매되든 않든 이에 포함되므로 제조물의 범위를 이보다 좁게 보아 완성품만 포함되는 것으로 해석하는 항소법원의 입장은 파기되어야 한다.

이 사건에서는 당사자가 법원에 제출한 소송자료가 불충분하므로 본 법원은 이 사건 3개의 디자인특허와 관련된 제조물(article of manufacture)이 스마트폰 전체인지 스마트폰의 특정부품인지를 판단할 수는 없다. 그리고 그러한 판단은 이 상고심에 제기된 쟁점을 해결하는 데 있어 필요한 것도 아니다. 나머지 문제는 이 사건의 환송 후에 항소법원이 해결할 것이다.

그리하여 연방대법원이 내린 결론은, 다수의 부품으로 이루어진 제품의 경우 제289조의 배상금을 산정하는 데 있어서 기초가 되는 "제조물"("article of manufacture")은 언제나 소비자에게 판매되는 완성품일 필요는 없으며, 때로는 그 제품의 부품일 수도 있다는 것이었으며, 따라서 대법원은 항소법원의 판결을 파기하고 사건을 항소법원에 환송하였다.

---

16) See, e.g., Ex parte Adams, 84 Off. Gaz. Pat. Office 311; Application of Zahn, 617 F. 2d 261, 268 (C.C.P.A. 1980).

17) 필자 주.

18) See Diamond v. Chakrabarty, 447 U. S. 303, 308. Pp. 47.

## 41. 특허침해금지명령과 회복할 수 없는 손해

Genband US LLC v. Metaswitch Networks Corp., No. 2017-1148 (Fed. Cir. 2017).
2017. 7. 10. 연방항소법원(CAFC) 판결

### (1) 서설

2017년 7월 10일 Washington, D.C.에 위치한 미국연방항소법원(Court of Appeals for the Federal Circuit, 이하 "항소법원")은 Genband사건에서 원고 Genband 의 침해금지명령신청을 기각한 Texas주 연방지방법원의 판결이 침해금지명령 의 요건인 회복할 수 없는 손해의 발생여부에 관하여 지나치게 엄격한 기준을 적용했을지도 모른다는 이유로 지방법원의 판결을 파기, 환송하였다.

특허침해소송에서 피고의 침해행위가 확인되면 법원은 피고로 하여금 이 로 인한 원고 측의 손해를 배상케 하는데, 더 나아가 피고에게 침해행위금지명 령을 내릴 것인지는 그에 필요한 전제조건이 갖추어졌는지를 보아 결정한다. 그런데 그 전제조건 중의 하나인 "피고의 장래의 침해행위로 인하여 원고가 회복할 수 없는 손해를 입을 염려가 있는가"의 판단은 그동안 뜨거운 논쟁의 대상이었으며 Genband사건도 이 쟁점이 부각된 사건이었다.

### (2) 특허침해금지명령의 요건

2006년 미국연방대법원은 eBay사건에서, 법원이 피고에게 특허침해금지명 령을 발하는데 필요한 4가지의 전제조건을 제시하였는데 그것은 1) 침해행위 가 있으면 특허권자가 회복할 수 없는 손해를 입을 것, 2) 금전배상과 같은 배 상방법에 의해서는 손해를 회복하게 할 수 없을 것, 3) 특허권자와 침해자의 이익을 고려할 때 침해금지명령을 발하는 것이 적절할 것 그리고 4) 침해금지 명령이 공공의 이익에 반하지 않을 것 등이다.[19]

eBay사건 이후 항소법원은 이 4가지 요건을 심리하는 기준을 더욱 발전시 켜 왔으며, 특히 다년간 지속된 Apple v. Samsung사건에서 항소법원은 다수의

---

19) eBay Inc. v. MercExchange LLC, 547 U.S. 388, 391 (2006).

부품으로 구성된 상품에 관한 침해금지명령의 요건을 심리하면서 회복할 수 없는 손해의 발생을 입증하기 위해서는 피고의 상품 중 원고에게 특허된 부분과 원고의 판매액의 감소 사이에 모종의 인과관계가 있음을 증명하면 족하다고 판시하였다.

### (3) 사건의 개요와 연방지방법원의 판결

Genband사는 인터넷을 이용한 음성통화와 관련된 Genband사의 특허들을 Metaswitch사의 제품이 침해하고 있음을 이유로 Metaswitch사를 상대로 Texas주의 연방지방법원(이하 "지방법원")에서 특허침해소송을 제기하였다. 사건에 관하여 먼저 사실심리를 한 배심은 원고 Genband사의 특허가 유효하며, Metaswitch에 의해 침해되었음을 인정하고, 따라서 피고 Metaswitch사는 원고 Genband사에게 8백만 불을 손해배상할 것을 평결하였다. 이에 Genband사는 법원에 침해행위금지명령을 신청하였으나, 지방법원은 원고가 피고의 침해행위가 있으면 회복할 수 없는 손해를 입게 됨을 충분히 증명하지 못하였다는 이유로 그 신청을 기각하였다. 지방법원은 항소법원의 Apple v. Samsung사건 판결들을 인용하며[20] 침해행위금지명령을 받으려면, 피고의 제품 중 원고의 특허기술이 적용된 부분이 피고의 제품에 대한 수요를 촉진함을 원고가 증명해야 한다고 판시하였다.

### (4) 연방항소법원의 판결

그러나, 항소법원은 "수요를 촉진함을 증명한다"는 말의 뜻을 다음과 같이 해석하였다:

항소법원이 볼 때 "수요를 촉진함을 증명한다"는 말의 뜻은 특히 제품이 복수의 구성요소를 가졌을 때 여러 가지로 해석이 가능해서 혹은 특허된 부분이 제품의 수요를 촉진하는 유일한 요소(the driver of purchasing decision)여서 그 특허된 부분이 없다면 그 제품을 구입할 소비자가 거의 없음을 증명해야 하는 것으로 해석할 수도 있고, 혹은 특허된 부분이 제품의 수요를 촉진하는 요소들 중의 하나(a driver of

---

20) Apple, Inc. v. Samsung Elecs. Co., 678 F.3d 1314, 1324 (Fed. Cir. 2012) (Apple I); Apple, Inc. v. Samsung Elecs. Co., 695 F.3d 1370, 1374-75 (Fed. Cir. 2012) (Apple II).

purchasing decision)임을 증명하면 족한 것으로 해석할 수도 있다.

항소법원은, 2013년에 Apple v. Samsung사건에서 항소법원이 천명했던 원칙을 상기시키면서 다수의 소비자가 다수의 구성요소로 이루어진 제품을 구입하는 경우에 침해행위로 인하여 회복할 수 없는 손해가 발생했음을 증명하려면 특허된 부분이 특허침해상품을 소비자들이 구입하게 되는 원인 중의 하나임을 증명하면 충분하며, 그것이 그 상품을 구입하는 유일한 원인임을 증명할 필요는 없다고 하고 지방법원이 이 쟁점에 관하여 어떠한 기준을 적용하였는지 명확하지 않음을 이유로 지방법원의 판결을 파기하고 사건을 지방법원에 환송하였다.

또한, Metaswitch사는 Genband사가 특허침해소송을 늦게 제소하였고 또 침해소송과 함께 침해금지가처분신청도 하지 않은 것은 해당 특허침해행위로 인하여 Genband사가 회복할 수 없는 손해를 입게 되지는 않는다는 것을 반증하고 있다고 주장하였는데, 항소법원은, 이 주장을 받아들인 지방법원의 입장에 대해서 언급하면서, Genband사의 그러한 태도에는 여러 가지 원인이 있을 수 있으며 회복할 수 없는 손해를 입게 되지 않는 것이 꼭 그 원인일 수는 없으므로 지방법원이 그 원인을 다시 심리해야 한다고 하고, 이 쟁점에 관한 Genband사의 주장, 즉 Genband사가 소를 언제 제기하였는가, 또 침해금지가처분신청을 제기하였는가 안 하였는가의 문제는 침해행위로 회복할 수 없는 손해가 발생할 것인가의 문제와는 무관하다는 주장도 부정확하며, 따라서 지방법원은 이러한 점들도 Genband사가 회복할 수 없는 손해를 입게 될 것인가를 판단할 때 참고하여야 한다고 판시하였다.

# 기 타

# 기 타

## 42. IPR절차에서의 미국특허청의 권한

Cuozzo Speed Technologies, LLC v. Lee, 579 U.S. ____ (2016).
2016. 6. 20. 연방대법원 판결

### (1) 서설

2016년 6월 20일 미국연방대법원은 세인의 주목을 받아온 Cuozzo사건에 대하여 기다리던 판결을 하면서, IPR절차(이미 등록된 특허의 효력을 미국특허청이 재심사하는 절차)에 있어서의 특허청의 권한을 폭넓게 인정하였다.

즉, 특허청이 어느 특허를 IPR절차에 부쳐 재심사하기로 결정하면 이는 최종적인 것으로서 이에 대하여 당사자는 상급심에 항고할 수 없다고 하고, 또 특허청은 IPR절차에서 실체적, 절차적 사항을 결정하는 권한을 가지는데, 이 권한에 의해 특허청은 IPR절차에서 특허의 청구항을 해석하는 기준을 정할 수 있다고 하였다.

### (2) 사건의 배경

#### 1) 개정특허법(AIA)조항

2011년 개정된 미국특허법(America Invents Act, AIA)은 inter partes review(IPR)라고 하는 새로운 행정심판절차를 마련하고, 누구든지 특허청으로 하여금 이미 등록된 특허의 청구항을 이 절차에서 재심사할 것과 심사결과 선행 기술에 비추어 특허등록이 될 수 없는 청구항이 있으면 이를 취소할 것을 신청할 수 있도록 하였다.[1] 이 개정특허법의 제314조(d)항은 IPR절차에 부쳐 청구항을 재심사하기로 한 특허청의 결정은 최종적이며, 이에 대하여는 불복 항고할 수 없다고 규정하고,[2] 제316조(a)(4)항은 IPR절차의 운용에 필요한 사항은 특허청이 규칙으로 정할 수 있다고 규정하고 있다.[3] 또한 이 특허청의 권한에 의거해서 제정한 특허청의 행정규칙은, IPR절차에서 특허청구항을 재심사할 때에는 그 특허의 명세서를 참고하며 청구항을 합리적인 범위에서 가장 넓게 해석해야 한다고 규정하고 있다.[4]

### 2) 특허청의 결정

2004년에 Cuozzo Speed Technologies사(이하 "Cuozzo")는 자동차속도계에 관한 특허를 취득하였는데, 이 속도계는 운전 중에 자동차가 제한속도를 초과하면 이를 알려주는 기능이 있었다. 2012년에 Garmin International사(이하 "Garmin")는 이 Cuozzo특허의 제17항이 특허출원 당시의 선행기술에 비추어 진보성이 없었다는 이유로 그 효력을 재심사하는 IPR절차를 신청하였다.[5] 특허청은 이에 IPR절차의 개시를 승인하면서 이 절차에서 제17항과 함께 제10항과 제14항의 효력도 같이 심사하도록 결정하였다. Garmin은 제10항과 제14항의 재심사를 신청하지 않았으나, 제17항이 제14항에 의존하고 제14항은 다시 제10항에 의존하고 있으므로, 제17항의 재심사 신청은 잠재적으로 이들 두 개 항의 재심사신청도 포함하고 있다고 특허청은 설명하였다.

특허청은 이들 청구항의 의미를 합리적인 범위에서 가장 광범위하게 해석(broadest reasonable interpretation, BRI)한 후 이들 청구항이 특허법상 진보성이 결여되어 있어 무효라는 결정을 내렸다. 그런데 이 BRI기준은 특허출원이 있었

---

1) Leahy-Smith America Invents Act (AIA).
2) 35 U.S.C. §314(d).
3) 35 U.S.C. §316(a)(4).
4) 37 CFR §42.100(b).
5) 35 U.S.C. §103(a) (발명이 해당업계의 보통의 전문지식을 가진 자가 보았을 때 선행기술로부터 용이하게 생각해 낼 수 있는 것이었으면 진보성이 결여되었음을 이유로 특허가 주어지지 않는다는 규정).

을 때, 특허청이 청구항을 처음 심사할 때 적용하는 기준이다. 특허청이 진보
성을 부인하는 근거가 된 선행기술을 회피하기 위하여 Cuozzo는 청구항 변경
신청을 하였으나 특허청은 이를 승인하지 않았는데 그 이유는 그 청구항을 변
경하여도 여전히 발명은 진보성이 없기 때문이라고 했다.

### (3) 연방항소법원의 판결

이 특허청의 결정에 대하여 Cuozzo는 연방항소법원(Court of Appeals for the
Federal Circuit, 이하 "항소법원")에 항고하였다. 그리고 IPR절차를 신청할 때는
특허법 제312조(a)(3)항에 따라 신청서에 재심사대상을 기재해야 하는데 Garmin
이 신청서에 재심사대상으로 제17청구항만 기재했는데 특허청이 제10항과 제
14항의 재심사도 하기로 결정한 것은 특허청이 법적 한계를 넘어 권한을 행사
한 것이라고 주장하였다. 그러나, 항소법원은, 특허청의 IPR절차에 의한 재심
사결정은 특허법 제314조(d)항에 의거, 항고가 불가능한 결정이라고 하였다.

Cuozzo는 또한, 연방지방법원(이하 "지방법원")은 특허의 효력유무나 침해
여부의 판단을 위해 특허 청구항을 해석할 때 비교적 좁은 해석기준을 적용하
는데, 특허청이 IPR절차에서 특허의 효력유무를 판단하면서 청구항을 합리적
인 범위에서 가장 넓게 해석한 것은 오판이라고 주장했다. 그러나 항소법원은,
특허청이 정당한 입법권을 행사하여 청구항 해석에 BRI기준을 적용하도록 규
칙을 제정하고 이에 따라 청구항을 해석하였으므로 이는 정당하다고 했다.

### (4) 연방대법원의 판결

연방대법원은 이 사건 두 개의 쟁점에 관하여 항소법원의 입장을 유지하
였다.

첫째, 특허법 제314조(d)항은 "특허청의 IPR절차 개시에 관한 결정은 최종
적인 것이며, 항고의 대상이 될 수 없다."라고 명백히 규정하고 있으므로, 이
사건에서 특허청이 제10청구항과 제14청구항도 IPR절차에서 재심사하기로 한
결정은 최종적인 것이고 불복할 수 없는 것이라고 했다. 만일 특허청의 IPR절
차개시결정에 대하여 법원에 항고할 수 있도록 하면, 특허의 주무관청인 특허
청이 일단 허여했던 특허의 내용을 재고하고 수정할 수 있도록 하려는 의회의

입법목적의 달성을 방해하는 결과가 될 것이라고 했다.

그러나, 대법원은, 항고가 불가능한 특허청의 결정은 IPR절차개시에 관련된 결정에 한정되며, 위헌여부가 문제된 결정, 또는 제314조의 범위를 넘는 특허청의 결정에 관하여는 항고가 가능하다고 하며, 다음과 같이 판시하였다.

제314조(d)항이 명문으로("clear and convincing") 사법심사를 배제하고 있으므로, 불분명할 때는 사법심사가 가능한 것으로 추정한다는 일반원칙("strong presumption")이[6] 여기에는 적용되지 않는다.[7] 그러나, 사법심사추정의 원칙은 일반원칙으로서 존재하므로 제314조(d)항에 의거해서 사법심사가 배제되는 것은 IPR절차개시결정이나, 그 개시결정에 밀접하게 관련된 결정으로 한정된다. 헌법위반문제나, 제314조(d)항의 해석을 뛰어넘는 다른 법 해석 문제가 포함되어 있는 결정은 사법심사의 원칙에 따라 이에 대한 불복이 가능하다고 보아야 한다. 만일 재심사신청서가 부실하여 상대방에게 알려야 할 것을 충분히 알리지 못한 경우에는 적법절차위반여부의 헌법적 문제가 야기될 것이므로 이 경우에는 그 재심사개시결정에 대한 불복이 가능할 것이다. 또 특허청이 법규정의 한계를 넘어 행동했을 때, 예컨대, IPR절차에서 특허청은 선행기술에 비추어 특허될 수 없는 청구항이 발견되면 이를 취소할 수 있을 뿐인데, 만일 특허명세서의 내용불명을 이유로 제112조에 의거해서 청구항을 취소한 경우에는 이에 대하여도 불복이 가능할 것이다.

이 사건에서, Cuozzo는 항고이유로서 어떠한 헌법위반문제도, 제314조(d)항의 해석을 넘는 다른 법조항의 문제도 제기하지 못하고, 다만, Garmin이 재심사신청서에서 제10청구항과 제14청구항은 재심사대상으로 특정하지 않았는데도 특허청이 이를 재심사하기로 한 결정은 위법이라고 주장하였는데, 이는 특허청이 Garmin의 신청서를 보고 제10청구항과 제14청구항도 재심사할 필요가 있다고 판단한 것에 대한 불복이며, 제314조의 범위 내의 결정에 대한 불복이므로 허락될 수 없다.

둘째, 대법원은, 특허법 제316조(a)(4)항이 "특허청은 IPR절차를 운영하기 위한 … 규칙을 제정할 권한이 있다"라고 하였으므로 이 조항에 따라 특허청은 IPR절차에 관한 실체적, 절차적 규칙을 만들 수 있다고 하였다. 그러나, 이 법규정은 IPR절차에 있어서의 특허청의 권한을 포괄적으로 규정할 뿐 그 절차

---

6) Mach Mining, LLC v. EEOC, 575 U.S. ___ (2015).
7) Block v. Community Nutrition Institute, 467 U.S. 340 (1984).

에서의 청구항 해석에 적용할 기준에 관하여는 침묵을 지키고 있다.

그러나, 법규정의 내용이 모호한 경우에는 법원은 언제나 그 법규정을 집행하는 행정관청에게 그 규정의 입법취지에 비추어 합리적인 규칙을 정할 권한을 부여한 것으로 해석해 왔다. 이 원칙을 적용하며, 대법원은, IPR절차에서 특허청구항 해석에 BRI기준을 적용하도록 한 특허청의 규칙은 합리적인 기준을 제시한 것이었다고 하였다. 따라서, 특허청이 정당한 입법권을 행사하여 청구항 해석에 BRI기준을 적용하도록 규칙을 제정하고 이에 따라 청구항을 해석한 것은 정당하다고 했다.

## 43. 항소심법원의 권한

Apple Inc. v. Samsung Elecs. Co., Ltd., No. 2015-1171, slip op. at 8 (Fed. Cir. Oct. 7, 2016) (en banc).
2016. 10. 7. 연방항소법원 전원합의부 판결

### (1) 서설

2016. 10. 7. 미국연방항소법원(Court of Appeals for the Federal Circuit, 이하 "항소법원")은 Apple Inc. v. Samsung Electronics Co.사건에서 전원합의부의 판결을 하면서, 항소법원은 법률심 법원으로서 지방법원이 수집한 증거 이외의 증거를 기초로 판결할 수 없으며, 또 당사자가 신청하지 않은 사항에 관하여 독자적으로 사실확인 작업을 할 수 없다고 판시함으로써 항소법원의 권한의 한계를 재확인하였다.

### (2) 연방지방법원과 항소법원 3인 합의부의 판결

사건은 Apple사와 삼성전자가 서로 상대방이 자사의 스마트폰 관련 특허를 침해하였다고 주장하는 특허침해소송 사건이었다. 연방지방법원(이하 "지방법원")은 먼저 삼성의 제품이 Apple의 특허를 침해하였다는 간이재판(summary judgment)을 하였고, 배심은 이 침해된 Apple의 특허는 무효가 아니라고 평결하였다. 이어서 삼성전자는 JMOL판결을 신청하였으나 지방법원은 이를 기각하였다.8) 이에 삼성전자는 항소법원에 항소하였다.

항소법원의 3인 합의부는 지방법원의 판결을 전체적으로 파기하였다. 즉, 합의부는 Apple의 특허 3개 중에 1개는 침해되지 않았으며, 나머지 2개는 무효라고 하였다. Apple이 이에 불복하며 항소법원의 전원합의부에 의한 재심을 신청하자 항소법원은 이를 승인하였다.

### (3) 항소법원 전원합의부의 판결

이 사건에서는, 항소법원 3인 합의부가 지방법원의 판결을 전체적으로 파기하였는데 Apple은 이에 불복하여 항소법원의 전원합의부에 재심을 신청하면서, 3인 합의부가 3가지 점에서 오판을 하였다고 주장하였다. 즉, 항소심의 권한의 한계를 넘어서, 1) 항소당사자가 항소하지 않은 사항에 관하여 심리하였으며, 2) 지방법원이 수집한 증거 이외의 증거를 참작하였으며, 3) 지방법원에서 배심이 행한 사실판단을 결정적 증거(substantial evidence)도 없이 뒤집는 과오를 범하였다고 주장하였다.

전원합의부는 재심을 승인하고, 위의 세 가지 쟁점에 관하여 심리한 후, 3인 합의부는 세 가지 점에서 모두 항소심의 한계를 벗어나 재판하였다고 결론내리며, 다음과 같이 판시하였다:

우리 법원이 Apple의 전원합의부 재심신청을 받아들인 것은 민사소송법상 대원칙, 즉, 항소심법원은 당사자가 항소에 의해 제기한 쟁점에 관하여서만 판단하고, 그것도 하급심 법원이 수집한 증거에 의하여서만 판단하며, 사실판단에 있어서는 지방법원의 판단을 원칙적으로 존중하여야 한다는 원칙을 재확인하기 위해서이다.9)

---

8) JMOL(Judgment as a matter of law)판결은 민사소송의 본안 심리 중에 당사자가 신청할 수 있는 간이재판으로서 신청당사자의 상대방이 그의 주장사실을 뒷받침할 증거를 충분히 제출하지 못하였으면 신청당사자의 승소로 하는 판결이다.
 JMOL신청이 있으면 법원은 합리적인 배심이 평결을 맡았다면 JMOL신청자의 상대방에게 유리한 평결을 했을 것인가를 고려하여 그렇지 않다면, 신청당사자의 승소로 판결한다.
 미국연방민사소송에서 당사자의 주장사실을 뒷받침하는 증거가 충분한가를 보아 불충분하면 신속히 절차를 종료하는 판결에는 JMOL외에 judgment on the pleadings와 summary judgment가 있는데 judgment on the pleadings는 소장과 답변서 제출 후 증거개시절차를 진행하기 전에, summary judgment는 증거개시절차 후 본안 심리에 나아가기 전에, 그리고 JMOL은 본안 심리 중에 신청할 수 있는 점이 다르다.
9) 항소심법원이 지방법원의 판결을 심리할 때, 배심의 사실판단은 substantial evidence(결정적 증

Teva사건에서 대법원은, 발명의 배경이 된 과학, 발명을 할 때 관련된 기술분야에서 쓰이던 용어의 의미 등은 청구항을 구성하는 사실적 요소라고 하며 이와 같은 사실적요소의 확인은 지방법원의 영역이라고 하였다.[10] 항소심법원은 지방법원이 수집한 증거 이외의 증거에 의하여 청구항을 해석할 수는 없다는 것은 민사소송법상 자명한 법리이다.

항소심법원은 항소내용에 포함되지 않은 사실판단을 뒤집을 수 없으며, 배심의 사실판단은 결정적인 증거(substantial evidence)가 있을 때에만 뒤집을 수 있다. 3인 합의부는 이 사건에서 침해행위, 선행기술, 상업적 성공, 업계의 찬사, 표절, 오랫동안 느껴온 필요성 등 배심이 인정한 사실을 10개 이상 뒤집었다. 3인 합의부는 이들 사실 중의 다수가 당사자의 항소내용에 포함되지도 않았는데도 불구하고 뒤집었으며 또 배심의 사실판단을 뒤집을 때 필요한 결정적 증거의 존재여부에 관하여도 아무 언급 없이 그렇게 하였다.

본 재판부의 소수의견은 발명의 자명성(non-obviousness, 진보성)에 관한 법리를 재고할 것을 요구하지만, 이 사건에서는 당사자도 본 법원에 대하여 자명성의 법리의 수정을 요청한 적이 없으며, 본 법원도 이를 재고하기 위하여 전원합의부에 의한 재심을 승인한 것이 아니고 다만 항소심법원의 권한의 한계를 재확인하기 위하여 이를 승인한 것이므로 여기서 발명의 자명성에 관한 법리를 재고할 필요는 없다고 사료된다.

결국, 항소법원은 3인 합의부의 판결을 파기하고 지방법원의 판결을 유지하였다. 항소법원은 배심의 사실판단이 충분한 증거에 의해 뒷받침되었다고 하고, 또, 삼성의 JMOL판결신청을 지방법원이 기각한 것도 타당했다고 보았다.

---

거)가 있을 때 뒤집을 수 있고 지방법원의 사실판단은 clearly erroneous할 때(명백한 오류가 있을 때)만 뒤집을 수 있으며, 지방법원의 법률판단은 자유롭게 뒤집을 수 있다. 왜냐하면, 미 연방사법제도에서는 지방법원만이 사실심이고 고등법원과 대법원은 법률심이기 때문이다.

10) Teva Pharms., Inc. v. Sandoz, Inc., 789 F.3d 1335, 1342 (Fed. Cir. 2015)(청구항의 해석에는 항소심이 지방법원의 판단을 존중해야 하는 사실판단이 포함되어 있다는 원칙: 필자 주).

## 44. 연방지방법원에의 불복제소와 출원인의 비용부담

Nantkwest, Inc. v. Matal (Fed. Cir. 2017).
2017. 6. 연방항소법원(CAFC) 판결

### (1) 서설

#### 1) 연방지방법원에의 불복제소와 출원인의 비용부담

특허출원에 대하여 특허청의 심사관이 심사 후 등록을 거절하면 출원인은 특허청의 특허항고심판원(PTAB, Patent Trial and Appeal Board)에 불복신청을 할 수 있고 PTAB에서도 거절당하면 출원인은 이 PTAB의 결정에 대하여 사법심사를 받을 수 있는 두 가지의 길이 있다. 하나는 법률심법원인 연방항소법원(Court of Appeals for the Federal Circuit, 이하 "항소법원")에 항소하는 것이고,[11] 다른 하나는 사실심법원인 Virginia주의 동부연방지방법원(Eastern District Court of Virginia, 이하 "지방법원")에 제소하는 것이다.[12]

지방법원에의 불복신청의 경우, 출원인에게 법원의 사실심을 받을 기회를 제공하는 것은 출원인에게는 큰 혜택이지만, 특허청은 이에 대응하여 소송을 수행해야 하므로 특허청에게는 큰 부담이 되는 것이므로 특허법은 출원인이 지방법원의 사실심을 신청하는 것을 될수록 억제하기 위하여 지방법원에의 불복신청의 경우, "지방법원절차에서 발생하는 모든 비용("all the expenses")은 출원인의 부담으로 한다"고 규정하였으며,[13] 2010년 항소법원은 Hyatt사건에서, 출원인은 재판결과에 불구하고 이 비용을 부담한다고 판시함으로써 출원인은 지방법원에서 패소했을 때는 물론 승소했을 때도 그 비용을 부담토록 하였다.[14]

그런데, 2017년 6월 NantKwest사건에서 항소법원은 한걸음 더 나아가 출원인의 이 비용부담에는 특허청의 변호사비용도 포함된다고 판결함으로써 출

---

11) 35 U.S.C. §141.
12) 35 U.S.C. §145.
13) 35 U.S.C. §145.
14) Hyatt v. Kappos, No. 07-1066 (Fed. Cir. Nov. 8, 2010).

원인의 책임을 한결 더 무겁게 하였는데[15] 이는 소송경제와 신속을 달성하기 위하여 특허에 관한 쟁송을 법원보다는 특허청에서 될수록 마무리 짓도록 하려는 미국사법부의 최근 경향과 궤를 같이 하는 것이다.

### 2) 사실심과 법률심

주지하는 바와 같이 미국연방법원은 원칙적으로 지방법원만이 사실심법원이고 고등법원과 대법원은 법률심법원이다. 그러므로 항소법원은 사건에 대하여 원칙적으로 법적 문제만 다시(de novo) 심리하고 사실문제는 하급심의 사실판단을 존중한다. 다만 하급심의 사실판단이 배심원이나 행정심판원에 의해 이루어졌고 그것이 결정적인 증거(substantial evidence)에 의해 뒷받침되지 않았다고 판단될 경우 항소법원은 하급심의 사실판단을 뒤집을 수 있다.[16]

항소법원에서는 새로운 증거를 제출할 수도 없고 항소법원이 하급심의 사실판단을 뒤집는 일은 흔치 않으므로 특허청으로부터 특허등록을 거절당한 출원인이 특허청의 사실판단을 법원이 뒤집도록 하려면 항소법원보다는 Virginial주의 연방지방법원에 제소하는 것이 유리하다. 연방지방법원에서는 증거개시(discovery), 전문가의 증언(expert testimony), 반대심문(cross-examination) 등에 의해 새로운 증거를 제출하면서 사실관계를 밝힐 기회를 더 가질 수 있기 때문이다. 그러나 법은 출원인이 이 같이 충분한 기회를 제공받을 경우 그 대가도 치르게 하기 위하여 출원인의 비용부담을 가중시키고 있는 것이다.

### (2) 문제의 제기

2001년 Klingemann박사는 암세포를 죽이는 천연세포를 이용하여 암을 치료하는 방법에 관한 특허를 미국특허청에 출원하였고 심사관은 이 방법이 진보성이 결여되었다는 이유로 거절하였다. 출원인이 이에 불복하여 PTAB에 항고하자 PTAB는 심사관의 거절처분을 유지하였다. Klingemann박사의 권리를 승계한 NantKwest사는 이 PTAB의 결정에 대하여 지방법원에 제145조의 소를

---

15) Nantkwest, Inc. v. Matal (Fed. Cir. 2017).

16) 하급심의 사실판단이 단독판사에 의하여 이루어진 경우에는(bench trial) 사실판단이 명백히 오류(clearly erroneous)라고 판단될 경우에만 항소법원은 그 사실판단을 뒤집을 수 있다. 명백한 오류가 있는 경우는 현저한 증거가 결여된 경우보다 사실판단의 오류가 더 심각한 경우이다.

제기하였다. 지방법원은 PTAB의 결정을 유지하는 판결을 하였고, 그러자 특허청은 출원인에게 자신의 소송비용을 청구할 때 변호사비용(attorney fees)을 포함하여 청구하였다. 따라서 "지방법원절차에서 발생하는 모든 비용(expenses)은 출원인의 부담으로 한다"는 제145조 규정의 "모든 비용(expenses)"에 변호사비용도 포함되는가가 문제되었다.

### (3) 연방지방법원의 판결

이 문제에 답하기 위하여 지방법원은 변호사비용의 부담에 관한 대원칙인 "American Rule"을 사건에 적용하였다. American Rule은 "법의 명문 규정이나 계약조항이 없으면 각 당사자는 소송의 승패에 불구하고 각기 자신의 소송비용을 부담한다는 원칙이며, Baker Botts사건에서 대법원은 American Rule에 대한 예외를 인정하는 규정은 구체적이고 명백하여야 한다고 판시하였다.17) 지방법원은 이 원칙과 판례를 사건에 적용하면서 제145조는 American Rule의 예외를 인정할 만큼 충분히 구체적이고 명백하지 않다고 지적하고 따라서 특허청은 출원인에게 감정비용은 청구할 수 있어도 변호사비용을 청구할 수는 없다고 판결하였다.18)

### (4) 연방항소법원의 판결

특허청이 항소하자, 항소법원은 Baker Botts판례를 인용하며, 변호사비용의 부담에 관하여 American Rule적용의 예외를 인정하려면 해당 법규정이 그러한 취지를 구체적으로 명백하게 언급하고 있어야 한다고 전제한 후, 그런데 특허법 제145조의 규정은 American Rule의 예외를 인정할 수 있을 만큼 충분히 구체적이고 명백하므로 특허청이 출원인에게 청구할 수 있는 "모든 비용"에는 변호사비용도 포함된다고 결론 내리며 다음과 같이 판시하였다:

　1) 법학사전과 논문을 참고하면 expenses와 costs를 구별할 수 있는데 변호사비용(attorney fees)은 fee이므로 expenses에는 포함될 수 있어도 costs에는 포함될 수 없

---

17) Baker Botts L.L.P. v. ASARCO LLC,___ U.S. ___, 135 S.Ct. 2158, 2164 (2015).
18) Nantkwest, Inc. v. Lee, 162 F. Supp. 3d 540, 543-545 (E.D. Va. 2016).

다. 따라서 제145조의 expenses에는 변호사비용이 포함될 수 있다.

2) 특허청은 일반 변호사의 도움을 받지 않고 특허청의 법무실 소속 변호사들의 도움을 받는데 이 법무실의 변호사들은 일반 변호사들처럼 개별적으로 일한 시간에 따라 의뢰인에게 변호사비용을 청구하는 것은 아니고 특허청 소속원으로서 급여를 수령할 뿐이므로 이 변호사들이 일한 비용은 특허청의 expenses로 볼 수 있다.

3) Nantkwest사는, 특허청은 이 사건이 없었다 하더라도 소속변호사들에게 월급을 지급하였을 것이므로 그 변호사비용을 이 사건으로 인하여 발생한 변호사비용으로 볼 수는 없다고 주장하나, 특허청의 변호사들은 이 사건 때문에 다른 사무를 보지 못하고 이 사건에 매달려야 했으므로 그 변호사비용을 이 사건으로 인하여 발생한 변호사비용으로 보아야 한다.

4) 제145조가 소송결과에 불구하고 출원인으로 하여금 모든 비용을 부담하게 하는 것은 모든 쟁점을 다시 심리해야 하는 지방법원에의 제소를 억제하려는데 그 근본취지가 있는 것이며, 따라서, 이러한 사건이 있었을 때 특허청은 변호사비용을 포함하여 모든 비용을 출원인에게 청구할 수 있게 함으로써 그 억제적 효과를 실현하여야 한다.

# Appendix L Consolidated Patent Laws

# Appendix L   Consolidated Patent Laws

## United States Code Title 35 - Patents

*[Editor Note: Updated January 2014. Incorporates the changes made by the Patent Law Treaty (PLT) as set forth in Title II of the Patent Law Treaties Implementation Act of 2012 (PLTIA), Public Law 112-211 (Dec. 18, 2012). Where either the current statute or an earlier version thereof would be applicable under specified conditions, the earlier version includes applicability information in a parenthetical following the statute number. Note that for those statutes applicable under conditions specified in the Leahy-Smith America Invents Act (AIA), Public Law 112-29, 125 Stat. 284 (Sept. 16, 2011), the applicability information is indicated by the designation "(pre-PLT (AIA))", "(pre-AIA)", "(transitional)", or by the effective date range. Where the AIA sets forth detailed applicability or effective date provisions, these are paraphrased and indicated by the designation "(note)" following the statute number at the beginning of the affected chapter or section.]*

## PART I — UNITED STATES PATENT AND TRADEMARK OFFICE

## CHAPTER 1 — ESTABLISHMENT, OFFICERS AND EMPLOYEES, FUNCTIONS

**35 U.S.C. 1  Establishment.**

(a)   ESTABLISHMENT.— The United States Patent and Trademark Office is established as an agency of the United States, within the Department of Commerce. In carrying out its functions, the United States Patent and Trademark Office shall be subject to the policy direction of the Secretary of Commerce, but otherwise shall retain responsibility for decisions regarding the management and administration of its operations and shall exercise independent control of its budget allocations and expenditures, personnel decisions and processes, procurements, and other administrative and management functions in accordance with this title and applicable provisions of law. Those operations designed to grant and issue patents and those operations which are designed to facilitate the registration of trademarks shall be treated as separate operating units within the Office.

(b)   OFFICES.— The United States Patent and Trademark Office shall maintain its principal office in the metropolitan Washington, D.C., area, for the service of process and papers and for the purpose of carrying out its functions. The United States Patent and Trademark Office shall be deemed, for purposes of venue in civil actions, to be a resident of the district in which its principal office is located, except where jurisdiction is otherwise provided by law. The United States Patent and Trademark Office may establish satellite offices in such other places in the United States as it considers necessary and appropriate in the conduct of its business.

(c)   REFERENCE.— For purposes of this title, the United States Patent and Trademark Office shall also be referred to as the "Office" and the "Patent and Trademark Office".

(Amended Jan. 2, 1975, Public Law 93-596, sec. 1, 88 Stat. 1949; amended Nov. 29, 1999, Public Law 106-113, sec. 1000(a)(9), 113 Stat. 1501A-572 (S. 1948 sec. 4711).)

## 35 U.S.C. 2  Powers and duties.

(a)  IN GENERAL.— The United States Patent and Trademark Office, subject to the policy direction of the Secretary of Commerce—

(1)  shall be responsible for the granting and issuing of patents and the registration of trademarks; and

(2)  shall be responsible for disseminating to the public information with respect to patents and trademarks.

(b)  SPECIFIC POWERS.— The Office—

(1)  shall adopt and use a seal of the Office, which shall be judicially noticed and with which letters patent, certificates of trademark registrations, and papers issued by the Office shall be authenticated;

(2)  may establish regulations, not inconsistent with law, which—

(A)  shall govern the conduct of proceedings in the Office;

(B)  shall be made in accordance with section 553 of title 5;

(C)  shall facilitate and expedite the processing of patent applications, particularly those which can be filed, stored, processed, searched, and retrieved electronically, subject to the provisions of **section 122** relating to the confidential status of applications;

(D)  may govern the recognition and conduct of agents, attorneys, or other persons representing applicants or other parties before the Office, and may require them, before being recognized as representatives of applicants or other persons, to show that they are of good moral character and reputation and are possessed of the necessary qualifications to render to applicants or other persons valuable service, advice, and assistance in the presentation or prosecution of their applications or other business before the Office;

(E)  shall recognize the public interest in continuing to safeguard broad access to the United States patent system through the reduced fee structure for small entities under **section 41(h(1)**;

(F)  provide for the development of a performance-based process that includes quantitative and qualitative measures and standards for evaluating cost-effectiveness and is consistent with the principles of impartiality and competitiveness; and

(G)  may, subject to any conditions prescribed by the Director and at the request of the patent applicant, provide for prioritization of examination of applications for products, processes, or technologies that are important to the national economy or national competitiveness without recovering the aggregate extra cost of providing such prioritization, notwithstanding section **41** or any other provision of law;

(3)  may acquire, construct, purchase, lease, hold, manage, operate, improve, alter, and renovate any real, personal, or mixed property, or any interest therein, as it considers necessary to carry out its functions;

(4)  (A)  may make such purchases, contracts for the construction, or management and operation of facilities, and contracts for supplies or services, without regard to the provisions of subtitle I and chapter 33 of title 40, division C (except sections 3302, 3501(b), 3509, 3906, 4710, and 4711) of subtitle I of title 41, and the McKinney-Vento Homeless Assistance Act (42 U.S.C. 11301 et seq.);

(B)  may enter into and perform such purchases and contracts for printing services, including the process of composition, platemaking, presswork, silk screen processes, binding, microform, and the products of such processes, as it considers necessary to carry out the functions of the Office, without regard to sections 501 through 517 and 1101 through 1123 of title 44;

(5)  may use, with their consent, services, equipment, personnel, and facilities of other departments, agencies, and instrumentalities of the Federal Government, on a reimbursable basis, and cooperate with such other departments, agencies, and instrumentalities in the establishment and use of services, equipment, and facilities of the Office;

(6)  may, when the Director determines that it is practicable, efficient, and cost-effective to do so, use, with the consent of the United States and the agency, instrumentality, Patent and Trademark Office, or international organization concerned, the services, records, facilities, or personnel of any State or local government agency or instrumentality or foreign patent and trademark office or international organization to perform functions on its behalf;

(7)  may retain and use all of its revenues and receipts, including revenues from the sale, lease, or disposal of any real, personal, or mixed property, or any interest therein, of the Office;

(8)  shall advise the President, through the Secretary of Commerce, on national and certain international intellectual property policy issues;

(9)  shall advise Federal departments and agencies on matters of intellectual property policy in the United States and intellectual property protection in other countries;

(10)  shall provide guidance, as appropriate, with respect to proposals by agencies to assist foreign governments and international intergovernmental organizations on matters of intellectual property protection;

(11)  may conduct programs, studies, or exchanges of items or services regarding domestic and international intellectual property law and the effectiveness of intellectual property protection domestically and throughout the world, and the Office is authorized to expend funds to cover the subsistence expenses and travel-related expenses, including per diem, lodging costs, and transportation costs, of persons attending such programs who are not Federal employees;

(12)  (A)  shall advise the Secretary of Commerce on programs and studies relating to intellectual property policy that are conducted, or authorized to be conducted, cooperatively with foreign intellectual property offices and international intergovernmental organizations; and

(B)  may conduct programs and studies described in subparagraph (A); and

(13)  (A)  in coordination with the Department of State, may conduct programs and studies cooperatively with foreign intellectual property offices and international intergovernmental organizations; and

(B)  with the concurrence of the Secretary of State, may authorize the transfer of not to exceed $100,000 in any year to the Department of State for the purpose of making special payments to international intergovernmental organizations for studies and programs for advancing international cooperation concerning patents, trademarks, and other matters.

(c)  CLARIFICATION OF SPECIFIC POWERS.—

(1)  The special payments under subsection (b)(13)(B) shall be in addition to any other payments or contributions to international organizations described in subsection (b)(13)(B) and shall not be subject to any limitations imposed by law on the amounts of such other payments or contributions by the United States Government.

(2)  Nothing in subsection (b) shall derogate from the duties of the Secretary of State or from the duties of the United States Trade Representative as set forth in section 141 of the Trade Act of 1974 (19 U.S.C. 2171).

(3)  Nothing in subsection (b) shall derogate from the duties and functions of the Register of Copyrights or otherwise alter current authorities relating to copyright matters.

(4)  In exercising the Director's powers under paragraphs (3) and (4)(A) of subsection (b), the Director shall consult with the Administrator of General Services.

(5)  In exercising the Director's powers and duties under this section, the Director shall consult with the Register of Copyrights on all copyright and related matters.

(d)  CONSTRUCTION.— Nothing in this section shall be construed to nullify, void, cancel, or interrupt any pending request-for-proposal let or contract issued by the General Services Administration for the specific purpose of relocating or leasing space to the United States Patent and Trademark Office.

(Amended Jan. 2, 1975, Public Law 93-596, sec. 1, 88 Stat. 1949; amended Nov. 29, 1999, Public Law 106-113, sec. 1000(a)(9), 113 Stat. 1501A-572 (S. 1948 sec. 4712); subsection (b)(4)(A) amended Oct. 30,

2000, Public Law 106-400, sec. 2, 114 Stat. 1675; subsections (b)(2)(B) and (b)(4)(B) amended Nov. 2, 2002, Public Law 107-273, sec. 13206, 116 Stat. 1904; subsection (b)(4)(A) amended Dec. 15, 2003, Public Law 108-178, sec. 4(g), 117 Stat. 2641; subsection (b)(4)(A) amended January 4, 2011, Public Law 111-350, sec. 5(i)(1), 124 Stat. 3849; subsection (b)(2)(G) added and subsections (b)(2)(E) and (b)(11) amended Sept. 16, 2011, Public Law 112-29, secs. 20(j), 21(a), and 25 (effective Sept. 16, 2012), 125 Stat. 284.)

## 35 U.S.C. 3  Officers and employees.

(a) UNDER SECRETARY AND DIRECTOR.—

(1) IN GENERAL.— The powers and duties of the United States Patent and Trademark Office shall be vested in an Under Secretary of Commerce for Intellectual Property and Director of the United States Patent and Trademark Office (in this title referred to as the "Director"), who shall be a citizen of the United States and who shall be appointed by the President, by and with the advice and consent of the Senate. The Director shall be a person who has a professional background and experience in patent or trademark law.

(2) DUTIES.—

(A) IN GENERAL.— The Director shall be responsible for providing policy direction and management supervision for the Office and for the issuance of patents and the registration of trademarks. The Director shall perform these duties in a fair, impartial, and equitable manner.

(B) CONSULTING WITH THE PUBLIC ADVISORY COMMITTEES.— The Director shall consult with the Patent Public Advisory Committee established in **section 5** on a regular basis on matters relating to the patent operations of the Office, shall consult with the Trademark Public Advisory Committee established in **section 5** on a regular basis on matters relating to the trademark operations of the Office, and shall consult with the respective Public Advisory Committee before submitting budgetary proposals to the Office of Management and Budget or changing or proposing to change patent or trademark user fees or patent or trademark regulations which are subject to the requirement to provide notice and opportunity for public comment under section 553 of title 5, as the case may be.

(3) OATH.— The Director shall, before taking office, take an oath to discharge faithfully the duties of the Office.

(4) REMOVAL.— The Director may be removed from office by the President. The President shall provide notification of any such removal to both Houses of Congress.

(b) OFFICERS AND EMPLOYEES OF THE OFFICE.—

(1) DEPUTY UNDER SECRETARY AND DEPUTY DIRECTOR.— The Secretary of Commerce, upon nomination by the Director, shall appoint a Deputy Under Secretary of Commerce for Intellectual Property and Deputy Director of the United States Patent and Trademark Office who shall be vested with the authority to act in the capacity of the Director in the event of the absence or incapacity of the Director. The Deputy Director shall be a citizen of the United States who has a professional background and experience in patent or trademark law.

(2) COMMISSIONERS.—

(A) APPOINTMENT AND DUTIES.— The Secretary of Commerce shall appoint a Commissioner for Patents and a Commissioner for Trademarks, without regard to chapter 33, 51, or 53 of title 5. The Commissioner for Patents shall be a citizen of the United States with demonstrated management ability and professional background and experience in patent law and serve for a term of 5 years. The Commissioner for Trademarks shall be a citizen of the United States with demonstrated management ability and professional background and experience in trademark law and serve for a term of 5 years. The Commissioner for Patents and the Commissioner for Trademarks shall serve as the chief operating officers for the operations of the Office relating to patents and trademarks, respectively, and shall be responsible for the management and direction of all aspects of the activities of the Office that affect the administration of patent and trademark operations, respectively. The Secretary may reappoint a Commissioner to subsequent terms of 5 years as long as the performance of the Commissioner as set forth in the performance agreement in subparagraph (B) is satisfactory.

(B) SALARY AND PERFORMANCE AGREEMENT.— The Commissioners shall be paid an annual rate of basic pay not to exceed the maximum rate of basic pay for the Senior Executive Service established under section 5382 of title 5, including any applicable locality-based comparability payment that may be authorized under section 5304(h)(2)(C) of title 5. The compensation of the Commissioners shall be considered, for purposes of section 207(c)(2)(A) of title 18, to be the equivalent of that described under clause (ii) of section 207(c)(2)(A) of title 18. In addition, the Commissioners may receive a bonus in an amount of up to, but not in excess of, 50 percent of the Commissioners' annual rate of basic pay, based upon an evaluation by the Secretary of Commerce, acting through the Director, of the Commissioners' performance as defined in an annual performance agreement between the Commissioners and the Secretary. The annual performance agreements shall incorporate measurable organization and individual goals in key operational areas as delineated in an annual performance plan agreed to by the Commissioners and the Secretary. Payment of a bonus under this subparagraph may be made to the Commissioners only to the extent that such payment does not cause the Commissioners' total aggregate compensation in a calendar year to equal or exceed the amount of the salary of the Vice President under section 104 of title 3.

(C) REMOVAL.— The Commissioners may be removed from office by the Secretary for misconduct or nonsatisfactory performance under the performance agreement described in subparagraph (B), without regard to the provisions of title 5. The Secretary shall provide notification of any such removal to both Houses of Congress.

(3) OTHER OFFICERS AND EMPLOYEES.— The Director shall—

(A) appoint such officers, employees (including attorneys), and agents of the Office as the Director considers necessary to carry out the functions of the Office; and

(B) define the title, authority, and duties of such officers and employees and delegate to them such of the powers vested in the Office as the Director may determine. The Office shall not be subject to any administratively or statutorily imposed limitation on positions or personnel, and no positions or personnel of the Office shall be taken into account for purposes of applying any such limitation.

(4) TRAINING OF EXAMINERS.— The Office shall submit to the Congress a proposal to provide an incentive program to retain as employees patent and trademark examiners of the primary examiner grade or higher who are eligible for retirement, for the sole purpose of training patent and trademark examiners.

(5) NATIONAL SECURITY POSITIONS.— The Director, in consultation with the Director of the Office of Personnel Management, shall maintain a program for identifying national security positions and providing for appropriate security clearances, in order to maintain the secrecy of certain inventions, as described in **section 181**, and to prevent disclosure of sensitive and strategic information in the interest of national security.

(6) ADMINISTRATIVE PATENT JUDGES AND ADMINISTRATIVE TRADEMARK JUDGES.—The Director may fix the rate of basic pay for the administrative patent judges appointed pursuant to **section 6** and the administrative trademark judges appointed pursuant to section 17 of the Trademark Act of 1946 (15 U.S.C. 1067) at not greater than the rate of basic pay payable for level III of the Executive Schedule under section 5314 of title 5. The payment of a rate of basic pay under this paragraph shall not be subject to the pay limitation under section 5306(e) or 5373 of title 5.

(c) CONTINUED APPLICABILITY OF TITLE 5. — Officers and employees of the Office shall be subject to the provisions of title 5, relating to Federal employees.

(d) ADOPTION OF EXISTING LABOR AGREEMENTS.— The Office shall adopt all labor agreements which are in effect, as of the day before the effective date of the Patent and Trademark Office Efficiency Act, with respect to such Office (as then in effect).

(e) CARRYOVER OF PERSONNEL.—

(1) FROM PTO.— Effective as of the effective date of the Patent and Trademark Office Efficiency Act, all officers and employees of the Patent and Trademark Office on the day before such effective date shall become officers and employees of the Office, without a break in service.

(2) OTHER PERSONNEL.— Any individual who, on the day before the effective date of the Patent and Trademark Office Efficiency Act, is an officer or employee of the Department of Commerce (other than an officer or employee under paragraph (1)) shall be transferred to the Office, as necessary to carry out the purposes of that Act, if—

(A) such individual serves in a position for which a major function is the performance of work reimbursed by the Patent and Trademark Office, as determined by the Secretary of Commerce;

(B) such individual serves in a position that performed work in support of the Patent and Trademark Office during at least half of the incumbent's work time, as determined by the Secretary of Commerce; or

(C) such transfer would be in the interest of the Office, as determined by the Secretary of Commerce in consultation with the Director.

Any transfer under this paragraph shall be effective as of the same effective date as referred to in paragraph (1), and shall be made without a break in service.

(f) TRANSITION PROVISIONS.—

(1) INTERIM APPOINTMENT OF DIRECTOR.— On or after the effective date of the Patent and Trademark Office Efficiency Act, the President shall appoint an individual to serve as the Director until the date on which a Director qualifies under subsection (a). The President shall not make more than one such appointment under this subsection.

(2) CONTINUATION IN OFFICE OF CERTAIN OFFICERS.—

(A) The individual serving as the Assistant Commissioner for Patents on the day before the effective date of the Patent and Trademark Office Efficiency Act may serve as the Commissioner for Patents until the date on which a Commissioner for Patents is appointed under subsection (b).

(B) The individual serving as the Assistant Commissioner for Trademarks on the day before the effective date of the Patent and Trademark Office Efficiency Act may serve as the Commissioner for Trademarks until the date on which a Commissioner for Trademarks is appointed under subsection (b).

(Amended Sept. 6, 1958, Public Law 85-933, sec. 1, 72 Stat. 1793; Sept. 23, 1959, Public Law 86-370, sec. 1(a), 73 Stat. 650; Aug. 14, 1964, Public Law 88-426, sec. 305(26), 78 Stat. 425; Jan. 2, 1975, Public Law 93-596, sec. 1, 88 Stat. 1949; Jan. 2, 1975, Public Law 93-601, sec. 1, 88 Stat. 1956; Aug. 27, 1982, Public Law 97-247, sec. 4, 96 Stat. 319; Oct. 25, 1982, Public Law 97-366, sec. 4, 96 Stat. 1760; Nov. 8, 1984, Public Law 98-622, sec. 405, 98 Stat. 3392; Oct. 28, 1998, Public Law 105-304, sec. 401(a)(1), 112 Stat. 2887; Nov. 29, 1999, Public Law 106-113, sec. 1000(a)(9), 113 Stat. 1501A-575 (S. 1948 sec. 4713); subsections (a)(2)(B), (b)(2), and (c) amended Nov. 2, 2002, Public Law 107-273, sec. 13206, 116 Stat. 1904; subsection (b)(6) added and (e)(2) amended Sept. 16, 2011, Public Law 112-29, secs. 20(i) and 21(b) (effective Sept. 16, 2012), 125 Stat. 284.)

### 35 U.S.C. 4  Restrictions on officers and employees as to interest in patents.

Officers and employees of the Patent and Trademark Office shall be incapable, during the period of their appointments and for one year thereafter, of applying for a patent and of acquiring, directly or indirectly, except by inheritance or bequest, any patent or any right or interest in any patent, issued or to be issued by the Office. In patents applied for thereafter they shall not be entitled to any priority date earlier than one year after the termination of their appointment.

(Amended Jan. 2, 1975, Public Law 93-596, sec. 1, 88 Stat. 1949.)

### 35 U.S.C. 5  Patent and Trademark Office Public Advisory Committees.

(a) ESTABLISHMENT OF PUBLIC ADVISORY COMMITTEES.—

(1) APPOINTMENT.— The United States Patent and Trademark Office shall have a Patent Public Advisory Committee and a Trademark Public Advisory Committee, each of which shall have nine voting members who shall be appointed by the Secretary of Commerce and serve at the pleasure of the Secretary of Commerce. In each year, 3 members shall be appointed to each Advisory Committee for 3-year terms that shall begin on December 1 of that year. Any vacancy on an Advisory Committee shall be filled within 90 days after it occurs. A new member who is appointed to fill a vacancy shall be appointed to serve for the remainder of the predecessor's term.

(2) CHAIR.— The Secretary of Commerce, in consultation with the Director, shall designate a Chair and Vice Chair of each Advisory Committee from among the members appointed under paragraph (1). If the Chair resigns before the completion of his or her term, or is otherwise unable to exercise the functions of the Chair, the Vice Chair shall exercise the functions of the Chair.

(b) BASIS FOR APPOINTMENTS.— Members of each Advisory Committee—

(1) shall be citizens of the United States who shall be chosen so as to represent the interests of diverse users of the United States Patent and Trademark Office with respect to patents, in the case of the Patent Public Advisory Committee, and with respect to trademarks, in the case of the Trademark Public Advisory Committee;

(2) shall include members who represent small and large entity applicants located in the United States in proportion to the number of applications filed by such applicants, but in no case shall members who represent small entity patent applicants, including small business concerns, independent inventors, and nonprofit organizations, constitute less than 25 percent of the members of the Patent Public Advisory Committee, and such members shall include at least one independent inventor; and

(3) shall include individuals with substantial background and achievement in finance, management, labor relations, science, technology, and office automation. In addition to the voting members, each Advisory Committee shall include a representative of each labor organization recognized by the United States Patent and Trademark Office. Such representatives shall be nonvoting members of the Advisory Committee to which they are appointed.

(c) MEETINGS.— Each Advisory Committee shall meet at the call of the chair to consider an agenda set by the chair.

(d) DUTIES.— Each Advisory Committee shall—

(1) review the policies, goals, performance, budget, and user fees of the United States Patent and Trademark Office with respect to patents, in the case of the Patent Public Advisory Committee, and with respect to Trademarks, in the case of the Trademark Public Advisory Committee, and advise the Director on these matters;

(2) within 60 days after the end of each fiscal year—

(A) prepare an annual report on the matters referred to in paragraph (1);

(B) transmit the report to the Secretary of Commerce, the President, and the Committees on the Judiciary of the Senate and the House of Representatives; and

(C) publish the report in the Official Gazette of the United States Patent and Trademark Office.

(e) COMPENSATION.— Each member of each Advisory Committee shall be compensated for each day (including travel time) during which such member is attending meetings or conferences of that Advisory Committee or otherwise engaged in the business of that Advisory Committee, at the rate which is the daily equivalent of the annual rate of basic pay in effect for level III of the Executive Schedule under section 5314 of title 5. While away from such member's home or regular place of business such member shall be allowed travel expenses, including per diem in lieu of subsistence, as authorized by section 5703 of title 5.

(f) ACCESS TO INFORMATION.— Members of each Advisory Committee shall be provided access to records and information in the United States Patent and Trademark Office, except for personnel or other privileged information and information concerning patent applications required to be kept in confidence by **section 122**.

(g) APPLICABILITY OF CERTAIN ETHICS LAWS.— Members of each Advisory Committee shall be special Government employees within the meaning of section 202 of title 18.

(h) INAPPLICABILITY OF FEDERAL ADVISORY COMMITTEE ACT.— The Federal Advisory Committee Act (5 U.S.C. App.) shall not apply to each Advisory Committee.

(i) OPEN MEETINGS.— The meetings of each Advisory Committee shall be open to the public, except that each Advisory Committee may by majority vote meet in executive session when considering personnel, privileged, or other confidential information.

(j) INAPPLICABILITY OF PATENT PROHIBITION.— **Section 4** shall not apply to voting members of the Advisory Committees.

(Added Nov. 29, 1999, Public Law 106-113, sec. 1000(a)(9), 113 Stat. 1501A-578 (S. 1948 sec. 4714); subsections (e) and (g) amended Nov. 2, 2002, Public Law 107-273, sec. 13206, 116 Stat. 1904; subsection (i) amended and subsection (j) added Nov. 2, 2002, Public Law 107-273, sec. 13203, 116 Stat. 1902; subsection (a) amended Jan. 14, 2013, Public Law 112-274, sec. 1(l), 126 Stat. 2456.)

## 35 U.S.C. 6 Patent Trial and Appeal Board.

*[Editor Note: Applicable to proceedings commenced on or after September 16, 2012.\* See **35 U.S.C. 6 (pre-AIA)** for the law otherwise applicable.]*

(a) IN GENERAL.—There shall be in the Office a Patent Trial and Appeal Board. The Director, the Deputy Director, the Commissioner for Patents, the Commissioner for Trademarks, and the administrative patent judges shall constitute the Patent Trial and Appeal Board. The administrative patent judges shall be persons of competent legal knowledge and scientific ability who are appointed by the Secretary, in consultation with the Director. Any reference in any Federal law, Executive order, rule, regulation, or delegation of authority, or any document of or pertaining to the Board of Patent Appeals and Interferences is deemed to refer to the Patent Trial and Appeal Board.

(b) DUTIES.—The Patent Trial and Appeal Board shall—

(1) on written appeal of an applicant, review adverse decisions of examiners upon applications for patents pursuant to section **134(a)**;

(2) review appeals of reexaminations pursuant to section **134(b)**;

(3) conduct derivation proceedings pursuant to section **135**; and

(4) conduct inter partes reviews and post-grant reviews pursuant to chapters **31** and **32**.

(c) 3-MEMBER PANELS.—Each appeal, derivation proceeding, post-grant review, and inter partes review shall be heard by at least 3 members of the Patent Trial and Appeal Board, who shall be designated by the Director. Only the Patent Trial and Appeal Board may grant rehearings.

(d) TREATMENT OF PRIOR APPOINTMENTS.—The Secretary of Commerce may, in the Secretary's discretion, deem the appointment of an administrative patent judge who, before the date of the enactment of this subsection, held office pursuant to an appointment by the Director

to take effect on the date on which the Director initially appointed the administrative patent judge. It shall be a defense to a challenge to the appointment of an administrative patent judge on the basis of the judge's having been originally appointed by the Director that the administrative patent judge so appointed was acting as a de facto officer.

(Repealed by Public Law 106-113, sec. 1000(a)(9), 113 Stat. 1501A-580 (S. 1948 sec. 4715(a).)

(Added Nov. 29, 1999, Public Law 106-113, sec. 1000(a)(9), 113 Stat. 1501A-580 (S. 1948 sec. 4717(2)); subsection (a) amended Nov. 2, 2002, Public Law 107-273, sec. 13203, 116 Stat. 1902; subsection(a) amended and subsections (c) and (d) added Aug. 12, 2008, Public Law 110-313, sec. 1(a)(1), 122 Stat. 3014; amended Sept. 16, 2011, Public Law 112-29, sec. 7(a) (effective Sept. 16, 2012), 125 Stat. 284.\*)

**\*NOTE:** The provisions of this section as in effect on Sept. 15, 2012 (**35 U.S.C. 6 (pre-AIA)**) apply to interference proceedings that are declared after September 15, 2012 under **35 U.S.C. 135 (pre-AIA)**. See Public Law 112-274, sec. 1(k)(3), 126 Stat. 2456 (Jan. 14, 2013).

## 35 U.S.C. 6 (pre-AIA) Board of Patent Appeals and Interferences.

*[Editor Note: **Not applicable** to proceedings commenced on or after September 16, 2012.\* See **35 U.S.C. 6** for the law otherwise applicable.]*

(a) ESTABLISHMENT AND COMPOSITION.— There shall be in the United States Patent and Trademark Office a Board of Patent Appeals and Interferences. The Director, the Deputy Director, the Commissioner for Patents, the Commissioner for Trademarks, and the administrative patent judges shall constitute the Board. The administrative patent judges shall be persons of competent legal knowledge and scientific ability who are appointed by the Secretary of Commerce, in consultation with the Director.

(b) DUTIES.— The Board of Patent Appeals and Interferences shall, on written appeal of an applicant, review adverse decisions of examiners upon applications for patents and shall determine priority and patentability of invention in interferences declared under **section 135(a)**. Each appeal and interference shall be heard by at least three members of the Board, who shall be designated by the Director. Only the Board of Patent Appeals and Interferences may grant rehearings.

(c) AUTHORITY OF THE SECRETARY.— The Secretary of Commerce may, in his or her discretion, deem the appointment of an administrative patent judge who, before the date of the enactment of this subsection, held office pursuant to an appointment by the Director to take effect on the date on which the Director initially appointed the administrative patent judge.

(d) DEFENSE TO CHALLENGE OF APPOINTMENT.— It shall be a defense to a challenge to the appointment of an administrative patent judge on the basis of the judge's having been originally appointed by the Director that the administrative patent judge so appointed was acting as a de facto officer.

(Repealed by Public Law 106-113, sec. 1000(a)(9), 113 Stat. 1501A-580 (S. 1948 sec. 4715(a).)

(Added Nov. 29, 1999, Public Law 106-113, sec. 1000(a)(9), 113 Stat. 1501A-580 (S. 1948 sec. 4717(2)); subsection (a) amended Nov. 2, 2002, Public Law 107-273, sec. 13203, 116 Stat. 1902; subsection(a) amended and subsections (c) and (d) added Aug. 12, 2008, Public Law 110-313, sec. 1(a)(1), 122 Stat. 3014.)

**\*NOTE:** The provisions of this section as in effect on Sept. 15, 2012 apply to interference proceedings that are declared after September 15, 2012 under **35 U.S.C. 135 (pre-AIA)**. See Public Law 112-274, sec. 1(k)(3), 126 Stat. 2456 (Jan. 14, 2013).

**35 U.S.C. 7  Library.**

The Director shall maintain a library of scientific and other works and periodicals, both foreign and domestic, in the Patent and Trademark Office to aid the officers in the discharge of their duties.

(Repealed Nov. 29, 1999, Public Law 106-113, sec. 1000(a)(9), 113 Stat. 1501A-580 (S. 1948 sec. 4717(1)).)

(Transferred from 35 U.S.C. 8 Nov. 29, 1999, Public Law 106-113, sec. 1000(a)(9), 113 Stat. 1501A-580 (S. 1948 sec. 4717(1)); amended Jan. 2, 1975, Public Law 93-596, sec. 1, 88 Stat. 1949.)

(Amended Nov. 29, 1999, Public Law 106-113, sec. 1000(a)(9), 113 Stat. 1501A-582 (S. 1948 sec. 4732(a)(10)(A)).)

**35 U.S.C. 8  Classification of patents.**

The Director may revise and maintain the classification by subject matter of United States letters patent, and such other patents and printed publications as may be necessary or practicable, for the purpose of determining with readiness and accuracy the novelty of inventions for which applications for patent are filed.

(Transferred to 35 U.S.C. 7 Nov. 29, 1999, Public Law 106-113, sec. 1000(a)(9), 113 Stat. 1501A-580 (S. 1948 sec. 4717(1)).)

(Transferred from 35 U.S.C. 9 Nov. 29, 1999, Public Law 106-113, sec. 1000(a)(9), 113 Stat. 1501A-580 (S. 1948 sec. 4717(1)).)

(Amended Nov. 29, 1999, Public Law 106-113, sec. 1000(a)(9), 113 Stat. 1501A-582 (S. 1948 sec. 4732(a)(10)(A)).)

**35 U.S.C. 9  Certified copies of records.**

The Director may furnish certified copies of specifications and drawings of patents issued by the Patent and Trademark Office, and of other records available either to the public or to the person applying therefor.

(Transferred to 35 U.S.C. 8 Nov. 29, 1999, Public Law 106-113, sec. 1000(a)(9), 113 Stat. 1501A-580 (S. 1948 sec. 4717(1)).)

(Transferred from 35 U.S.C. 10 Nov. 29, 1999, Public Law 106-113, sec. 1000(a)(9), 113 Stat. 1501A-580 (S. 1948 sec. 4717(1)); amended Jan. 2, 1975, Public Law 93-596, sec. 1, 88 Stat. 1949.)

(Amended Nov. 29, 1999, Public Law 106-113, sec. 1000(a)(9), 113 Stat. 1501A-582 (S. 1948 sec. 4732(a)(10)(A)).)

**35 U.S.C. 10  Publications.**
    (a) The Director may publish in printed, typewritten, or electronic form, the following:

        (1) Patents and published applications for patents, including specifications and drawings, together with copies of the same. The Patent and Trademark Office may print the headings of the drawings for patents for the purpose of photolithography.
        (2)  Certificates of trademark registrations, including statements and drawings, together with copies of the same.
        (3)  The Official Gazette of the United States Patent and Trademark Office.
        (4)  Annual indexes of patents and patentees, and of trademarks and registrants.
        (5)  Annual volumes of decisions in patent and trademark cases.

        (6)  Pamphlet copies of the patent laws and rules of practice, laws and rules relating to trademarks, and circulars or other publications relating to the business of the Office.
    (b) The Director may exchange any of the publications specified in items 3, 4, 5, and 6 of subsection (a) of this section for publications desirable for the use of the Patent and Trademark Office.

(Transferred to 35 U.S.C. 9 Nov. 29, 1999, Public Law 106-113, sec. 1000(a)(9), 113 Stat. 1501A-580 (S. 1948 sec. 4717(1)).)

(Transferred from 35 U.S.C. 11 Nov. 29, 1999, Public Law 106-113, sec. 1000(a)(9), 113 Stat. 1501A-580 (S 1948 sec. 4717(1)); amended Jan. 2, 1975, Public Law 93-596, sec. 1, 88 Stat. 1949; Nov. 29, 1999, Public Law 106-113, sec. 1000(a)(9), 113 Stat. 1501A-589 (S. 1948 sec. 4804(b)).)

(Amended Nov. 29, 1999, Public Law 106-113, sec. 1000(a)(9), 113 Stat. 1501A-565, 582 (S. 1948 secs. 4507(1) and 4732(a)(10)(A)).)

**35 U.S.C. 11  Exchange of copies of patents and applications with foreign countries.**

The Director may exchange copies of specifications and drawings of United States patents and published applications for patents for those of foreign countries. The Director shall not enter into an agreement to provide such copies of specifications and drawings of United States patents and applications to a foreign country, other than a NAFTA country or a WTO member country, without the express authorization of the Secretary of Commerce. For purposes of this section, the terms "NAFTA country" and "WTO member country" have the meanings given those terms in **section 104(b)**.

(Transferred to 35 U.S.C. 10 Nov. 29, 1999, Public Law 106-113, sec. 1000(a)(9), 113 Stat. 1501A-580 (S 1948 sec. 4717(1)).)

(Transferred from 35 U.S.C. 12 Nov. 29, 1999, Public Law 106-113, sec. 1000(a)(9), 113 Stat. 1501A-580 (S 1948 sec. 4717(1)); amended Nov. 29, 1999, Public Law 106-113, sec. 1000(a)(9), 113 Stat. 1501A-591 (S. 1948 sec. 4808).)

(Amended Nov. 29, 1999, Public Law 106-113, sec. 1000(a)(9), 113 Stat. 1501A-565, 582 (S. 1948 secs. 4507(2)(A), 4507(2)(B), and 4732(a)(10)(A)).)

**35 U.S.C. 12  Copies of patents and applications for public libraries.**

The Director may supply copies of specifications and drawings of patents and published applications for patents in printed or electronic form to public libraries in the United States which shall maintain such copies for the use of the public, at the rate for each year's issue established for this purpose in **section 41(d)**.

(Transferred to 35 U.S.C. 11 Nov. 29, 1999, Public Law 106-113, sec. 1000(a)(9), 113 Stat. 1501A-580 (S. 1948 sec. 4717(1)).)

(Transferred from 35 U.S.C. 13 Nov. 29, 1999, Public Law 106-113, sec. 1000(a)(9), 113 Stat. 1501A-580 (S 1948 sec. 4717(1)); amended Aug. 27, 1982, Public Law 97-247, sec. 15, 96 Stat. 321; amended Nov. 29, 1999, Public Law 106-113, sec. 1000(a)(9), 113 Stat. 1501A-565, 566, 580, 582, and 589 (S. 1948 secs. 4507(3)(A), 4507(3)(B), 4507(4), 4717(1), 4732(a)(10)(A), and 4804(c)); amended Sept. 16, 2011, Public Law 112-29, sec. 20(j) (effective Sept. 16, 2012), 125 Stat 284.)

**35 U.S.C. 13  Annual report to Congress.**

The Director shall report to the Congress, not later than 180 days after the end of each fiscal year, the moneys received and expended by the Office, the purposes for which the moneys were spent, the quality and quantity of the work of the Office, the nature of training provided to examiners, the evaluation of the Commissioner of Patents and the Commissioner of Trademarks by the Secretary of Commerce, the compensation of the Commissioners, and other information relating to the Office.

(Transferred to 35 U.S.C. 12 Nov. 29, 1999, Public Law 106-113, sec. 1000(a)(9), 113 Stat. 1501A-580 (S 1948 sec. 4717(1)).)

(Transferred from 35 U.S.C. 14 Nov. 29, 1999, Public Law 106-113, sec. 1000(a)(9), 113 Stat. 1501A-580 (S 1948 sec. 4717(1)).)

(Amended Nov. 29, 1999, Public Law 106-113, sec. 1000(a)(9), 113 Stat. 1501A-565, 581 (S. 1948 secs. 4507(2), 4718).)

## CHAPTER 2 — PROCEEDINGS IN THE PATENT AND TRADEMARK OFFICE

Sec.
21  Filing date and day for taking action.
22  Printing of papers filed.
23  Testimony in Patent and Trademark Office cases.
24  Subpoenas, witnesses.
25  Declaration in lieu of oath.
26  Effect of defective execution.
27  Revival of applications; reinstatement of reexamination proceedings.

**35 U.S.C. 21  Filing date and day for taking action.**

(a) The Director may by rule prescribe that any paper or fee required to be filed in the Patent and Trademark Office will be considered filed in the Office on the date on which it was deposited with the United States Postal Service or would have been deposited with the United States Postal Service but for postal service interruptions or emergencies designated by the Director.

(b) When the day, or the last day, for taking any action or paying any fee in the United States Patent and Trademark Office falls on Saturday, Sunday, or a Federal holiday within the District of Columbia, the action may be taken, or fee paid, on the next succeeding secular or business day.

(Amended Jan. 2, 1975, Public Law 93-596, sec. 1, 88 Stat. 1949; Aug. 27, 1982, Public Law 97-247, sec. 12, 96 Stat. 321; Nov. 29, 1999, Public Law 106-113, sec. 1000(a)(9), 113 Stat. 1501A-582 (S. 1948 sec. 4732(a)(10)(A)).)

**35 U.S.C. 22  Printing of papers filed.**

The Director may require papers filed in the Patent and Trademark Office to be printed, typewritten, or on an electronic medium.

(Amended Jan. 2, 1975, Public Law 93-596, sec. 1, 88 Stat. 1949; Nov. 29, 1999, Public Law 106-113, sec. 1000(a)(9), 113 Stat. 1501A-582, 589 (S. 1948 secs. 4732(a)(10)(A), 4804(a)).)

**35 U.S.C. 23  Testimony in Patent and Trademark Office cases.**

The Director may establish rules for taking affidavits and depositions required in cases in the Patent and Trademark Office. Any officer authorized by law to take depositions to be used in the courts of the United States, or of the State where he resides, may take such affidavits and depositions.

(Amended Jan. 2, 1975, Public Law 93-596, sec. 1, 88 Stat. 1949; Nov. 29, 1999, Public Law 106-113, sec. 1000(a)(9), 113 Stat. 1501A-582 (S. 1948 sec. 4732(a)(10)(A)).)

**35 U.S.C. 24  Subpoenas, witnesses.**

The clerk of any United States court for the district wherein testimony is to be taken for use in any contested case in the Patent and Trademark Office, shall, upon the application of any party thereto, issue a subpoena for any witness residing or being within such district, commanding him to appear and testify before an officer in such district authorized to take depositions and affidavits, at the time and place stated in the subpoena. The provisions of the Federal Rules of Civil Procedure relating to the attendance of witnesses and to the production of documents and things shall apply to contested cases in the Patent and Trademark Office.

Every witness subpoenaed and in attendance shall be allowed the fees and traveling expenses allowed to witnesses attending the United States district courts.

A judge of a court whose clerk issued a subpoena may enforce obedience to the process or punish disobedience as in other like cases, on proof that a witness, served with such subpoena, neglected or refused to appear or to testify. No witness shall be deemed guilty of contempt for disobeying such subpoena unless his fees and traveling expenses in going to, and returning from, and one day's attendance at the place of examination, are paid or tendered him at the time of the service of the subpoena; nor for refusing to disclose any secret matter except upon appropriate order of the court which issued the subpoena.

(Amended Jan. 2, 1975, Public Law 93-596, sec. 1, 88 Stat. 1949.)

**35 U.S.C. 25  Declaration in lieu of oath.**

(a) The Director may by rule prescribe that any document to be filed in the Patent and Trademark Office and which is required by any law, rule, or other regulation to be under oath may be subscribed to by a written declaration in such form as the Director may prescribe, such declaration to be in lieu of the oath otherwise required.

(b) Whenever such written declaration is used, the document must warn the declarant that willful false statements and the like are punishable by fine or imprisonment, or both (**18 U.S.C. 1001**).

(Added Mar. 26, 1964, Public Law 88-292, sec. 1, 78 Stat. 171; amended Jan. 2, 1975, Public Law 93-596, sec. 1, 88 Stat. 1949; Nov. 29, 1999, Public Law 106-113, sec. 1000(a)(9), 113 Stat. 1501A-582 (S. 1948 sec. 4732(a)(10)(A)).)

**35 U.S.C. 26  Effect of defective execution.**

Any document to be filed in the Patent and Trademark Office and which is required by any law, rule, or other regulation to be executed in a specified manner may be provisionally accepted by the Director despite a defective execution, provided a properly executed document is submitted within such time as may be prescribed.

(Added Mar. 26, 1964, Public Law 88-292, sec. 1, 78 Stat. 171; amended Jan. 2, 1975, Public Law 93-596, sec. 1, 88 Stat. 1949; Nov. 29, 1999,

Public Law 106-113, sec. 1000(a)(9), 113 Stat. 1501A-582 (S. 1948 sec. 4732(a)(10)(A)).)

**35 U.S.C. 27 Revival of applications; reinstatement of reexamination proceedings.**

The Director may establish procedures, including the requirement for payment of the fee specified in section 41(a)(7), to revive an unintentionally abandoned application for patent, accept an unintentionally delayed payment of the fee for issuing each patent, or accept an unintentionally delayed response by the patent owner in a reexamination proceeding, upon petition by the applicant for patent or patent owner.

(Added Dec. 18, 2012, Public Law 112-211, sec. 201(b)(1), 126 Stat. 1534).

## CHAPTER 3 — PRACTICE BEFORE PATENT AND TRADEMARK OFFICE

Sec.

31      [Repealed]

32      Suspension or exclusion from practice.

33      Unauthorized representation as practitioner.

**35 U.S.C. 31 [Repealed].**

(Repealed Nov. 29, 1999, Public Law 106-113, sec. 1000(a)(9), 113 Stat. 1501A-580 (S. 1948 sec. 4715(b)).)

**35 U.S.C. 32 Suspension or exclusion from practice.**

The Director may, after notice and opportunity for a hearing, suspend or exclude, either generally or in any particular case, from further practice before the Patent and Trademark Office, any person, agent, or attorney shown to be incompetent or disreputable, or guilty of gross misconduct, or who does not comply with the regulations established under section 2(b)(2)(D), or who shall, by word, circular, letter, or advertising, with intent to defraud in any manner, deceive, mislead, or threaten any applicant or prospective applicant, or other person having immediate or prospective business before the Office. The reasons for any such suspension or exclusion shall be duly recorded. The Director shall have the discretion to designate any attorney who is an officer or employee of the United States Patent and Trademark Office to conduct the hearing required by this section. A proceeding under this section shall be commenced not later than the earlier of either the date that is 10 years after the date on which the misconduct forming the basis for the proceeding occurred, or 1 year after the date on which the misconduct forming the basis for the proceeding is made known to an officer or employee of the Office as prescribed in the regulations established under section 2(b)(2)(D). The United States District Court for the Eastern District of Virginia, under such conditions and upon such proceedings as it by its rules determines, may review the action of the Director upon the petition of the person so refused recognition or so suspended or excluded.

(Amended Jan. 2, 1975, Public Law 93-596, sec. 1, 88 Stat.1949; Nov. 29, 1999, Public Law 106-113, sec. 1000(a)(9), 113 Stat. 1501A-580, 581, 582 (S. 1948 secs. 4715(c), 4719, 4732(a)(10)(A)); amended Sept. 16, 2011, Public Law 112-29, secs. 3(k) and 9 (effective Sept. 16, 2011) and 20(j) (effective Sept. 16, 2012), 125 Stat. 284.)

**35 U.S.C. 33 Unauthorized representation as practitioner.**

Whoever, not being recognized to practice before the Patent and Trademark Office, holds himself out or permits himself to be held out as so recognized, or as being qualified to prepare or prosecute applications for patent, shall be fined not more than $1,000 for each offense.

(Amended Jan. 2, 1975, Public Law 93-596, sec. 1, 88 Stat. 1949.)

## CHAPTER 4 — PATENT FEES; FUNDING; SEARCH SYSTEMS

Sec.

41      Patent fees; patent and trademark search systems.

42      Patent and Trademark Office funding.

**35 U.S.C. 41 Patent fees; patent and trademark search systems.**

(a) GENERAL FEES. — The Director shall charge the following fees:

(1) FILING AND BASIC NATIONAL FEES. —

(A) On filing each application for an original patent, except for design, plant, or provisional applications, $330.

(B) On filing each application for an original design patent, $220.

(C) On filing each application for an original plant patent, $220.

(D) On filing each provisional application for an original patent, $220.

(E) On filing each application for the reissue of a patent, $330.

(F) The basic national fee for each international application filed under the treaty defined in section 351(a) entering the national stage under section 371, $330.

(G) In addition, excluding any sequence listing or computer program listing filed in electronic medium as prescribed by the Director, for any application the specification and drawings of which exceed 100 sheets of paper (or equivalent as prescribed by the Director if filed in an electronic medium), $270 for each additional 50 sheets of paper (or equivalent as prescribed by the Director if filed in an electronic medium) or fraction thereof.

(2) EXCESS CLAIMS FEES. —

(A) IN GENERAL. — In addition to the fee specified in paragraph (1) —

(i) on filing or on presentation at any other time, $220 for each claim in independent form in excess of 3;

(ii) on filing or on presentation at any other time, $52 for each claim (whether dependent or independent) in excess of 20; and

(iii) for each application containing a multiple dependent claim, $390.

(B) MULTIPLE DEPENDENT CLAIMS.— For the purpose of computing fees under subparagraph (A), a multiple dependent claim referred to in section 112 or any claim depending therefrom shall be considered as separate dependent claims in accordance with the number of claims to which reference is made.

(C) REFUNDS; ERRORS IN PAYMENT.— The Director may by regulation provide for a refund of any part of the fee specified in subparagraph (A) for any claim that is canceled before an examination on the merits, as prescribed by the Director, has been made of the application under section **131**. Errors in payment of the additional fees under this paragraph may be rectified in accordance with regulations prescribed by the Director.

(3) EXAMINATION FEES. —

(A)  IN GENERAL.—

(i)  For examination of each application for an original patent, except for design, plant, provisional, or international applications, $220.

(ii)  For examination of each application for an original design patent, $140.

(iii)  For examination of each application for an original plant patent, $170.

(iv)  For examination of the national stage of each international application, $220.

(v)  For examination of each application for the reissue of a patent, $650.

(B)  APPLICABILITY OF OTHER FEE PROVISIONS.— The provisions of paragraphs (3) and (4) of section **111(a)** relating to the payment of the fee for filing the application shall apply to the payment of the fee specified in subparagraph (A) with respect to an application filed under section **111(a)**. The provisions of section **371(d)** relating to the payment of the national fee shall apply to the payment of the fee specified subparagraph (A) with respect to an international application.

(4) ISSUE FEES. —

(A)  For issuing each original patent, except for design or plant patents, $1,510.

(B)  For issuing each original design patent, $860.

(C)  For issuing each original plant patent, $1,190.

(D)  For issuing each reissue patent, $1,510.

(5) DISCLAIMER FEE. — On filing each disclaimer, $140.

(6) APPEAL FEES. —

(A)  On filing an appeal from the examiner to the Patent Trial and Appeal Board, $540.

(B)  In addition, on filing a brief in support of the appeal, $540, and on requesting an oral hearing in the appeal before the Patent Trial and Appeal Board, $1,080.

(7)  REVIVAL FEES. — On filing each petition for the revival of an abandoned application for a patent, for the delayed payment of the fee for issuing each patent, for the delayed response by the patent owner in any reexamination proceeding, for the delayed payment of the fee for maintaining a patent in force, for the delayed submission of a priority or benefit claim, or for the extension of the 12-month period for filing a subsequent application, $1,700.00. The Director may refund any part of the fee specified in this paragraph, in exceptional circumstances as determined by the Director.

(8)  EXTENSION FEES. — For petitions for 1-month extensions of time to take actions required by the Director in an application —

(A)  on filing a first petition, $130;

(B)  on filing a second petition, $360; and

(C)  on filing a third or subsequent petition, $620.

(b)  MAINTENANCE FEES. —

(1)  IN GENERAL.— The Director shall charge the following fees for maintaining in force all patents based on applications filed on or after December 12, 1980:

(A)  Three years and 6 months after grant, $980.

(B)  Seven years and 6 months after grant, $2,480.

(C)  Eleven years and 6 months after grant, $4,110.

(2)  GRACE PERIOD; SURCHARGE.— Unless payment of the applicable maintenance fee under paragraph (1) is received in the Office on or before the date the fee is due or within a grace period of 6 months thereafter, the patent shall expire as of the end of such grace period. The Director may require the payment of a surcharge as a condition of accepting within such 6-month grace period the payment of an applicable maintenance fee.

(3)  NO MAINTENANCE FEE FOR DESIGN OR PLANT PATENT.— No fee may be established for maintaining a design or plant patent in force.

(c)  DELAYS IN PAYMENT OF MAINTENANCE FEES.—

(1)  ACCEPTANCE.—The Director may accept the payment of any maintenance fee required by subsection (b) after the 6-month grace period if the delay is shown to the satisfaction of the Director to have been unintentional. The Director may require the payment of the fee specified in subsection (a)(7) as a condition of accepting payment of any maintenance fee after the 6-month grace period. If the Director accepts payment of a maintenance fee after the 6-month grace period, the patent shall be considered as not having expired at the end of the grace period.

(2)  EFFECT ON RIGHTS OF OTHERS.— A patent, the term of which has been maintained as a result of the acceptance of a payment of a maintenance fee under this subsection, shall not abridge or affect the right of any person or that person's successors in business who made, purchased, offered to sell, or used anything protected by the patent within the United States, or imported anything protected by the patent into the United States after the 6-month grace period but prior to the acceptance of a maintenance fee under this subsection, to continue the use of, to offer for sale, or to sell to others to be used, offered for sale, or sold, the specific thing so made, purchased, offered for sale, used, or imported. The court before which such matter is in question may provide for the continued manufacture, use, offer for sale, or sale of the thing made, purchased, offered for sale, or used within the United States, or imported into the United States, as specified, or for the manufacture, use, offer for sale, or sale in the United States of which substantial preparation was made after the 6-month grace period but before the acceptance of a maintenance fee under this subsection, and the court may also provide for the continued practice of any process that is practiced, or for the practice of which substantial preparation was made, after the 6-month grace period but before the acceptance of a maintenance fee under this subsection, to the extent and under such terms as the court deems equitable for the protection of investments made or business commenced after the 6-month grace period but before the acceptance of a maintenance fee under this subsection.

(d)  PATENT SEARCH AND OTHER FEES. —

(1)  PATENT SEARCH FEES. —

(A)  IN GENERAL.— The Director shall charge the fees specified under subparagraph (B) for the search of each application for a patent, except for provisional applications. The Director shall adjust the fees charged under this paragraph to ensure that the fees recover an amount not to exceed the estimated average cost to the Office of searching applications for patent by Office personnel.

(B)  SPECIFIC FEES.—The fees referred to in subparagraph (A) are—

(i) $540 for each application for an original patent, except for design, plant, provisional, or international applications;

(ii) $100 for each application for an original design patent;

(iii) $330 for each application for an original plant patent;

(iv)  $540 for the national stage of each international application; and

(v) $540 for each application for the reissue of a patent.

(C)  APPLICABILITY OF OTHER PROVISIONS.— The provisions of paragraphs (3) and (4) of section **111(a)** relating to the payment of the fee for filing the application shall apply to the payment of the fee specified in this paragraph with respect to an application filed under section **111(a)**. The provisions of section **371(d)** relating to the payment of the national fee shall apply to the payment of the fee specified in this paragraph with respect to an international application.

(D) REFUNDS.— The Director may by regulation provide for a refund of any part of the fee specified in this paragraph for any applicant who files a written declaration of express abandonment as prescribed by the Director before an examination has been made of the application under section **131**.

(2) OTHER FEES.—

(A) IN GENERAL.— The Director shall establish fees for all other processing, services, or materials relating to patents not specified in this section to recover the estimated average cost to the Office of such processing, services, or materials, except that the Director shall charge the following fees for the following services:

(i) For recording a document affecting title, $40 per property.

(ii) For each photocopy, $.25 per page.

(iii) For each black and white copy of a patent, $3.

(B) COPIES FOR LIBRARIES.—The yearly fee for providing a library specified in section **12** with uncertified printed copies of the specifications and drawings for all patents in that year shall be $50.

(e) WAIVER OF FEES; COPIES REGARDING NOTICE.— The Director may waive the payment of any fee for any service or material related to patents in connection with an occasional or incidental request made by a department or agency of the Government, or any officer thereof. The Director may provide any applicant issued a notice under **section 132** with a copy of the specifications and drawings for all patents referred to in that notice without charge.

(f) ADJUSTMENT OF FEES.— The fees established in subsections (a) and (b) of this section may be adjusted by the Director on October 1, 1992, and every year thereafter, to reflect any fluctuations occurring during the previous 12 months in the Consumer Price Index, as determined by the Secretary of Labor. Changes of less than 1 per centum may be ignored.

(g) [Repealed]

(h) FEES FOR SMALL ENTITIES.—

(1) REDUCTIONS IN FEES.— Subject to paragraph (3), fees charged under subsections (a), (b) and (d)(1) shall be reduced by 50 percent with respect to their application to any small business concern as defined under section 3 of the Small Business Act, and to any independent inventor or nonprofit organization as defined in regulations issued by the Director.

(2) SURCHARGES AND OTHER FEES.— With respect to its application to any entity described in paragraph (1), any surcharge or fee charged under subsection (c) or (d) shall not be higher than the surcharge or fee required of any other entity under the same or substantially similar circumstances.

(3) REDUCTION FOR ELECTRONIC FILING.— The fee charged under subsection (a)(1)(A) shall be reduced by 75 percent with respect to its application to any entity to which paragraph (1) applies, if the application is filed by electronic means as prescribed by the Director.

(i) ELECTRONIC PATENT AND TRADEMARK DATA.—

(1) MAINTENANCE OF COLLECTIONS.— The Director shall maintain, for use by the public, paper, microform or electronic collections of United States patents, foreign patent documents, and United States trademark registrations arranged to permit search for and retrieval of information. The Director may not impose fees directly for the use of such collections, or for the use of the public patent and trademark search rooms or libraries.

(2) AVAILABILITY OF AUTOMATED SEARCH SYSTEMS.— The Director shall provide for the full deployment of the automated search systems of the Patent and Trademark Office so that such systems are available for use by the public, and shall assure full access by the public to, and dissemination of, patent and trademark information, using a variety of automated methods, including electronic bulletin boards and remote access by users to mass storage and retrieval systems.

(3) ACCESS FEES.— The Director may establish reasonable fees for access by the public to the automated search systems of the Patent and Trademark Office. If such fees are established, a limited amount of free access shall be made available to users of the systems for purposes of education and training. The Director may waive the payment by an individual of fees authorized by this subsection upon a showing of need or hardship, and if such waiver is in the public interest.

(4) ANNUAL REPORT TO CONGRESS.— The Director shall submit to the Congress an annual report on the automated search systems of the Patent and Trademark Office and the access by the public to such systems. The Director shall also publish such report in the Federal Register. The Director shall provide an opportunity for the submission of comments by interested persons on each such report.

(Amended July 24, 1965, Public Law 89-83, sec. 1, 2, 79 Stat. 259; Jan. 2, 1975, Public Law 93-596, sec. 1, Jan. 2, 1975, 88 Stat. 1949; Nov. 14, 1975, Public Law 94-131, sec. 3, 89 Stat. 690; subsection (g) amended Dec. 12, 1980, Public Law 96-517, sec. 2, 94 Stat. 3017; Aug. 27, 1982, Public Law 97-247, sec. 3(a)-(e), 96 Stat. 317; subsections (a)-(d) amended Sept. 8, 1982, Public Law 97-256, sec. 101, 96 Stat. 816; subsection (a)(6) amended Nov. 8, 1984, Public Law 98-622, sec. 204(a), 98 Stat. 3388; subsection (h) added Nov. 6, 1986, Public Law 99-607, sec. 1(b)(2), 100 Stat. 3470; subsections (a), (b), (d), (f), and (g) amended Dec. 10, 1991, Public Law 102-204, sec. 5, 105 Stat. 1637; subsections (a)(9) - (15) and (i) added Dec. 10, 1991, Public Law 102-204, sec. 5, 105 Stat. 1637; subsection (c)(1) amended Oct. 23, 1992, Public Law 102-444, sec. 1, 106 Stat. 2245; subsection (a)(1)(C) added Dec. 8, 1994, Public Law 103-465, sec. 532(b)(2), 108 Stat. 4986; subsection (c)(2) amended, Dec. 8, 1994, Public Law 103-465, sec. 533(b)(1), 108 Stat. 4988; subsections (a)-(b) revised Nov. 10, 1998, Public Law 105-358, sec. 3, 112 Stat. 3272.; amended Nov. 29, 1999, Public Law 106-113, sec. 1000(a)(9), 113 Stat. 1501A-554, 570, 582, 589 (S. 1948 secs. 4202, 4605(a), 4732(a)(5), 4732(a)(10)(A)) and 4804(d)); amended Sept. 16, 2011, Public Law 112-29, secs. 11 (effective Sept. 16, 2011) and 20(j) (effective Sept. 16, 2012), 125 Stat. 284; subsections (a)(7) and (c)(1) amended Dec. 18, 2012, Public Law 112-211, sec. 202(b)(1), 126 Stat. 1535.)

## 35 U.S.C. 42  Patent and Trademark Office funding.

(a) All fees for services performed by or materials furnished by the Patent and Trademark Office will be payable to the Director.

(b) All fees paid to the Director and all appropriations for defraying the costs of the activities of the Patent and Trademark Office will be credited to the Patent and Trademark Office Appropriation Account in the Treasury of the United States.

(c) (1) To the extent and in the amounts provided in advance in appropriations Acts, fees authorized in this title or any other Act to be charged or established by the Director shall be collected by and shall, subject to paragraph (3), be available to the Director to carry out the activities of the Patent and Trademark Office.

(2) There is established in the Treasury a Patent and Trademark Fee Reserve Fund. If fee collections by the Patent and Trademark Office for a fiscal year exceed the amount appropriated to the Office for that fiscal year, fees collected in excess of the appropriated amount shall be deposited in the Patent and Trademark Fee Reserve Fund. To the extent and in the amounts provided in appropriations Acts, amounts in the Fund shall be made available until expended only for obligation and expenditure by the Office in accordance with paragraph (3).

(3) (A) Any fees that are collected under this title, and any surcharges on such fees, may only be used for expenses of the Office relating to the processing of patent applications and for other activities, services, and materials relating to patents and to cover a proportionate share of the administrative costs of the Office.

(B) Any fees that are collected under section 31 of the Trademark Act of 1946, and any surcharges on such fees, may only be used for expenses of the Office relating to the processing of trademark registrations and for other activities, services, and materials relating to trademarks and to cover a proportionate share of the administrative costs of the Office.

(d)  The Director may refund any fee paid by mistake or any amount paid in excess of that required.

(e)  The Secretary of Commerce shall, on the day each year on which the President submits the annual budget to the Congress, provide to the Committees on the Judiciary of the Senate and the House of Representatives:

(1)  a list of patent and trademark fee collections by the Patent and Trademark Office during the preceding fiscal year;

(2)  a list of activities of the Patent and Trademark Office during the preceding fiscal year which were supported by patent fee expenditures, trademark fee expenditures, and appropriations;

(3)  budget plans for significant programs, projects, and activities of the Office, including out-year funding estimates;

(4)  any proposed disposition of surplus fees by the Office; and

(5)  such other information as the committees consider necessary.

(Amended Nov. 14, 1975, Public Law 94-131, sec. 4, 89 Stat. 690; Dec. 12, 1980, Public Law 96-517, sec. 3, 94 Stat. 3018; Aug. 27, 1982, Public Law 97-247, sec. 3(g), 96 Stat. 319; Sept. 13, 1982, Public Law 97-258, sec. 3(i), 96 Stat. 1065; subsection (c) amended Dec. 10, 1991, Public Law 102-204, sec. 5(e), 105 Stat. 1640; subsection (e) added Dec. 10, 1991, Public Law 102-204, sec. 4, 105 Stat. 1637; subsection (c) revised Nov. 10, 1998, Public Law 105-358, sec. 4, 112 Stat. 3274; amended Nov. 29, 1999, Public Law 106-113, sec. 1000(a)(9), 113 Stat. 1501A-555, 582 (S. 1948 secs. 4205 and 4732(a)(10)(A)); subsection (c) amended Sept. 16, 2011, Public Law 112-29, sec. 22, 125 Stat. 284, effective Oct. 1, 2011; subsection (c)(3) amended Jan. 14, 2013, Public Law 112-274, sec. 1(j), 126 Stat. 2456.)

# PART II — PATENTABILITY OF INVENTIONS AND GRANT OF PATENTS

## CHAPTER 10 — PATENTABILITY OF INVENTIONS

**35 U.S.C. 100 (note)  AIA First inventor to file provisions.**

The first inventor to file provisions of the Leahy-Smith America Invents Act (AIA) apply to any application for patent, and to any patent issuing thereon, that contains or contained at any time—

(A)  a claim to a claimed invention that has an effective filing date on or after March 16, 2013 wherein the effective filing date is:

(i)  if subparagraph (ii) does not apply, the actual filing date of the patent or the application for the patent containing a claim to the invention; or

(ii)  the filing date of the earliest application for which the patent or application is entitled, as to such invention, to a right of priority under section **119**, **365(a)**, or **365(b)** or to the benefit of an earlier filing date under section **120**, **121**, or **365(c)**; or

(B)  a specific reference under section **120**, **121**, or **365(c)** of title 35, United States Code, to any patent or application that contains or contained at any time such a claim.

(Sept. 16, 2011, Public Law 112-29, sec. 3(n)(1) (effective March 16, 2013), 125 Stat. 284.)

**35 U.S.C. 100  Definitions.**

*[Editor Note: 35 U.S.C. 100(e)-(j) as set forth below are only applicable to patent applications and patents subject to the first inventor to file provisions of the AIA (__35 U.S.C. 100 (note)__). See __35 U.S.C. 100(e) (pre-AIA)__ for subsection (e) as otherwise applicable.]*

When used in this title unless the context otherwise indicates -

(a)  The term "invention" means invention or discovery.

(b)  The term "process" means process, art, or method, and includes a new use of a known process, machine, manufacture, composition of matter, or material.

(c)  The terms "United States" and "this country" mean the United States of America, its territories and possessions.

(d)  The word "patentee" includes not only the patentee to whom the patent was issued but also the successors in title to the patentee.

(e)  The term "third-party requester" means a person requesting ex parte reexamination under **section 302** who is not the patent owner.

(f)  The term "inventor" means the individual or, if a joint invention, the individuals collectively who invented or discovered the subject matter of the invention.

(g)  The terms "joint inventor" and "coinventor" mean any 1 of the individuals who invented or discovered the subject matter of a joint invention.

(h)  The term "joint research agreement" means a written contract, grant, or cooperative agreement entered into by 2 or more persons or entities for the performance of experimental, developmental, or research work in the field of the claimed invention.

(i) (1)  The term "effective filing date" for a claimed invention in a patent or application for patent means—

(A)  if subparagraph (B) does not apply, the actual filing date of the patent or the application for the patent containing a claim to the invention; or

(B)  the filing date of the earliest application for which the patent or application is entitled, as to such invention, to a right of priority under section **119**, **365(a)**, or **365(b)** or to the benefit of an earlier filing date under section **120**, **121**, or **365(c)**.

(2)  The effective filing date for a claimed invention in an application for reissue or reissued patent shall be determined by deeming the claim to the invention to have been contained in the patent for which reissue was sought.

(j)  The term "claimed invention" means the subject matter defined by a claim in a patent or an application for a patent.

(Subsection (e) added Nov. 29, 1999, Public Law 106-113, sec. 1000(a)(9), 113 Stat. 1501A-567 (S. 1948 sec. 4603); subsection (e) amended and subsections (f) - (j) added Sept. 16, 2011, Public Law 112-29, sec. 3(a) (effective March 16, 2013), 125 Stat. 284.)

## 35 U.S.C. 100 (pre-AIA) Definitions.

*[Editor Note: Pre-AIA 35 U.S.C. 100(e) as set forth below is **is not applicable** to any patent application subject to the first inventor to file provisions of the AIA (see 35 U.S.C. 100 (note)). See 35 U.S.C. 100(e)-(j) for the law otherwise applicable.]*

When used in this title unless the context otherwise indicates -

*****
(e) The term "third-party requester" means a person requesting ex parte reexamination under **section 302** or inter partes reexamination under **section 311** who is not the patent owner.

(Subsection (e) added Nov. 29, 1999, Public Law 106-113, sec. 1000(a)(9), 113 Stat. 1501A-567 (S. 1948 sec. 4603).)

## 35 U.S.C. 101 Inventions patentable.

Whoever invents or discovers any new and useful process, machine, manufacture, or composition of matter, or any new and useful improvement thereof, may obtain a patent therefor, subject to the conditions and requirements of this title.

(Public Law 112-29, sec. 33, 125 Stat. 284 (Sept. 16, 2011) provided a limitation on the issuance of patents (see **AIA § 33**).)

## 35 U.S.C. 102 Conditions for patentability; novelty.

*[Editor Note: Applicable to any patent application subject to the first inventor to file provisions of the AIA (see 35 U.S.C. 100 (note)). See 35 U.S.C. 102 (pre-AIA) for the law otherwise applicable.]*

(a) NOVELTY; PRIOR ART.—A person shall be entitled to a patent unless—

(1) the claimed invention was patented, described in a printed publication, or in public use, on sale, or otherwise available to the public before the effective filing date of the claimed invention; or
(2) the claimed invention was described in a patent issued under section **151**, or in an application for patent published or deemed published under section **122(b)**, in which the patent or application, as the case may be, names another inventor and was effectively filed before the effective filing date of the claimed invention.
(b) EXCEPTIONS.—

(1) DISCLOSURES MADE 1 YEAR OR LESS BEFORE THE EFFECTIVE FILING DATE OF THE CLAIMED INVENTION.—A disclosure made 1 year or less before the effective filing date of a claimed invention shall not be prior art to the claimed invention under subsection (a)(1) if—

(A) the disclosure was made by the inventor or joint inventor or by another who obtained the subject matter disclosed directly or indirectly from the inventor or a joint inventor; or
(B) the subject matter disclosed had, before such disclosure, been publicly disclosed by the inventor or a joint inventor or another who obtained the subject matter disclosed directly or indirectly from the inventor or a joint inventor.
(2) DISCLOSURES APPEARING IN APPLICATIONS AND PATENTS.—A disclosure shall not be prior art to a claimed invention under subsection (a)(2) if—

(A) the subject matter disclosed was obtained directly or indirectly from the inventor or a joint inventor;
(B) the subject matter disclosed had, before such subject matter was effectively filed under subsection (a)(2), been publicly disclosed by the inventor or a joint inventor or another who obtained the subject matter disclosed directly or indirectly from the inventor or a joint inventor; or
(C) the subject matter disclosed and the claimed invention, not later than the effective filing date of the claimed invention, were owned by the same person or subject to an obligation of assignment to the same person.
(c) COMMON OWNERSHIP UNDER JOINT RESEARCH AGREEMENTS.—Subject matter disclosed and a claimed invention shall be deemed to have been owned by the same person or subject to an obligation of assignment to the same person in applying the provisions of subsection (b)(2)(C) if—

(1) the subject matter disclosed was developed and the claimed invention was made by, or on behalf of, 1 or more parties to a joint research agreement that was in effect on or before the effective filing date of the claimed invention;
(2) the claimed invention was made as a result of activities undertaken within the scope of the joint research agreement; and
(3) the application for patent for the claimed invention discloses or is amended to disclose the names of the parties to the joint research agreement.
(d) PATENTS AND PUBLISHED APPLICATIONS EFFECTIVE AS PRIOR ART.—For purposes of determining whether a patent or application for patent is prior art to a claimed invention under subsection (a)(2), such patent or application shall be considered to have been effectively filed, with respect to any subject matter described in the patent or application—

(1) if paragraph (2) does not apply, as of the actual filing date of the patent or the application for patent; or
(2) if the patent or application for patent is entitled to claim a right of priority under section **119**, **365(a)**, or **365(b)** or to claim the benefit of an earlier filing date under section **120**, **121**, or **365(c)**, based upon 1 or more prior filed applications for patent, as of the filing date of the earliest such application that describes the subject matter.

(Amended July 28, 1972, Public Law 92-358, sec. 2, 86 Stat. 501; Nov. 14, 1975, Public Law 94-131, sec. 5, 89 Stat. 691; subsection (e) amended Nov. 29, 1999, Public Law 106-113, sec. 1000(a)(9), 113 Stat. 1501A-565 (S. 1948 sec. 4505); subsection (g) amended Nov. 29, 1999, Public Law 106-113, sec. 1000(a)(9), 113 Stat. 1501A-590 (S. 1948 sec. 4806); subsection (e) amended Nov. 2, 2002, Public Law 107-273, sec. 13205, 116 Stat. 1903; amended Sept. 16, 2011, Public Law 112-29, sec. 3(b), 125 Stat. 284, effective March 16, 2013.*)

(Public Law 112-29, sec. 14, 125 Stat. 284 (Sept. 16, 2011) provided that tax strategies are deemed to be within the prior art (see **AIA § 14**).)

*NOTE: The provisions of **35 U.S.C. 102(g)**, as in effect on **March 15, 2013**, shall also apply to each claim of an application for patent, and any patent issued thereon, for which the first inventor to file provisions of the AIA apply (see **35 U.S.C. 100 (note)**), if such application or patent contains or contained at any time a claim to a claimed invention to which is **not** subject to the first inventor to file provisions of the AIA.]

## 35 U.S.C. 102 (pre-AIA) Conditions for patentability; novelty and loss of right to patent.

*[Editor Note: With the exception of subsection (g)*), **not applicable** to any patent application subject to the first inventor to file provisions of the AIA (see 35 U.S.C. 100 (note)). See 35 U.S.C. 102 for the law otherwise applicable.]*

A person shall be entitled to a patent unless —

(a) the invention was known or used by others in this country, or patented or described in a printed publication in this or a foreign country, before the invention thereof by the applicant for patent, or

(b) the invention was patented or described in a printed publication in this or a foreign country or in public use or on sale in this country, more than one year prior to the date of the application for patent in the United States, or

(c) he has abandoned the invention, or

(d) the invention was first patented or caused to be patented, or was the subject of an inventor's certificate, by the applicant or his legal representatives or assigns in a foreign country prior to the date of the application for patent in this country on an application for patent or inventor's certificate filed more than twelve months before the filing of the application in the United States, or

(e) the invention was described in — (1) an application for patent, published under **section 122(b)**, by another filed in the United States before the invention by the applicant for patent or (2) a patent granted on an application for patent by another filed in the United States before the invention by the applicant for patent, except that an international application filed under the treaty defined in **section 351(a)** shall have the effects for the purposes of this subsection of an application filed in the United States only if the international application designated the United States and was published under **Article 21(2)** of such treaty in the English language; or

(f) he did not himself invent the subject matter sought to be patented, or

(g) (1) during the course of an interference conducted under **section 135** or **section 291**, another inventor involved therein establishes, to the extent permitted in **section 104**, that before such person's invention thereof the invention was made by such other inventor and not abandoned, suppressed, or concealed, or

(2) before such person's invention thereof, the invention was made in this country by another inventor who had not abandoned, suppressed, or concealed it. In determining priority of invention under this subsection, there shall be considered not only the respective dates of conception and reduction to practice of the invention, but also the reasonable diligence of one who was first to conceive and last to reduce to practice, from a time prior to conception by the other.

(Amended July 28, 1972, Public Law 92-358, sec. 2, 86 Stat. 501; Nov. 14, 1975, Public Law 94-131, sec. 5, 89 Stat. 691; subsection (e) amended Nov. 29, 1999, Public Law 106-113, sec. 1000(a)(9), 113 Stat. 1501A-565 (S. 1948 sec. 4505); subsection (g) amended Nov. 29, 1999, Public Law 106-113, sec. 1000(a)(9), 113 Stat. 1501A-590 (S. 1948 sec. 4806); subsection (e) amended Nov. 2, 2002, Public Law 107-273, sec. 13205, 116 Stat. 1903.)

(Public Law 112-29, sec. 14, 125 Stat. 284 (Sept. 16, 2011) provided that tax strategies are deemed to be within the prior art (see **AIA § 14**).)

**\*NOTE:** The provisions of **35 U.S.C. 102(g)**, as in effect on *March 15, 2013,* shall apply to each claim of an application for patent, and any patent issued thereon, for which the first inventor to file provisions of the AIA apply (see **35 U.S.C. 100 (note)**, if such application or patent contains or contained at any time—

(A) a claim to an invention having an effective filing date as defined in section **100(i)** of title 35, United States Code, that occurs before March 16, 2013; or

(B) a specific reference under section **120, 121**, or **365(c)** of title 35, United States Code, to any patent or application that contains or contained at any time such a claim.

## 35 U.S.C. 103 Conditions for patentability; non-obvious subject matter.

*[Editor Note: Applicable to any patent application subject to the first inventor to file provisions of the AIA (see **35 U.S.C. 100 (note)**). See **35 U.S.C. 103 (pre-AIA)** for the law otherwise applicable.]*

A patent for a claimed invention may not be obtained, notwithstanding that the claimed invention is not identically disclosed as set forth in section **102**, if the differences between the claimed invention and the prior art are such that the claimed invention as a whole would have been obvious before the effective filing date of the claimed invention to a person having ordinary skill in the art to which the claimed invention pertains. Patentability shall not be negated by the manner in which the invention was made.

(Amended Nov. 8, 1984, Public Law 98-622, sec. 103, 98 Stat. 3384; Nov. 1, 1995, Public Law 104-41, sec.1, 109 Stat. 3511; subsection (c) amended Nov. 29, 1999, Public Law 106-113, sec. 1000(a)(9), 113 Stat. 1501A-591 (S. 1948 sec. 4807); subsection (c) amended Dec. 10, 2004, Public Law 108-453, sec. 2, 118 Stat. 3596; amended Sept. 16, 2011, Public Law 112-29, secs. 20(j) (effective Sept. 16, 2012) and 3(c) (effective March 16, 2013), 125 Stat. 284.)

(Public Law 112-29, sec. 14, 125 Stat. 284 (Sept. 16, 2011) provided that tax strategies are deemed to be within the prior art (see **AIA § 14**).)

## 35 U.S.C. 103 (pre-AIA) Conditions for patentability; non-obvious subject matter.

*[Editor Note: **Not applicable** to any patent application subject to the first inventor to file provisions of the AIA (see **35 U.S.C. 100 (note)**). See **35 U.S.C. 103** for the law otherwise applicable.]*

(a) A patent may not be obtained though the invention is not identically disclosed or described as set forth in section **102**, if the differences between the subject matter sought to be patented and the prior art are such that the subject matter as a whole would have been obvious at the time the invention was made to a person having ordinary skill in the art to which said subject matter pertains. Patentability shall not be negatived by the manner in which the invention was made.

(b) (1) Notwithstanding subsection (a), and upon timely election by the applicant for patent to proceed under this subsection, a biotechnological process using or resulting in a composition of matter that is novel under **section 102** and nonobvious under subsection (a) of this section shall be considered nonobvious if-

(A) claims to the process and the composition of matter are contained in either the same application for patent or in separate applications having the same effective filing date; and

(B) the composition of matter, and the process at the time it was invented, were owned by the same person or subject to an obligation of assignment to the same person.

(2) A patent issued on a process under paragraph (1)-

(A) shall also contain the claims to the composition of matter used in or made by that process, or

(B) shall, if such composition of matter is claimed in another patent, be set to expire on the same date as such other patent, notwithstanding **section 154**.

(3) For purposes of paragraph (1), the term "biotechnological process" means-

(A) a process of genetically altering or otherwise inducing a single- or multi-celled organism to-

(i) express an exogenous nucleotide sequence,

(ii) inhibit, eliminate, augment, or alter expression of an endogenous nucleotide sequence, or

(iii) express a specific physiological characteristic not naturally associated with said organism;

(B) cell fusion procedures yielding a cell line that expresses a specific protein, such as a monoclonal antibody; and

(C) a method of using a product produced by a process defined by subparagraph (A) or (B), or a combination of subparagraphs (A) and (B).

(c) (1) Subject matter developed by another person, which qualifies as prior art only under one or more of subsections (e), (f), and (g) of **section 102**, shall not preclude patentability under this section where the subject matter and the claimed invention were, at the time the claimed invention was made, owned by the same person or subject to an obligation of assignment to the same person.

(2) For purposes of this subsection, subject matter developed by another person and a claimed invention shall be deemed to have been owned by the same person or subject to an obligation of assignment to the same person if —

(A) the claimed invention was made by or on behalf of parties to a joint research agreement that was in effect on or before the date the claimed invention was made;

(B) the claimed invention was made as a result of activities undertaken within the scope of the joint research agreement; and

(C) the application for patent for the claimed invention discloses or is amended to disclose the names of the parties to the joint research agreement.

(3) For purposes of paragraph (2), the term "joint research agreement" means a written contract, grant, or cooperative agreement entered into by two or more persons or entities for the performance of experimental, developmental, or research work in the field of the claimed invention.

(Amended Nov. 8, 1984, Public Law 98-622, sec. 103, 98 Stat. 3384; Nov. 1, 1995, Public Law 104-41, sec.1, 109 Stat. 3511; subsection (c) amended Nov. 29, 1999, Public Law 106-113, sec. 1000(a)(9), 113 Stat. 1501A-591 (S. 1948 sec. 4807); subsection (c) amended Dec. 10, 2004, Public Law 108-453, sec. 2, 118 Stat. 3596; amended Sept. 16, 2011, Public Law 112-29, sec. 20(j) (effective Sept. 16, 2012), 125 Stat. 284.)

(Public Law 112-29, sec. 14, 125 Stat. 284 (Sept. 16, 2011) provided that tax strategies are deemed to be within the prior art (see **AIA § 14**).)

### 35 U.S.C. 104 [Repealed.]

(Repealed Sept. 16, 2011, Public Law 112-29, sec. 3(d) (effective March 16, 2013), 125 Stat. 284.)

### 35 U.S.C. 104 (pre-AIA) Invention made abroad.

*[Editor Note: **Not applicable** to any patent application subject to the first inventor to file provisions of the AIA (see **35 U.S.C. 100 (note)**). 35 U.S.C. 104 repealed with regard to such applications).]*

(a) IN GENERAL.—

(1) PROCEEDINGS.—In proceedings in the Patent and Trademark Office, in the courts, and before any other competent authority, an applicant for a patent, or a patentee, may not establish a date of invention by reference to knowledge or use thereof, or other activity with respect thereto, in a foreign country other than a NAFTA country or a WTO member country, except as provided in **sections 119** and **365.**

(2) RIGHTS.—If an invention was made by a person, civil or military—

(A) while domiciled in the United States, and serving in any other country in connection with operations by or on behalf of the United States,

(B) while domiciled in a NAFTA country and serving in another country in connection with operations by or on behalf of that NAFTA country, or

(C) while domiciled in a WTO member country and serving in another country in connection with operations by or on behalf of that WTO member country, that person shall be entitled to the same rights of priority in the United States with respect to such invention as if such invention had been made in the United States, that NAFTA country, or that WTO member country, as the case may be.

(3) USE OF INFORMATION.—To the extent that any information in a NAFTA country or a WTO member country concerning knowledge, use, or other activity relevant to proving or disproving a date of invention has not been made available for use in a proceeding in the Patent and Trademark Office, a court, or any other competent authority to the same extent as such information could be made available in the United States, the Director, court, or such other authority shall draw appropriate inferences, or take other action permitted by statute, rule, or regulation, in favor of the party that requested the information in the proceeding.

(b) DEFINITIONS.—As used in this section—

(1) The term "NAFTA country" has the meaning given that term in section 2(4) of the North American Free Trade Agreement Implementation Act; and

(2) The term "WTO member country" has the meaning given that term in section 2(10) of the Uruguay Round Agreements Act.

(Amended Jan. 2, 1975, Public Law 93-596, sec. 1, 88 Stat. 1949; Nov. 14, 1975, Public Law 94-131, sec. 6, 89 Stat. 691; Nov. 8, 1984, Public Law 98-622, sec. 403(a), 98 Stat. 3392; Dec. 8, 1993, Public Law 103-182, sec. 331, 107 Stat. 2113; Dec. 8, 1994, Public Law 103-465, sec. 531(a), 108 Stat. 4982; Nov. 29, 1999, Public Law 106-113, sec. 1000(a)(9), 113 Stat. 1501A-582 (S. 1948 sec. 4732(a)(10)(A)); amended Sept. 16, 2011, Public Law 112-29, sec. 20(j) (effective Sept. 16, 2012), 125 Stat. 284.

### 35 U.S.C. 105 Inventions in outer space.

(a) Any invention made, used, or sold in outer space on a space object or component thereof under the jurisdiction or control of the United States shall be considered to be made, used or sold within the United States for the purposes of this title, except with respect to any space object or component thereof that is specifically identified and otherwise provided for by an international agreement to which the United States is a party, or with respect to any space object or component thereof that is carried on the registry of a foreign state in accordance with the Convention on Registration of Objects Launched into Outer Space.

(b) Any invention made, used, or sold in outer space on a space object or component thereof that is carried on the registry of a foreign state in accordance with the Convention on Registration of Objects Launched into Outer Space, shall be considered to be made, used, or sold within the United States for the purposes of this title if specifically so agreed in an international agreement between the United States and the state of registry.

(Added Nov. 15, 1990, Public Law 101-580, sec. 1(a), 104 Stat. 2863.)

## CHAPTER 11 — APPLICATION FOR PATENT

Sec.

111 Application.

111 (pre-PLT (AIA)) Application.

111 (pre-AIA) Application.

112 Specification.

112 (pre-AIA) Specification.

113 Drawings.

114  Models, specimens.

115  Inventor's oath or declaration.

115  (pre-AIA) Oath of applicant.

116  Inventors.

116  (pre-AIA) Inventors.

117  Death or incapacity of inventor.

118  Filing by other than inventor.

118  (pre-AIA) Filing by other than inventor.

119  Benefit of earlier filing date; right of priority.

119  (pre-AIA) Benefit of earlier filing date; right of priority.

120  Benefit of earlier filing date in the United States.

120  (pre-AIA) Benefit of earlier filing date in the United States.

121  Divisional applications.

121  (pre-AIA) Divisional applications.

122  Confidential status of applications; publication of patent applications.

123  Micro entity defined.

**35 U.S.C. 111  Application.**

*[Editor Note: Applicable to any patent application filed on or after December 18, 2013. See 35 U.S.C. 111 (pre-PLT (AIA)) or 35 U.S.C. 111 (pre-AIA) for the law otherwise applicable.]*

(a)  IN GENERAL.—

(1)  WRITTEN APPLICATION.—An application for patent shall be made, or authorized to be made, by the inventor, except as otherwise provided in this title, in writing to the Director.

(2)  CONTENTS.—Such application shall include—

(A)  a specification as prescribed by **section 112**;

(B)  a drawing as prescribed by **section 113**; and

(C)  an oath or declaration as prescribed by **section 115**.

(3)  FEE, OATH OR DECLARATION, AND CLAIMS.—The application shall be accompanied by the fee required by law. The fee, oath or declaration, and 1 or more claims may be submitted after the filing date of the application, within such period and under such conditions, including the payment of a surcharge, as may be prescribed by the Director. Upon failure to submit the fee, oath or declaration, and 1 or more claims within such prescribed period, the application shall be regarded as abandoned.

(4)  FILING DATE.—The filing date of an application shall be the date on which a specification, with or without claims, is received in the United States Patent and Trademark Office.

(b)  PROVISIONAL APPLICATION.—

(1)  AUTHORIZATION.—A provisional application for patent shall be made or authorized to be made by the inventor, except as otherwise provided in this title, in writing to the Director. Such application shall include—

(A)  a specification as prescribed by section _112(a)_; and

(B)  a drawing as prescribed by **section 113**.

(2)  CLAIM.—A claim, as required by subsections (b) through (e) of **section 112**, shall not be required in a provisional application.

(3)  FEE.—The application shall be accompanied by the fee required by law. The fee may be submitted after the filing date of the application, within such period and under such conditions, including the payment of a surcharge, as may be prescribed by the Director. Upon failure to submit the fee within such prescribed period, the application shall be regarded as abandoned.

(4)  FILING DATE.—The filing date of a provisional application shall be the date on which a specification, with or without claims, is received in the United States Patent and Trademark Office.

(5)  ABANDONMENT.—Notwithstanding the absence of a claim, upon timely request and as prescribed by the Director, a provisional application may be treated as an application filed under subsection (a). Subject to section **119(e)(3)**, if no such request is made, the provisional application shall be regarded as abandoned 12 months after the filing date of such application and shall not be subject to revival after such 12-month period.

(6)  OTHER BASIS FOR PROVISIONAL APPLICATION.—Subject to all the conditions in this subsection and **section 119(e)** of this title, and as prescribed by the Director, an application for patent filed under subsection (a) may be treated as a provisional application for patent.

(7)  NO RIGHT OF PRIORITY OR BENEFIT OF EARLIEST FILING DATE.—A provisional application shall not be entitled to the right of priority of any other application under **section 119** or **365(a)** or to the benefit of an earlier filing date in the United States under **section 120**, **121**, or **365(c)**.

(8)  APPLICABLE PROVISIONS.—The provisions of this title relating to applications for patent shall apply to provisional applications for patent, except as otherwise provided, and except that provisional applications for patent shall not be subject to **sections 131** and **135**.

(c)  PRIOR FILED APPLICATION.—Notwithstanding the provisions of subsection (a), the Director may prescribe the conditions, including the payment of a surcharge, under which a reference made upon the filing of an application under subsection (a) to a previously filed application, specifying the previously filed application by application number and the intellectual property authority or country in which the application was filed, shall constitute the specification and any drawings of the subsequent application for purposes of a filing date. A copy of the specification and any drawings of the previously filed application shall be submitted within such period and under such conditions as may be prescribed by the Director. A failure to submit the copy of the specification and any drawings of the previously filed application within the prescribed period shall result in the application being regarded as abandoned. Such application shall be treated as having never been filed, unless— (1) the application is revived under section **27**; and

(2)  a copy of the specification and any drawings of the previously filed application are submitted to the Director.

(Amended Aug. 27, 1982, Public Law 97-247, sec. 5, 96 Stat. 319; Dec. 8, 1994, Public Law 103-465, sec. 532(b)(3), 108 Stat. 4986; Nov. 29, 1999, Public Law 106-113, sec. 1000(a)(9), 113 Stat. 1501A-582, 588 (S. 1948 secs. 4732(a)(10)(A), 4801(a); Sept. 16, 2011, Public Law 112-29, secs. 4 and 20(j) (effective Sept. 16, 2012) and sec. 3(e) (effective March 16, 2013), 125 Stat. 284; Dec. 18, 2012, Public Law 112-211, sec. 201(a)(1), 126 Stat. 1527.)

**35 U.S.C. 111 (pre-PLT (AIA))  Application.**

*[Editor Note: Applicable to any patent application filed on or after September 16, 2012, and before December 18, 2013. See 35 U.S.C. 111 or 35 U.S.C. 111 (pre-AIA) for the law otherwise applicable.]*

(a)  IN GENERAL.—

(1) WRITTEN APPLICATION.—An application for patent shall be made, or authorized to be made, by the inventor, except as otherwise provided in this title, in writing to the Director.

(2) CONTENTS.—Such application shall include—

(A) a specification as prescribed by **section 112**;

(B) a drawing as prescribed by **section 113**; and

(C) an oath or declaration as prescribed by **section 115**.

(3) FEE AND OATH OR DECLARATION.—The application must be accompanied by the fee required by law. The fee and oath or declaration may be submitted after the specification and any required drawing are submitted, within such period and under such conditions, including the payment of a surcharge, as may be prescribed by the Director.

(4) FAILURE TO SUBMIT.—Upon failure to submit the fee and oath or declaration within such prescribed period, the application shall be regarded as abandoned, unless it is shown to the satisfaction of the Director that the delay in submitting the fee and oath or declaration was unavoidable or unintentional. The filing date of an application shall be the date on which the specification and any required drawing are received in the Patent and Trademark Office.

(b) PROVISIONAL APPLICATION.—

(1) AUTHORIZATION.—A provisional application for patent shall be made or authorized to be made by the inventor, except as otherwise provided in this title, in writing to the Director. Such application shall include—

(A) a specification as prescribed by section _112(a)_;
and

(B) a drawing as prescribed by **section 113**.

(2) CLAIM.—A claim, as required by subsections (b) through (e) of **section 112**, shall not be required in a provisional application.

(3) FEE.—

(A) The application must be accompanied by the fee required by law.

(B) The fee may be submitted after the specification and any required drawing are submitted, within such period and under such conditions, including the payment of a surcharge, as may be prescribed by the Director.

(C) Upon failure to submit the fee within such prescribed period, the application shall be regarded as abandoned, unless it is shown to the satisfaction of the Director that the delay in submitting the fee was unavoidable or unintentional.

(4) FILING DATE.—The filing date of a provisional application shall be the date on which the specification and any required drawing are received in the Patent and Trademark Office.

(5) ABANDONMENT.—Notwithstanding the absence of a claim, upon timely request and as prescribed by the Director, a provisional application may be treated as an application filed under subsection (a). Subject to section **119(e)(3)**, if no such request is made, the provisional application shall be regarded as abandoned 12 months after the filing date of such application and shall not be subject to revival after such 12-month period.

(6) OTHER BASIS FOR PROVISIONAL APPLICATION.—Subject to all the conditions in this subsection and **section 119(e)** of this title, and as prescribed by the Director, an application for patent filed under subsection (a) may be treated as a provisional application for patent.

(7) NO RIGHT OF PRIORITY OR BENEFIT OF EARLIEST FILING DATE.—A provisional application shall not be entitled to the right of priority of any other application under **section 119** or **365(a)** or to the benefit of an earlier filing date in the United States under **section 120**, **121**, or **365(c)**.

(8) APPLICABLE PROVISIONS.—The provisions of this title relating to applications for patent shall apply to provisional applications for patent, except as otherwise provided, and except that

provisional applications for patent shall not be subject to **sections 131** and **135**.

(Amended Aug. 27, 1982, Public Law 97-247, sec. 5, 96 Stat. 319; Dec. 8, 1994, Public Law 103-465, sec. 532(b)(3), 108 Stat. 4986; Nov. 29, 1999, Public Law 106-113, sec. 1000(a)(9), 113 Stat. 1501A-582, 588 (S. 1948 secs. 4732(a)(10)(A), 4801(a); Sept. 16, 2011, Public Law 112-29, secs. 4 and 20(j) (effective Sept. 16, 2012) and sec. 3(e) (effective March 16, 2013), 125 Stat. 284.)

## 35 U.S.C. 111 (pre-AIA)  Application.

_[Editor Note: **Not applicable** to any patent application filed on or after September 16, 2012. See **35 U.S.C. 111** or **35 U.S.C. 111 (pre-PLT (AIA))** for the law otherwise applicable.]_

(a) IN GENERAL.—

(1) WRITTEN APPLICATION.—An application for patent shall be made, or authorized to be made, by the inventor, except as otherwise provided in this title, in writing to the Director.

(2) CONTENTS.—Such application shall include—

(A) a specification as prescribed by **section 112** of this title;

(B) a drawing as prescribed by **section 113** of this title; and

(C) an oath by the applicant as prescribed by **section 115** of this title.

(3) FEE AND OATH.—The application must be accompanied by the fee required by law. The fee and oath may be submitted after the specification and any required drawing are submitted, within such period and under such conditions, including the payment of a surcharge, as may be prescribed by the Director.

(4) FAILURE TO SUBMIT.—Upon failure to submit the fee and oath within such prescribed period, the application shall be regarded as abandoned, unless it is shown to the satisfaction of the Director that the delay in submitting the fee and oath was unavoidable or unintentional. The filing date of an application shall be the date on which the specification and any required drawing are received in the Patent and Trademark Office.

(b) PROVISIONAL APPLICATION.—

(1) AUTHORIZATION.—A provisional application for patent shall be made or authorized to be made by the inventor, except as otherwise provided in this title, in writing to the Director. Such application shall include—

(A) a specification as prescribed by the first paragraph of **section 112** of this title; and

(B) a drawing as prescribed by **section 113** of this title.

(2) CLAIM.—A claim, as required by the second through fifth paragraphs of **section 112**, shall not be required in a provisional application.

(3) FEE.—

(A) The application must be accompanied by the fee required by law.

(B) The fee may be submitted after the specification and any required drawing are submitted, within such period and under such conditions, including the payment of a surcharge, as may be prescribed by the Director.

(C) Upon failure to submit the fee within such prescribed period, the application shall be regarded as abandoned, unless it is shown to the satisfaction of the Director that the delay in submitting the fee was unavoidable or unintentional.

(4) FILING DATE.—The filing date of a provisional application shall be the date on which the specification and any required drawing are received in the Patent and Trademark Office.

(5) ABANDONMENT.—Notwithstanding the absence of a claim, upon timely request and as prescribed by the Director, a

provisional application may be treated as an application filed under subsection (a). Subject to **section 119(e)(3)** of this title, if no such request is made, the provisional application shall be regarded as abandoned 12 months after the filing date of such application and shall not be subject to revival after such 12-month period.

(6) OTHER BASIS FOR PROVISIONAL APPLICATION.—Subject to all the conditions in this subsection and **section 119(e)** of this title, and as prescribed by the Director, an application for patent filed under subsection (a) may be treated as a provisional application for patent.

(7) NO RIGHT OF PRIORITY OR BENEFIT OF EARLIEST FILING DATE.—A provisional application shall not be entitled to the right of priority of any other application under **section 119** or **365(a)** of this title or to the benefit of an earlier filing date in the United States under **section 120**, **121**, or **365(c)** of this title.

(8) APPLICABLE PROVISIONS.—The provisions of this title relating to applications for patent shall apply to provisional applications for patent, except as otherwise provided, and except that provisional applications for patent shall not be subject to **sections 115**, **131**, **135**, and **157** of this title.

(Amended Aug. 27, 1982, Public Law 97-247, sec. 5, 96 Stat. 319; Dec. 8, 1994, Public Law 103-465, sec. 532(b)(3), 108 Stat. 4986; Nov. 29, 1999, Public Law 106-113, sec. 1000(a)(9), 113 Stat. 1501A-582, 588 (S. 1948 secs. 4732(a)(10)(A), 4801(a)).)

### 35 U.S.C. 112  Specification.

*[Editor Note: Applicable to any patent application filed on or after September 16, 2012. See 35 U.S.C. 112 (pre-AIA) for the law otherwise applicable.]*

(a) IN GENERAL.—The specification shall contain a written description of the invention, and of the manner and process of making and using it, in such full, clear, concise, and exact terms as to enable any person skilled in the art to which it pertains, or with which it is most nearly connected, to make and use the same, and shall set forth the best mode contemplated by the inventor or joint inventor of carrying out the invention.

(b) CONCLUSION.—The specification shall conclude with one or more claims particularly pointing out and distinctly claiming the subject matter which the inventor or a joint inventor regards as the invention.

(c) FORM.—A claim may be written in independent or, if the nature of the case admits, in dependent or multiple dependent form.

(d) REFERENCE IN DEPENDENT FORMS.—Subject to subsection (e), a claim in dependent form shall contain a reference to a claim previously set forth and then specify a further limitation of the subject matter claimed. A claim in dependent form shall be construed to incorporate by reference all the limitations of the claim to which it refers.

(e) REFERENCE IN MULTIPLE DEPENDENT FORM.—A claim in multiple dependent form shall contain a reference, in the alternative only, to more than one claim previously set forth and then specify a further limitation of the subject matter claimed. A multiple dependent claim shall not serve as a basis for any other multiple dependent claim. A multiple dependent claim shall be construed to incorporate by reference all the limitations of the particular claim in relation to which it is being considered.

(f) ELEMENT IN CLAIM FOR A COMBINATION.—An element in a claim for a combination may be expressed as a means or step for performing a specified function without the recital of structure, material, or acts in support thereof, and such claim shall be construed to cover the corresponding structure, material, or acts described in the specification and equivalents thereof.

(Amended July 24, 1965, Public Law 89-83, sec. 9, 79 Stat. 261; Nov. 14, 1975, Public Law 94-131, sec. 7, 89 Stat. 691; amended Sept. 16, 2011, Public Law 112-29, sec. 4(c), 125 Stat. 284, effective Sept. 16, 2012.)

### 35 U.S.C. 112 (pre-AIA)  Specification.

*[Editor Note: **Not applicable** to any patent application filed on or after September 16, 2012. See 35 U.S.C. 112 for the law otherwise applicable.]*

The specification shall contain a written description of the invention, and of the manner and process of making and using it, in such full, clear, concise, and exact terms as to enable any person skilled in the art to which it pertains, or with which it is most nearly connected, to make and use the same, and shall set forth the best mode contemplated by the inventor of carrying out his invention.

The specification shall conclude with one or more claims particularly pointing out and distinctly claiming the subject matter which the applicant regards as his invention.

A claim may be written in independent or, if the nature of the case admits, in dependent or multiple dependent form.

Subject to the following paragraph, a claim in dependent form shall contain a reference to a claim previously set forth and then specify a further limitation of the subject matter claimed. A claim in dependent form shall be construed to incorporate by reference all the limitations of the claim to which it refers.

A claim in multiple dependent form shall contain a reference, in the alternative only, to more than one claim previously set forth and then specify a further limitation of the subject matter claimed. A multiple dependent claim shall not serve as a basis for any other multiple dependent claim. A multiple dependent claim shall be construed to incorporate by reference all the limitations of the particular claim in relation to which it is being considered.

An element in a claim for a combination may be expressed as a means or step for performing a specified function without the recital of structure, material, or acts in support thereof, and such claim shall be construed to cover the corresponding structure, material, or acts described in the specification and equivalents thereof.

(Amended July 24, 1965, Public Law 89-83, sec. 9, 79 Stat. 261; Nov. 14, 1975, Public Law 94-131, sec. 7, 89 Stat. 691.)

### 35 U.S.C. 113  Drawings.

The applicant shall furnish a drawing where necessary for the understanding of the subject matter sought to be patented. When the nature of such subject matter admits of illustration by a drawing and the applicant has not furnished such a drawing, the Director may require its submission within a time period of not less than two months from the sending of a notice thereof. Drawings submitted after the filing date of the application may not be used (i) to overcome any insufficiency of the specification due to lack of an enabling disclosure or otherwise inadequate disclosure therein, or (ii) to supplement the original disclosure thereof for the purpose of interpretation of the scope of any claim.

(Amended Nov. 14, 1975, Public Law 94-131, sec. 8, 89 Stat. 691; Nov. 29, 1999, Public Law 106-113, sec. 1000(a)(9), 113 Stat. 1501A-582 (S. 1948 sec. 4732(a)(10)(A)).)

### 35 U.S.C. 114  Models, specimens.

The Director may require the applicant to furnish a model of convenient size to exhibit advantageously the several parts of his invention.

When the invention relates to a composition of matter, the Director may require the applicant to furnish specimens or ingredients for the purpose of inspection or experiment.

(Amended Nov. 29, 1999, Public Law 106-113, sec. 1000(a)(9), 113 Stat. 1501A-582 (S. 1948 sec. 4732(a)(10)(A)).)

### 35 U.S.C. 115  Inventor's oath or declaration.

*[Editor Note: Applicable to any patent application filed on or after September 16, 2012. See 35 U.S.C. 115 (pre-AIA) for the law otherwise applicable.]*

(a) NAMING THE INVENTOR; INVENTOR'S OATH OR DECLARATION.—An application for patent that is filed under section **111(a)** or commences the national stage under section **371** shall include, or be amended to include, the name of the inventor for any invention claimed in the application. Except as otherwise provided in this section, each individual who is the inventor or a joint inventor of a claimed invention in an application for patent shall execute an oath or declaration in connection with the application.

(b) REQUIRED STATEMENTS.—An oath or declaration under subsection (a) shall contain statements that—

(1) the application was made or was authorized to be made by the affiant or declarant; and

(2) such individual believes himself or herself to be the original inventor or an original joint inventor of a claimed invention in the application.

(c) ADDITIONAL REQUIREMENTS.—The Director may specify additional information relating to the inventor and the invention that is required to be included in an oath or declaration under subsection (a).

(d) SUBSTITUTE STATEMENT.—

(1) IN GENERAL.—In lieu of executing an oath or declaration under subsection (a), the applicant for patent may provide a substitute statement under the circumstances described in paragraph (2) and such additional circumstances that the Director may specify by regulation.

(2) PERMITTED CIRCUMSTANCES.—A substitute statement under paragraph (1) is permitted with respect to any individual who—

(A) is unable to file the oath or declaration under subsection (a) because the individual—

(i) is deceased;

(ii) is under legal incapacity; or

(iii) cannot be found or reached after diligent effort; or

(B) is under an obligation to assign the invention but has refused to make the oath or declaration required under subsection (a).

(3) CONTENTS.—A substitute statement under this subsection shall—

(A) identify the individual with respect to whom the statement applies;

(B) set forth the circumstances representing the permitted basis for the filing of the substitute statement in lieu of the oath or declaration under subsection (a); and

(C) contain any additional information, including any showing, required by the Director.

(e) MAKING REQUIRED STATEMENTS IN ASSIGNMENT OF RECORD.—An individual who is under an obligation of assignment of an application for patent may include the required statements under subsections (b) and (c) in the assignment executed by the individual, in lieu of filing such statements separately.

(f) TIME FOR FILING.—The applicant for patent shall provide each required oath or declaration under subsection (a), substitute statement under subsection (d), or recorded assignment meeting the requirements of subsection (e) no later than the date on which the issue fee is paid.

(g) EARLIER-FILED APPLICATION CONTAINING REQUIRED STATEMENTS OR SUBSTITUTE STATEMENT.—

(1) EXCEPTION.—The requirements under this section shall not apply to an individual with respect to an application for patent in which the individual is named as the inventor or a joint inventor and that claims the benefit under section **120** , **121**, or **365(c)** of the filing of an earlier-filed application, if—

(A) an oath or declaration meeting the requirements of subsection (a) was executed by the individual and was filed in connection with the earlier-filed application;

(B) a substitute statement meeting the requirements of subsection (d) was filed in connection with the earlier filed application with respect to the individual; or

(C) an assignment meeting the requirements of subsection (e) was executed with respect to the earlier-filed application by the individual and was recorded in connection with the earlier-filed application.

(2) COPIES OF OATHS, DECLARATIONS, STATEMENTS, OR ASSIGNMENTS.—Notwithstanding paragraph (1), the Director may require that a copy of the executed oath or declaration, the substitute statement, or the assignment filed in connection with the earlier-filed application be included in the later-filed application.

(h) SUPPLEMENTAL AND CORRECTED STATEMENTS; FILING ADDITIONAL STATEMENTS.—

(1) IN GENERAL.—Any person making a statement required under this section may withdraw, replace, or otherwise correct the statement at any time. If a change is made in the naming of the inventor requiring the filing of 1 or more additional statements under this section, the Director shall establish regulations under which such additional statements may be filed.

(2) SUPPLEMENTAL STATEMENTS NOT REQUIRED.—If an individual has executed an oath or declaration meeting the requirements of subsection (a) or an assignment meeting the requirements of subsection (e) with respect to an application for patent, the Director may not thereafter require that individual to make any additional oath, declaration, or other statement equivalent to those required by this section in connection with the application for patent or any patent issuing thereon.

(3) SAVINGS CLAUSE.—A patent shall not be invalid or unenforceable based upon the failure to comply with a requirement under this section if the failure is remedied as provided under paragraph (1).

(i) ACKNOWLEDGMENT OF PENALTIES.—Any declaration or statement filed pursuant to this section shall contain an acknowledgment that any willful false statement made in such declaration or statement is punishable under **section 1001 of title 18** by fine or imprisonment of not more than 5 years, or both.

(Amended Aug. 27, 1982, Public Law 97-247, sec. 14(a), 96 Stat. 321; Oct. 21, 1998, Pub. L. 105-277, sec. 2222(d), 112 Stat. 2681-818; amended Sept. 16, 2011, Public Law 112-29, sec. 4(a) (effective Sept. 16, 2012), 125 Stat. 284; subsections (f) and (g)(1) amended Jan. 14, 2013, Public Law 112-274, sec. 1(f), 126 Stat. 2456.)

### 35 U.S.C. 115 (pre-AIA)  Oath of applicant.

*[Editor Note: **Not applicable** to any patent application filed on or after September 16, 2012. See 35 U.S.C. 115 for the law otherwise applicable.]*

The applicant shall make oath that he believes himself to be the original and first inventor of the process, machine, manufacture, or composition of matter, or improvement thereof, for which he solicits a patent; and shall state of what country he is a citizen. Such oath may be made before any person within the United States authorized by law to administer oaths, or, when made in a foreign country, before any diplomatic or consular officer of the United States authorized to administer oaths, or before any officer having an official seal and authorized to administer oaths in the foreign country in which the applicant may be, whose authority is proved by certificate of a diplomatic or consular officer of the United States, or apostille of an official designated by a foreign country which, by treaty or convention, accords like effect to apostilles of designated officials in the United States. Such oath is valid if it complies with the laws of the state or country where made. When the application is made as provided in this title by a person other than the inventor, the oath may be so varied in form that it can be made by him. For purposes of this section, a consular officer shall include any United States citizen serving overseas, authorized to perform notarial functions pursuant to section 1750 of the Revised Statutes, as amended (22 U.S.C. 4221).

(Amended Aug. 27, 1982, Public Law 97-247, sec. 14(a), 96 Stat. 321; Oct. 21, 1998, Pub. L. 105-277, sec. 2222(d), 112 Stat. 2681-818.)

## 35 U.S.C. 116   Inventors.

*[Editor Note: Applicable to proceedings commenced on or after Sept. 16, 2012. See 35 U.S.C. 116 (pre-AIA) for the law otherwise applicable.]*

(a) JOINT INVENTIONS.—When an invention is made by two or more persons jointly, they shall apply for patent jointly and each make the required oath, except as otherwise provided in this title. Inventors may apply for a patent jointly even though (1) they did not physically work together or at the same time, (2) each did not make the same type or amount of contribution, or (3) each did not make a contribution to the subject matter of every claim of the patent.

(b) OMITTED INVENTOR.—If a joint inventor refuses to join in an application for patent or cannot be found or reached after diligent effort, the application may be made by the other inventor on behalf of himself and the omitted inventor. The Director, on proof of the pertinent facts and after such notice to the omitted inventor as he prescribes, may grant a patent to the inventor making the application, subject to the same rights which the omitted inventor would have had if he had been joined. The omitted inventor may subsequently join in the application.

(c) CORRECTION OF ERRORS IN APPLICATION.—Whenever through error a person is named in an application for patent as the inventor, or through an error an inventor is not named in an application, the Director may permit the application to be amended accordingly, under such terms as he prescribes.

(Amended Aug. 27, 1982, Public Law 97-247, sec. 6(a), 96 Stat. 320; Nov. 8, 1984, Public Law 98-622, sec. 104(a), 98 Stat. 3384; Nov. 29, 1999, Public Law 106-113, sec. 1000(a)(9), 113 Stat. 1501A-582 (S. 1948 sec. 4732(a)(10)(A)); amended Sept. 16, 2011, Public Law 112-29, sec. 20(a), 125 Stat. 284, effective Sept. 16, 2012.)

## 35 U.S.C. 116 (pre-AIA)   Inventors.

*[Editor Note: Not applicable to proceedings commenced on or after September 16, 2012. See 35 U.S.C. 116 for the law otherwise applicable.]*

When an invention is made by two or more persons jointly, they shall apply for patent jointly and each make the required oath, except as otherwise provided in this title. Inventors may apply for a patent jointly even though (1) they did not physically work together or at the same time, (2) each did not make the same type or amount of contribution, or (3) each did not make a contribution to the subject matter of every claim of the patent.

If a joint inventor refuses to join in an application for patent or cannot be found or reached after diligent effort, the application may be made by the other inventor on behalf of himself and the omitted inventor. The Director, on proof of the pertinent facts and after such notice to the omitted inventor as he prescribes, may grant a patent to the inventor making the application, subject to the same rights which the omitted inventor would have had if he had been joined. The omitted inventor may subsequently join in the application.

Whenever through error a person is named in an application for patent as the inventor, or through an error an inventor is not named in an application, and such error arose without any deceptive intention on his part, the Director may permit the application to be amended accordingly, under such terms as he prescribes.

(Amended Aug. 27, 1982, Public Law 97-247, sec. 6(a), 96 Stat. 320; Nov. 8, 1984, Public Law 98-622, sec. 104(a), 98 Stat. 3384; Nov. 29, 1999, Public Law 106-113, sec. 1000(a)(9), 113 Stat. 1501A-582 (S. 1948 sec. 4732(a)(10)(A)).)

## 35 U.S.C. 117   Death or incapacity of inventor.

Legal representatives of deceased inventors and of those under legal incapacity may make application for patent upon compliance with the requirements and on the same terms and conditions applicable to the inventor.

## 35 U.S.C. 118   Filing by other than inventor.

*[Editor Note: Applicable to any patent application filed on or after September 16, 2012. See 35 U.S.C. 118 (pre-AIA) for the law otherwise applicable.]*

A person to whom the inventor has assigned or is under an obligation to assign the invention may make an application for patent. A person who otherwise shows sufficient proprietary interest in the matter may make an application for patent on behalf of and as agent for the inventor on proof of the pertinent facts and a showing that such action is appropriate to preserve the rights of the parties. If the Director grants a patent on an application filed under this section by a person other than the inventor, the patent shall be granted to the real party in interest and upon such notice to the inventor as the Director considers to be sufficient.

(Amended Nov. 29, 1999, Public Law 106-113, sec. 1000(a)(9), 113 Stat. 1501A-582 (S. 1948 sec. 4732(a)(10)(A)); amended Sept. 16, 2011, Public Law 112-29, sec. 4(b), 125 Stat. 284, effective Sept. 16, 2012.)

## 35 U.S.C. 118 (pre-AIA)   Filing by other than inventor.

*[Editor Note: Not applicable to any patent application filed on or after September 16, 2012. See 35 U.S.C. 118 for the law otherwise applicable.]*

Whenever an inventor refuses to execute an application for patent, or cannot be found or reached after diligent effort, a person to whom the inventor has assigned or agreed in writing to assign the invention or who otherwise shows sufficient proprietary interest in the matter justifying such action, may make application for patent on behalf of and as agent for the inventor on proof of the pertinent facts and a showing that such action is necessary to preserve the rights of the parties or to prevent irreparable damage; and the Director may grant a patent to such inventor upon such notice to him as the Director deems sufficient, and on compliance with such regulations as he prescribes.

(Amended Nov. 29, 1999, Public Law 106-113, sec. 1000(a)(9), 113 Stat. 1501A-582 (S. 1948 sec. 4732(a)(10)(A)).)

**35 U.S.C. 119   Benefit of earlier filing date; right of priority.**

*[Editor Note: 35 U.S.C. 119(a) as set forth below is only applicable to patent applications subject to the first inventor to file provisions of the AIA (see 35 U.S.C. 100 (note)). See 35 U.S.C. 119(a) (pre-AIA) for the law otherwise applicable.]*

(a) An application for patent for an invention filed in this country by any person who has, or whose legal representatives or assigns have, previously regularly filed an application for a patent for the same invention in a foreign country which affords similar privileges in the case of applications filed in the United States or to citizens of the United States, or in a WTO member country, shall have the same effect as the same application would have if filed in this country on the date on which the application for patent for the same invention was first filed in such foreign country, if the application in this country is filed within 12 months from the earliest date on which such foreign application was filed. The Director may prescribe regulations, including the requirement for payment of the fee specified in section 41(a)(7) , pursuant to which the 12-month period set forth in this subsection may be extended by an additional 2 months if the delay in filing the application in this country within the 12-month period was unintentional.

(b) (1) No application for patent shall be entitled to this right of priority unless a claim is filed in the Patent and Trademark Office, identifying the foreign application by specifying the application number on that foreign application, the intellectual property authority or country in or for which the application was filed, and the date of filing the application, at such time during the pendency of the application as required by the Director.

(2) The Director may consider the failure of the applicant to file a timely claim for priority as a waiver of any such claim. The Director may establish procedures, including the requirement for payment of the fee specified in section 41(a)(7), to accept an unintentionally delayed claim under this section.

(3) The Director may require a certified copy of the original foreign application, specification, and drawings upon which it is based, a translation if not in the English language, and such other information as the Director considers necessary. Any such certification shall be made by the foreign intellectual property authority in which the foreign application was filed and show the date of the application and of the filing of the specification and other papers.

(c) In like manner and subject to the same conditions and requirements, the right provided in this section may be based upon a subsequent regularly filed application in the same foreign country instead of the first filed foreign application, provided that any foreign application filed prior to such subsequent application has been withdrawn, abandoned, or otherwise disposed of, without having been laid open to public inspection and without leaving any rights outstanding, and has not served, nor thereafter shall serve, as a basis for claiming a right of priority.

(d) Applications for inventors' certificates filed in a foreign country in which applicants have a right to apply, at their discretion, either for a patent or for an inventor's certificate shall be treated in this country in the same manner and have the same effect for purpose of the right of priority under this section as applications for patents, subject to the same conditions and requirements of this section as apply to applications for patents, provided such applicants are entitled to the benefits of the Stockholm Revision of the Paris Convention at the time of such filing.

(e) (1) An application for patent filed under section 111(a) or section 363 for an invention disclosed in the manner provided by section 112(a) (other than the requirement to disclose the best mode) in a provisional application filed under section 111(b), by an inventor or inventors named in the provisional application, shall have the same effect, as to such invention, as though filed on the date of the provisional application filed under section 111(b), if the application for patent filed under section 111(a) or section 363 is filed not later than 12 months after the date on which the provisional application was filed and if it contains or is amended to contain a specific reference to the provisional application. The Director may prescribe regulations, including the requirement for payment of the fee specified in section 41(a)(7), pursuant

to which the 12-month period set forth in this subsection may be extended by an additional 2 months if the delay in filing the application under section 111(a) or section 363 within the 12-month period was unintentional. No application shall be entitled to the benefit of an earlier filed provisional application under this subsection unless an amendment containing the specific reference to the earlier filed provisional application is submitted at such time during the pendency of the application as required by the Director. The Director may consider the failure to submit such an amendment within that time period as a waiver of any benefit under this subsection. The Director may establish procedures, including the payment of the fee specified in section 41(a)(7), to accept an unintentionally delayed submission of an amendment under this subsection.

(2) A provisional application filed under section 111(b) may not be relied upon in any proceeding in the Patent and Trademark Office unless the fee set forth in subparagraph (A) or (C) of section 41(a)(1) has been paid.

(3) If the day that is 12 months after the filing date of a provisional application falls on a Saturday, Sunday, or Federal holiday within the District of Columbia, the period of pendency of the provisional application shall be extended to the next succeeding secular or business day. For an application for patent filed under section 363 in a Receiving Office other than the Patent and Trademark Office, the 12-month and additional 2-month period set forth in this subsection shall be extended as provided under the treaty and Regulations as defined in section 351.

(f) Applications for plant breeder's rights filed in a WTO member country (or in a foreign UPOV Contracting Party) shall have the same effect for the purpose of the right of priority under subsections (a) through (c) of this section as applications for patents, subject to the same conditions and requirements of this section as apply to applications for patents.

(g) As used in this section—

(1) the term "WTO member country" has the same meaning as the term is defined in section 104(b)(2); and

(2) the term "UPOV Contracting Party" means a member of the International Convention for the Protection of New Varieties of Plants.

(Amended Oct. 3, 1961, Public Law 87-333, sec. 1, 75 Stat. 748; July 28, 1972, Public Law 92-358, sec. 1, 86 Stat. 501; Jan. 2, 1975, Public Law 93-596, sec. 1, 88 Stat. 1949; Dec. 8, 1994, Public Law 103-465, sec. 532(b)(1), 108 Stat. 4985; subsection (b) amended Nov. 29, 1999, Public Law 106-113, sec. 1000(a)(9), 113 Stat. 1501A-563 (S. 1948 sec.4503(a)); subsection (e) amended Nov. 29, 1999, Public Law 106-113, sec. 1000(a)(9), 113 Stat. 1501A-564, 588, 589 (S. 1948 secs. 4503(b)(2), 4801 and 4802; subsections (f) and (g) added Nov. 29, 1999, Public Law 106-113, sec. 1000(a)(9), 113 Stat. 1501A-589 (S. 1948 sec. 4802); subsections (e), (g) amended Sept. 16, 2011, Public Law 112-29, secs. 15(b) (effective Sept. 16, 2011) and 20(j) (effective Sept. 16, 2012), 125 Stat. 284; subsection (a) amended Sept. 16, 2011, Public Law 112-29, sec. 3(g) (effective March 16, 2013), 125 Stat. 284; subsections (a) and (e), Dec. 18, 2012, Public Law 112-211, sec. 201(c)(1)(A), 126 Stat. 1527; subsection (b)(2), Dec. 18, 2012, Public Law 112-211, sec. 202(b)(2), 126 Stat. 1536.)

**35 U.S.C. 119 (pre-AIA)   Benefit of earlier filing date; right of priority.**

*[Editor Note: Pre-AIA 35 U.S.C. 119(a) as set forth below is applicable to patent applications not subject to the first inventor to file provisions of the AIA (see 35 U.S.C. 100 (note)). See 35 U.S.C. 119(a) for the law otherwise applicable.]*

(a) An application for patent for an invention filed in this country by any person who has, or whose legal representatives or assigns have, previously regularly filed an application for a patent for the same invention in a foreign country which affords similar privileges in the case of applications filed in the United States or to citizens of the United States, or in a WTO member country, shall have the same effect as the same application would have if filed in this country on the date on which the application for patent for the same invention was first filed in such foreign country, if the application in this country is filed within twelve months from the earliest date on which such foreign application was filed; but no patent shall be granted on any application for patent for an invention which had been patented or described in a printed publication in any country more than one year before the date of the actual filing of the application in this country, or which had been in public use or on sale in this country more than one year prior to such filing.

\* \* \* \* \*

(Amended Oct. 3, 1961, Public Law 87-333, sec. 1, 75 Stat. 748; July 28, 1972, Public Law 92-358, sec. 1, 86 Stat. 501; Jan. 2, 1975, Public Law 93-596, sec. 1, 88 Stat. 1949; Dec. 8, 1994, Public Law 103-465, sec. 532(b)(1), 108 Stat. 4985; subsection (b) amended Nov. 29, 1999, Public Law 106-113, sec. 1000(a)(9), 113 Stat. 1501A-563 (S. 1948 sec.4503(a)); subsection (e) amended Nov. 29, 1999, Public Law 106-113, sec. 1000(a)(9), 113 Stat. 1501A-564, 588, 589 (S. 1948 secs. 4503(b)(2), 4801 and 4802; subsections (f) and (g) added Nov. 29, 1999, Public Law 106-113, sec. 1000(a)(9), 113 Stat. 1501A-589 (S. 1948 sec. 4802); subsections (e), (g) amended Sept. 16, 2011, Public Law 112-29, secs. 15(b) (effective Sept. 16, 2011) and 20(j) (effective Sept. 16, 2012), 125 Stat. 284.)

### 35 U.S.C. 120   Benefit of earlier filing date in the United States.

*[Editor Note: Applicable to a patent application subject to the first inventor to file provisions of the AIA (see 35 U.S.C. 100 (note)). See 35 U.S.C. 120 (pre-AIA) for the law otherwise applicable.]*

An application for patent for an invention disclosed in the manner provided by **section 112(a)** (other than the requirement to disclose the best mode) in an application previously filed in the United States, or as provided by **section 363** which names an inventor or joint inventor in the previously filed application shall have the same effect, as to such invention, as though filed on the date of the prior application, if filed before the patenting or abandonment of or termination of proceedings on the first application or on an application similarly entitled to the benefit of the filing date of the first application and if it contains or is amended to contain a specific reference to the earlier filed application. No application shall be entitled to the benefit of an earlier filed application under this section unless an amendment containing the specific reference to the earlier filed application is submitted at such time during the pendency of the application as required by the Director. The Director may consider the failure to submit such an amendment within that time period as a waiver of any benefit under this section. The Director may establish procedures, including the requirement for payment of the fee specified in section **41(a)(7)**, to accept an unintentionally delayed submission of an amendment under this section.

(Amended Nov. 14, 1975, Public Law 94-131, sec. 9, 89 Stat. 691; Nov. 8, 1984, Public Law 98-622, sec. 104(b), 98 Stat. 3385; Nov. 29, 1999, Public Law 106-113, sec. 1000(a)(9), 113 Stat. 1501A-563 (S. 1948 sec. 4503(b)(1)); amended Sept. 16, 2011, Public Law 112-29, secs. 15(b) (effective Sept. 16, 2012), 20(j) (effective Sept. 16, 2012) and 3(f) (effective March 16, 2013), 125 Stat. 284; Dec. 18, 2012, Public Law 112-211, sec. 202(b)(3), 126 Stat. 1536.)

### 35 U.S.C. 120 (pre-AIA)   Benefit of earlier filing date in the United States.

*[Editor Note: Not applicable to patent applications subject to the first inventor to file provisions of the AIA (see 35 U.S.C. 100 (note)). See 35 U.S.C. 120 for the law otherwise applicable.]*

An application for patent for an invention disclosed in the manner provided by **section 112(a)** (other than the requirement to disclose the best mode) in an application previously filed in the United States, or as provided by **section 363**, which is filed by an inventor or inventors named in the previously filed application shall have the same effect, as to such invention, as though filed on the date of the prior application, if filed before the patenting or abandonment of or termination of proceedings on the first application or on an application similarly entitled to the benefit of the filing date of the first application and if it contains or is amended to contain a specific reference to the earlier filed application. No application shall be entitled to the benefit of an earlier filed application under this section unless an amendment containing the specific reference to the earlier filed application is submitted at such time during the pendency of the application as required by the Director. The Director may consider the failure to submit such an amendment within that time period as a waiver of any benefit under this section. The Director may establish procedures, including the payment of a surcharge, to accept an unintentionally delayed submission of an amendment under this section.

(Amended Nov. 14, 1975, Public Law 94-131, sec. 9, 89 Stat. 691; Nov. 8, 1984, Public Law 98-622, sec. 104(b), 98 Stat. 3385; Nov. 29, 1999, Public Law 106-113, sec. 1000(a)(9), 113 Stat. 1501A-563 (S. 1948 sec. 4503(b)(1)); amended Sept. 16, 2011, Public Law 112-29, secs. 15(b) (effective Sept. 16, 2011) and 20(j) (effective Sept. 16, 2012), 125 Stat. 284.)

### 35 U.S.C. 121   Divisional applications.

*[Editor Note: Applicable to any patent application filed on or after September 16, 2012. See 35 U.S.C. 121 (pre-AIA) for the law otherwise applicable.]*

If two or more independent and distinct inventions are claimed in one application, the Director may require the application to be restricted to one of the inventions. If the other invention is made the subject of a divisional application which complies with the requirements of **section 120** it shall be entitled to the benefit of the filing date of the original application. A patent issuing on an application with respect to which a requirement for restriction under this section has been made, or on an application filed as a result of such a requirement, shall not be used as a reference either in the Patent and Trademark Office or in the courts against a divisional application or against the original application or any patent issued on either of them, if the divisional application is filed before the issuance of the patent on the other application. The validity of a patent shall not be questioned for failure of the Director to require the application to be restricted to one invention.

(Amended Jan. 2, 1975, Public Law 93-596, sec. 1, 88 Stat. 1949; Nov. 29, 1999, Public Law 106-113, sec. 1000(a)(9), 113 Stat. 1501A-582 (S. 1948 sec. 4732(a)(10)(A)); amended Sept. 16, 2011, Public Law 112-29, secs. 4(a) and 20(j) (effective Sept. 16, 2012), 125 Stat. 284.)

### 35 U.S.C. 121 (pre-AIA)   Divisional applications.

*[Editor Note: Not applicable to any patent application filed on or after September 16, 2012. See 35 U.S.C. 121 for the law otherwise applicable.]*

If two or more independent and distinct inventions are claimed in one application, the Director may require the application to be restricted to one of the inventions. If the other invention is made the subject of a divisional application which complies with the requirements of **section 120** of this title it shall be entitled to the benefit of the filing date of the original application. A patent issuing on an application with respect to which a requirement for restriction under this section has been made, or on an application filed as a result of such a requirement, shall not be used as a reference either in the Patent and Trademark Office or in the courts against a divisional application or against the original application or any patent issued on either of them, if the divisional application is filed before the issuance of the patent on the other application. If a divisional application is directed solely to subject matter described and claimed in the original application as filed, the Director may dispense with signing and execution by the inventor. The validity of a patent shall not be questioned for failure of the Director to require the application to be restricted to one invention.

(Amended Jan. 2, 1975, Public Law 93-596, sec. 1, 88 Stat. 1949; Nov. 29, 1999, Public Law 106-113, sec. 1000(a)(9), 113 Stat. 1501A-582 (S. 1948 sec. 4732(a)(10)(A)).)

### 35 U.S.C. 122  Confidential status of applications; publication of patent applications.

(a) CONFIDENTIALITY.— Except as provided in subsection (b), applications for patents shall be kept in confidence by the Patent and Trademark Office and no information concerning the same given without authority of the applicant or owner unless necessary to carry out the provisions of an Act of Congress or in such special circumstances as may be determined by the Director.

(b) PUBLICATION.—

(1) IN GENERAL.—

(A) Subject to paragraph (2), each application for a patent shall be published, in accordance with procedures determined by the Director, promptly after the expiration of a period of 18 months from the earliest filing date for which a benefit is sought under this title. At the request of the applicant, an application may be published earlier than the end of such 18-month period.

(B) No information concerning published patent applications shall be made available to the public except as the Director determines.

(C) Notwithstanding any other provision of law, a determination by the Director to release or not to release information concerning a published patent application shall be final and nonreviewable.

(2) EXCEPTIONS.—

(A) An application shall not be published if that application is—

(i) no longer pending;
(ii) subject to a secrecy order under **section 181** ;
(iii) a provisional application filed under **section 111(b)**; or
(iv) an application for a design patent filed under **chapter 16**.

(B) (i) If an applicant makes a request upon filing, certifying that the invention disclosed in the application has not and will not be the subject of an application filed in another country, or under a multilateral international agreement, that requires publication of applications 18 months after filing, the application shall not be published as provided in paragraph (1).

(ii) An applicant may rescind a request made under clause (i) at any time.

(iii) An applicant who has made a request under clause (i) but who subsequently files, in a foreign country or under a multilateral international agreement specified in clause (i), an application directed to the invention disclosed in the application filed in the Patent and Trademark Office, shall notify the Director of such filing not later than 45 days after the date of the filing of such foreign or international application. A failure of the applicant to provide such notice within the prescribed period shall result in the application being regarded as abandoned.

(iv) If an applicant rescinds a request made under clause (i) or notifies the Director that an application was filed in a foreign country or under a multilateral international agreement specified in clause (i), the application shall be published in accordance with the provisions of paragraph (1) on or as soon as is practical after the date that is specified in clause (i).

(v) If an applicant has filed applications in one or more foreign countries, directly or through a multilateral international agreement, and such foreign filed applications corresponding to an application filed in the Patent and Trademark Office or the description of the invention in such foreign filed applications is less extensive than the application or description of the invention in the application filed in the Patent and Trademark Office, the applicant may submit a redacted copy of the application filed in the Patent and Trademark Office eliminating any part or description of the invention in such application that is not also contained in any of the corresponding applications filed in a foreign country. The Director may only publish the redacted copy of the application unless the redacted copy of the application is not received within 16 months after the earliest effective filing date for which a benefit is sought under this title. The provisions of **section 154(d)** shall not apply to a claim if the description of the invention published in the redacted application filed under this clause with respect to the claim does not enable a person skilled in the art to make and use the subject matter of the claim.

(c) PROTEST AND PRE-ISSUANCE OPPOSITION.— The Director shall establish appropriate procedures to ensure that no protest or other form of pre-issuance opposition to the grant of a patent on an application may be initiated after publication of the application without the express written consent of the applicant.

(d) NATIONAL SECURITY.— No application for patent shall be published under subsection (b)(1) if the publication or disclosure of such invention would be detrimental to the national security. The Director shall establish appropriate procedures to ensure that such applications are promptly identified and the secrecy of such inventions is maintained in accordance with **chapter 17**.

(e) PREISSUANCE SUBMISSIONS BY THIRD PARTIES.—

(1) IN GENERAL.—Any third party may submit for consideration and inclusion in the record of a patent application, any patent, published patent application, or other printed publication of potential relevance to the examination of the application, if such submission is made in writing before the earlier of—

(A) the date a notice of allowance under section **151** is given or mailed in the application for patent; or
(B) the later of—

(i) 6 months after the date on which the application for patent is first published under section **122** by the Office, or
(ii) the date of the first rejection under section **132** of any claim by the examiner during the examination of the application for patent.

(2) OTHER REQUIREMENTS.—Any submission under paragraph (1) shall—

(A) set forth a concise description of the asserted relevance of each submitted document;
(B) be accompanied by such fee as the Director may prescribe; and
(C) include a statement by the person making such submission affirming that the submission was made in compliance with this section.

(Amended Jan. 2, 1975, Public Law 93-596, sec. 1, 88 Stat. 1949; Nov. 29, 1999, Public Law 106-113, sec. 1000(a)(9), 113 Stat. 1501A-563 (S. 1948 sec. 4503(b)(1)); amended and subsection (e) added Sept. 16, 2011, Public Law 112-29, secs. 8 and 20(j) (effective Sept. 16, 2012), 125 Stat. 284; subsection (b)(2)(B)(iii), Dec. 18, 2012, Public Law 112-211, sec. 202(b)(4), 126 Stat. 1536.)

### 35 U.S.C. 123  Micro entity defined.

(a) IN GENERAL.—For purposes of this title, the term "micro entity" means an applicant who makes a certification that the applicant—

(1) qualifies as a small entity, as defined in regulations issued by the Director;

(2) has not been named as an inventor on more than 4 previously filed patent applications, other than applications filed in another country, provisional applications under section **111(b)**, or international applications filed under the treaty defined in section **351(a)** for which the basic national fee under section **41(a)** was not paid;

(3) did not, in the calendar year preceding the calendar year in which the applicable fee is being paid, have a gross income, as defined in section 61(a) of the Internal Revenue Code of 1986, exceeding 3 times the median household income for that preceding calendar year, as most recently reported by the Bureau of the Census; and

(4) has not assigned, granted, or conveyed, and is not under an obligation by contract or law to assign, grant, or convey, a license or other ownership interest in the application concerned to an entity that, in the calendar year preceding the calendar year in which the applicable fee is being paid, had a gross income, as defined in section 61(a) of the Internal Revenue Code of 1986, exceeding 3 times the median household income for that preceding calendar year, as most recently reported by the Bureau of the Census.

(b) APPLICATIONS RESULTING FROM PRIOR EMPLOYMENT.—An applicant is not considered to be named on a previously filed application for purposes of subsection (a)(2) if the applicant has assigned, or is under an obligation by contract or law to assign, all ownership rights in the application as the result of the applicant's previous employment.

(c) FOREIGN CURRENCY EXCHANGE RATE.—If an applicant's or entity's gross income in the preceding calendar year is not in United States dollars, the average currency exchange rate, as reported by the Internal Revenue Service, during that calendar year shall be used to determine whether the applicant's or entity's gross income exceeds the threshold specified in paragraphs (3) or (4) of subsection (a).

(d) INSTITUTIONS OF HIGHER EDUCATION.—For purposes of this section, a micro entity shall include an applicant who certifies that—

(1) the applicant's employer, from which the applicant obtains the majority of the applicant's income, is an institution of higher education as defined in section 101(a) of the Higher Education Act of 1965 (20 U.S.C. 1001(a)); or

(2) the applicant has assigned, granted, conveyed, or is under an obligation by contract or law, to assign, grant, or convey, a license or other ownership interest in the particular applications to such an institution of higher education.

(e) DIRECTOR'S AUTHORITY.—In addition to the limits imposed by this section, the Director may, in the Director's discretion, impose income limits, annual filing limits, or other limits on who may qualify as a micro entity pursuant to this section if the Director determines that such additional limits are reasonably necessary to avoid an undue impact on other patent applicants or owners or are otherwise reasonably necessary and appropriate. At least 3 months before any limits proposed to be imposed pursuant to this subsection take effect, the Director shall inform the Committee on the Judiciary of the House of Representatives and the Committee on the Judiciary of the Senate of any such proposed limits.

(Added Sept. 16, 2011, Public Law 112-29, sec. 10(g), 125 Stat. 284; amended Public Law 112-29, sec. 20(j), 125 Stat. 284 and corrected Jan. 14, 2013, Public Law 112-274, sec. 1(m), 126 Stat. 2456.)

# CHAPTER 12 — EXAMINATION OF APPLICATION

Sec.

131   Examination of application.

132   Notice of rejection; reexamination.

133   Time for prosecuting application.

134   Appeal to the Patent Trial and Appeal Board.

134   (transitional) Appeal to the Board of Patent Appeals and Interferences.

134   (pre-AIA) Appeal to the Board of Patent Appeals and Interferences.

135   Derivation proceedings.

135   (pre-AIA) Interferences.

## 35 U.S.C. 131   Examination of application.

The Director shall cause an examination to be made of the application and the alleged new invention; and if on such examination it appears that the applicant is entitled to a patent under the law, the Director shall issue a patent therefor.

(Amended Nov. 29, 1999, Public Law 106-113, sec. 1000(a)(9), 113 Stat. 1501A-582 (S. 1948 sec. 4732(a)(10)(A)).)

## 35 U.S.C. 132   Notice of rejection; reexamination.

(a) Whenever, on examination, any claim for a patent is rejected, or any objection or requirement made, the Director shall notify the applicant thereof, stating the reasons for such rejection, or objection or requirement, together with such information and references as may be useful in judging of the propriety of continuing the prosecution of his application; and if after receiving such notice, the applicant persists in his claim for a patent, with or without amendment, the application shall be reexamined. No amendment shall introduce new matter into the disclosure of the invention.

(b) The Director shall prescribe regulations to provide for the continued examination of applications for patent at the request of the applicant. The Director may establish appropriate fees for such continued examination and shall provide a 50 percent reduction in such fees for small entities that qualify for reduced fees under **section 41(h)(1)**.

(Amended Nov. 29, 1999, Public Law 106-113, sec. 1000(a)(9), 113 Stat. 1501A-560, 582 (S. 1948 secs. 4403 and 4732(a)(10)(A)); amended Sept. 16, 2011, Public Law 112-29, sec. 20(j) (effective Sept. 16, 2012), 125 Stat. 284.)

## 35 U.S.C. 133   Time for prosecuting application.

Upon failure of the applicant to prosecute the application within six months after any action therein, of which notice has been given or mailed to the applicant, or within such shorter time, not less than thirty days, as fixed by the Director in such action, the application shall be regarded as abandoned by the parties thereto.

(Amended Nov. 29, 1999, Public Law 106-113, sec. 1000(a)(9), 113 Stat. 1501A-582 (S. 1948 sec. 4732(a)(10)(A)); Dec. 18, 2012, Public Law 12-211, sec. 202(b)(5), 126 Stat. 1536.)

## 35 U.S.C. 134   Appeal to the Patent Trial and Appeal Board.

*[Editor Note: Applicable to proceedings commenced on or after September 16, 2012 and applicable to any patent application subject to the first inventor to file provisions of the AIA (see **35 U.S.C. 100 (note)**). See **35 U.S.C. 134 (transitional)** for the law applicable to proceedings commenced on or after September 16, 2012 but **not applicable** to any patent application subject to the first inventor to file provisions of the AIA. See **35 U.S.C. 134 (pre-AIA)** for the law applicable to proceedings commenced before September 16, 2012.]*

(a) PATENT APPLICANT.— An applicant for a patent, any of whose claims has been twice rejected, may appeal from the decision of the primary examiner to the Patent Trial and Appeal Board, having once paid the fee for such appeal.

(b) PATENT OWNER.— A patent owner in a reexamination may appeal from the final rejection of any claim by the primary examiner to the Patent Trial and Appeal Board, having once paid the fee for such appeal.

(Amended Nov. 8, 1984, Public Law 98-622, sec. 204(b)(1), 98 Stat. 3388; Nov. 29, 1999, Public Law 106-113, sec. 1000(a)(9), 113 Stat. 1501A-570 (S. 1948 sec. 4605(b)); subsections (a)-(c) amended Nov. 2, 2002, Public Law 107-273, secs. 13106 and 13202, 116 Stat. 1901; amended Sept. 16, 2011, Public Law 112-29, secs. 7(b) (effective Sept. 16, 2012) and 3(j) (effective March 16, 2013), 125 Stat. 284.)

### 35 U.S.C. 134 (transitional)  Appeal to the Board of Patent Appeals and Interferences.

*[Editor Note: Applicable to proceedings commenced on or after September 16, 2012, but **not applicable** to any patent application subject to the first inventor to file provisions of the AIA (see 35 U.S.C. 100 (note)). See 35 U.S.C. 134 for the law applicable to patent applications subject to the first inventor to file provisions of the AIA.] See 35 U.S.C. 134 (pre-AIA) for the law applicable to proceedings commenced before September 16, 2012.]*

(a) PATENT APPLICANT.— An applicant for a patent, any of whose claims has been twice rejected, may appeal from the decision of the primary examiner to the Board of Patent Appeals and Interferences, having once paid the fee for such appeal.

(b) PATENT OWNER.— A patent owner in a reexamination may appeal from the final rejection of any claim by the primary examiner to the Board of Patent Appeals and Interferences, having once paid the fee for such appeal.

(Amended Nov. 8, 1984, Public Law 98-622, sec. 204(b)(1), 98 Stat. 3388; Nov. 29, 1999, Public Law 106-113, sec. 1000(a)(9), 113 Stat. 1501A-570 (S. 1948 sec. 4605(b)); subsections (a)-(c) amended Nov. 2, 2002, Public Law 107-273, secs. 13106 and 13202, 116 Stat. 1901; amended Sept. 16, 2011, Public Law 112-29, sec. 7(b) (effective Sept. 16, 2012), 125 Stat. 284.)

### 35 U.S.C. 134 (pre-AIA)  Appeal to the Board of Patent Appeals and Interferences.

*[Editor Note: **Not applicable** to proceedings commenced on or after September 16, 2012. See 35 U.S.C. 134 or 35 U.S.C. 134 (transitional) for the law otherwise applicable.]*

(a) PATENT APPLICANT.— An applicant for a patent, any of whose claims has been twice rejected, may appeal from the decision of the primary examiner to the Board of Patent Appeals and Interferences, having once paid the fee for such appeal.

(b) PATENT OWNER.— A patent owner in any reexamination proceeding may appeal from the final rejection of any claim by the primary examiner to the Board of Patent Appeals and Interferences, having once paid the fee for such appeal.

(c) THIRD-PARTY.— A third-party requester in an inter partes proceeding may appeal to the Board of Patent Appeals and Interferences from the final decision of the primary examiner favorable to the patentability of any original or proposed amended or new claim of a patent, having once paid the fee for such appeal.

(Amended Nov. 8, 1984, Public Law 98-622, sec. 204(b)(1), 98 Stat. 3388; Nov. 29, 1999, Public Law 106-113, sec. 1000(a)(9), 113 Stat. 1501A-570 (S. 1948 sec. 4605(b)); subsections (a)-(c) amended Nov. 2, 2002, Public Law 107-273, secs. 13106 and 13202, 116 Stat. 1901.)

### 35 U.S.C. 135  Derivation proceedings.

*[Editor Note: Applicable to any patent application subject to the AIA first inventor to file provisions (see 35 U.S.C. 100 (note)).\* See 35 U.S.C. 135 (pre-AIA) for the law otherwise applicable.]*

(a) INSTITUTION OF PROCEEDING.—

(1) IN GENERAL.— An applicant for patent may file a petition with respect to an invention to institute a derivation proceeding in the Office. The petition shall set forth with particularity the basis for finding that an individual named in an earlier application as the inventor or a joint inventor derived such invention from an individual named in the petitioner's application as the inventor or a joint inventor and, without authorization, the earlier application claiming such invention was filed. Whenever the Director determines that a petition filed under this subsection demonstrates that the standards for instituting a derivation proceeding are met, the Director may institute a derivation proceeding.

(2) TIME FOR FILING.—A petition under this section with respect to an invention that is the same or substantially the same invention as a claim contained in a patent issued on an earlier application, or contained in an earlier application when published or deemed published under section 122(b), may not be filed unless such petition is filed during the 1-year period following the date on which the patent containing such claim was granted or the earlier application containing such claim was published, whichever is earlier.

(3) EARLIER APPLICATION.—For purposes of this section, an application shall not be deemed to be an earlier application with respect to an invention, relative to another application, unless a claim to the invention was or could have been made in such application having an effective filing date that is earlier than the effective filing date of any claim to the invention that was or could have been made in such other application.

(4) NO APPEAL.—A determination by the Director whether to institute a derivation proceeding under paragraph (1) shall be final and not appealable.

(b) DETERMINATION BY PATENT TRIAL AND APPEAL BOARD.— In a derivation proceeding instituted under subsection (a), the Patent Trial and Appeal Board shall determine whether an inventor named in the earlier application derived the claimed invention from an inventor named in the petitioner's application and, without authorization, the earlier application claiming such invention was filed. In appropriate circumstances, the Patent Trial and Appeal Board may correct the naming of the inventor in any application or patent at issue. The Director shall prescribe regulations setting forth standards for the conduct of derivation proceedings, including requiring parties to provide sufficient evidence to prove and rebut a claim of derivation.

(c) DEFERRAL OF DECISION.—The Patent Trial and Appeal Board may defer action on a petition for a derivation proceeding until the expiration of the 3-month period beginning on the date on which the Director issues a patent that includes the claimed invention that is the subject of the petition. The Patent Trial and Appeal Board also may defer action on a petition for a derivation proceeding, or stay the proceeding after it has been instituted, until the termination of a proceeding under **chapter 30**, 31, or 32 involving the patent of the earlier applicant.

(d) EFFECT OF FINAL DECISION.—The final decision of the Patent Trial and Appeal Board, if adverse to claims in an application for patent, shall constitute the final refusal by the Office on those claims. The final decision of the Patent Trial and Appeal Board, if adverse to claims in a patent, shall, if no appeal or other review of the decision has been or can be taken or had, constitute cancellation of those claims, and notice of such cancellation shall be endorsed on copies of the patent distributed after such cancellation.

(e) SETTLEMENT.—Parties to a proceeding instituted under subsection (a) may terminate the proceeding by filing a written statement reflecting the agreement of the parties as to the correct inventor of the claimed invention in dispute. Unless the Patent Trial and Appeal Board finds the agreement to be inconsistent with the evidence of record, if any, it shall take action consistent with the agreement. Any written settlement or understanding of the parties shall be filed with the Director.

At the request of a party to the proceeding, the agreement or understanding shall be treated as business confidential information, shall be kept separate from the file of the involved patents or applications, and shall be made available only to Government agencies on written request, or to any person on a showing of good cause.

(f) ARBITRATION.—Parties to a proceeding instituted under subsection (a) may, within such time as may be specified by the Director by regulation, determine such contest or any aspect thereof by arbitration. Such arbitration shall be governed by the provisions of title 9, to the extent such title is not inconsistent with this section. The parties shall give notice of any arbitration award to the Director, and such award shall, as between the parties to the arbitration, be dispositive of the issues to which it relates. The arbitration award shall be unenforceable until such notice is given. Nothing in this subsection shall preclude the Director from determining the patentability of the claimed inventions involved in the proceeding.

(Subsection (c) added Oct. 15, 1962, Public Law 87-831, 76 Stat. 958; subsections (a) and (c) amended, Jan. 2, 1975, Public Law 93-596, sec. 1, 88 Stat. 1949; subsection (a) amended Nov. 8, 1984, Public Law 98-622, sec. 202, 98 Stat. 3386; subsection (d) added Nov. 8, 1984, Public Law 98-622, sec. 105, 98 Stat. 3385; amended Nov. 29, 1999, Public Law 106-113, sec. 1000(a)(9), 113 Stat. 1501A-566, 582 (S. 1948 secs. 4507(11) and 4732(a)(10)(A)); amended Sept. 16, 2011, Public Law 112-29, secs. 20(j) (effective Sept. 16, 2012) and (3)(i)(effective March 16, 2013)*; subsections (a) and (e) amended Jan. 14, 2013, Public Law 112-274, secs. 1(e) and (k), 126 Stat. 2456, effective March 16, 2013.*)

*NOTE: The provisions of 35 U.S.C. 135 (pre-AIA), as in effect on *March 15, 2013*, shall apply to each claim of an application for patent, and any patent issued thereon, for which the first inventor to file provisions of the AIA also apply (see35 U.S.C. 100 (note)), if such application or patent contains or contained at any time—

(A) a claim to an invention having an effective filing date as defined in section 100(i), that occurs before March 16, 2013; or

(B) a specific reference under section 120 , 121, or 365(c) to any patent or application that contains or contained at any time such a claim.

### 35 U.S.C. 135 (pre-AIA)   Interferences.

*[Editor Note: Except as noted below, *not applicable* to any patent application subject to the first inventor to file provisions of the AIA (see 35 U.S.C. 100 (note)). See 35 U.S.C. 135  for the law otherwise applicable.]*

(a) Whenever an application is made for a patent which, in the opinion of the Director, would interfere with any pending application, or with any unexpired patent, an interference may be declared and the Director shall give notice of such declaration to the applicants, or applicant and patentee, as the case may be. The Board of Patent Appeals and Interferences shall determine questions of priority of the inventions and may determine questions of patentability. Any final decision, if adverse to the claim of an applicant, shall constitute the final refusal by the Patent and Trademark Office of the claims involved, and the Director may issue a patent to the applicant who is adjudged the prior inventor. A final judgment adverse to a patentee from which no appeal or other review has been or can be taken or had shall constitute cancellation of the claims involved in the patent, and notice of such cancellation shall be endorsed on copies of the patent distributed after such cancellation by the Patent and Trademark Office.

(b) (1) A claim which is the same as, or for the same or substantially the same subject matter as, a claim of an issued patent may not be made in any application unless such a claim is made prior to one year from the date on which the patent was granted.

(2) A claim which is the same as, or for the same or substantially the same subject matter as, a claim of an application published under section 122(b) may be made in an application filed after the application is published only if the claim is made before 1 year after the date on which the application is published.

(c) Any agreement or understanding between parties to an interference, including any collateral agreements referred to therein, made in connection with or in contemplation of the termination of the interference, shall be in writing and a true copy thereof filed in the Patent and Trademark Office before the termination of the interference as between the said parties to the agreement or understanding. If any party filing the same so requests, the copy shall be kept separate from the file of the interference, and made available only to Government agencies on written request, or to any person on a showing of good cause. Failure to file the copy of such agreement or understanding shall render permanently unenforceable such agreement or understanding and any patent of such parties involved in the interference or any patent subsequently issued on any application of such parties so involved. The Director may, however, on a showing of good cause for failure to file within the time prescribed, permit the filing of the agreement or understanding during the six-month period subsequent to the termination of the interference as between the parties to the agreement or understanding.The Director shall give notice to the parties or their attorneys of record, a reasonable time prior to said termination, of the filing requirement of this section. If the Director gives such notice at a later time, irrespective of the right to file such agreement or understanding within the six-month period on a showing of good cause, the parties may file such agreement or understanding within sixty days of the receipt of such notice.Any discretionary action of the Director under this subsection shall be reviewable under section 10 of the Administrative Procedure Act.

(d) Parties to a patent interference, within such time as may be specified by the Director by regulation, may determine such contest or any aspect thereof by arbitration. Such arbitration shall be governed by the provisions of title 9 to the extent such title is not inconsistent with this section. The parties shall give notice of any arbitration award to the Director, and such award shall, as between the parties to the arbitration, be dispositive of the issues to which it relates. The arbitration award shall be unenforceable until such notice is given. Nothing in this subsection shall preclude the Director from determining patentability of the invention involved in the interference.

(Subsection (c) added Oct. 15, 1962, Public Law 87-831, 76 Stat. 958; subsections (a) and (c) amended, Jan. 2, 1975, Public Law 93-596, sec. 1, 88 Stat. 1949; subsection (a) amended Nov. 8, 1984, Public Law 98-622, sec. 202, 98 Stat. 3386; subsection (d) added Nov. 8, 1984, Public Law 98-622, sec. 105, 98 Stat. 3385; amended Nov. 29, 1999, Public Law 106-113, sec. 1000(a)(9), 113 Stat. 1501A-566, 582 (S. 1948 secs. 4507(11) and 4732(a)(10)(A)); amended Sept. 16, 2011, Public Law 112-29, sec. 20(j) (effective Sept. 16, 2012), 125 Stat. 284

.

*NOTE: The provisions of 35 U.S.C. 135 (pre-AIA), as in effect on *March 15, 2013*, shall apply to each claim of an application for patent, and any patent issued thereon, for which the first inventor to file provisions of the AIA also apply (see35 U.S.C. 100 (note)), if such application or patent contains or contained at any time—

(A) a claim to an invention having an effective filing date as defined in section 100(i), that occurs before March 16, 2013; or

(B) a specific reference under section 120 , 121, or 365(c) to any patent or application that contains or contained at any time such a claim.

## CHAPTER 13 — REVIEW OF PATENT AND TRADEMARK OFFICE DECISION

Sec.

**35 U.S.C. 141   Appeal to Court of Appeals for the Federal Circuit.**

*[Editor Note: Applicable to proceedings commenced on or after September 16, 2012. See 35 U.S.C. 141 (pre-AIA) for the law otherwise applicable.*]*

(a)   EXAMINATIONS.—An applicant who is dissatisfied with the final decision in an appeal to the Patent Trial and Appeal Board under section 134(a) may appeal the Board's decision to the United States Court of Appeals for the Federal Circuit. By filing such an appeal, the applicant waives his or her right to proceed under section 145 .

(b)   REEXAMINATIONS.—A patent owner who is dissatisfied with the final decision in an appeal of a reexamination to the Patent Trial and Appeal Board under section 134(a) may appeal the Board's decision only to the United States Court of Appeals for the Federal Circuit.

(c)   POST-GRANT AND INTER PARTES REVIEWS.—A party to an inter partes review or a post-grant review who is dissatisfied with the final written decision of the Patent Trial and Appeal Board under section 318(a) or 328(a) (as the case may be) may appeal the Board's decision only to the United States Court of Appeals for the Federal Circuit.

(d)   DERIVATION PROCEEDINGS.—A party to a derivation proceeding who is dissatisfied with the final decision of the Patent Trial and Appeal Board in the proceeding may appeal the decision to the United States Court of Appeals for the Federal Circuit, but such appeal shall be dismissed if any adverse party to such derivation proceeding, within 20 days after the appellant has filed notice of appeal in accordance with section 142, files notice with the Director that the party elects to have all further proceedings conducted as provided in section 146. If the appellant does not, within 30 days after the filing of such notice by the adverse party, file a civil action under section 146, the Board's decision shall govern the further proceedings in the case.

(Amended Apr. 2, 1982, Public Law 97-164, sec. 163(a)(7), (b)(2), 96 Stat. 49, 50; Nov. 8, 1984, Public Law 98-622, sec. 203(a), 98 Stat. 3387; Nov. 29, 1999, Public Law 106-113, sec. 1000(a)(9), 113 Stat. 1501A-571, 582 (S. 1948 secs. 4605(c) and 4732(a)(10)(A)); Nov. 2, 2002, Public Law 107-273, sec. 13106, 116 Stat. 1901; amended Sept. 16, 2011, Public Law 112-29, sec. 7(c) (effective Sept. 16, 2012), 125 Stat. 284.)

*NOTE: The provisions of this section as in effect on Sept. 15, 2012 (35 U.S.C. 141 (pre-AIA)) apply to interference proceedings that are declared after September 15, 2012 under 35 U.S.C. 135 (pre-AIA). See Public Law 112-274, sec. 1(k)(3), 126 Stat. 2456 (Jan. 14, 2013).

**35 U.S.C. 141 (pre-AIA)   Appeal to the Court of Appeals for the Federal Circuit.**

*[Editor Note: Not applicable to proceedings commenced on or after September 16, 2012.* See 35 U.S.C. 141 for the law otherwise applicable.]*

An applicant dissatisfied with the decision in an appeal to the Board of Patent Appeals and Interferences under section 134 of this title may appeal the decision to the United States Court of Appeals for the Federal Circuit. By filing such an appeal the applicant waives his or her right to proceed under section 145 of this title. A patent owner, or a third-party requester in an inter partes reexamination proceeding, who is in any reexamination proceeding dissatisfied with the final decision in an appeal to the Board of Patent Appeals and Interferences under section 134 may appeal the decision only to the United States Court of Appeals for the Federal Circuit. A party to an interference dissatisfied with the decision of the Board of Patent Appeals and Interferences on the interference may appeal the decision to the United States Court of Appeals for the Federal Circuit, but such appeal shall be dismissed if any adverse party to such interference, within twenty days after the appellant has filed notice of appeal in accordance with section 142 of this title, files notice with the Director that the party elects to have all further proceedings conducted as provided in section 146 of this title. If the appellant does not, within thirty days after filing of such notice by the adverse party, file a civil action under section 146, the decision appealed from shall govern the further proceedings in the case.

(Amended Apr. 2, 1982, Public Law 97-164, sec. 163(a)(7), (b)(2), 96 Stat. 49, 50; Nov. 8, 1984, Public Law 98-622, sec. 203(a), 98 Stat. 3387; Nov. 29, 1999, Public Law 106-113, sec. 1000(a)(9), 113 Stat. 1501A-571, 582 (S. 1948 secs. 4605(c) and 4732(a)(10)(A)); Nov. 2, 2002, Public Law 107-273, sec. 13106, 116 Stat. 1901.)

*NOTE: The provisions of 35 U.S.C. 141 (pre-AIA) as in effect on Sept. 15, 2012 apply to interference proceedings that are declared after September 15, 2012 under 35 U.S.C. 135 (pre-AIA). See Public Law 112-274, sec. 1(k)(3), 126 Stat. 2456 (Jan. 14, 2013).

**35 U.S.C. 142   Notice of appeal.**

When an appeal is taken to the United States Court of Appeals for the Federal Circuit, the appellant shall file in the Patent and Trademark Office a written notice of appeal directed to the Director, within such time after the date of the decision from which the appeal is taken as the Director prescribes, but in no case less than 60 days after that date.

(Amended Jan. 2, 1975, Public Law 93-596, sec. 1, 88 Stat. 1949; Apr. 2, 1982, Public Law 97-164, sec. 163(a)(7), 96 Stat. 49; Nov. 8, 1984, Public Law 98-620, sec. 414(a), 98 Stat. 3363; Nov. 29, 1999, Public Law 106-113, sec. 1000(a)(9), 113 Stat. 1501A-582 (S. 1948 sec. 4732(a)(10)(A)).)

**35 U.S.C. 143   Proceedings on appeal.**

*[Editor Note: Applicable to proceedings commenced on or after Sept. 16, 2012. See 35 U.S.C. 143 (pre-AIA) for the law otherwise applicable.]*

With respect to an appeal described in section 142, the Director shall transmit to the United States Court of Appeals for the Federal Circuit a certified list of the documents comprising the record in the Patent and Trademark Office. The court may request that the Director forward the original or certified copies of such documents during the pendency of the appeal. In an ex parte case, the Director shall submit to the court in writing the grounds for the decision of the Patent and Trademark Office, addressing all of the issues raised in the appeal. The Director shall have the right to intervene in an appeal from a decision entered by the Patent Trial and Appeal Board in a derivation proceeding under section 135 or in an inter partes or post-grant review under chapter 31 or 32.

(Amended Jan. 2, 1975, Public Law 93-596, sec. 1, 88 Stat. 1949; Apr. 2, 1982, Public Law 97-164, sec. 163(a)(7), 96 Stat. 49; Nov. 8, 1984, Public Law 98-620, sec. 414(a), 98 Stat. 3363; Nov. 29, 1999, Public Law 106-113, sec. 1000(a)(9), 113 Stat. 1501A-571, 582 (S. 1948 secs.

4605(d) and 4732(a)(10)(A)); Nov. 2, 2002, Public Law 107-273, sec. 13202, 116 Stat. 1901; amended Sept. 16, 2011, Public Law 112-29, secs. 7(c) and 20(j) (effective Sept. 16, 2012), 125 Stat. 284.)

### 35 U.S.C. 143 (pre-AIA)  Proceedings on appeal.

*[Editor Note: **Not applicable** to proceedings commenced on or after September 16, 2012. See **35 U.S.C. 143** for the law otherwise applicable.]*

With respect to an appeal described in **section 142** of this title, the Director shall transmit to the United States Court of Appeals for the Federal Circuit a certified list of the documents comprising the record in the Patent and Trademark Office. The court may request that the Director forward the original or certified copies of such documents during the pendency of the appeal. In an ex parte case or any reexamination case, the Director shall submit to the court in writing the grounds for the decision of the Patent and Trademark Office, addressing all the issues involved in the appeal. The court shall, before hearing an appeal, give notice of the time and place of the hearing to the Director and the parties in the appeal.

(Amended Jan. 2, 1975, Public Law 93-596, sec. 1, 88 Stat. 1949; Apr. 2, 1982, Public Law 97-164, sec. 163(a)(7), 96 Stat. 49; Nov. 8, 1984, Public Law 98-620, sec. 414(a), 98 Stat. 3363; Nov. 29, 1999, Public Law 106-113, sec. 1000(a)(9), 113 Stat. 1501A-571, 582 (S. 1948 secs. 4605(d) and 4732(a)(10)(A)); Nov. 2, 2002, Public Law 107-273, sec. 13202, 116 Stat. 1901.)

### 35 U.S.C. 144  Decision on appeal.

The United States Court of Appeals for the Federal Circuit shall review the decision from which an appeal is taken on the record before the Patent and Trademark Office. Upon its determination the court shall issue to the Director its mandate and opinion, which shall be entered of record in the Patent and Trademark Office and shall govern the further proceedings in the case.

(Amended Jan. 2, 1975, Public Law 93-596, sec. 1, 88 Stat. 1949; Apr. 2, 1982, Public Law 97-164, sec. 163(a)(7), 96 Stat. 49; Nov. 8, 1984, Public Law 98-620, sec. 414(a), 98 Stat. 3363; Nov. 29, 1999, Public Law 106-113, sec. 1000(a)(9), 113 Stat. 1501A-582 (S. 1948 sec. 4732(a)(10)(A)).)

### 35 U.S.C. 145  Civil action to obtain patent.

*[Editor Note: Applicable to any patent application subject to the first inventor to file provisions of the AIA (see **35 U.S.C. 100 (note)**). See **35 U.S.C. 145 (pre-AIA)** for the law otherwise applicable.]*

An applicant dissatisfied with the decision of the Patent Trial and Appeal Board in an appeal under **section 134(a)** may, unless appeal has been taken to the United States Court of Appeals for the Federal Circuit, have remedy by civil action against the Director in the United States District Court for the Eastern District of Virginia if commenced within such time after such decision, not less than sixty days, as the Director appoints. The court may adjudge that such applicant is entitled to receive a patent for his invention, as specified in any of his claims involved in the decision of the Patent Trial and Appeal Board, as the facts in the case may appear, and such adjudication shall authorize the Director to issue such patent on compliance with the requirements of law. All the expenses of the proceedings shall be paid by the applicant.

(Amended Apr. 2, 1982, Public Law 97-164, sec. 163(a)(7), 96 Stat. 49; Nov. 8, 1984, Public Law 98-622, sec. 203(b), 98 Stat. 3387; Nov. 29, 1999, Public Law 106-113, sec. 1000(a)(9), 113 Stat. 1501A-571, 582 (S. 1948 secs. 4605(e) and 4732(a)(10)(A) ); amended Sept. 16,

2011, Public Law 112-29, secs. 9 (effective Sept. 16, 2011), 20(j) (effective Sept. 16, 2012), and 3(j) (effective March 16, 2013), 125 Stat. 284.)

### 35 U.S.C. 145 (pre-AIA)  Civil action to obtain patent.

*[Editor Note: **Not applicable** to any patent application subject to the first inventor to file provisions of the AIA (see **35 U.S.C. 100 (note)**). See **35 U.S.C. 145** for the law otherwise applicable.]*

An applicant dissatisfied with the decision of the Board of Patent Appeals and Interferences in an appeal under **section 134(a)** may, unless appeal has been taken to the United States Court of Appeals for the Federal Circuit, have remedy by civil action against the Director in the United States District Court for the Eastern District of Virginia if commenced within such time after such decision, not less than sixty days, as the Director appoints. The court may adjudge that such applicant is entitled to receive a patent for his invention, as specified in any of his claims involved in the decision of the Board of Patent Appeals and Interferences, as the facts in the case may appear, and such adjudication shall authorize the Director to issue such patent on compliance with the requirements of law. All the expenses of the proceedings shall be paid by the applicant.

(Amended Apr. 2, 1982, Public Law 97-164, sec. 163(a)(7), 96 Stat. 49; Nov. 8, 1984, Public Law 98-622, sec. 203(b), 98 Stat. 3387; Nov. 29, 1999, Public Law 106-113, sec. 1000(a)(9), 113 Stat. 1501A-571, 582 (S. 1948 secs. 4605(e) and 4732(a)(10)(A) ); amended Sept. 16, 2011, Public Law 112-29, secs. 9 (effective Sept. 16, 2011) and 20(j) (effective Sept. 16, 2012), 125 Stat. 284.)

### 35 U.S.C. 146  Civil action in case of derivation proceeding.

*[Editor Note: Applicable to any patent application subject to the first inventor to file provisions of the AIA (see **35 U.S.C. 100 (note)**). See **35 U.S.C. 146 (pre-AIA)** for the law otherwise applicable.]*

Any party to a derivation proceeding dissatisfied with the decision of the Patent Trial and Appeal Board on the derivation proceeding, may have remedy by civil action, if commenced within such time after such decision, not less than sixty days, as the Director appoints or as provided in **section 141**, unless he has appealed to the United States Court of Appeals for the Federal Circuit, and such appeal is pending or has been decided. In such suits the record in the Patent and Trademark Office shall be admitted on motion of either party upon the terms and conditions as to costs, expenses, and the further cross-examination of the witnesses as the court imposes, without prejudice to the right of the parties to take further testimony. The testimony and exhibits of the record in the Patent and Trademark Office when admitted shall have the same effect as if originally taken and produced in the suit.

Such suit may be instituted against the party in interest as shown by the records of the Patent and Trademark Office at the time of the decision complained of, but any party in interest may become a party to the action. If there be adverse parties residing in a plurality of districts not embraced within the same state, or an adverse party residing in a foreign country, the United States District Court for the Eastern District of Virginia shall have jurisdiction and may issue summons against the adverse parties directed to the marshal of any district in which any adverse party resides. Summons against adverse parties residing in foreign countries may be served by publication or otherwise as the court directs. The Director shall not be a necessary party but he shall be notified of the filing of the suit by the clerk of the court in which it is filed and shall have the right to intervene. Judgment of the court in favor of the right of an applicant to a patent shall authorize the Director to issue such patent on the filing in the Patent and Trademark Office of a certified copy of the judgment and on compliance with the requirements of law.

(Amended Jan. 2, 1975, Public Law 93-596, sec. 1, 88 Stat. 1949; Apr. 2, 1982, Public Law 97-164, sec. 163(a)(7), 96 Stat. 49; Nov. 8, 1984, Public Law 98-622, sec. 203(c), 98 Stat. 3387; Nov. 29, 1999, Public Law 106-113, sec. 1000(a)(9), 113 Stat. 1501A-582 (S. 1948 sec. 4732(a)(10)(A)); amended Sept. 16, 2011, Public Law 112-29, secs. 9 (effective Sept. 16, 2011), sec. 20(j) (effective Sept. 16, 2012) and 3(j) (effective March 16, 2013), 125 Stat. 284.)

**35 U.S.C. 146 (pre-AIA)  Civil action in case of interference.**

*[Editor Note: **Not applicable** to any patent application subject to the first inventor to file provisions of the AIA (see **35 U.S.C. 100 (note)**). See **35 U.S.C. 146** for the law otherwise applicable.]*

Any party to an interference dissatisfied with the decision of the Board of Patent Appeals and Interferences on the interference, may have remedy by civil action, if commenced within such time after such decision, not less than sixty days, as the Director appoints or as provided in **section 141**, unless he has appealed to the United States Court of Appeals for the Federal Circuit, and such appeal is pending or has been decided. In such suits the record in the Patent and Trademark Office shall be admitted on motion of either party upon the terms and conditions as to costs, expenses, and the further cross-examination of the witnesses as the court imposes, without prejudice to the right of the parties to take further testimony. The testimony and exhibits of the record in the Patent and Trademark Office when admitted shall have the same effect as if originally taken and produced in the suit.

Such suit may be instituted against the party in interest as shown by the records of the Patent and Trademark Office at the time of the decision complained of, but any party in interest may become a party to the action. If there be adverse parties residing in a plurality of districts not embraced within the same state, or an adverse party residing in a foreign country, the United States District Court for the Eastern District of Virginia shall have jurisdiction and may issue summons against the adverse parties directed to the marshal of any district in which any adverse party resides. Summons against adverse parties residing in foreign countries may be served by publication or otherwise as the court directs. The Director shall not be a necessary party but he shall be notified of the filing of the suit by the clerk of the court in which it is filed and shall have the right to intervene. Judgment of the court in favor of the right of an applicant to a patent shall authorize the Director to issue such patent on the filing in the Patent and Trademark Office of a certified copy of the judgment and on compliance with the requirements of law.

(Amended Jan. 2, 1975, Public Law 93-596, sec. 1, 88 Stat. 1949; Apr. 2, 1982, Public Law 97-164, sec. 163(a)(7), 96 Stat. 49; Nov. 8, 1984, Public Law 98-622, sec. 203(c), 98 Stat. 3387; Nov. 29, 1999, Public Law 106-113, sec. 1000(a)(9), 113 Stat. 1501A-582 (S. 1948 sec. 4732(a)(10)(A)); amended Sept. 16, 2011, Public Law 112-29, secs. 9 (effective Sept. 16, 2011) and 20(j) (effective Sept. 16, 2012), 125 Stat. 284.)

## CHAPTER 14 — ISSUE OF PATENT

Sec.

154 Contents and term of patent; provisional rights.

154 (pre-AIA) Contents and term of patent; provisional rights.

155 [Repealed.]

155A [Repealed.]

156 Extension of patent term.

157 [Repealed.]

157 (pre-AIA) Statutory invention registration.

**35 U.S.C. 151  Issue of patent.**

(a) IN GENERAL.—If it appears that an applicant is entitled to a patent under the law, a written notice of allowance of the application shall be given or mailed to the applicant. The notice shall specify a sum, constituting the issue fee and any required publication fee, which shall be paid within 3 months thereafter.

(b) EFFECT OF PAYMENT.—Upon payment of this sum the patent may issue, but if payment is not timely made, the application shall be regarded as abandoned.

(Amended July 24, 1965, Public Law 89-83, sec. 4, 79 Stat. 260; Jan. 2, 1975, Public Law 93-601, sec. 3, 88 Stat. 1956; Nov. 29, 1999, Public Law 106-113, sec. 1000(a)(9), 113 Stat. 1501A-582 (S. 1948 sec. 4732(a)(10)(A)); Nov. 29, 1999, Public Law 106-113, sec. 1000(a)(9), 113 Stat. 1501A-582 (S. 1948 sec. 4732(a)(10)(A)); Dec. 18, 2012, Public Law 112-211, sec. 202(b)(6), 126 Stat. 1536.)

**35 U.S.C. 152  Issue of patent to assignee.**

Patents may be granted to the assignee of the inventor of record in the Patent and Trademark Office, upon the application made and the specification sworn to by the inventor, except as otherwise provided in this title.

(Amended Jan. 2, 1975, Public Law 93-596, sec. 1, 88 Stat. 1949.)

**35 U.S.C. 153  How issued.**

Patents shall be issued in the name of the United States of America, under the seal of the Patent and Trademark Office, and shall be signed by the Director or have his signature placed thereon and shall be recorded in the Patent and Trademark Office.

(Amended Jan. 2, 1975, Public Law 93-596, sec. 1, 88 Stat. 1949; Nov. 29, 1999, Public Law 106-113, sec. 1000(a)(9), 113 Stat. 1501A-582 (S. 1948 sec. 4732(a)(10)(A)); Nov. 2, 2002, Public Law 107-273, sec. 13203, 116 Stat. 1902.)

**35 U.S.C. 154  Contents and term of patent; provisional rights.**

*[Editor Note: 35 U.S.C. 154(b)(1) as set forth below is only applicable to patent applications subject to the first inventor to file provisions of the AIA (see **35 U.S.C. 100 (note)**). See **35 U.S.C. 154(b)(1) (pre-AIA)** for the law otherwise applicable.]*

(a) IN GENERAL.—

(1) CONTENTS.—Every patent shall contain a short title of the invention and a grant to the patentee, his heirs or assigns, of the right to exclude others from making, using, offering for sale, or selling the invention throughout the United States or importing the invention into the United States, and, if the invention is a process, of the right to

exclude others from using, offering for sale or selling throughout the United States, or importing into the United States, products made by that process, referring to the specification for the particulars thereof.

(2) TERM.—Subject to the payment of fees under this title, such grant shall be for a term beginning on the date on which the patent issues and ending 20 years from the date on which the application for the patent was filed in the United States or, if the application contains a specific reference to an earlier filed application or applications under **section 120**, **121**, or **365(c)**, from the date on which the earliest such application was filed.

(3) PRIORITY.—Priority under **section 119**, **365(a)**, or **365(b)** shall not be taken into account in determining the term of a patent.

(4) SPECIFICATION AND DRAWING.—A copy of the specification and drawing shall be annexed to the patent and be a part of such patent.

(b) ADJUSTMENT OF PATENT TERM.—

(1) PATENT TERM GUARANTEES.—

(A) GUARANTEE OF PROMPT PATENT AND TRADEMARK OFFICE RESPONSES.— Subject to the limitations under paragraph (2), if the issue of an original patent is delayed due to the failure of the Patent and Trademark Office to—

(i) provide at least one of the notifications under **section 132** or a notice of allowance under **section 151** not later than 14 months after—

(I) the date on which an application was filed under **section 111(a)**; or

(II) the date of commencement of the national stage under **section 371** in an international application;

(ii) respond to a reply under **section 132**, or to an appeal taken under **section 134**, within 4 months after the date on which the reply was filed or the appeal was taken;

(iii) act on an application within 4 months after the date of a decision by the Patent Trial and Appeal Board under **section 134** or **135** or a decision by a Federal court under **section 141**, **145**, or **146** in a case in which allowable claims remain in the application; or

(iv) issue a patent within 4 months after the date on which the issue fee was paid under **section 151** and all outstanding requirements were satisfied,

the term of the patent shall be extended 1 day for each day after the end of the period specified in clause (i), (ii), (iii), or (iv), as the case may be, until the action described in such clause is taken.

(B) GUARANTEE OF NO MORE THAN 3-YEAR APPLICATION PENDENCY.— Subject to the limitations under paragraph (2), if the issue of an original patent is delayed due to the failure of the United States Patent and Trademark Office to issue a patent within 3 years after the actual filing date of the application under **section 111(a)** in the United States or, in the case of an international application, the date of commencement of the national stage under **section 371** in the international application not including—

(i) any time consumed by continued examination of the application requested by the applicant under **section 132(b)**;

(ii) any time consumed by a proceeding under **section 135(a)**, any time consumed by the imposition of an order under **section 181**, or any time consumed by appellate review by the Patent Trial and Appeal Board or by a Federal court; or

(iii) any delay in the processing of the application by the United States Patent and Trademark Office requested by the applicant except as permitted by paragraph (3)(C),

the term of the patent shall be extended 1 day for each day after the end of that 3-year period until the patent is issued.

(C) GUARANTEE OR ADJUSTMENTS FOR DELAYS DUE TO DERIVATION PROCEEDINGS, SECRECY ORDERS, AND APPEALS.— Subject to the limitations under paragraph (2), if the issue of an original patent is delayed due to—

(i) a proceeding under **section 135(a)**;

(ii) the imposition of an order under **section 181**; or

(iii) appellate review by the Patent Trial and Appeal Board or by a Federal court in a case in which the patent was issued under a decision in the review reversing an adverse determination of patentability,

the term of the patent shall be extended 1 day for each day of the pendency of the proceeding, order, or review, as the case may be.

(2) LIMITATIONS.—

(A) IN GENERAL.— To the extent that periods of delay attributable to grounds specified in paragraph (1) overlap, the period of any adjustment granted under this subsection shall not exceed the actual number of days the issuance of the patent was delayed.

(B) DISCLAIMED TERM.— No patent the term of which has been disclaimed beyond a specified date may be adjusted under this section beyond the expiration date specified in the disclaimer.

(C) REDUCTION OF PERIOD OF ADJUSTMENT.—

(i) The period of adjustment of the term of a patent under paragraph (1) shall be reduced by a period equal to the period of time during which the applicant failed to engage in reasonable efforts to conclude prosecution of the application.

(ii) With respect to adjustments to patent term made under the authority of paragraph (1)(B), an applicant shall be deemed to have failed to engage in reasonable efforts to conclude processing or examination of an application for the cumulative total of any periods of time in excess of 3 months that are taken to respond to a notice from the Office making any rejection, objection, argument, or other request, measuring such 3-month period from the date the notice was given or mailed to the applicant.

(iii) The Director shall prescribe regulations establishing the circumstances that constitute a failure of an applicant to engage in reasonable efforts to conclude processing or examination of an application.

(3) PROCEDURES FOR PATENT TERM ADJUSTMENT DETERMINATION.—

(A) The Director shall prescribe regulations establishing procedures for the application for and determination of patent term adjustments under this subsection.

(B) Under the procedures established under subparagraph (A), the Director shall—

(i) make a determination of the period of any patent term adjustment under this subsection, and shall transmit a notice of that determination no later than the date of issuance of the patent; and

(ii) provide the applicant one opportunity to request reconsideration of any patent term adjustment determination made by the Director.

(C) The Director shall reinstate all or part of the cumulative period of time of an adjustment under paragraph (2)(C) if the applicant, prior to the issuance of the patent, makes a showing that, in spite of all due care, the applicant was unable to respond within the 3-month period, but in no case shall more than three additional months for each such response beyond the original 3-month period be reinstated.

(D) The Director shall proceed to grant the patent after completion of the Director's determination of a patent term adjustment under the procedures established under this subsection, notwithstanding any appeal taken by the applicant of such determination.

(4) APPEAL OF PATENT TERM ADJUSTMENT DETERMINATION.—

(A) An applicant dissatisfied with the Director's decision on the applicant's request for reconsideration under paragraph (3)(B)(ii) shall have exclusive remedy by a civil action against the Director filed in the United States District Court for the Eastern District of Virginia within 180 days after the date of the Director's decision on the applicant's request for reconsideration. Chapter 7 of title 5 shall apply to such action. Any final judgment resulting in a change to the period of adjustment of the patent term shall be served on the Director, and the Director shall thereafter alter the term of the patent to reflect such change.

(B) The determination of a patent term adjustment under this subsection shall not be subject to appeal or challenge by a third party prior to the grant of the patent.

(c) CONTINUATION.—

(1) DETERMINATION.—The term of a patent that is in force on or that results from an application filed before the date that is 6 months after the date of the enactment of the Uruguay Round Agreements Act shall be the greater of the 20-year term as provided in subsection (a), or 17 years from grant, subject to any terminal disclaimers.

(2) REMEDIES.—The remedies of **sections 283**, **284**, and **285** shall not apply to acts which —

(A) were commenced or for which substantial investment was made before the date that is 6 months after the date of the enactment of the Uruguay Round Agreements Act; and

(B) became infringing by reason of paragraph (1).

(3) REMUNERATION.—The acts referred to in paragraph (2) may be continued only upon the payment of an equitable remuneration to the patentee that is determined in an action brought under **chapter 28** and **chapter 29** (other than those provisions excluded by paragraph (2)).

(d) PROVISIONAL RIGHTS.—

(1) IN GENERAL.— In addition to other rights provided by this section, a patent shall include the right to obtain a reasonable royalty from any person who, during the period beginning on the date of publication of the application for such patent under **section 122(b)**, or in the case of an international application filed under the treaty defined in **section 351(a)** designating the United States under **Article 21(2)(a)** of such treaty, the date of publication of the application, and ending on the date the patent is issued—

(A) (i) makes, uses, offers for sale, or sells in the United States the invention as claimed in the published patent application or imports such an invention into the United States; or

(ii) if the invention as claimed in the published patent application is a process, uses, offers for sale, or sells in the United States or imports into the United States products made by that process as claimed in the published patent application; and

(B) had actual notice of the published patent application and, in a case in which the right arising under this paragraph is based upon an international application designating the United States that is published in a language other than English, had a translation of the international application into the English language.

(2) RIGHT BASED ON SUBSTANTIALLY IDENTICAL INVENTIONS.— The right under paragraph (1) to obtain a reasonable royalty shall not be available under this subsection unless the invention as claimed in the patent is substantially identical to the invention as claimed in the published patent application.

(3) TIME LIMITATION ON OBTAINING A REASONABLE ROYALTY.— The right under paragraph (1) to obtain a reasonable royalty shall be available only in an action brought not later than 6 years after the patent is issued. The right under paragraph (1) to obtain a reasonable royalty shall not be affected by the duration of the period described in paragraph (1).

(4) REQUIREMENTS FOR INTERNATIONAL APPLICATIONS—

(A) EFFECTIVE DATE.— The right under paragraph (1) to obtain a reasonable royalty based upon the publication under the treaty defined in **section 351(a)** of an international application designating the United States shall commence on the date of publication under the treaty of the international application, or, if the publication under the treaty of the international application is in a language other

than English, on the date on which the Patent and Trademark Office receives a translation of the publication in the English language.

(B) COPIES.— The Director may require the applicant to provide a copy of the international application and a translation thereof.

(Amended July 24, 1965, Public Law 89-83, sec. 5, 79 Stat. 261; Dec. 12, 1980, Public Law 96-517, sec. 4, 94 Stat. 3018; Aug. 23, 1988, Public Law 100-418, sec. 9002, 102 Stat. 1563; Dec. 8, 1994, Public Law 103-465, sec. 532 (a)(1), 108 Stat. 4983; Oct. 11, 1996, Public Law 104-295, sec. 20(e)(1), 110 Stat. 3529; subsection (b) amended Nov. 29, 1999, Public Law 106-113, sec. 1000(a)(9), 113 Stat. 1501A-557 (S. 1948 sec. 4402(a)); subsection (d) added Nov. 29, 1999, Public Law 106-113, sec. 1000(a)(9), 113 Stat. 1501A-564 (S. 1948 sec. 4504); subsection (b)(4) amended Nov. 2, 2002, Public Law 107-273, sec. 13206, 116 Stat. 1904; subsection (d)(4)(A) amended Nov. 2, 2002, Public Law 107-273, sec. 13204, 116 Stat. 1902; subsection (b)(4)(A) amended Sept. 16, 2011, Public Law 112-29, secs. 9 (effective Sept. 16, 2011), 20(j) (effective Sept. 16, 2012), and 3(j) (effective March 16, 2013), 125 Stat. 284; subsection (b) amended Jan. 14, 2013, Public Law 112-274, sec. 1(h), 126 Stat. 2456.)

### 35 U.S.C. 154 (pre-AIA) Contents and term of patent; provisional rights.

*[Editor Note: 35 U.S.C. 154(b)(1)(pre-AIA) as set forth below is **not applicable** to any patent application subject to the first inventor to file provisions of the AIA (see **35 U.S.C. 100 (note)**). See **35 U.S.C. 154(b)(1)** for the law otherwise applicable.]*

\*\*\*\*\*

(b) ADJUSTMENT OF PATENT TERM.—

(1) PATENT TERM GUARANTEES.—

(A) GUARANTEE OF PROMPT PATENT AND TRADEMARK OFFICE RESPONSES.— Subject to the limitations under paragraph (2), if the issue of an original patent is delayed due to the failure of the Patent and Trademark Office to—

(i) provide at least one of the notifications under **section 132** or a notice of allowance under **section 151** not later than 14 months after—

(I) the date on which an application was filed under **section 111(a)**; or

(II) the date of commencement of the national stage under **section 371** in an international application;

(ii) respond to a reply under **section 132**, or to an appeal taken under **section 134**, within 4 months after the date on which the reply was filed or the appeal was taken;

(iii) act on an application within 4 months after the date of a decision by the Board of Patent Appeals and Interferences under **section 134** or **135** or a decision by a Federal court under **section 141**, **145**, or **146** in a case in which allowable claims remain in the application; or

(iv) issue a patent within 4 months after the date on which the issue fee was paid under **section 151** and all outstanding requirements were satisfied,
the term of the patent shall be extended 1 day for each day after the end of the period specified in clause (i), (ii), (iii), or (iv), as the case may be, until the action described in such clause is taken.

(B) GUARANTEE OF NO MORE THAN 3-YEAR APPLICATION PENDENCY.— Subject to the limitations under paragraph (2), if the issue of an original patent is delayed due to the failure of the United States Patent and Trademark Office to issue a patent within 3 years after the actual filing date of the application under **section 111(a)** in the United States or, in the case of an international application, the date of commencement of the national stage under **section 371** in the international application not including—

(i) any time consumed by continued examination of the application requested by the applicant under **section 132(b)**;

(ii) any time consumed by a proceeding under **section 135(a)**, any time consumed by the imposition of an order under **section 181**, or any time consumed by appellate review by the Board of Patent Appeals and Interferences or by a Federal court; or

(iii) any delay in the processing of the application by the United States Patent and Trademark Office requested by the applicant except as permitted by paragraph (3)(C),

the term of the patent shall be extended 1 day for each day after the end of that 3-year period until the patent is issued.

(C) GUARANTEE OR ADJUSTMENTS FOR DELAYS DUE TO INTERFERENCES, SECRECY ORDERS, AND APPEALS.— Subject to the limitations under paragraph (2), if the issue of an original patent is delayed due to—

(i) a proceeding under **section 135(a)**;

(ii) the imposition of an order under **section 181**;

or

(iii) appellate review by the Board of Patent Appeals and Interferences or by a Federal court in a case in which the patent was issued under a decision in the review reversing an adverse determination of patentability,

the term of the patent shall be extended 1 day for each day of the pendency of the proceeding, order, or review, as the case may be.

*****

(Amended July 24, 1965, Public Law 89-83, sec. 5, 79 Stat. 261; Dec. 12, 1980, Public Law 96-517, sec. 4, 94 Stat. 3018; Aug. 23, 1988, Public Law 100-418, sec. 9002, 102 Stat. 1563; Dec. 8, 1994, Public Law 103-465, sec. 532 (a)(1), 108 Stat. 4983; Oct. 11, 1996, Public Law 104-295, sec. 20(e)(1), 110 Stat. 3529; subsection (b) amended Nov. 29, 1999, Public Law 106-113, sec. 1000(a)(9), 113 Stat. 1501A-557 (S. 1948 sec. 4402(a)); subsection (d) added Nov. 29, 1999, Public Law 106-113, sec. 1000(a)(9), 113 Stat. 1501A-564 (S. 1948 sec. 4504); subsection (b)(4) amended Nov. 2, 2002, Public Law 107-273, sec. 13206, 116 Stat. 1904; subsection (d)(4)(A) amended Nov. 2, 2002, Public Law 107-273, sec. 13204, 116 Stat. 1902; subsection (b)(4)(A) amended Sept. 16, 2011, Public Law 112-29, secs. 9 (effective Sept. 16, 2011) and 20(j) (effective Sept. 16, 2012), 125 Stat. 284.)

## 35 U.S.C. 155 [Repealed.]

(Repealed Sept. 16, 2011, Public Law 112-29, sec. 20(k) (effective Sept. 16, 2012), 125 Stat. 284.)

## 35 U.S.C. 155A [Repealed.]

(Repealed Sept. 16, 2011, Public Law 112-29, sec. 20(k) (effective Sept. 16, 2012), 125 Stat. 284.)

## 35 U.S.C. 156 Extension of patent term.

(a) The term of a patent which claims a product, a method of using a product, or a method of manufacturing a product shall be extended in accordance with this section from the original expiration date of the patent, which shall include any patent term adjustment granted under **section 154(b)** if —

(1) the term of the patent has not expired before an application is submitted under subsection (d)(1) for its extension;

(2) the term of the patent has never been extended under subsection (e)(1) of this section;

(3) an application for extension is submitted by the owner of record of the patent or its agent and in accordance with the requirements of paragraphs (1) through (4) of subsection (d);

(4) the product has been subject to a regulatory review period before its commercial marketing or use;

(5) (A) except as provided in subparagraph (B) or (C), the permission for the commercial marketing or use of the product after such regulatory review period is the first permitted commercial marketing or use of the product under the provision of law under which such regulatory review period occurred;

(B) in the case of a patent which claims a method of manufacturing the product which primarily uses recombinant DNA technology in the manufacture of the product, the permission for the commercial marketing or use of the product after such regulatory period is the first permitted commercial marketing or use of a product manufactured under the process claimed in the patent; or

(C) for purposes of subparagraph (A), in the case of a patent which —

(i) claims a new animal drug or a veterinary biological product which (I) is not covered by the claims in any other patent which has been extended, and (II) has received permission for the commercial marketing or use in non-food-producing animals and in food-producing animals, and

(ii) was not extended on the basis of the regulatory review period for use in non-food-producing animals,

the permission for the commercial marketing or use of the drug or product after the regulatory review period for use in food-producing animals is the first permitted commercial marketing or use of the drug or product for administration to a food-producing animal.

The product referred to in paragraphs (4) and (5) is hereinafter in this section referred to as the "approved product."

(b) Except as provided in subsection (d)(5)(F), the rights derived from any patent the term of which is extended under this section shall during the period during which the term of the patent is extended —

(1) in the case of a patent which claims a product, be limited to any use approved for the product —

(A) before the expiration of the term of the patent —

(i) under the provision of law under which the applicable regulatory review occurred, or

(ii) under the provision of law under which any regulatory review described in paragraph (1), (4), or (5) of subsection (g) occurred, and

(B) on or after the expiration of the regulatory review period upon which the extension of the patent was based;

(2) in the case of a patent which claims a method of using a product, be limited to any use claimed by the patent and approved for the product —

(A) before the expiration of the term of the patent —

(i) under any provision of law under which an applicable regulatory review occurred, and

(ii) under the provision of law under which any regulatory review described in paragraph (1), (4), or (5) of subsection (g) occurred, and

(B) on or after the expiration of the regulatory review period upon which the extension of the patent was based; and

(3) in the case of a patent which claims a method of manufacturing a product, be limited to the method of manufacturing as used to make —

(A) the approved product, or

(B) the product if it has been subject to a regulatory review period described in paragraph (1), (4), or (5) of subsection (g).

As used in this subsection, the term "product" includes an approved product.

(c) The term of a patent eligible for extension under subsection (a) shall be extended by the time equal to the regulatory review period for the approved product which period occurs after the date the patent is issued, except that—

      (1) each period of the regulatory review period shall be reduced by any period determined under subsection (d)(2)(B) during which the applicant for the patent extension did not act with due diligence during such period of the regulatory review period;

      (2) after any reduction required by paragraph (1), the period of extension shall include only one-half of the time remaining in the periods described in paragraphs (1)(B)(i), (2)(B)(i), (3)(B)(i), (4)(B)(i), and (5)(B)(i) of subsection (g);

      (3) if the period remaining in the term of a patent after the date of the approval of the approved product under the provision of law under which such regulatory review occurred when added to the regulatory review period as revised under paragraphs (1) and (2) exceeds fourteen years, the period of extension shall be reduced so that the total of both such periods does not exceed fourteen years, and

      (4) in no event shall more than one patent be extended under subsection (e)(i) for the same regulatory review period for any product.

    (d) (1) To obtain an extension of the term of a patent under this section, the owner of record of the patent or its agent shall submit an application to the Director. Except as provided in paragraph (5), such an application may only be submitted within the sixty-day period beginning on the date the product received permission under the provision of law under which the applicable regulatory review period occurred for commercial marketing or use. The application shall contain—

      (A) the identity of the approved product and the Federal statute under which regulatory review occurred;

      (B) the identity of the patent for which an extension is being sought and the identity of each claim of such patent which claims the approved product or a method of using or manufacturing the approved product;

      (C) information to enable the Director to determine under subsections (a) and (b) the eligibility of a patent for extension and the rights that will be derived from the extension and information to enable the Director and the Secretary of Health and Human Services or the Secretary of Agriculture to determine the period of the extension under subsection (g);

      (D) a brief description of the activities undertaken by the applicant during the applicable regulatory review period with respect to the approved product and the significant dates applicable to such activities; and

      (E) such patent or other information as the Director may require.

For purposes of determining the date on which a product receives permission under the second sentence of this paragraph, if such permission is transmitted after 4:30 P.M., Eastern Time, on a business day, or is transmitted on a day that is not a business day, the product shall be deemed to receive such permission on the next business day. For purposes of the preceding sentence, the term "business day" means any Monday, Tuesday, Wednesday, Thursday, or Friday, excluding any legal holiday under section 6103 of title 5.

    (2) (A) Within 60 days of the submittal of an application for extension of the term of a patent under paragraph (1), the Director shall notify —

      (i) the Secretary of Agriculture if the patent claims a drug product or a method of using or manufacturing a drug product and the drug product is subject to the Virus-Serum-Toxin Act, and

      (ii) the Secretary of Health and Human Services if the patent claims any other drug product, a medical device, or a food additive or color additive or a method of using or manufacturing such a product, device, or additive and if the product, device, and additive are subject to the Federal Food, Drug and Cosmetic Act, of the extension application and shall submit to the Secretary who is so notified a copy of the application. Not later than 30 days after the receipt of an application from the Director, the Secretary reviewing the application shall review the dates contained in the application pursuant to paragraph (1)(C) and determine the applicable regulatory review period, shall

notify the Director of the determination, and shall publish in the Federal Register a notice of such determination.

      (B) (i) If a petition is submitted to the Secretary making the determination under subparagraph (A), not later than 180 days after the publication of the determination under subparagraph (A), upon which it may reasonably be determined that the applicant did not act with due diligence during the applicable regulatory review period, the Secretary making the determination shall, in accordance with regulations promulgated by the Secretary, determine if the applicant acted with due diligence during the applicable regulatory review period. The Secretary making the determination shall make such determination not later than 90 days after the receipt of such a petition. For a drug product, device, or additive subject to the Federal Food, Drug, and Cosmetic Act or the Public Health Service Act, the Secretary may not delegate the authority to make the determination prescribed by this clause to an office below the Office of the Commissioner of Food and Drugs. For a product subject to the Virus-Serum-Toxin Act, the Secretary of Agriculture may not delegate the authority to make the determination prescribed by this clause to an office below the Office of the Assistant Secretary for Marketing and Inspection Services.

      (ii) The Secretary making a determination under clause (i) shall notify the Director of the determination and shall publish in the Federal Register a notice of such determination together with the factual and legal basis for such determination. Any interested person may request, within the 60-day period beginning on the publication of a determination, the Secretary making the determination to hold an informal hearing on the determination. If such a request is made within such period, such Secretary shall hold such hearing not later than 30 days after the date of the request, or at the request of the person making the request, not later than 60 days after such date. The Secretary who is holding the hearing shall provide notice of the hearing to the owner of the patent involved and to any interested person and provide the owner and any interested person an opportunity to participate in the hearing. Within 30 days after the completion of the hearing, such Secretary shall affirm or revise the determination which was the subject of the hearing and notify the Director of any revision of the determination and shall publish any such revision in the Federal Register.

      (3) For the purposes of paragraph (2)(B), the term "due diligence" means that degree of attention, continuous directed effort, and timeliness as may reasonably be expected from, and are ordinarily exercised by, a person during a regulatory review period.

      (4) An application for the extension of the term of a patent is subject to the disclosure requirements prescribed by the Director.

      (5) (A) If the owner of record of the patent or its agent reasonably expects that the applicable regulatory review period described in paragraphs (1)(B)(ii), (2)(B)(ii), (3)(B)(ii), (4)(B)(ii), or (5)(B)(ii) of subsection (g) that began for a product that is the subject of such patent may extend beyond the expiration of the patent term in effect, the owner or its agent may submit an application to the Director for an interim extension during the period beginning 6 months, and ending 15 days before such term is due to expire. The application shall contain—

      (i) the identity of the product subject to regulating review and the Federal statute under which such review is occurring;

      (ii) the identity of the patent for which interim extension is being sought and the identity of each claim of such patent which claims the product under regulatory review or a method of using or manufacturing the product;

      (iii) information to enable the Director to determine under subsection (a)(1), (2), and (3) the eligibility of a patent for extension;

      (iv) a brief description of the activities undertaken by the applicant during the applicable regulatory review period to date with respect to the product under review and the significant dates applicable to such activities; and

      (v) such patent or other information as the Director may require.

      (B) If the Director determines that, except for permission to market or use the product commercially, the patent would be eligible for an extension of the patent term under this section, the Director shall publish in the Federal Register a notice of such determination, including the identity of the product under regulatory review, and shall issue to the applicant a certificate of interim extension for a period of not more than 1 year.

(C) The owner of record of a patent, or its agent, for which an interim extension has been granted under subparagraph (B), may apply for not more than 4 subsequent interim extensions under this paragraph, except that, in the case of a patent subject to subsection (g)(6)(C), the owner of record of the patent, or its agent, may apply for only 1 subsequent interim extension under this paragraph. Each such subsequent application shall be made during the period beginning 60 days before, and ending 30 days before, the expiration of the preceding interim extension.

(D) Each certificate of interim extension under this paragraph shall be recorded in the official file of the patent and shall be considered part of the original patent.

(E) Any interim extension granted under this paragraph shall terminate at the end of the 60-day period beginning on the day on which the product involved receives permission for commercial marketing or use, except that, if within that 60-day period, the applicant notifies the Director of such permission and submits any additional information under paragraph (1) of this subsection not previously contained in the application for interim extension, the patent shall be further extended, in accordance with the provisions of this section—

(i) for not to exceed 5 years from the date of expiration of the original patent term; or

(ii) if the patent is subject to subsection (g)(6)(C), from the date on which the product involved receives approval for commercial marketing or use.

(F) The rights derived from any patent the term of which is extended under this paragraph shall, during the period of interim extension—

(i) in the case of a patent which claims a product, be limited to any use then under regulatory review;

(ii) in the case of a patent which claims a method of using a product, be limited to any use claimed by the patent then under regulatory review; and

(iii) in the case of a patent which claims a method of manufacturing a product, be limited to the method of manufacturing as used to make the product then under regulatory review.

(e) (1) A determination that a patent is eligible for extension may be made by the Director solely on the basis of the representations contained in the application for the extension. If the Director determines that a patent is eligible for extension under subsection (a) and that the requirements of paragraphs (1) through (4) of subsection (d) have been complied with, the Director shall issue to the applicant for the extension of the term of the patent a certificate of extension, under seal, for the period prescribed by subsection (c). Such certificate shall be recorded in the official file of the patent and shall be considered as part of the original patent.

(2) If the term of a patent for which an application has been submitted under subsection (d)(1) would expire before a certificate of extension is issued or denied under paragraph (1) respecting the application, the Director shall extend, until such determination is made, the term of the patent for periods of up to one year if he determines that the patent is eligible for extension.

(f) For purposes of this section:

(1) The term "product" means:

(A) A drug product.

(B) Any medical device, food additive, or color additive subject to regulation under the Federal Food, Drug, and Cosmetic Act.

(2) The term "drug product" means the active ingredient of—

(A) a new drug, antibiotic drug, or human biological product (as those terms are used in the Federal Food, Drug, and Cosmetic Act and the Public Health Service Act), or

(B) a new animal drug or veterinary biological product (as those terms are used in the Federal Food, Drug, and Cosmetic Act and the Virus-Serum-Toxin Act) which is not primarily manufactured using recombinant DNA, recombinant RNA, hybridoma technology, or other processes involving site specific genetic manipulation techniques including any salt or ester of the active ingredient, as a single entity or in combination with another active ingredient.

(3) The term "major health or environmental effects test" means a test which is reasonably related to the evaluation of the health or environmental effects of a product, which requires at least six months to conduct, and the data from which is submitted to receive permission for commercial marketing or use. Periods of analysis or evaluation of test results are not to be included in determining if the conduct of a test required at least six months.

(4) (A) Any reference to section 351 is a reference to section 351 of the Public Health Service Act.

(B) Any reference to section 503, 505, 512, or 515 is a reference to section 503, 505, 512, or 515 of the Federal Food, Drug and Cosmetic Act.

(C) Any reference to the Virus-Serum-Toxin Act is a reference to the Act of March 4, 1913 (21 U.S.C. 151 - 158).

(5) The term "informal hearing" has the meaning prescribed for such term by section 201(y) of the Federal Food, Drug and Cosmetic Act.

(6) The term "patent" means a patent issued by the United States Patent and Trademark Office.

(7) The term "date of enactment" as used in this section means September 24, 1984, for human drug product, a medical device, food additive, or color additive.

(8) The term "date of enactment" as used in this section means the date of enactment of the Generic Animal Drug and Patent Term Restoration Act for an animal drug or a veterinary biological product.

(g) For purposes of this section, the term "regulatory review period" has the following meanings:

(1) (A) In the case of a product which is a new drug, antibiotic drug, or human biological product, the term means the period described in subparagraph (B) to which the limitation described in paragraph (6) applies.

(B) The regulatory review period for a new drug, antibiotic drug, or human biological product is the sum of —

(i) the period beginning on the date an exemption under subsection (i) of section 505 or subsection (d) of section 507 became effective for the approved product and ending on the date an application was initially submitted for such drug product under section 351, 505, or 507, and

(ii) the period beginning on the date the application was initially submitted for the approved product under section 351, subsection (b) of section 505, or section 507 and ending on the date such application was approved under such section.

(2) (A) In the case of a product which is a food additive or color additive, the term means the period described in subparagraph (B) to which the limitation described in paragraph (6) applies.

(B) The regulatory review period for a food or color additive is the sum of —

(i) the period beginning on the date a major health or environmental effects test on the additive was initiated and ending on the date a petition was initially submitted with respect to the product under the Federal Food, Drug, and Cosmetic Act requesting the issuance of a regulation for use of the product, and

(ii) the period beginning on the date a petition was initially submitted with respect to the product under the Federal Food, Drug, and Cosmetic Act requesting the issuance of a regulation for use of the product, and ending on the date such regulation became effective or, if objections were filed to such regulation, ending on the date such objections were resolved and commercial marketing was permitted or, if commercial marketing was permitted and later revoked pending further proceedings as a result of such objections, ending on the date such proceedings were finally resolved and commercial marketing was permitted.

(3) (A) In the case of a product which is a medical device, the term means the period described in subparagraph (B) to which the limitation described in paragraph (6) applies.

(B) The regulatory review period for a medical device is the sum of —

(i) the period beginning on the date a clinical investigation on humans involving the device was begun and ending on the date an application was initially submitted with respect to the device under section 515, and

(ii) the period beginning on the date an application was initially submitted with respect to the device under section 515 and ending on the date such application was approved under such Act or the period beginning on the date a notice of completion of a product development protocol was initially submitted under section 515(f)(5) and ending on the date the protocol was declared completed under section 515(f)(6).

(4) (A) In the case of a product which is a new animal drug, the term means the period described in subparagraph (B) to which the limitation described in paragraph (6) applies.

(B) The regulatory review period for a new animal drug product is the sum of —

(i) the period beginning on the earlier of the date a major health or environmental effects test on the drug was initiated or the date an exemption under subsection (j) of section 512 became effective for the approved new animal drug product and ending on the date an application was initially submitted for such animal drug product under section 512, and

(ii) the period beginning on the date the application was initially submitted for the approved animal drug product under subsection (b) of section 512 and ending on the date such application was approved under such section.

(5) (A) In the case of a product which is a veterinary biological product, the term means the period described in subparagraph (B) to which the limitation described in paragraph (6) applies.

(B) The regulatory period for a veterinary biological product is the sum of —

(i) the period beginning on the date the authority to prepare an experimental biological product under the Virus-Serum-Toxin Act became effective and ending on the date an application for a license was submitted under the Virus-Serum-Toxin Act, and

(ii) the period beginning on the date an application for a license was initially submitted for approval under the Virus-Serum-Toxin Act and ending on the date such license was issued.

(6) A period determined under any of the preceding paragraphs is subject to the following limitations:

(A) If the patent involved was issued after the date of the enactment of this section, the period of extension determined on the basis of the regulatory review period determined under any such paragraph may not exceed five years.

(B) If the patent involved was issued before the date of the enactment of this section and —

(i) no request for an exemption described in paragraph (1)(B) or (4)(B) was submitted and no request for the authority described in paragraph (5)(B) was submitted,

(ii) no major health or environment effects test described in paragraph (2)(B) or (4)(B) was initiated and no petition for a regulation or application for registration described in such paragraph was submitted, or

(iii) no clinical investigation described in paragraph (3) was begun or product development protocol described in such paragraph was submitted, before such date for the approved product the period of extension determined on the basis of the regulatory review period determined under any such paragraph may not exceed five years.

(C) If the patent involved was issued before the date of the enactment of this section and if an action described in subparagraph (B) was taken before the date of enactment of this section with respect to the approved product and the commercial marketing or use of the product has not been approved before such date, the period of extension determined on the basis of the regulatory review period determined under such paragraph may not exceed two years or in the case of an approved product which is a new animal drug or veterinary biological product (as those terms are used in the Federal Food, Drug, and Cosmetic Act or the Virus-Serum-Toxin Act), three years.

(h) The Director may establish such fees as the Director determines appropriate to cover the costs to the Office of receiving and acting upon applications under this section.

(Added Sept. 24, 1984, Public Law 98-417, sec. 201(a), 98 Stat. 1598; amended Nov. 16, 1988, Public Law 100-670, sec. 201(a)-(h), 102 Stat. 3984; Dec. 3, 1993, Public Law 103-179, secs. 5, 6, 107 Stat. 2040, 2042; Dec. 8, 1994, Public Law 103-465, sec. 532(c)(1), 108 Stat. 4987; subsection (f) amended Nov. 21, 1997, Public Law 105-115, sec. 125(b)(2)(P), 111 Stat. 2326; amended Nov. 29, 1999, Public Law 106-113, sec. 1000(a)(9), 113 Stat. 1501A-560, 582 (S. 1948 secs. 4404 and 4732(a)(10)(A)); subsections (b)(3)(B), (d)(2)(B)(i), and (g)(6)(B)(iii) amended Nov. 2, 2002, Public Law 107-273, sec. 13206, 116 Stat. 1904; subsection (d)(1) amended Sept. 16, 2011, Public Law 112-29, sec. 37, 125 Stat. 284.)

## 35 U.S.C. 157 [Repealed.]

(Repealed Sept. 16, 2011, Public Law 112-29, sec. 3(e) (effective March 16, 2013), 125 Stat. 284.)

## 35 U.S.C. 157 (pre-AIA) Statutory invention registration.

*[Editor Note: **Not applicable** to requests for statutory invention registrations filed on or after March 16, 2013. 35 U.S.C. 157 repealed with regard to such requests.]*

(a) Notwithstanding any other provision, the Director is authorized to publish a statutory invention registration containing the specification and drawings of a regularly filed application for a patent without examination if the applicant —

(1) meets the requirements of **section 112**;

(2) has complied with the requirements for printing, as set forth in regulations of the Director;

(3) waives the right to receive a patent on the invention within such period as may be prescribed by the Director; and

(4) pays application, publication, and other processing fees established by the Director.If an interference is declared with respect to such an application, a statutory invention registration may not be published unless the issue of priority of invention is finally determined in favor of the applicant.

(b) The waiver under subsection (a)(3) of this section by an applicant shall take effect upon publication of the statutory invention registration.

(c) A statutory invention registration published pursuant to this section shall have all of the attributes specified for patents in this title except those specified in **section 183** and **sections 271** through **289**. A statutory invention registration shall not have any of the attributes specified for patents in any other provision of law other than this title. A statutory invention registration published pursuant to this section shall give appropriate notice to the public, pursuant to regulations which the Director shall issue, of the preceding provisions of this subsection. The invention with respect to which a statutory invention certificate is published is not a patented invention for purposes of **section 292**.

(d) The Director shall report to the Congress annually on the use of statutory invention registrations. Such report shall include an assessment of the degree to which agencies of the federal government are making use of the statutory invention registration system, the degree to which it aids the management of federally developed technology, and an assessment of the cost savings to the Federal Government of the uses of such procedures.

(Added Nov. 8, 1984, Public Law 98-622, sec. 102(a), 98 Stat. 3383; amended Nov. 29, 1999, Public Law 106-113, sec. 1000(a)(9), 113 Stat. 1501A-582, 583 (S. 1948 secs. 4732(a)(10)(A) and 4732(a)(11)); amended Sept. 16, 2011, Public Law 112-29, sec. 20(j) (effective Sept. 16, 2012), 125 Stat. 284.)

## CHAPTER 15 — PLANT PATENTS

Sec.

161  Patents for plants.

162  Description, claim.

163  Grant.

164  Assistance of the Department of Agriculture.

### 35 U.S.C. 161  Patents for plants.

Whoever invents or discovers and asexually reproduces any distinct and new variety of plant, including cultivated sports, mutants, hybrids, and newly found seedlings, other than a tuber propagated plant or a plant found in an uncultivated state, may obtain a patent therefor, subject to the conditions and requirements of this title.

The provisions of this title relating to patents for inventions shall apply to patents for plants, except as otherwise provided.

(Amended Sept. 3, 1954, 68 Stat. 1190.)

### 35 U.S.C. 162  Description, claim.

No plant patent shall be declared invalid for noncompliance with **section 112** if the description is as complete as is reasonably possible.

The claim in the specification shall be in formal terms to the plant shown and described.

(Amended Sept. 16, 2011, Public Law 112-29, sec. 20(j) (effective Sept. 16, 2012), 125 Stat. 284.)

### 35 U.S.C. 163  Grant.

In the case of a plant patent, the grant shall include the right to exclude others from asexually reproducing the plant, and from using, offering for sale, or selling the plant so reproduced, or any of its parts, throughout the United States, or from importing the plant so reproduced, or any parts thereof, into the United States.

(Amended Oct. 27, 1998, Public Law 105-289, sec. 3, 112 Stat. 2781.)

### 35 U.S.C. 164  Assistance of the Department of Agriculture.

The President may by Executive order direct the Secretary of Agriculture, in accordance with the requests of the Director, for the purpose of carrying into effect the provisions of this title with respect to plants (1) to furnish available information of the Department of Agriculture, (2) to conduct through the appropriate bureau or division of the Department research upon special problems, or (3) to detail to the Director officers and employees of the Department.

(Amended Nov. 29, 1999, Public Law 106-113, sec. 1000(a)(9), 113 Stat. 1501A-582 (S. 1948 sec. 4732(a)(10)(A)).)

## CHAPTER 16 — DESIGNS

Sec.

171  Patents for designs.

172  Right of priority.

172  (pre-AIA) Right of priority.

173  Term of design patent.

### 35 U.S.C. 171  Patents for designs.

(a) IN GENERAL.—Whoever invents any new, original, and ornamental design for an article of manufacture may obtain a patent therefor, subject to the conditions and requirements of this title.

(b) APPLICABILITY OF THIS TITLE.—The provisions of this title relating to patents for inventions shall apply to patents for designs, except as otherwise provided.

(c) FILING DATE.—The filing date of an application for patent for design shall be the date on which the specification as prescribed by section **112** and any required drawings are filed.

(Amended Dec. 18, 2012, Public Law 112-211, sec. 202(a), 126 Stat. 1535.)

### 35 U.S.C. 172  Right of priority.

*[Editor Note: Applicable to any patent application subject to the first inventor to file provisions of the AIA (see **35 U.S.C. 100 (note)**). See **35 U.S.C. 172 (pre-AIA)** for the law otherwise applicable.]*

The right of priority provided for by subsections (a) through (d) of **section 119** shall be six months in the case of designs. The right of priority provided for by **section 119(e)** shall not apply to designs.

(Amended Dec. 8, 1994, Public Law 103-465, sec. 532(c)(2), 108 Stat. 4987; amended Sept. 16, 2011, Public Law 112-29, sec. 20(j) (effective Sept. 16, 2012) and sec. 3(g)(effective March 16, 2013), 125 Stat. 284.)

### 35 U.S.C. 172 (pre-AIA)  Right of priority.

*[Editor Note: **Not applicable** to any patent application subject to the first inventor to file provisions of the AIA (see **35 U.S.C. 100 (note)**). See **35 U.S.C. 172** for the law otherwise applicable.]*

The right of priority provided for by subsections (a) through (d) of **section 119** and the time specified in **section 102(d)** shall be six months in the case of designs. The right of priority provided for by **section 119(e)** shall not apply to designs.

(Amended Dec. 8, 1994, Public Law 103-465, sec. 532(c)(2), 108 Stat. 4987; amended Sept. 16, 2011, Public Law 112-29, sec. 20(j), 125 Stat. 284, effective Sept. 16, 2012.)

### 35 U.S.C. 173  Term of design patent.

Patents for designs shall be granted for the term of fourteen years from the date of grant.

(Amended Aug. 27, 1982, Public Law 97-247, sec. 16, 96 Stat. 321; Dec. 8, 1994, Public Law 103-465, sec. 532(c)(3), 108 Stat. 4987.)

CHAPTER 17 — SECRECY OF CERTAIN
INVENTIONS AND FILING APPLICATIONS IN
FOREIGN COUNTRIES

Sec.

**35 U.S.C. 181   Secrecy of certain inventions and withholding of patent.**

Whenever publication or disclosure by the publication of an application or by the grant of a patent on an invention in which the Government has a property interest might, in the opinion of the head of the interested Government agency, be detrimental to the national security, the Commissioner of Patents upon being so notified shall order that the invention be kept secret and shall withhold the publication of an application or the grant of a patent therefor under the conditions set forth hereinafter.

Whenever the publication or disclosure of an invention by the publication of an application or by the granting of a patent, in which the Government does not have a property interest, might, in the opinion of the Commissioner of Patents, be detrimental to the national security, he shall make the application for patent in which such invention is disclosed available for inspection to the Atomic Energy Commission, the Secretary of Defense, and the chief officer of any other department or agency of the Government designated by the President as a defense agency of the United States.

Each individual to whom the application is disclosed shall sign a dated acknowledgment thereof, which acknowledgment shall be entered in the file of the application. If, in the opinion of the Atomic Energy Commission, the Secretary of a Defense Department, or the chief officer of another department or agency so designated, the publication or disclosure of the invention by the publication of an application or by the granting of a patent therefor would be detrimental to the national security, the Atomic Energy Commission, the Secretary of a Defense Department, or such other chief officer shall notify the Commissioner of Patents and the Commissioner of Patents shall order that the invention be kept secret and shall withhold the publication of the application or the grant of a patent for such period as the national interest requires, and notify the applicant thereof. Upon proper showing by the head of the department or agency who caused the secrecy order to be issued that the examination of the application might jeopardize the national interest, the Commissioner of Patents shall thereupon maintain the

application in a sealed condition and notify the applicant thereof. The owner of an application which has been placed under a secrecy order shall have a right to appeal from the order to the Secretary of Commerce under rules prescribed by him.

An invention shall not be ordered kept secret and the publication of an application or the grant of a patent withheld for a period of more than one year. The Commissioner of Patents shall renew the order at the end thereof, or at the end of any renewal period, for additional periods of one year upon notification by the head of the department or the chief officer of the agency who caused the order to be issued that an affirmative determination has been made that the national interest continues to so require. An order in effect, or issued, during a time when the United States is at war, shall remain in effect for the duration of hostilities and one year following cessation of hostilities. An order in effect, or issued, during a national emergency declared by the President shall remain in effect for the duration of the national emergency and six months thereafter. The Commissioner of Patents may rescind any order upon notification by the heads of the departments and the chief officers of the agencies who caused the order to be issued that the publication or disclosure of the invention is no longer deemed detrimental to the national security.

(Amended Nov. 29, 1999, Public Law 106-113, sec. 1000(a)(9), 113 Stat. 1501A-566, 582 (S. 1948 secs. 4507(7) and 4732(a)(10)(B)).)

**35 U.S.C. 182   Abandonment of invention for unauthorized disclosure.**

The invention disclosed in an application for patent subject to an order made pursuant to **section 181** may be held abandoned upon its being established by the Commissioner of Patents that in violation of said order the invention has been published or disclosed or that an application for a patent therefor has been filed in a foreign country by the inventor, his successors, assigns, or legal representatives, or anyone in privity with him or them, without the consent of the Commissioner of Patents. The abandonment shall be held to have occurred as of the time of violation. The consent of the Commissioner of Patents shall not be given without the concurrence of the heads of the departments and the chief officers of the agencies who caused the order to be issued. A holding of abandonment shall constitute forfeiture by the applicant, his successors, assigns, or legal representatives, or anyone in privity with him or them, of all claims against the United States based upon such invention.

(Amended Nov. 29, 1999, Public Law 106-113, sec. 1000(a)(9), 113 Stat. 1501A-582 (S. 1948 sec. 4732(a)(10)(B)); amended Sept. 16, 2011, Public Law 112-29, sec. 20(j) (effective Sept. 16, 2012), 125 Stat. 284.)

**35 U.S.C. 183   Right to compensation.**

An applicant, his successors, assigns, or legal representatives, whose patent is withheld as herein provided, shall have the right, beginning at the date the applicant is notified that, except for such order, his application is otherwise in condition for allowance, or February 1, 1952, whichever is later, and ending six years after a patent is issued thereon, to apply to the head of any department or agency who caused the order to be issued for compensation for the damage caused by the order of secrecy and/or for the use of the invention by the Government, resulting from his disclosure. The right to compensation for use shall begin on the date of the first use of the invention by the Government. The head of the department or agency is authorized, upon the presentation of a claim, to enter into an agreement with the applicant, his successors, assigns, or legal representatives, in full settlement for the damage and/or use. This settlement agreement shall be conclusive for all purposes notwithstanding any other provision of law to the contrary. If full settlement of the claim cannot be effected, the head of the department or agency may award and pay to such applicant, his successors, assigns, or legal representatives, a sum not exceeding 75 per centum of the sum which the head of the department or agency considers just compensation for the damage and/or use. A claimant may bring suit against the United States in the United States Court of Federal Claims or in the District Court of the United States for the district in which such claimant is a resident for an amount which when added to the award shall constitute just compensation for the damage and/or use of the invention by the Government. The owner of any patent issued upon an application that was subject to a secrecy order issued pursuant to **section 181**, who did not apply for compensation as above provided, shall have the right, after the date of issuance of such patent, to bring suit in the United States Court of Federal Claims for just compensation for the damage caused by reason of the order of secrecy and/or use by the Government of the invention resulting from his disclosure. The right to compensation for use shall begin on the date of the first use of the invention by the Government. In a suit under the provisions of this section the United States may avail itself of all defenses it may plead in an action under section 1498 of title 28. This section shall not confer a right of action on anyone or his successors, assigns, or legal representatives who, while in the full-time employment or service of the United States, discovered, invented, or developed the invention on which the claim is based.

(Amended Apr. 2, 1982, Public Law 97-164, sec. 160(a)(12), 96 Stat. 48; Oct. 29, 1992, Public Law 102-572, sec. 902 (b)(1), 106 Stat. 4516; amended Sept. 16, 2011, Public Law 112-29, sec. 20(j) (effective Sept. 16, 2012), 125 Stat. 284.)

### 35 U.S.C. 184   Filing of application in foreign country.

*[Editor Note: Applicable to proceedings commenced on or after Sept. 16, 2012. See 35 U.S.C. 184 (pre-AIA) for the law otherwise applicable.]*

(a) FILING IN FOREIGN COUNTRY.—Except when authorized by a license obtained from the Commissioner of Patents a person shall not file or cause or authorize to be filed in any foreign country prior to six months after filing in the United States an application for patent or for the registration of a utility model, industrial design, or model in respect of an invention made in this country. A license shall not be granted with respect to an invention subject to an order issued by the Commissioner of Patents pursuant to **section 181** without the concurrence of the head of the departments and the chief officers of the agencies who caused the order to be issued. The license may be granted retroactively where an application has been filed abroad through error and the application does not disclose an invention within the scope of **section 181**.

(b) APPLICATION.—The term "application" when used in this chapter includes applications and any modifications, amendments, or supplements thereto, or divisions thereof.

(c) SUBSEQUENT MODIFICATIONS, AMENDMENTS, AND SUPPLEMENTS.—The scope of a license shall permit subsequent modifications, amendments, and supplements containing additional subject matter if the application upon which the request for the license is based is not, or was not, required to be made available for inspection under **section 181** and if such modifications, amendments, and supplements do not change the general nature of the invention in a manner which would require such application to be made available for inspection under such **section 181**. In any case in which a license is not, or was not, required in order to file an application in any foreign country, such subsequent modifications, amendments, and supplements may be made, without a license, to the application filed in the foreign country if the United States application was not required to be made available for inspection under **section 181** and if such modifications, amendments, and supplements do not, or did not, change the general nature of the invention in a manner which would require the United States application to have been made available for inspection under such **section 181**.

(Amended Aug. 23, 1988, Public Law 100-418, sec. 9101(b)(1), 102 Stat. 1567; Nov. 29, 1999, Public Law 106-113, sec. 1000(a)(9), 113

Stat. 1501A-582 (S. 1948 sec. 4732(a)(10)(B)); amended Sept. 16, 2011, Public Law 112-29, secs. 20(b) and (j) (effective Sept. 16, 2012), 125 Stat. 284)

### 35 U.S.C. 184 (pre-AIA)   Filing of application in foreign country.

*[Editor Note: **Not applicable** to proceedings commenced on or after September 16, 2012. See 35 U.S.C. 184 for the law otherwise applicable.]*

Except when authorized by a license obtained from the Commissioner of Patents a person shall not file or cause or authorize to be filed in any foreign country prior to six months after filing in the United States an application for patent or for the registration of a utility model, industrial design, or model in respect of an invention made in this country. A license shall not be granted with respect to an invention subject to an order issued by the Commissioner of Patents pursuant to **section 181** of this title without the concurrence of the head of the departments and the chief officers of the agencies who caused the order to be issued. The license may be granted retroactively where an application has been filed abroad through error and without deceptive intent and the application does not disclose an invention within the scope of **section 181** of this title.

The term "application" when used in this chapter includes applications and any modifications, amendments, or supplements thereto, or divisions thereof.

The scope of a license shall permit subsequent modifications, amendments, and supplements containing additional subject matter if the application upon which the request for the license is based is not, or was not, required to be made available for inspection under **section 181** of this title and if such modifications, amendments, and supplements do not change the general nature of the invention in a manner which would require such application to be made available for inspection under such **section 181**. In any case in which a license is not, or was not, required in order to file an application in any foreign country, such subsequent modifications, amendments, and supplements may be made, without a license, to the application filed in the foreign country if the United States application was not required to be made available for inspection under **section 181** and if such modifications, amendments, and supplements do not, or did not, change the general nature of the invention in a manner which would require the United States application to have been made available for inspection under such **section 181**.

(Amended Aug. 23, 1988, Public Law 100-418, sec. 9101(b)(1), 102 Stat. 1567; Nov. 29, 1999, Public Law 106-113, sec. 1000(a)(9), 113 Stat. 1501A-582 (S. 1948 sec. 4732(a)(10)(B)).)

### 35 U.S.C. 185   Patent barred for filing without license.

*[Editor Note: Applicable to proceedings commenced on or after Sept. 16, 2012. See 35 U.S.C. 185 (pre-AIA) for the law otherwise applicable.]*

Notwithstanding any other provisions of law any person, and his successors, assigns, or legal representatives, shall not receive a United States patent for an invention if that person, or his successors, assigns, or legal representatives shall, without procuring the license prescribed in **section 184**, have made, or consented to or assisted another's making, application in a foreign country for a patent or for the registration of a utility model, industrial design, or model in respect of the invention. A United States patent issued to such person, his successors, assigns, or legal representatives shall be invalid, unless the failure to procure such license was through error, and the patent does not disclose subject matter within the scope of **section 181**.

(Amended Aug. 23, 1988, Public Law 100-418, sec. 9101(b)(2), 102 Stat. 1568; Nov. 2, 2002, Public Law 107-273, sec. 13206, 116 Stat. 1904; amended Sept. 16, 2011, Public Law 112-29, secs. 20(c) and (j) (effective Sept. 16, 2012), 125 Stat. 284.)

**35 U.S.C. 185 (pre-AIA)   Patent barred for filing without license.**

*[Editor Note: **Not applicable** to proceedings commenced on or after September 16, 2012. See **35 U.S.C. 185** for the law otherwise applicable.]*

Notwithstanding any other provisions of law any person, and his successors, assigns, or legal representatives, shall not receive a United States patent for an invention if that person, or his successors, assigns, or legal representatives shall, without procuring the license prescribed in **section 184** of this title, have made, or consented to or assisted another's making, application in a foreign country for a patent or for the registration of a utility model, industrial design, or model in respect of the invention. A United States patent issued to such person, his successors, assigns, or legal representatives shall be invalid, unless the failure to procure such license was through error and without deceptive intent, and the patent does not disclose subject matter within the scope of **section 181** of this title.

(Amended Aug. 23, 1988, Public Law 100-418, sec. 9101(b)(2), 102 Stat. 1568; Nov. 2, 2002, Public Law 107-273, sec. 13206, 116 Stat. 1904.)

**35 U.S.C. 186   Penalty.**

Whoever, during the period or periods of time an invention has been ordered to be kept secret and the grant of a patent thereon withheld pursuant to **section 181**, shall, with knowledge of such order and without due authorization, willfully publish or disclose or authorize or cause to be published or disclosed the invention, or material information with respect thereto, or whoever willfully, in violation of the provisions of **section 184**, shall file or cause or authorize to be filed in any foreign country an application for patent or for the registration of a utility model, industrial design, or model in respect of any invention made in the United States, shall, upon conviction, be fined not more than $10,000 or imprisoned for not more than two years, or both.

(Amended Aug. 23, 1988, Public Law 100-418, sec. 9101(b)(3), 102 Stat. 1568; amended Sept. 16, 2011, Public Law 112-29, sec. 20(j), 125 Stat. 284, effective Sept. 16, 2012.)

**35 U.S.C. 187   Nonapplicability to certain persons.**

The prohibitions and penalties of this chapter shall not apply to any officer or agent of the United States acting within the scope of his authority, nor to any person acting upon his written instructions or permission.

**35 U.S.C. 188   Rules and regulations, delegation of power.**

The Atomic Energy Commission, the Secretary of a defense department, the chief officer of any other department or agency of the Government designated by the President as a defense agency of the United States, and the Secretary of Commerce, may separately issue rules and regulations to enable the respective department or agency to carry out the provisions of this chapter, and may delegate any power conferred by this chapter.

## CHAPTER 18 — PATENT RIGHTS IN INVENTIONS MADE WITH FEDERAL ASSISTANCE

Sec.

200   Policy and objective.

201   Definitions.

202   Disposition of rights.

202   (pre-AIA) Disposition of rights.

203   March-in rights.

204   Preference for United States industry.

205   Confidentiality.

206   Uniform clauses and regulations.

207   Domestic and foreign protection of federally owned inventions.

208   Regulations governing Federal licensing.

209   Licensing federally owned inventions.

210   Precedence of chapter.

211   Relationship to antitrust laws.

212   Disposition of rights in educational awards.

**35 U.S.C. 200   Policy and objective.**

It is the policy and objective of the Congress to use the patent system to promote the utilization of inventions arising from federally supported research or development; to encourage maximum participation of small business firms in federally supported research and development efforts; to promote collaboration between commercial concerns and nonprofit organizations, including universities; to ensure that inventions made by nonprofit organizations and small business firms are used in a manner to promote free competition and enterprise without unduly encumbering future research and discovery; to promote the commercialization and public availability of inventions made in the United States by United States industry and labor; to ensure that the Government obtains sufficient rights in federally supported inventions to meet the needs of the Government and protect the public against nonuse or unreasonable use of inventions; and to minimize the costs of administering policies in this area.

(Added Dec. 12, 1980, Public Law 96-517, sec. 6(a), 94 Stat. 3018; amended Nov. 1, 2000, Public Law 106-404, sec. 5, 114 Stat. 1745.)

**35 U.S.C. 201   Definitions.**

As used in this chapter —

(a)  The term "Federal agency" means any executive agency as defined in section 105 of title 5, and the military departments as defined by section 102 of title 5.

(b)  The term "funding agreement" means any contract, grant, or cooperative agreement entered into between any Federal agency, other than the Tennessee Valley Authority, and any contractor for the performance of experimental, developmental, or research work funded in whole or in part by the Federal Government. Such term includes any assignment, substitution of parties, or subcontract of any type entered into for the performance of experimental, developmental, or research work under a funding agreement as herein defined.

(c) The term "contractor" means any person, small business firm, or nonprofit organization that is a party to a funding agreement.

(d) The term "invention" means any invention or discovery which is or may be patentable or otherwise protectable under this title or any novel variety of plant which is or may be protectable under the Plant Variety Protection Act (7 U.S.C. 2321, et seq.).

(e) The term "subject invention" means any invention of the contractor conceived or first actually reduced to practice in the performance of work under a funding agreement: *Provided,* That in the case of a variety of plant, the date of determination (as defined in section 41(d) of the Plant Variety Protection Act (7 U.S.C. 2401(d))) must also occur during the period of contract performance.

(f) The term "practical application" means to manufacture in the case of a composition or product, to practice in the case of a process or method, or to operate in the case of a machine or system; and, in each case, under such conditions as to establish that the invention is being utilized and that its benefits are to the extent permitted by law or Government regulations available to the public on reasonable terms.

(g) The term "made" when used in relation to any invention means the conception or first actual reduction to practice of such invention.

(h) The term "small business firm" means a small business concern as defined at section 2 of Public Law 85-536 (15 U.S.C. 632) and implementing regulations of the Administrator of the Small Business Administration.

(i) The term "nonprofit organization" means universities and other institutions of higher education or an organization of the type described in section 501(c)(3) of the Internal Revenue Code of 1986 (26 U.S.C. 501(c)) and exempt from taxation under section 501(a) of the Internal Revenue Code (26 U.S.C. 501(a)) or any nonprofit scientific or educational organization qualified under a State nonprofit organization statute.

(Added Dec. 12, 1980, Public Law 96-517, sec. 6(a), 94 Stat. 3019; subsection (d) amended Nov. 8, 1984, Public Law 98-620, sec. 501(1), 98 Stat. 3364; subsection (e) amended Nov. 8, 1984, Public Law 98-620, sec. 501(2), 98 Stat. 3364; subsection (i) amended Oct. 22, 1986, Public Law 99-514, sec. 2, 100 Stat. 2095; subsection (a) amended Nov. 2, 2002, Public Law 107-273, sec. 13206, 116 Stat. 1904.)

## 35 U.S.C. 202   Disposition of rights.

*[Editor Note: 35 U.S.C. 202(c)(2) and (c)(3) as set forth below are applicable only to patent applications subject to the first inventor to file provisions of the AIA (see 35 U.S.C. 100 (note)). See 35 U.S.C. 202(c)(2) and (c)(3) (pre-AIA) for the law otherwise applicable.]*

(a) Each nonprofit organization or small business firm may, within a reasonable time after disclosure as required by paragraph (c)(1) of this section, elect to retain title to any subject invention: *Provided, however,* That a funding agreement may provide otherwise (i) when the contractor is not located in the United States or does not have a place of business located in the United States or is subject to the control of a foreign government, (ii) in exceptional circumstances when it is determined by the agency that restriction or elimination of the right to retain title to any subject invention will better promote the policy and objectives of this chapter, (iii) when it is determined by a Government authority which is authorized by statute or Executive order to conduct foreign intelligence or counterintelligence activities that the restriction or elimination of the right to retain title to any subject invention is necessary to protect the security of such activities, or (iv) when the funding agreement includes the operation of a Government-owned, contractor-operated facility of the Department of Energy primarily dedicated to that Department's naval nuclear propulsion or weapons related programs and all funding agreement limitations under this subparagraph on the contractor's right to elect title to a subject invention are limited to inventions occurring under the above two programs of the Department of Energy. The rights of the nonprofit organization or small business firm shall be subject to the provisions of paragraph (c) of this section and the other provisions of this chapter.

(b) (1) The rights of the Government under subsection (a) shall not be exercised by a Federal agency unless it first determines that at least one of the conditions identified in clauses (i) through (iii) of subsection (a) exists. Except in the case of subsection (a)(iii), the agency shall file with the Secretary of Commerce, within thirty days after the award of the applicable funding agreement, a copy of such determination. In the case of a determination under subsection (a)(ii), the statement shall include an analysis justifying the determination. In the case of determinations applicable to funding agreements with small business firms, copies shall also be sent to the Chief Counsel for Advocacy of the Small Business Administration. If the Secretary of Commerce believes that any individual determination or pattern of determinations is contrary to the policies and objectives of this chapter or otherwise not in conformance with this chapter, the Secretary shall so advise the head of the agency concerned and the Administrator of the Office of Federal Procurement Policy, and recommend corrective actions.

(2) Whenever the Administrator of the Office of Federal Procurement Policy has determined that one or more Federal agencies are utilizing the authority of clause (i) or (ii) of subsection (a) of this section in a manner that is contrary to the policies and objectives of this chapter the Administrator is authorized to issue regulations describing classes of situations in which agencies may not exercise the authorities of those clauses.

(3) If the contractor believes that a determination is contrary to the policies and objectives of this chapter or constitutes an abuse of discretion by the agency, the determination shall be subject to **section 203(b)** .

(c) Each funding agreement with a small business firm or nonprofit organization shall contain appropriate provisions to effectuate the following:

(1) That the contractor disclose each subject invention to the Federal agency within a reasonable time after it becomes known to contractor personnel responsible for the administration of patent matters, and that the Federal Government may receive title to any subject invention not disclosed to it within such time.

(2) That the contractor make a written election within two years after disclosure to the Federal agency (or such additional time as may be approved by the Federal agency) whether the contractor will retain title to a subject invention: *Provided,* That in any case where the 1-year period referred to in section **102(b)** would end before the end of that 2-year period, the period for election may be shortened by the Federal agency to a date that is not more than sixty days before the end of that 1-year period: And *provided further,* That the Federal Government may receive title to any subject invention in which the contractor does not elect to retain rights or fails to elect rights within such times.

(3) That a contractor electing rights in a subject invention agrees to file a patent application prior to the expiration of the 1-year period referred to in section **102(b)**, and shall thereafter file corresponding patent applications in other countries in which it wishes to retain title within reasonable times, and that the Federal Government may receive title to any subject inventions in the United States or other countries in which the contractor has not filed patent applications on the subject invention within such times.

(4) With respect to any invention in which the contractor elects rights, the Federal agency shall have a nonexclusive, nontransferable, irrevocable, paid-up license to practice or have practiced for or on behalf of the United States any subject invention throughout the world: *Provided,* That the funding agreement may provide for such additional rights, including the right to assign or have assigned foreign patent rights in the subject invention, as are determined by the agency as necessary for meeting the obligations of the United States under any treaty, international agreement, arrangement of cooperation, memorandum of understanding, or similar arrangement, including military agreements relating to weapons development and production.

(5) The right of the Federal agency to require periodic reporting on the utilization or efforts at obtaining utilization that are being made by the contractor or his licensees or assignees: *Provided,* That any such information, as well as any information on utilization or efforts at obtaining utilization obtained as part of a proceeding under **section 203** of this chapter shall be treated by the Federal agency as commercial and financial information obtained from a person and

privileged and confidential and not subject to disclosure under section 552 of title 5.

(6) An obligation on the part of the contractor, in the event a United States patent application is filed by or on its behalf or by any assignee of the contractor, to include within the specification of such application and any patent issuing thereon, a statement specifying that the invention was made with Government support and that the Government has certain rights in the invention.

(7) In the case of a nonprofit organization, (A) a prohibition upon the assignment of rights to a subject invention in the United States without the approval of the Federal agency, except where such assignment is made to an organization which has as one of its primary functions the management of inventions (provided that such assignee shall be subject to the same provisions as the contractor); (B) a requirement that the contractor share royalties with the inventor; (C) except with respect to a funding agreement for the operation of a Government-owned-contractor-operated facility, a requirement that the balance of any royalties or income earned by the contractor with respect to subject inventions, after payment of expenses (including payments to inventors) incidental to the administration of subject inventions, be utilized for the support of scientific research, or education; (D) a requirement that, except where it is determined to be infeasible following a reasonable inquiry, a preference in the licensing of subject inventions shall be given to small business firms; and (E) with respect to a funding agreement for the operation of a Government-owned-contractor-operator facility, requirements (i) that after payment of patenting costs, licensing costs, payments to inventors, and other expenses incidental to the administration of subject inventions, 100 percent of the balance of any royalties or income earned and retained by the contractor during any fiscal year, up to an amount equal to 5 percent of the annual budget of the facility, shall be used by the contractor for scientific research, development, and education consistent with the research and development mission and objectives of the facility, including activities that increase the licensing potential of other inventions of the facility provided that if said balance exceeds 5 percent of the annual budget of the facility, that 15 percent of such excess shall be paid to the Treasury of the United States and the remaining 85 percent shall be used for the same purposes described above in this clause; and (ii) that, to the extent it provides the most effective technology transfer, the licensing of subject inventions shall be administered by contractor employees on location at the facility.

(8) The requirements of **sections 203** and **204** of this chapter.

(d) If a contractor does not elect to retain title to a subject invention in cases subject to this section, the Federal agency may consider and after consultation with the contractor grant requests for retention of rights by the inventor subject to the provisions of this Act and regulations promulgated hereunder.

(e) In any case when a Federal employee is a coinventor of any invention made with a nonprofit organization, a small business firm, or a non-Federal inventor, the Federal agency employing such coinventor may, for the purpose of consolidating rights in the invention and if it finds that it would expedite the development of the invention—

(1) license or assign whatever rights it may acquire in the subject invention to the nonprofit organization, small business firm, or non-Federal inventor in accordance with the provisions of this chapter; or

(2) acquire any rights in the subject invention from the nonprofit organization, small business firm, or non-Federal inventor, but only to the extent the party from whom the rights are acquired voluntarily enters into the transaction and no other transaction under this chapter is conditioned on such acquisition.

(f) (1) No funding agreement with a small business firm or nonprofit organization shall contain a provision allowing a Federal agency to require the licensing to third parties of inventions owned by the contractor that are not subject inventions unless such provision has been approved by the head of the agency and a written justification has been signed by the head of the agency. Any such provision shall clearly state whether the licensing may be required in connection with the practice of a subject invention, a specifically identified work object, or

both. The head of the agency may not delegate the authority to approve provisions or sign justifications required by this paragraph.

(2) A Federal agency shall not require the licensing of third parties under any such provision unless the head of the agency determines that the use of the invention by others is necessary for the practice of a subject invention or for the use of a work object of the funding agreement and that such action is necessary to achieve the practical application of the subject invention or work object. Any such determination shall be on the record after an opportunity for an agency hearing. Any action commenced for judicial review of such determination shall be brought within sixty days after notification of such determination.

(Added Dec. 12, 1980, Public Law 96-517, sec. 6(a), 94 Stat. 3020; subsection (b)(4) added and subsections (a), (b)(1), (b)(2), (c)(4), (c)(5), and (c)(7) amended Nov. 8, 1984, Public Law 98-620, sec. 501, 98 Stat. 3364; subsection (b)(3) amended Dec. 10, 1991, Public Law 102-204, sec. 10, 105 Stat. 1641; subsection (a) amended Nov. 29, 1999, Public Law 106-113, sec. 1000(a)(9), 113 Stat. 1501A-583 (S. 1948 sec. 4732(a)(12)); subsection (e) amended Nov. 1, 2000, Public Law 106-404, sec. 6(1), 114 Stat. 1745; subsections (b)(4), (c)(4), and (c)(5) amended Nov. 2, 2002, Public Law 107-273, sec. 13206, 116 Stat. 1905; paragraph (d)(4) redesignated as (d)(3) and former paragraph (d)(3) struck Public Law 111-8, div. G, title I, sec. 1301(h), Mar. 11, 2009, 123 Stat. 829; subsection (c)(7)(E)(i) amended Sept. 16, 2011, Public Law 112-29, sec. 13, 125 Stat. 284; subsections (b)(3) and (c)(7)(D) amended by Public Law 112-29, sec. 20(i)(effective Sept. 16, 2012), and subsections (c)(2) and (c)(3) amended by Public Law 112-29, sec. 3(g) (effective March 16, 2013), 125 Stat. 284.)

### 35 U.S.C. 202 (pre-AIA)   Disposition of rights.

*[Editor Note: Pre-AIA 35 U.S.C. 202(c)(2) and (c)(3) as set forth below are **not applicable** to patent applications subject to the first inventor to file provisions of the AIA (see **35 U.S.C. 100 (note)**). See **35 U.S.C. 202(c)(2) and (c)(3)** for the law otherwise applicable.]*

\*\*\*\*\*

(c) Each funding agreement with a small business firm or nonprofit organization shall contain appropriate provisions to effectuate the following:

\*\*\*

(2) That the contractor make a written election within two years after disclosure to the Federal agency (or such additional time as may be approved by the Federal agency) whether the contractor will retain title to a subject invention: *Provided,* That in any case where publication, on sale, or public use, has initiated the one year statutory period in which valid patent protection can still be obtained in the United States, the period for election may be shortened by the Federal agency to a date that is not more than sixty days prior to the end of the statutory period: And *provided further,* That the Federal Government may receive title to any subject invention in which the contractor does not elect to retain rights or fails to elect rights within such times.

(3) That a contractor electing rights in a subject invention agrees to file a patent application prior to any statutory bar date that may occur under this title due to publication, on sale, or public use, and shall thereafter file corresponding patent applications in other countries in which it wishes to retain title within reasonable times, and that the Federal Government may receive title to any subject inventions in the United States or other countries in which the contractor has not filed patent applications on the subject invention within such times.

\*\*\*

\*\*\*\*\*

(Added Dec. 12, 1980, Public Law 96-517, sec. 6(a), 94 Stat. 3020; subsection (b)(4) added and subsections (a), (b)(1), (b)(2), (c)(4), (c)(5), and (c)(7) amended Nov. 8, 1984, Public Law 98-620, sec. 501, 98 Stat.

3364; subsection (b)(3) amended Dec. 10, 1991, Public Law 102-204, sec. 10, 105 Stat. 1641; subsection (a) amended Nov. 29, 1999, Public Law 106-113, sec. 1000(a)(9), 113 Stat. 1501A-583 (S. 1948 sec. 4732(a)(12)); subsection (e) amended Nov. 1, 2000, Public Law 106-404, sec. 6(1), 114 Stat. 1745; subsections (b)(4), (c)(4), and (c)(5) amended Nov. 2, 2002, Public Law 107-273, sec. 13206, 116 Stat. 1905; paragraph (d)(4) redesignated as (d)(3) and former paragraph (d)(3) struck Public Law 111-8, div. G, title I, sec. 1301(h), Mar. 11, 2009, 123 Stat. 829; subsection (c)(7)(E)(i) amended Sept. 16, 2011, Public Law 112-29, sec. 13, 125 Stat. 284; subsections (b)(3) and (c)(7)(D) amended by Public Law 112-29, sec. 20(i) (effective Sept. 16, 2012), 125 Stat. 284.)

### 35 U.S.C. 203   March-in rights.

(a) With respect to any subject invention in which a small business firm or nonprofit organization has acquired title under this chapter, the Federal agency under whose funding agreement the subject invention was made shall have the right, in accordance with such procedures as are provided in regulations promulgated hereunder, to require the contractor, an assignee, or exclusive licensee of a subject invention to grant a nonexclusive, partially exclusive, or exclusive license in any field of use to a responsible applicant or applicants, upon terms that are reasonable under the circumstances, and if the contractor, assignee, or exclusive licensee refuses such request, to grant such a license itself, if the Federal agency determines that such —

(1) action is necessary because the contractor or assignee has not taken, or is not expected to take within a reasonable time, effective steps to achieve practical application of the subject invention in such field of use;

(2) action is necessary to alleviate health or safety needs which are not reasonably satisfied by the contractor, assignee, or their licensees;

(3) action is necessary to meet requirements for public use specified by Federal regulations and such requirements are not reasonably satisfied by the contractor, assignee, or licensees; or

(4) action is necessary because the agreement required by **section 204** has not been obtained or waived or because a licensee of the exclusive right to use or sell any subject invention in the United States is in breach of its agreement obtained pursuant to **section 204**.

(b) A determination pursuant to this section or **section 202(b)(4)** shall not be subject to chapter 71 of title 41. An administrative appeals procedure shall be established by regulations promulgated in accordance with **section 206**. Additionally, any contractor, inventor, assignee, or exclusive licensee adversely affected by a determination under this section may, at any time within sixty days after the determination is issued, file a petition in the United States Court of Federal Claims, which shall have jurisdiction to determine the appeal on the record and to affirm, reverse, remand or modify, as appropriate, the determination of the Federal agency. In cases described in paragraphs (1) and (3) of subsection (a), the agency's determination shall be held in abeyance pending the exhaustion of appeals or petitions filed under the preceding sentence.

(Added Dec. 12, 1980, Public Law 96-517, sec. 6(a), 94 Stat. 3022; amended Nov. 8, 1984, Public Law 98-620, sec. 501(9), 98 Stat. 3367; Oct. 29, 1992, Public Law 102-572, sec. 902(b)(1), 106 Stat. 4516; amended Nov. 2, 2002, Public Law 107-273, sec. 13206, 116 Stat. 1905; subsection (b) amended Jan. 4, 2011, Public Law 111-350, sec. 5(i)(2), 124 Stat. 3850.)

### 35 U.S.C. 204   Preference for United States industry.

Notwithstanding any other provision of this chapter, no small business firm or nonprofit organization which receives title to any subject invention and no assignee of any such small business firm or nonprofit organization shall grant to any person the exclusive right to use or sell any subject invention in the United States unless such person agrees that any products embodying the subject invention or produced through the use of the subject invention will be manufactured substantially in the United States. However, in individual cases, the requirement for such an agreement may be waived by the Federal agency under whose funding agreement the invention was made upon a showing by the small business firm, nonprofit organization, or assignee that reasonable but unsuccessful efforts have been made to grant licenses on similar terms to potential licensees that would be likely to manufacture substantially in the United States or that under the circumstances domestic manufacture is not commercially feasible.

(Added Dec. 12, 1980, Public Law 96-517, sec. 6(a), 94 Stat. 3023.)

### 35 U.S.C. 205   Confidentiality.

Federal agencies are authorized to withhold from disclosure to the public information disclosing any invention in which the Federal Government owns or may own a right, title, or interest (including a nonexclusive license) for a reasonable time in order for a patent application to be filed. Furthermore, Federal agencies shall not be required to release copies of any document which is part of an application for patent filed with the United States Patent and Trademark Office or with any foreign patent office.

(Added Dec. 12, 1980, Public Law 96-517, sec. 6(a), 94 Stat. 3023.)

### 35 U.S.C. 206   Uniform clauses and regulations.

The Secretary of Commerce may issue regulations which may be made applicable to Federal agencies implementing the provisions of **sections 202** through **204** of this chapter and shall establish standard funding agreement provisions required under this chapter. The regulations and the standard funding agreement shall be subject to public comment before their issuance.

(Added Dec. 12, 1980, Public Law 96-517, sec. 6(a), 94 Stat. 3023; amended Nov. 8, 1984, Public Law 98-620, sec. 501(10), 98 Stat. 3367.)

### 35 U.S.C. 207   Domestic and foreign protection of federally owned inventions.

(a) Each Federal agency is authorized to —

(1) apply for, obtain, and maintain patents or other forms of protection in the United States and in foreign countries on inventions in which the Federal Government owns a right, title, or interest;

(2) grant nonexclusive, exclusive, or partially exclusive licenses under federally owned inventions, royalty-free or for royalties or other consideration, and on such terms and conditions, including the grant to the licensee of the right of enforcement pursuant to the provisions of **chapter 29** as determined appropriate in the public interest;

(3) undertake all other suitable and necessary steps to protect and administer rights to federally owned inventions on behalf of the Federal Government either directly or through contract, including acquiring rights for and administering royalties to the Federal Government in any invention, but only to the extent the party from whom the rights are acquired voluntarily enters into the transaction, to facilitate the licensing of a federally owned invention; and

(4) transfer custody and administration, in whole or in part, to another Federal agency, of the right, title, or interest in any federally owned invention.

(b) For the purpose of assuring the effective management of Government-owned inventions, the Secretary of Commerce authorized to -

(1) assist Federal agency efforts to promote the licensing and utilization of Government-owned inventions;

(2) assist Federal agencies in seeking protection and maintaining inventions in foreign countries, including the payment of fees and costs connected therewith; and

(3) consult with and advise Federal agencies as to areas of science and technology research and development with potential for commercial utilization.

(Added Dec. 12, 1980, Public Law 96-517, sec. 6(a), 94 Stat. 3023; amended Nov. 8, 1984, Public Law 98-620, sec. 501(11), 98 Stat. 3367; subsections (a)(2) and (a)(3) amended Nov. 1, 2000, Public Law 106-404, sec. 6(2), 114 Stat. 1745; amended Sept. 16, 2011, Public Law 112-29, sec. 20(j), 125 Stat. 284, effective Sept. 16, 2012.)

### 35 U.S.C. 208 Regulations governing Federal licensing.

The Secretary of Commerce is authorized to promulgate regulations specifying the terms and conditions upon which any federally owned invention, other than inventions owned by the Tennessee Valley Authority, may be licensed on a nonexclusive, partially exclusive, or exclusive basis.

(Added Dec. 12, 1980, Public Law 96-517, sec. 6(a), 94 Stat. 3024; amended Nov. 8, 1984, Public Law 98-620, sec. 501(12), 98 Stat. 3367.)

### 35 U.S.C. 209 Licensing federally owned inventions.

(a) AUTHORITY.—A Federal agency may grant an exclusive or partially exclusive license on a federally owned invention under section **207(a)(2)** only if—

(1) granting the license is a reasonable and necessary incentive to—

(A) call forth the investment capital and expenditures needed to bring the invention to practical application; or
(B) otherwise promote the invention's utilization by the public;
(2) the Federal agency finds that the public will be served by the granting of the license, as indicated by the applicant's intentions, plans, and ability to bring the invention to practical application or otherwise promote the invention's utilization by the public, and that the proposed scope of exclusivity is not greater than reasonably necessary to provide the incentive for bringing the invention to practical application, as proposed by the applicant, or otherwise to promote the invention's utilization by the public;
(3) the applicant makes a commitment to achieve practical application of the invention within a reasonable time, which time may be extended by the agency upon the applicant's request and the applicant's demonstration that the refusal of such extension would be unreasonable;
(4) granting the license will not tend to substantially lessen competition or create or maintain a violation of the Federal antitrust laws; and
(5) in the case of an invention covered by a foreign patent application or patent, the interests of the Federal Government or United States industry in foreign commerce will be enhanced.

(b) MANUFACTURE IN UNITED STATES.—A Federal agency shall normally grant a license under section **207(a)(2)** to use or sell any federally owned invention in the United States only to a licensee who agrees that any products embodying the invention or produced through the use of the invention will be manufactured substantially in the United States.

(c) SMALL BUSINESS.—First preference for the granting of any exclusive or partially exclusive licenses under section **207(a)(2)** shall be given to small business firms having equal or greater likelihood as other applicants to bring the invention to practical application within a reasonable time.

(d) TERMS AND CONDITIONS.—Any licenses granted under section **207(a)(2)** shall contain such terms and conditions as the granting agency considers appropriate, and shall include provisions—

(1) retaining a nontransferable, irrevocable, paid-up license for any Federal agency to practice the invention or have the invention practiced throughout the world by or on behalf of the Government of the United States;
(2) requiring periodic reporting on utilization of the invention, and utilization efforts, by the licensee, but only to the extent necessary to enable the Federal agency to determine whether the terms of the license are being complied with, except that any such report shall be treated by the Federal agency as commercial and financial information obtained from a person and privileged and confidential and not subject to disclosure under section 552 of title 5; and
(3) empowering the Federal agency to terminate the license in whole or in part if the agency determines that—

(A) the licensee is not executing its commitment to achieve practical application of the invention, including commitments contained in any plan submitted in support of its request for a license, and the licensee cannot otherwise demonstrate to the satisfaction of the Federal agency that it has taken, or can be expected to take within a reasonable time, effective steps to achieve practical application of the invention;
(B) the licensee is in breach of an agreement described in subsection (b);
(C) termination is necessary to meet requirements for public use specified by Federal regulations issued after the date of the license, and such requirements are not reasonably satisfied by the licensee; or
(D) the licensee has been found by a court of competent jurisdiction to have violated the Federal antitrust laws in connection with its performance under the license agreement.

(e) PUBLIC NOTICE.—No exclusive or partially exclusive license may be granted under section 207(a)(2) unless public notice of the intention to grant an exclusive or partially exclusive license on a federally owned invention has been provided in an appropriate manner at least 15 days before the license is granted, and the Federal agency has considered all comments received before the end of the comment period in response to that public notice. This subsection shall not apply to the licensing of inventions made under a cooperative research and development agreement entered into under section 12 of the Stevenson-Wydler Technology Innovation Act of 1980 (15 U.S.C. 3710a).

(f) PLAN.—No Federal agency shall grant any license under a patent or patent application on a federally owned invention unless the person requesting the license has supplied the agency with a plan for development or marketing of the invention, except that any such plan shall be treated by the Federal agency as commercial and financial information obtained from a person and privileged and confidential and not subject to disclosure under section 552 of title 5.

(Added Dec. 12, 1980, Public Law 96-517, sec. 6(a), 94 Stat. 3024; amended Nov. 1, 2000, Public Law 106-404, sec. 4, 114 Stat. 1743; subsections (d)(2) and (f) amended Nov. 2, 2002, Public Law 107-273, sec. 13206, 116 Stat. 1905; subsection (d)(1) amended Sept. 16, 2011, Public Law 112-29, sec. 20(i) (effective Sept. 16, 2012), 125 Stat. 284.)

### 35 U.S.C. 210 Precedence of chapter.

(a) This chapter shall take precedence over any other Act which would require a disposition of rights in subject inventions of small business firms or nonprofit organizations contractors in a manner that is inconsistent with this chapter, including but not necessarily limited to the following:

(1) section 10(a) of the Act of June 29, 1935, as added by title I of the Act of August 14, 1946 (7 U.S.C. 427i(a); 60 Stat. 1085);
(2) section 205(a) of the Act of August 14, 1946 (7 U.S.C. 1624(a); 60 Stat. 1090);
(3) section 501(c) of the Federal Mine Safety and Health Act of 1977 (30 U.S.C. 951(c); 83 Stat. 742);
(4) section 30168(e) of title 49;
(5) section 12 of the National Science Foundation Act of 1950 (42 U.S.C. 1871(a); 82 Stat. 360);
(6) section 152 of the Atomic Energy Act of 1954 (42 U.S.C. 2182; 68 Stat. 943);

(7)  section 20135 of title 51;

(8)  section 6 of the Coal Research and Development Act of 1960 (30 U.S.C. 666; 74 Stat. 337);

(9)  section 4 of the Helium Act Amendments of 1960 (50 U.S.C. 167b; 74 Stat. 920);

(10)  section 32 of the Arms Control and Disarmament Act of 1961 (22 U.S.C. 2572; 75 Stat. 634);

(11)  section 9 of the Federal Nonnuclear Energy Research and Development Act of 1974 (42 U.S.C. 5908; 88 Stat. 1878);

(12)  section 5(d) of the Consumer Product Safety Act (15 U.S.C. 2054(d); 86 Stat. 1211);

(13)  section 3 of the Act of April 5, 1944 (30 U.S.C. 323; 58 Stat. 191);

(14)  section 8001(c)(3) of the Solid Waste Disposal Act (42 U.S.C. 6981(c); 90 Stat. 2829);

(15)  section 219 of the Foreign Assistance Act of 1961 (22 U.S.C. 2179; 83 Stat. 806);

(16)  section 427(b) of the Federal Mine Health and Safety Act of 1977 (30 U.S.C. 937(b); 86 Stat. 155);

(17)  section 306(d) of the Surface Mining and Reclamation Act of 1977 (30 U.S.C. 1226(d); 91 Stat. 455);

(18)  section 21(d) of the Federal Fire Prevention and Control Act of 1974 (15 U.S.C. 2218(d); 88 Stat. 1548);

(19)  section 6(b) of the Solar Photovoltaic Energy Research Development and Demonstration Act of 1978 (42 U.S.C. 5585(b); 92 Stat. 2516);

(20)  section 12 of the Native Latex Commercialization and Economic Development Act of 1978 (7 U.S.C. 178j; 92 Stat. 2533); and

(21)  section 408 of the Water Resources and Development Act of 1978 (42 U.S.C. 7879; 92 Stat. 1360).

The Act creating this chapter shall be construed to take precedence over any future Act unless that Act specifically cites this Act and provides that it shall take precedence over this Act.

(b)  Nothing in this chapter is intended to alter the effect of the laws cited in paragraph (a) of this section or any other laws with respect to the disposition of rights in inventions made in the performance of funding agreements with persons other than nonprofit organizations or small business firms.

(c)  Nothing in this chapter is intended to limit the authority of agencies to agree to the disposition of rights in inventions made in the performance of work under funding agreements with persons other than nonprofit organizations or small business firms in accordance with the Statement of Government Patent Policy issued on February 18, 1983, agency regulations, or other applicable regulations or to otherwise limit the authority of agencies to allow such persons to retain ownership of inventions, except that all funding agreements, including those with other than small business firms and nonprofit organizations, shall include the requirements established in **section 202(c)(4)** and **section 203** . Any disposition of rights in inventions made in accordance with the Statement or implementing regulations, including any disposition occurring before enactment of this section, are hereby authorized.

(d)  Nothing in this chapter shall be construed to require the disclosure of intelligence sources or methods or to otherwise affect the authority granted to the Director of Central Intelligence by statute or Executive order for the protection of intelligence sources or methods.

(e)  The provisions of the Stevenson-Wydler Technology Innovation Act of 1980 shall take precedence over the provisions of this chapter to the extent that they permit or require a disposition of rights in subject inventions which is inconsistent with this chapter.

(Added Dec. 12, 1980, Public Law 96-517, sec. 6(a), 94 Stat. 3026; subsection (c) amended Nov. 8, 1984, Public Law 98-620, sec. 501(13), 98 Stat. 3367; subsection (e) added Oct. 20, 1986, Public Law 99-502, sec. 9(c), 100 Stat. 1796; subsection (a)(4) amended July 5, 1994, Public Law 103-272, sec. 5(j), 108 Stat. 1375; subsection (e) amended Mar. 7, 1996, Public Law 104-113, sec. 7, 110 Stat. 779.; subsection (a) amended Nov. 13, 1998, Public Law 105-393, sec. 220(c)(2), 112 Stat. 3625; subsections (a)(11), (a)(20), and (c) amended Nov. 2, 2002, Public Law 107-273, sec. 13206, 116 Stat. 1905; subsection (a)(8) amended

Aug. 8, 2005, Public Law 109-58, sec. 1009(a)(2), 119 Stat. 934; subsection (a)(7) amended Dec. 18, 2010, Public Law 111-314, sec. 4(c), 124 Stat. 3440; subsection (c) amended amended Sept. 16, 2011, Public Law 112-29, sec. 20(j), 125 Stat. 284, effective Sept. 16, 2012.)

**35 U.S.C. 211   Relationship to antitrust laws.**

Nothing in this chapter shall be deemed to convey to any person immunity from civil or criminal liability, or to create any defenses to actions, under any antitrust law.

(Added Dec.12, 1980, Public Law 96-517, sec. 6(a), 94 Stat. 3027.)

**35 U.S.C. 212   Disposition of rights in educational awards.**

No scholarship, fellowship, training grant, or other funding agreement made by a Federal agency primarily to an awardee for educational purposes will contain any provision giving the Federal agency any rights to inventions made by the awardee.

(Added Nov. 8, 1984, Public Law 98-620, sec. 501(14), 98 Stat. 3368.)

# PART III — PATENTS AND PROTECTION OF PATENT RIGHTS

## CHAPTER 25 — AMENDMENT AND CORRECTION OF PATENTS

**35 U.S.C. 251   Reissue of defective patents.**

*[Editor Note: Applicable to any patent application filed on or after September 16, 2012. See **35 U.S.C. 251 (pre-AIA)** for the law otherwise applicable.]*

(a)  IN GENERAL.—Whenever any patent is, through error, deemed wholly or partly inoperative or invalid, by reason of a defective specification or drawing, or by reason of the patentee claiming more or less than he had a right to claim in the patent, the Director shall, on the surrender of such patent and the payment of the fee required by law, reissue the patent for the invention disclosed in the original patent, and in accordance with a new and amended application, for the unexpired part of the term of the original patent. No new matter shall be introduced into the application for reissue.

(b)  MULTIPLE REISSUED PATENTS.— The Director may issue several reissued patents for distinct and separate parts of the thing patented, upon demand of the applicant, and upon payment of the required fee for a reissue for each of such reissued patents.

(c) APPLICABILITY OF THIS TITLE.— The provisions of this title relating to applications for patent shall be applicable to applications for reissue of a patent, except that application for reissue may be made and sworn to by the assignee of the entire interest if the application does not seek to enlarge the scope of the claims of the original patent or the application for the original patent was filed by the assignee of the entire interest.

(d) REISSUE PATENT ENLARGING SCOPE OF CLAIMS.—No reissued patent shall be granted enlarging the scope of the claims of the original patent unless applied for within two years from the grant of the original patent.

(Amended Nov. 29, 1999, Public Law 106-113, sec. 1000(a)(9), 113 Stat. 1501A-582 (S. 1948 sec. 4732(a)(10)(A)); amended Sept. 16, 2011, Public Law 112-29, secs. 4(b) and 20(d) (effective Sept, 16, 2012), 125 Stat. 284.)

### 35 U.S.C. 251 (pre-AIA)   Reissue of defective patents.

*[Editor Note: **Not applicable** to any patent application filed on or after September 16, 2012. See **35 U.S.C. 251** for the law otherwise applicable.]*

Whenever any patent is, through error without any deceptive intention, deemed wholly or partly inoperative or invalid, by reason of a defective specification or drawing, or by reason of the patentee claiming more or less than he had a right to claim in the patent, the Director shall, on the surrender of such patent and the payment of the fee required by law, reissue the patent for the invention disclosed in the original patent, and in accordance with a new and amended application, for the unexpired part of the term of the original patent. No new matter shall be introduced into the application for reissue.

The Director may issue several reissued patents for distinct and separate parts of the thing patented, upon demand of the applicant, and upon payment of the required fee for a reissue for each of such reissued patents.

The provisions of this title relating to applications for patent shall be applicable to applications for reissue of a patent, except that application for reissue may be made and sworn to by the assignee of the entire interest if the application does not seek to enlarge the scope of the claims of the original patent.

No reissued patent shall be granted enlarging the scope of the claims of the original patent unless applied for within two years from the grant of the original patent.

(Amended Nov. 29, 1999, Public Law 106-113, sec. 1000(a)(9), 113 Stat. 1501A-582 (S. 1948 sec. 4732(a)(10)(A)).)

### 35 U.S.C. 252   Effect of reissue.

The surrender of the original patent shall take effect upon the issue of the reissued patent, and every reissued patent shall have the same effect and operation in law, on the trial of actions for causes thereafter arising, as if the same had been originally granted in such amended form, but in so far as the claims of the original and reissued patents are substantially identical, such surrender shall not affect any action then pending nor abate any cause of action then existing, and the reissued patent, to the extent that its claims are substantially identical with the original patent, shall constitute a continuation thereof and have effect continuously from the date of the original patent.

A reissued patent shall not abridge or affect the right of any person or that person's successors in business who, prior to the grant of a reissue, made, purchased, offered to sell, or used within the United States, or imported into the United States, anything patented by the reissued patent, to continue the use of, to offer to sell, or to sell to others to be used, offered for sale, or sold, the specific thing so made, purchased, offered for sale, used, or imported unless the making, using, offering for sale, or selling of such thing infringes a valid claim of the reissued patent which was in the original patent. The court before which such matter is in question may provide for the continued manufacture, use, offer for sale, or sale of the thing made, purchased, offered for sale, used, or imported as specified, or for the manufacture, use, offer for sale, or sale in the United States of which substantial preparation was made before the grant of the reissue, and the court may also provide for the continued practice of any process patented by the reissue that is practiced, or for the practice of which substantial preparation was made, before the grant of the reissue, to the extent and under such terms as the court deems equitable for the protection of investments made or business commenced before the grant of the reissue.

(Amended Dec. 8, 1994, Public Law 103-465, sec. 533(b)(2), 108 Stat. 4989; Nov. 29, 1999, Public Law 106-113, sec. 1000(a)(9), 113 Stat. 1501A-566 (S. 1948 sec. 4507(8)).)

### 35 U.S.C. 253   Disclaimer.

*[Editor Note: Applicable to all proceedings commenced on or after September 16, 2012. See **35 U.S.C. 253 (pre-AIA)** for the law otherwise applicable.]*

(a) IN GENERAL.—Whenever a claim of a patent is invalid the remaining claims shall not thereby be rendered invalid. A patentee, whether of the whole or any sectional interest therein, may, on payment of the fee required by law, make disclaimer of any complete claim, stating therein the extent of his interest in such patent. Such disclaimer shall be in writing and recorded in the Patent and Trademark Office, and it shall thereafter be considered as part of the original patent to the extent of the interest possessed by the disclaimant and by those claiming under him.

(b) ADDITIONAL DISCLAIMER OR DEDICATION.—In the manner set forth in subsection (a), any patentee or applicant may disclaim or dedicate to the public the entire term, or any terminal part of the term, of the patent granted or to be granted.

(Amended Jan. 2, 1975, Public Law 93-596, sec. 1, 88 Stat. 1949; amended Sept. 16, 2011, Public Law 112-29, sec. 20(e), 125 Stat. 284, effective Sept. 16, 2012.)

### 35 U.S.C. 253 (pre-AIA)   Disclaimer.

*[Editor Note: **Not applicable** to proceedings commenced on or after September 16, 2012. See **35 U.S.C. 253** for the law otherwise applicable.]*

Whenever, without any deceptive intention, a claim of a patent is invalid the remaining claims shall not thereby be rendered invalid. A patentee, whether of the whole or any sectional interest therein, may, on payment of the fee required by law, make disclaimer of any complete claim, stating therein the extent of his interest in such patent. Such disclaimer shall be in writing and recorded in the Patent and Trademark Office, and it shall thereafter be considered as part of the original patent to the extent of the interest possessed by the disclaimant and by those claiming under him.

In like manner any patentee or applicant may disclaim or dedicate to the public the entire term, or any terminal part of the term, of the patent granted or to be granted.

(Amended Jan. 2, 1975, Public Law 93-596, sec. 1, 88 Stat. 1949.)

## 35 U.S.C. 254   Certificate of correction of Patent and Trademark Office mistake.

Whenever a mistake in a patent, incurred through the fault of the Patent and Trademark Office, is clearly disclosed by the records of the Office, the Director may issue a certificate of correction stating the fact and nature of such mistake, under seal, without charge, to be recorded in the records of patents. A printed copy thereof shall be attached to each printed copy of the patent, and such certificate shall be considered as part of the original patent. Every such patent, together with such certificate, shall have the same effect and operation in law on the trial of actions for causes thereafter arising as if the same had been originally issued in such corrected form. The Director may issue a corrected patent without charge in lieu of and with like effect as a certificate of correction.

(Amended Jan. 2, 1975, Public Law 93-596, sec. 1, 88 Stat. 1949; Nov. 29, 1999, Public Law 106-113, sec. 1000(a)(9), 113 Stat. 1501A-582 (S. 1948 sec. 4732(a)(10)(A)).)

## 35 U.S.C. 255   Certificate of correction of applicant's mistake.

Whenever a mistake of a clerical or typographical nature, or of minor character, which was not the fault of the Patent and Trademark Office, appears in a patent and a showing has been made that such mistake occurred in good faith, the Director may, upon payment of the required fee, issue a certificate of correction, if the correction does not involve such changes in the patent as would constitute new matter or would require reexamination. Such patent, together with the certificate, shall have the same effect and operation in law on the trial of actions for causes thereafter arising as if the same had been originally issued in such corrected form.

(Amended Jan. 2, 1975, Public Law 93-596, sec. 1, 88 Stat. 1949; Nov. 29, 1999, Public Law 106-113, sec. 1000(a)(9), 113 Stat. 1501A-582 (S. 1948 sec. 4732(a)(10)(A)).)

## 35 U.S.C. 256   Correction of named inventor.

*[Editor Note: Applicable to proceedings commenced on or after September 16, 2012. See 35 U.S.C. 256 (pre-AIA) for the law otherwise applicable.]*

(a) CORRECTION.—Whenever through error a person is named in an issued patent as the inventor, or through error an inventor is not named in an issued patent, the Director may, on application of all the parties and assignees, with proof of the facts and such other requirements as may be imposed, issue a certificate correcting such error.

(b) PATENT VALID IF ERROR CORRECTED.— The error of omitting inventors or naming persons who are not inventors shall not invalidate the patent in which such error occurred if it can be corrected as provided in this section. The court before which such matter is called in question may order correction of the patent on notice and hearing of all parties concerned and the Director shall issue a certificate accordingly.

(Amended Aug. 27, 1982, Public Law 97-247, sec. 6(b), 96 Stat. 320; Nov. 29, 1999, Public Law 106-113, sec. 1000(a)(9), 113 Stat. 1501A-582 (S. 1948 sec. 4732(a)(10)(A)); amended Sept. 16, 2011, Public Law 112-29, sec. 20(f) (effective Sept. 16, 2012), 125 Stat. 284.)

## 35 U.S.C. 256 (pre-AIA)   Correction of named inventor.

*[Editor Note: **Not applicable** to proceedings commenced on or after September 16, 2012. See 35 U.S.C. 256 for the law otherwise applicable.]*

Whenever through error a person is named in an issued patent as the inventor, or through error an inventor is not named in an issued patent and such error arose without any deceptive intention on his part, the Director may, on application of all the parties and assignees, with proof of the facts and such other requirements as may be imposed, issue a certificate correcting such error.

The error of omitting inventors or naming persons who are not inventors shall not invalidate the patent in which such error occurred if it can be corrected as provided in this section. The court before which such matter is called in question may order correction of the patent on notice and hearing of all parties concerned and the Director shall issue a certificate accordingly.

(Amended Aug. 27, 1982, Public Law 97-247, sec. 6(b), 96 Stat. 320; Nov. 29, 1999, Public Law 106-113, sec. 1000(a)(9), 113 Stat. 1501A-582 (S. 1948 sec. 4732(a)(10)(A)).)

## 35 U.S.C. 257   Supplemental examinations to consider, reconsider, or correct information.

(a) REQUEST FOR SUPPLEMENTAL EXAMINATION.—A patent owner may request supplemental examination of a patent in the Office to consider, reconsider, or correct information believed to be relevant to the patent, in accordance with such requirements as the Director may establish. Within 3 months after the date a request for supplemental examination meeting the requirements of this section is received, the Director shall conduct the supplemental examination and shall conclude such examination by issuing a certificate indicating whether the information presented in the request raises a substantial new question of patentability.

(b) REEXAMINATION ORDERED.—If the certificate issued under subsection (a) indicates that a substantial new question of patentability is raised by 1 or more items of information in the request, the Director shall order reexamination of the patent. The reexamination shall be conducted according to procedures established by **chapter 30**, except that the patent owner shall not have the right to file a statement pursuant to section **304**. During the reexamination, the Director shall address each substantial new question of patentability identified during the supplemental examination, notwithstanding the limitations in **chapter 30** relating to patents and printed publication or any other provision of such chapter.

(c) EFFECT.—

(1)   IN GENERAL.—A patent shall not be held unenforceable on the basis of conduct relating to information that had not been considered, was inadequately considered, or was incorrect in a prior examination of the patent if the information was considered, reconsidered, or corrected during a supplemental examination of the patent. The making of a request under subsection (a), or the absence thereof, shall not be relevant to enforceability of the patent under section **282**.

(2) EXCEPTIONS.—

(A) PRIOR ALLEGATIONS.—Paragraph (1) shall not apply to an allegation pled with particularity in a civil action, or set forth with particularity in a notice received by the patent owner under section 505(j) (2)(B)(iv)(II) of the Federal Food, Drug, and Cosmetic Act (21 U.S.C. 355(j) (2)(B)(iv)(II)), before the date of a supplemental examination request under subsection (a) to consider, reconsider, or correct information forming the basis for the allegation.

(B) PATENT ENFORCEMENT ACTIONS.—In an action brought under section 337(a) of the Tariff Act of 1930 (19 U.S.C.

1337(a)), or section 281, paragraph (1) shall not apply to any defense raised in the action that is based upon information that was considered, reconsidered, or corrected pursuant to a supplemental examination request under subsection (a), unless the supplemental examination, and any reexamination ordered pursuant to the request, are concluded before the date on which the action is brought.

      (d) FEES AND REGULATIONS.—

           (1) FEES.—The Director shall, by regulation, establish fees for the submission of a request for supplemental examination of a patent, and to consider each item of information submitted in the request. If reexamination is ordered under subsection (b), fees established and applicable to ex parte reexamination proceedings under **chapter 30** shall be paid, in addition to fees applicable to supplemental examination.

           (2) REGULATIONS.—The Director shall issue regulations governing the form, content, and other requirements of requests for supplemental examination, and establishing procedures for reviewing information submitted in such requests.

           (e) FRAUD.—If the Director becomes aware, during the course of a supplemental examination or reexamination proceeding ordered under this section, that a material fraud on the Office may have been committed in connection with the patent that is the subject of the supplemental examination, then in addition to any other actions the Director is authorized to take, including the cancellation of any claims found to be invalid under section **307** as a result of a reexamination ordered under this section, the Director shall also refer the matter to the Attorney General for such further action as the Attorney General may deem appropriate. Any such referral shall be treated as confidential, shall not be included in the file of the patent, and shall not be disclosed to the public unless the United States charges a person with a criminal offense in connection with such referral.

      (f) RULE OF CONSTRUCTION.—Nothing in this section shall be construed—

           (1) to preclude the imposition of sanctions based upon criminal or antitrust laws (including section **1001(a) of title 18** , the first section of the Clayton Act, and section 5 of the Federal Trade Commission Act to the extent that section relates to unfair methods of competition);

           (2) to limit the authority of the Director to investigate issues of possible misconduct and impose sanctions for misconduct in connection with matters or proceedings before the Office; or

           (3) to limit the authority of the Director to issue regulations under chapter 3 relating to sanctions for misconduct by representatives practicing before the Office.

(Added Sept. 16, 2011, Public Law 112-29, sec. 12, 125 Stat. 284; amended Sept. 16, 2011 Public Law 112-29, sec. 20(j) (effective Sept. 16, 2012), 125 Stat. 284.)

## CHAPTER 26 — OWNERSHIP AND ASSIGNMENT

Sec.

261   Ownership; assignment.

262   Joint owners.

### 35 U.S.C. 261   Ownership; assignment.

Subject to the provisions of this title, patents shall have the attributes of personal property. The Patent and Trademark Office shall maintain a register of interests in patents and applications for patents and shall record any document related thereto upon request, and may require a fee therefor.

Applications for patent, patents, or any interest therein, shall be assignable in law by an instrument in writing. The applicant, patentee,

or his assigns or legal representatives may in like manner grant and convey an exclusive right under his application for patent, or patents, to the whole or any specified part of the United States.

A certificate of acknowledgment under the hand and official seal of a person authorized to administer oaths within the United States, or, in a foreign country, of a diplomatic or consular officer of the United States or an officer authorized to administer oaths whose authority is proved by a certificate of a diplomatic or consular officer of the United States, or apostille of an official designated by a foreign country which, by treaty or convention, accords like effect to apostilles of designated officials in the United States, shall be *prima facie* evidence of the execution of an assignment, grant, or conveyance of a patent or application for patent.

An interest that constitutes an assignment, grant, or conveyance shall be void as against any subsequent purchaser or mortgagee for a valuable consideration, without notice, unless it is recorded in the Patent and Trademark Office within three months from its date or prior to the date of such subsequent purchase or mortgage.

(Amended Jan. 2, 1975, Public Law 93-596, sec. 1, 88 Stat. 1949; Aug. 27, 1982, Public Law 97-247, sec. 14(b), 96 Stat. 321; Dec. 18, 2012, Public Law 112-211, 126 Stat. 1535.)

### 35 U.S.C. 262   Joint owners.

In the absence of any agreement to the contrary, each of the joint owners of a patent may make, use, offer to sell, or sell the patented invention within the United States, or import the patented invention into the United States, without the consent of and without accounting to the other owners.

(Amended Dec. 8, 1994, Public Law 103-465, sec. 533(b)(3), 108 Stat. 4989.)

## CHAPTER 27 — GOVERNMENT INTERESTS IN PATENTS

Sec.

266   [Repealed.]

267   Time for taking action in Government applications.

### 35 U.S.C. 266   [Repealed.]

(Repealed July 24, 1965, Public Law 89-83, sec. 8, 79 Stat. 261.)

### 35 U.S.C. 267   Time for taking action in Government applications.

Notwithstanding the provisions of **sections 133** and **151**, the Director may extend the time for taking any action to three years, when an application has become the property of the United States and the head of the appropriate department or agency of the Government has certified to the Director that the invention disclosed therein is important to the armament or defense of the United States.

(Amended Nov. 29, 1999, Public Law 106-113, sec. 1000(a)(9), 113 Stat. 1501A-582 (S. 1948 sec. 4732(a)(10)(A)); amended Sept. 16, 2011, Public Law 112-29, sec. 20(j) (effective Sept. 16, 2012), 125 Stat. 284.)

## CHAPTER 28 — INFRINGEMENT OF PATENTS

Sec.

**35 U.S.C. 271  Infringement of patent.**

(a)  Except as otherwise provided in this title, whoever without authority makes, uses, offers to sell, or sells any patented invention, within the United States, or imports into the United States any patented invention during the term of the patent therefor, infringes the patent.

(b)  Whoever actively induces infringement of a patent shall be liable as an infringer.

(c)  Whoever offers to sell or sells within the United States or imports into the United States a component of a patented machine, manufacture, combination, or composition, or a material or apparatus for use in practicing a patented process, constituting a material part of the invention, knowing the same to be especially made or especially adapted for use in an infringement of such patent, and not a staple article or commodity of commerce suitable for substantial noninfringing use, shall be liable as a contributory infringer.

(d)  No patent owner otherwise entitled to relief for infringement or contributory infringement of a patent shall be denied relief or deemed guilty of misuse or illegal extension of the patent right by reason of his having done one or more of the following: (1) derived revenue from acts which if performed by another without his consent would constitute contributory infringement of the patent; (2) licensed or authorized another to perform acts which if performed without his consent would constitute contributory infringement of the patent; (3) sought to enforce his patent rights against infringement or contributory infringement; (4) refused to license or use any rights to the patent; or (5) conditioned the license of any rights to the patent or the sale of the patented product on the acquisition of a license to rights in another patent or purchase of a separate product, unless, in view of the circumstances, the patent owner has market power in the relevant market for the patent or patented product on which the license or sale is conditioned.

(e)  (1)  It shall not be an act of infringement to make, use, offer to sell, or sell within the United States or import into the United States a patented invention (other than a new animal drug or veterinary biological product (as those terms are used in the Federal Food, Drug, and Cosmetic Act and the Act of March 4, 1913) which is primarily manufactured using recombinant DNA, recombinant RNA, hybridoma technology, or other processes involving site specific genetic manipulation techniques) solely for uses reasonably related to the development and submission of information under a Federal law which regulates the manufacture, use, or sale of drugs or veterinary biological products.

(2)  It shall be an act of infringement to submit —

(A)  an application under section 505(j) of the Federal Food, Drug, and Cosmetic Act or described in section 505(b)(2) of such Act for a drug claimed in a patent or the use of which is claimed in a patent,

(B)  an application under section 512 of such Act or under the Act of March 4, 1913 (21 U.S.C. 151 - 158) for a drug or veterinary biological product which is not primarily manufactured using recombinant DNA, recombinant RNA, hybridoma technology, or other processes involving site specific genetic manipulation techniques and which is claimed in a patent or the use of which is claimed in a patent, or

(C)  (i)  with respect to a patent that is identified in the list of patents described in section 351(l)(3) of the Public Health Service Act (including as provided under section 351(l)(7) of such Act), an application seeking approval of a biological product, or

(ii)  if the applicant for the application fails to provide the application and information required under section 351(l)(2)(A) of such Act, an application seeking approval of a biological product for a patent that could be identified pursuant to section 351(l)(3)(A)(i) of such Act,

if the purpose of such submission is to obtain approval under such Act to engage in the commercial manufacture, use, or sale of a drug, veterinary biological product, or biological product claimed in a patent or the use of which is claimed in a patent before the expiration of such patent.

(3)  In any action for patent infringement brought under this section, no injunctive or other relief may be granted which would prohibit the making, using, offering to sell, or selling within the United States or importing into the United States of a patented invention under paragraph (1).

(4)  For an act of infringement described in paragraph (2)—

(A)  the court shall order the effective date of any approval of the drug or veterinary biological product involved in the infringement to be a date which is not earlier than the date of the expiration of the patent which has been infringed,

(B)  injunctive relief may be granted against an infringer to prevent the commercial manufacture, use, offer to sell, or sale within the United States or importation into the United States of an approved drug, veterinary biological product, or biological product,

(C)  damages or other monetary relief may be awarded against an infringer only if there has been commercial manufacture, use, offer to sell, or sale within the United States or importation into the United States of an approved drug, veterinary biological product, or biological product, and

(D)  the court shall order a permanent injunction prohibiting any infringement of the patent by the biological product involved in the infringement until a date which is not earlier than the date of the expiration of the patent that has been infringed under paragraph (2)(C), provided the patent is the subject of a final court decision, as defined in section 351(k)(6) of the Public Health Service Act, in an action for infringement of the patent under section 351(l)(6) of such Act, and the biological product has not yet been approved because of section 351(k)(7) of such Act.

The remedies prescribed by subparagraphs (A), (B), (C), and (D) are the only remedies which may be granted by a court for an act of infringement described in paragraph (2), except that a court may award attorney fees under **section 285**.

(5)  Where a person has filed an application described in paragraph (2) that includes a certification under subsection (b)(2)(A)(iv) or (j) (2)(A)(vii)(IV) of section 505 of the Federal Food, Drug, and Cosmetic Act (21 U.S.C. 355), and neither the owner of the patent that is the subject of the certification nor the holder of the approved application under subsection (b) of such section for the drug that is claimed by the patent or a use of which is claimed by the patent brought an action for infringement of such patent before the expiration of 45 days after the date on which the notice given under subsection (b)(3) or (j) (2)(B) of such section was received, the courts of the United States shall, to the extent consistent with the Constitution, have subject matter jurisdiction in any action brought by such person under section 2201 of title 28 for a declaratory judgment that such patent is invalid or not infringed.

(6)  (A)  Subparagraph (B) applies, in lieu of paragraph (4), in the case of a patent-

(i)  that is identified, as applicable, in the list of patents described in section 351(l)(4) of the Public Health Service Act or the lists of patents described in section 351(l)(5)(B) of such Act with respect to a biological product; and

(ii)  for which an action for infringement of the patent with respect to the biological product—

(I)  was brought after the expiration of the 30-day period described in subparagraph (A) or (B), as applicable, of section 351(l)(6) of such Act; or

(II)  was brought before the expiration of the 30-day period described in subclause (I), but which was dismissed without prejudice or was not prosecuted to judgment in good faith.

(B)  In an action for infringement of a patent described in subparagraph (A), the sole and exclusive remedy that may be granted by a court, upon a finding that the making, using, offering to sell, selling, or importation into the United States of the biological product that is the subject of the action infringed the patent, shall be a reasonable royalty.

(C)  The owner of a patent that should have been included in the list described in section 351(l)(3)(A) of the Public Health Service Act, including as provided under section 351(l)(7) of such Act for a biological product, but was not timely included in such list, may not bring an action under this section for infringement of the patent with respect to the biological product.

(f)  (1)  Whoever without authority supplies or causes to be supplied in or from the United States all or a substantial portion of the components of a patented invention, where such components are uncombined in whole or in part, in such manner as to actively induce the combination of such components outside of the United States in a manner that would infringe the patent if such combination occurred within the United States, shall be liable as an infringer.

(2)  Whoever without authority supplies or causes to be supplied in or from the United States any component of a patented invention that is especially made or especially adapted for use in the invention and not a staple article or commodity of commerce suitable for substantial noninfringing use, where such component is uncombined in whole or in part, knowing that such component is so made or adapted and intending that such component will be combined outside of the United States in a manner that would infringe the patent if such combination occurred within the United States, shall be liable as an infringer.

(g)  Whoever without authority imports into the United States or offers to sell, sells, or uses within the United States a product which is made by a process patented in the United States shall be liable as an infringer, if the importation, offer to sell, sale, or use of the product occurs during the term of such process patent. In an action for infringement of a process patent, no remedy may be granted for infringement on account of the noncommercial use or retail sale of a product unless there is no adequate remedy under this title for infringement on account of the importation or other use, offer to sell, or sale of that product. A product which is made by a patented process will, for purposes of this title, not be considered to be so made after —

(1)  it is materially changed by subsequent processes; or

(2)  it becomes a trivial and nonessential component of another product.

(h)  As used in this section, the term "whoever" includes any State, any instrumentality of a State, any officer or employee of a State or instrumentality of a State acting in his official capacity. Any State, and any such instrumentality, officer, or employee, shall be subject to the provisions of this title in the same manner and to the same extent as any nongovernmental entity.

(i)  As used in this section, an "offer for sale" or an "offer to sell" by a person other than the patentee or any assignee of the patentee, is that in which the sale will occur before the expiration of the term of the patent.

(Subsection (e) added Sept. 24, 1984, Public Law 98-417, sec. 202, 98 Stat. 1603; subsection (f) added Nov. 8, 1984, Public Law 98-622, sec. 101(a), 98 Stat. 3383; subsection (g) added Aug. 23, 1988, Public Law 100-418, sec. 9003, 102 Stat. 1564; subsection (e) amended Nov. 16, 1988, Public Law 100-670, sec. 201(i), 102 Stat. 3988; subsection (d) amended Nov. 19, 1988, Public Law 100-703, sec. 201, 102 Stat. 4676; subsection (h) added Oct. 28, 1992, Public Law 102-560, sec. 2(a)(1), 106 Stat. 4230.; subsections (a), (c), (e), and (g) amended Dec. 8, 1994, Public Law 103-465, sec. 533(a), 108 Stat. 4988; subsection (i) added Dec. 8, 1994, Public Law 103-465, sec. 533(a), 108 Stat. 4988.; subsection (e)(5) added Dec. 8, 2003, Public Law 108-173, sec. 1101(d),

117 Stat. 2457; subsection (e) amended March 23, 2010, Public Law 111-148, title VII, sec. 7002(c)(1), 124 Stat. 815.)

### 35 U.S.C. 272  Temporary presence in the United States.

The use of any invention in any vessel, aircraft or vehicle of any country which affords similar privileges to vessels, aircraft, or vehicles of the United States, entering the United States temporarily or accidentally, shall not constitute infringement of any patent, if the invention is used exclusively for the needs of the vessel, aircraft, or vehicle and is not offered for sale or sold in or used for the manufacture of anything to be sold in or exported from the United States.

(Amended Dec. 8, 1994, Public Law 103-465, sec. 533(b)(4), 108 Stat. 4989.)

### 35 U.S.C. 273  Defense to infringement based on prior commercial use.

(a)  IN GENERAL.—A person shall be entitled to a defense under section **282(b)** with respect to subject matter consisting of a process, or consisting of a machine, manufacture, or composition of matter used in a manufacturing or other commercial process, that would otherwise infringe a claimed invention being asserted against the person if—

(1)  such person, acting in good faith, commercially used the subject matter in the United States, either in connection with an internal commercial use or an actual arm's length sale or other arm's length commercial transfer of a useful end result of such commercial use; and

(2)  such commercial use occurred at least 1 year before the earlier of either—

(A)  the effective filing date of the claimed invention; or

(B)  the date on which the claimed invention was disclosed to the public in a manner that qualified for the exception from prior art under section **102(b)**.

(b)  BURDEN OF PROOF.—A person asserting a defense under this section shall have the burden of establishing the defense by clear and convincing evidence.

(c)  ADDITIONAL COMMERCIAL USES.—

(1)  PREMARKETING REGULATORY REVIEW.— Subject matter for which commercial marketing or use is subject to a premarketing regulatory review period during which the safety or efficacy of the subject matter is established, including any period specified in section **156(g)**, shall be deemed to be commercially used for purposes of subsection (a)(1) during such regulatory review period.

(2)  NONPROFIT LABORATORY USE.—A use of subject matter by a nonprofit research laboratory or other nonprofit entity, such as a university or hospital, for which the public is the intended beneficiary, shall be deemed to be a commercial use for purposes of subsection (a)(1), except that a defense under this section may be asserted pursuant to this paragraph only for continued and noncommercial use by and in the laboratory or other nonprofit entity.

(d)  EXHAUSTION OF RIGHTS.—Notwithstanding subsection (e)(1), the sale or other disposition of a useful end result by a person entitled to assert a defense under this section in connection with a patent with respect to that useful end result shall exhaust the patent owner's rights under the patent to the extent that such rights would have been exhausted had such sale or other disposition been made by the patent owner.

(e)  LIMITATIONS AND EXCEPTIONS.—

(1)  PERSONAL DEFENSE.—

(A)  IN GENERAL.—A defense under this section may be asserted only by the person who performed or directed the performance of the commercial use described in subsection (a), or by an entity that controls, is controlled by, or is under common control with such person.

　　　　(B) TRANSFER OF RIGHT.—Except for any transfer to the patent owner, the right to assert a defense under this section shall not be licensed or assigned or transferred to another person except as an ancillary and subordinate part of a good-faith assignment or transfer for other reasons of the entire enterprise or line of business to which the defense relates.

　　　　(C) RESTRICTION ON SITES.—A defense under this section, when acquired by a person as part of an assignment or transfer described in subparagraph (B), may only be asserted for uses at sites where the subject matter that would otherwise infringe a claimed invention is in use before the later of the effective filing date of the claimed invention or the date of the assignment or transfer of such enterprise or line of business.

　　　(2) DERIVATION.—A person may not assert a defense under this section if the subject matter on which the defense is based was derived from the patentee or persons in privity with the patentee.

　　　(3) NOT A GENERAL LICENSE.—The defense asserted by a person under this section is not a general license under all claims of the patent at issue, but extends only to the specific subject matter for which it has been established that a commercial use that qualifies under this section occurred, except that the defense shall also extend to variations in the quantity or volume of use of the claimed subject matter, and to improvements in the claimed subject matter that do not infringe additional specifically claimed subject matter of the patent.

　　　(4) ABANDONMENT OF USE.—A person who has abandoned commercial use (that qualifies under this section) of subject matter may not rely on activities performed before the date of such abandonment in establishing a defense under this section with respect to actions taken on or after the date of such abandonment.

　　　(5) UNIVERSITY EXCEPTION.—

　　　　(A) IN GENERAL.—A person commercially using subject matter to which subsection (a) applies may not assert a defense under this section if the claimed invention with respect to which the defense is asserted was, at the time the invention was made, owned or subject to an obligation of assignment to either an institution of higher education (as defined in section 101(a) of the Higher Education Act of 1965 (20 U.S.C. 1001(a)), or a technology transfer organization whose primary purpose is to facilitate the commercialization of technologies developed by one or more such institutions of higher education.

　　　　(B) EXCEPTION.—Subparagraph (A) shall not apply if any of the activities required to reduce to practice the subject matter of the claimed invention could not have been under taken using funds provided by the Federal Government.

　　(f) UNREASONABLE ASSERTION OF DEFENSE.—If the defense under this section is pleaded by a person who is found to infringe the patent and who subsequently fails to demonstrate a reasonable basis for asserting the defense, the court shall find the case exceptional for the purpose of awarding attorney fees under section **35 U.S.C. 285** .

　　(g) INVALIDITY.—A patent shall not be deemed to be invalid under section **102** or **103** solely because a defense is raised or established under this section.

(Added Nov. 29, 1999, Public Law 106-113, sec. 1000(a)(9), 113 Stat. 1501A-555 (S. 1948 sec. 4302); amended Sept. 16, 2011, Public Law 112-29, sec. 5, 125 Stat. 284.)

## CHAPTER 29 — REMEDIES FOR INFRINGEMENT OF PATENT, AND OTHER ACTIONS

Sec.

**35 U.S.C. 281　Remedy for infringement of patent.**

A patentee shall have remedy by civil action for infringement of his patent.

**35 U.S.C. 282　Presumption of validity; defenses.**

　　(a) IN GENERAL.—A patent shall be presumed valid. Each claim of a patent (whether in independent, dependent, or multiple dependent form) shall be presumed valid independently of the validity of other claims; dependent or multiple dependent claims shall be presumed valid even though dependent upon an invalid claim. The burden of establishing invalidity of a patent or any claim thereof shall rest on the party asserting such invalidity.

　　(b) DEFENSES.—The following shall be defenses in any action involving the validity or infringement of a patent and shall be pleaded:

　　　(1) Noninfringement, absence of liability for infringement, or unenforceability.

　　　(2) Invalidity of the patent or any claim in suit on any ground specified in **part II** as a condition for patentability.

　　　(3) Invalidity of the patent or any claim in suit for failure to comply with—

　　　　(A) any requirement of **section 112**, except that the failure to disclose the best mode shall not be a basis on which any claim of a patent may be canceled or held invalid or otherwise unenforceable; or

　　　　(B) any requirement of section **251**.

(4) Any other fact or act made a defense by this title.

(c) NOTICE OF ACTIONS; ACTIONS DURING EXTENSION OF PATENT TERM.— In an action involving the validity or infringement of a patent the party asserting invalidity or noninfringement shall give notice in the pleadings or otherwise in writing to the adverse party at least thirty days before the trial, of the country, number, date, and name of the patentee of any patent, the title, date, and page numbers of any publication to be relied upon as anticipation of the patent in suit or, except in actions in the United States Court of Federal Claims, as showing the state of the art, and the name and address of any person who may be relied upon as the prior inventor or as having prior knowledge of or as having previously used or offered for sale the invention of the patent in suit. In the absence of such notice proof of the said matters may not be made at the trial except on such terms as the court requires.Invalidity of the extension of a patent term or any portion thereof under **section 154(b)** or **156** because of the material failure—

    (1) by the applicant for the extension, or
    (2) by the Director,

to comply with the requirements of such section shall be a defense in any action involving the infringement of a patent during the period of the extension of its term and shall be pleaded. A due diligence determination under **section 156(d)(2)** is not subject to review in such an action.

(Amended July 24, 1965, Public Law 89-83, sec. 10, 79 Stat. 261; Nov. 14, 1975, Public Law 94-131, sec. 10, 89 Stat. 692; Apr. 2, 1982, Public Law 97-164, sec. 161(7), 96 Stat. 49; Sept. 24, 1984, Public Law 98-417, sec. 203, 98 Stat. 1603; Oct. 29, 1992, Public Law 102-572, sec. 902(b)(1), 106 Stat. 4516; Nov. 1, 1995, Public Law 104-41, sec. 2, 109 Stat. 352; Nov. 29, 1999, Public Law 106-113, sec. 1000(a)(9), 113 Stat. 1501A-560, 582 (S. 1948 secs. 4402(b)(1) and 4732(a)(10)(A)); amended Sept. 16, 2011, Public Law 112-29, sec. 15(a) (effective Sept. 16, 2011) and secs. 20(g) and (j) (effective Sept. 16, 2012), 125 Stat. 284.)

### 35 U.S.C. 283  Injunction.

The several courts having jurisdiction of cases under this title may grant injunctions in accordance with the principles of equity to prevent the violation of any right secured by patent, on such terms as the court deems reasonable.

### 35 U.S.C. 284  Damages.

Upon finding for the claimant the court shall award the claimant damages adequate to compensate for the infringement but in no event less than a reasonable royalty for the use made of the invention by the infringer, together with interest and costs as fixed by the court.

When the damages are not found by a jury, the court shall assess them. In either event the court may increase the damages up to three times the amount found or assessed. Increased damages under this paragraph shall not apply to provisional rights under **section 154(d)**.

The court may receive expert testimony as an aid to the determination of damages or of what royalty would be reasonable under the circumstances.

(Amended Nov. 29, 1999, Public Law 106-113, sec. 1000(a)(9), 113 Stat. 1501A-566 (S. 1948 sec. 4507(9)); amended Sept. 16, 2011, Public Law 112-29, sec. 20(j) (effective Sept. 16, 2012), 125 Stat. 284.)

### 35 U.S.C. 285  Attorney fees.

The court in exceptional cases may award reasonable attorney fees to the prevailing party.

### 35 U.S.C. 286  Time limitation on damages.

Except as otherwise provided by law, no recovery shall be had for any infringement committed more than six years prior to the filing of the complaint or counterclaim for infringement in the action.

In the case of claims against the United States Government for use of a patented invention, the period before bringing suit, up to six years, between the date of receipt of a written claim for compensation by the department or agency of the Government having authority to settle such claim, and the date of mailing by the Government of a notice to the claimant that his claim has been denied shall not be counted as a part of the period referred to in the preceding paragraph.

### 35 U.S.C. 287  Limitation on damages and other remedies; marking and notice.

(a) Patentees, and persons making, offering for sale, or selling within the United States any patented article for or under them, or importing any patented article into the United States, may give notice to the public that the same is patented, either by fixing thereon the word "patent" or the abbreviation "pat.", together with the number of the patent, or by fixing thereon the word "patent" or the abbreviation "pat." together with an address of a posting on the Internet, accessible to the public without charge for accessing the address, that associates the patented article with the number of the patent, or when, from the character of the article, this cannot be done, by fixing to it, or to the package wherein one or more of them is contained, a label containing a like notice. In the event of failure so to mark, no damages shall be recovered by the patentee in any action for infringement, except on proof that the infringer was notified of the infringement and continued to infringe thereafter, in which event damages may be recovered only for infringement occurring after such notice. Filing of an action for infringement shall constitute such notice.

(b) (1) An infringer under **section 271(g)** shall be subject to all the provisions of this title relating to damages and injunctions except to the extent those remedies are modified by this subsection or section 9006 of the Process Patent Amendments Act of 1988. The modifications of remedies provided in this subsection shall not be available to any person who —

    (A) practiced the patented process;
    (B) owns or controls, or is owned or controlled by, the person who practiced the patented process; or
    (C) had knowledge before the infringement that a patented process was used to make the product the importation, use, offer for sale, or sale of which constitutes the infringement.

(2) No remedies for infringement under **section 271(g)** shall be available with respect to any product in the possession of, or in transit to, the person subject to liability under such section before that person had notice of infringement with respect to that product. The person subject to liability shall bear the burden of proving any such possession or transit.

(3) (A) In making a determination with respect to the remedy in an action brought for infringement under **section 271(g)**, the court shall consider—

    (i) the good faith demonstrated by the defendant with respect to a request for disclosure;
    (ii) the good faith demonstrated by the plaintiff with respect to a request for disclosure, and
    (iii) the need to restore the exclusive rights secured by the patent.

    (B) For purposes of subparagraph (A), the following are evidence of good faith:

(i) a request for disclosure made by the defendant;

(ii) a response within a reasonable time by the person receiving the request for disclosure; and

(iii) the submission of the response by the defendant to the manufacturer, or if the manufacturer is not known, to the supplier, of the product to be purchased by the defendant, together with a request for a written statement that the process claimed in any patent disclosed in the response is not used to produce such product.

The failure to perform any acts described in the preceding sentence is evidence of absence of good faith unless there are mitigating circumstances. Mitigating circumstances include the case in which, due to the nature of the product, the number of sources for the product, or like commercial circumstances, a request for disclosure is not necessary or practicable to avoid infringement.

(4) (A) For purposes of this subsection, a "request for disclosure" means a written request made to a person then engaged in the manufacture of a product to identify all process patents owned by or licensed to that person, as of the time of the request, that the person then reasonably believes could be asserted to be infringed under **section 271(g)** if that product were imported into, or sold, offered for sale, or used in, the United States by an unauthorized person. A request for disclosure is further limited to a request—

(i) which is made by a person regularly engaged in the United States in the sale of the type of products as those manufactured by the person to whom the request is directed, or which includes facts showing that the person making the request plans to engage in the sale of such products in the United States;

(ii) which is made by such person before the person's first importation, use, offer for sale, or sale of units of the product produced by an infringing process and before the person had notice of infringement with respect to the product; and

(iii) which includes a representation by the person making the request that such person will promptly submit the patents identified pursuant to the request to the manufacturer, or if the manufacturer is not known, to the supplier, of the product to be purchased by the person making the request, and will request from that manufacturer or supplier a written statement that none of the processes claimed in those patents is used in the manufacture of the product.

(B) In the case of a request for disclosure received by a person to whom a patent is licensed, that person shall either identify the patent or promptly notify the licensor of the request for disclosure.

(C) A person who has marked, in the manner prescribed by subsection (a), the number of the process patent on all products made by the patented process which have been offered for sale or sold by that person in the United States, or imported by the person into the United States, before a request for disclosure is received is not required to respond to the request for disclosure. For purposes of the preceding sentence, the term "all products" does not include products made before the effective date of the Process Patent Amendments Act of 1988.

(5) (A) For purposes of this subsection, notice of infringement means actual knowledge, or receipt by a person of a written notification, or a combination thereof, of information sufficient to persuade a reasonable person that it is likely that a product was made by a process patented in the United States.

(B) A written notification from the patent holder charging a person with infringement shall specify the patented process alleged to have been used and the reasons for a good faith belief that such process was used. The patent holder shall include in the notification such information as is reasonably necessary to explain fairly the patent holder's belief, except that the patent holder is not required to disclose any trade secret information.

(C) A person who receives a written notification described in subparagraph (B) or a written response to a request for disclosure described in paragraph (4) shall be deemed to have notice of infringement with respect to any patent referred to in such written notification or response unless that person, absent mitigating circumstances—

(i) promptly transmits the written notification or response to the manufacturer or, if the manufacturer is not known, to the supplier, of the product purchased or to be purchased by that person; and

(ii) receives a written statement from the manufacturer or supplier which on its face sets forth a well grounded factual basis for a belief that the identified patents are not infringed.

(D) For purposes of this subsection, a person who obtains a product made by a process patented in the United States in a quantity which is abnormally large in relation to the volume of business of such person or an efficient inventory level shall be rebuttably presumed to have actual knowledge that the product was made by such patented process.

(6) A person who receives a response to a request for disclosure under this subsection shall pay to the person to whom the request was made a reasonable fee to cover actual costs incurred in complying with the request, which may not exceed the cost of a commercially available automated patent search of the matter involved, but in no case more than $500.

(c) (1) With respect to a medical practitioner's performance of a medical activity that constitutes an infringement under **section 271(a)** or **(b)**, the provisions of **sections 281**, **283**, **284**, and **285** shall not apply against the medical practitioner or against a related health care entity with respect to such medical activity.

(2) For the purposes of this subsection:

(A) the term "medical activity" means the performance of a medical or surgical procedure on a body, but shall not include (i) the use of a patented machine, manufacture, or composition of matter in violation of such patent, (ii) the practice of a patented use of a composition of matter in violation of such patent, or (iii) the practice of a process in violation of a biotechnology patent.

(B) the term "medical practitioner" means any natural person who is licensed by a State to provide the medical activity described in subsection (c)(1) or who is acting under the direction of such person in the performance of the medical activity.

(C) the term "related health care entity" shall mean an entity with which a medical practitioner has a professional affiliation under which the medical practitioner performs the medical activity, including but not limited to a nursing home, hospital, university, medical school, health maintenance organization, group medical practice, or a medical clinic.

(D) the term "professional affiliation" shall mean staff privileges, medical staff membership, employment or contractual relationship, partnership or ownership interest, academic appointment, or other affiliation under which a medical practitioner provides the medical activity on behalf of, or in association with, the health care entity.

(E) the term "body" shall mean a human body, organ or cadaver, or a nonhuman animal used in medical research or instruction directly relating to the treatment of humans.

(F) the term "patented use of a composition of matter" does not include a claim for a method of performing a medical or surgical procedure on a body that recites the use of a composition of matter where the use of that composition of matter does not directly contribute to achievement of the objective of the claimed method.

(G) the term "State" shall mean any State or territory of the United States, the District of Columbia, and the Commonwealth of Puerto Rico.

(3) This subsection does not apply to the activities of any person, or employee or agent of such person (regardless of whether such person is a tax exempt organization under section 501(c) of the Internal Revenue Code), who is engaged in the commercial development, manufacture, sale, importation, or distribution of a machine, manufacture, or composition of matter or the provision of pharmacy or clinical laboratory services (other than clinical laboratory services provided in a physician's office), where such activities are:

(A) directly related to the commercial development, manufacture, sale, importation, or distribution of a machine, manufacture, or composition of matter or the provision of pharmacy or clinical laboratory services (other than clinical laboratory services provided in a physician's office), and

(B) regulated under the Federal Food, Drug, and Cosmetic Act, the Public Health Service Act, or the Clinical Laboratories Improvement Act.

(4) This subsection shall not apply to any patent issued based on an application which has an effective filing date before September 30, 1996.

(Amended Aug. 23, 1988, Public Law 100-418, sec. 9004(a), 102 Stat. 1564; Dec. 8, 1994, Public Law 103-465, sec. 533(b)(5), 108 Stat. 4989; subsection (c) added Sept. 30, 1996, Public Law 104-208, sec. 616, 110 Stat. 3009-67; amended Nov. 29, 1999, Public Law 106-113, sec. 1000(a)(9), 113 Stat. 1501A-589 (S. 1948 sec. 4803); amended Sept. 16, 2011, Public Law 112-29, sec. 16(a) (effective Sept. 16, 2011), secs. 20(i) and (j) (effective Sept. 16, 2012), and sec. 3(g) (effective March 16, 2013), 125 Stat. 284.)

### 35 U.S.C. 288 Action for infringement of a patent containing an invalid claim.

*[Editor Note: Applicable to all proceedings commenced on or after September 16, 2012. See 35 U.S.C. 288 (pre-AIA) for the law otherwise applicable.]*

Whenever a claim of a patent is invalid, an action may be maintained for the infringement of a claim of the patent which may be valid. The patentee shall recover no costs unless a disclaimer of the invalid claim has been entered at the Patent and Trademark Office before the commencement of the suit.

(Amended Jan. 2, 1975, Public Law 93-596, sec. 1, 88 Stat. 1949; amended Sept. 16, 2011, Public Law 112-29, sec. 20(h), 125 Stat. 284, effective Sept. 16, 2012.)

### 35 U.S.C. 288 (pre-AIA) Action for infringement of a patent containing an invalid claim.

*[Editor Note: **Not applicable** to to proceedings commenced on or after September 16, 2012. See 35 U.S.C. 288 for the law otherwise applicable.]*

Whenever, without deceptive intention, a claim of a patent is invalid, an action may be maintained for the infringement of a claim of the patent which may be valid. The patentee shall recover no costs unless a disclaimer of the invalid claim has been entered at the Patent and Trademark Office before the commencement of the suit.

(Amended Jan. 2, 1975, Public Law 93-596, sec. 1, 88 Stat. 1949.)

### 35 U.S.C. 289 Additional remedy for infringement of design patent.

Whoever during the term of a patent for a design, without license of the owner, (1) applies the patented design, or any colorable imitation thereof, to any article of manufacture for the purpose of sale, or (2) sells or exposes for sale any article of manufacture to which such design or colorable imitation has been applied shall be liable to the owner to the extent of his total profit, but not less than $250, recoverable in any United States district court having jurisdiction of the parties.

Nothing in this section shall prevent, lessen, or impeach any other remedy which an owner of an infringed patent has under the provisions of this title, but he shall not twice recover the profit made from the infringement.

### 35 U.S.C. 290 Notice of patent suits.

The clerks of the courts of the United States, within one month after the filing of an action under this title, shall give notice thereof in writing to the Director, setting forth so far as known the names and addresses of the parties, name of the inventor, and the designating number of the patent upon which the action has been brought. If any other patent is subsequently included in the action he shall give like notice thereof. Within one month after the decision is rendered or a judgment issued the clerk of the court shall give notice thereof to the Director. The Director shall, on receipt of such notices, enter the same in the file of such patent.

(Amended Nov. 29, 1999, Public Law 106-113, sec. 1000(a)(9), 113 Stat. 1501A-582 (S. 1948 sec. 4732(a)(10)(A)).)

### 35 U.S.C. 291 Derived Patents.

*[Editor Note: Applicable to any patent application subject to the first inventor to file provisions of the AIA (see 35 U.S.C. 100 (note))*. See 35 U.S.C. 291 (pre-AIA) for the law otherwise applicable.]*

(a) IN GENERAL.—The owner of a patent may have relief by civil action against the owner of another patent that claims the same invention and has an earlier effective filing date, if the invention claimed in such other patent was derived from the inventor of the invention claimed in the patent owned by the person seeking relief under this section.

(b) FILING LIMITATION.—An action under this section may be filed only before the end of the 1-year period beginning on the date of the issuance of the first patent containing a claim to the allegedly derived invention and naming an individual alleged to have derived such invention as the inventor or joint inventor.

(Amended Sept. 16, 2011, Public Law 112-29, secs. 20(j) (effective Sept. 16, 2012)and 3(h) (effective March 16, 2013)*, 125 Stat. 284.)

*NOTE: The provisions of 35 U.S.C. 291 (pre-AIA), as in effect on *March 15, 2013*, shall also apply to each claim of an application for patent, and any patent issued thereon, for which the first inventor to file provisions of the AIA apply (see 35 U.S.C. 100 (note)), if such application or patent contains or contained at any time—

(A) a claim to an invention having an effective filing date as defined in 35 U.S.C. 100(i), that occurs before March 16, 2013; or

(B) a specific reference under 35 U.S.C. 120 , 121, or 365(c), to any patent or application that contains or contained at any time such a claim.

### 35 U.S.C. 291 (pre-AIA) Interfering patents.

*[Editor Note: **Not applicable** to any patent application subject to the first inventor to file provisions of the AIA (see 35 U.S.C. 100 (note)). * See 35 U.S.C. 291 for the law otherwise applicable.*]*

The owner of an interfering patent may have relief against the owner of another by civil action, and the court may adjudge the question of validity of any of the interfering patents, in whole or in part. The provisions of the second paragraph of **section 146** shall apply to actions brought under this section.

(Amended Sept. 16, 2011, Public Law 112-29, sec. 20(j) (effective Sept. 16, 2012), 125 Stat. 284.

*NOTE: The provisions of 35 U.S.C. 291 (pre-AIA), as in effect on *March 15, 2013*, shall also apply to each claim of an application for patent, and any patent issued thereon, for which the first inventor to file provisions of the AIA apply (see **35 U.S.C. 100 (note)**), if such application or patent contains or contained at any time—

(A) a claim to an invention having an effective filing date as defined in **35 U.S.C. 100(i)**, that occurs before March 16, 2013; or

(B) a specific reference under **35 U.S.C. 120** , **121**, or **365(c)**, to any patent or application that contains or contained at any time such a claim.

### 35 U.S.C. 292  False marking.

(a) Whoever, without the consent of the patentee, marks upon, or affixes to, or uses in advertising in connection with anything made, used, offered for sale, or sold by such person within the United States, or imported by the person into the United States, the name or any imitation of the name of the patentee, the patent number, or the words "patent," "patentee," or the like, with the intent of counterfeiting or imitating the mark of the patentee, or of deceiving the public and inducing them to believe that the thing was made, offered for sale, sold, or imported into the United States by or with the consent of the patentee; or

Whoever marks upon, or affixes to, or uses in advertising in connection with any unpatented article the word "patent" or any word or number importing the same is patented, for the purpose of deceiving the public; or

Whoever marks upon, or affixes to, or uses in advertising in connection with any article the words "patent applied for," "patent pending," or any word importing that an application for patent has been made, when no application for patent has been made, or if made, is not pending, for the purpose of deceiving the public—

Shall be fined not more than $500 for every such offense. Only the United States may sue for the penalty authorized by this subsection.

(b) A person who has suffered a competitive injury as a result of a violation of this section may file a civil action in a district court of the United States for recovery of damages adequate to compensate for the injury.

(c) The marking of a product, in a manner described in subsection (a), with matter relating to a patent that covered that product but has expired is not a violation of this section.

(Subsection (a) amended Dec. 8, 1994, Public Law 103-465, sec. 533(b)(6), 108 Stat. 4990; amended Sept. 16, 2011, Public Law 112-29, sec. 16(b), 125 Stat. 284.)

### 35 U.S.C. 293  Nonresident patentee; service and notice.

Every patentee not residing in the United States may file in the Patent and Trademark Office a written designation stating the name and address of a person residing within the United States on whom may be served process or notice of proceedings affecting the patent or rights thereunder. If the person designated cannot be found at the address given in the last designation, or if no person has been designated, the United States District Court for the Eastern District of Virginia shall have jurisdiction and summons shall be served by publication or otherwise as the court directs. The court shall have the same jurisdiction to take any action respecting the patent or rights thereunder that it would have if the patentee were personally within the jurisdiction of the court.

(Amended Jan. 2, 1975, Public Law 93-596, sec. 1, 88 Stat. 1949; amended Sept. 16, 2011, Public Law 112-29, sec. 9, 125 Stat. 284.)

### 35 U.S.C. 294  Voluntary arbitration.

(a) A contract involving a patent or any right under a patent may contain a provision requiring arbitration of any dispute relating to patent validity or infringement arising under the contract. In the absence of such a provision, the parties to an existing patent validity or infringement dispute may agree in writing to settle such dispute by arbitration. Any such provision or agreement shall be valid, irrevocable, and enforceable, except for any grounds that exist at law or in equity for revocation of a contract.

(b) Arbitration of such disputes, awards by arbitrators, and confirmation of awards shall be governed by title 9, to the extent such title is not inconsistent with this section. In any such arbitration proceeding, the defenses provided for under section **282** shall be considered by the arbitrator if raised by any party to the proceeding.

(c) An award by an arbitrator shall be final and binding between the parties to the arbitration but shall have no force or effect on any other person. The parties to an arbitration may agree that in the event a patent which is the subject matter of an award is subsequently determined to be invalid or unenforceable in a judgment rendered by a court of competent jurisdiction from which no appeal can or has been taken, such award may be modified by any court of competent jurisdiction upon application by any party to the arbitration. Any such modification shall govern the rights and obligations between such parties from the date of such modification.

(d) When an award is made by an arbitrator, the patentee, his assignee or licensee shall give notice thereof in writing to the Director. There shall be a separate notice prepared for each patent involved in such proceeding. Such notice shall set forth the names and addresses of the parties, the name of the inventor, and the name of the patent owner, shall designate the number of the patent, and shall contain a copy of the award. If an award is modified by a court, the party requesting such modification shall give notice of such modification to the Director. The Director shall, upon receipt of either notice, enter the same in the record of the prosecution of such patent. If the required notice is not filed with the Director, any party to the proceeding may provide such notice to the Director.

(e) The award shall be unenforceable until the notice required by subsection (d) is received by the Director.

(Added Aug. 27, 1982, Public Law 97-247, sec. 17(b)(1), 96 Stat. 322; amended Nov. 29, 1999, Public Law 106-113, sec. 1000(a)(9), 113 Stat. 1501A-582 (S. 1948 sec. 4732(a)(10)(A)); subsections (b) and (c) amended Nov. 2, 2002, Public Law 107-273, sec. 13206, 116 Stat. 1905; amended Sept. 16, 2011, Public Law 112-29, sec. 20(j) (effective Sept. 16, 2012), 125 Stat. 284.)

### 35 U.S.C. 295  Presumption: Product made by patented process.

In actions alleging infringement of a process patent based on the importation, sale, offered for sale, or use of a product which is made from a process patented in the United States, if the court finds—

(1) that a substantial likelihood exists that the product was made by the patented process, and

(2) that the plaintiff has made a reasonable effort to determine the process actually used in the production of the product and was unable so to determine, the product shall be presumed to have been so made, and the burden of establishing that the product was not made by the process shall be on the party asserting that it was not so made.

(Added Aug. 23, 1988, Public Law 100-418, sec. 9005(a), 102 Stat. 1566; amended Dec. 8, 1994, Public Law 103-465, sec. 533(b)(7), 108 Stat. 4990.)

### 35 U.S.C. 296  Liability of States, instrumentalities of States, and State officials for infringement of patents.

(a) IN GENERAL.—Any State, any instrumentality of a State, and any officer or employee of a State or instrumentality of a State, acting in his official capacity, shall not be immune, under the eleventh amendment of the Constitution of the United States or under any other doctrine of sovereign immunity, from suit in Federal court by any person, including any governmental or nongovernmental entity, for infringement of a patent under **section 271**, or for any other violation under this title.

(b) REMEDIES.—In a suit described in subsection (a) for a violation described in that subsection, remedies (including remedies both at law and in equity) are available for the violation to the same extent as such remedies are available for such a violation in a suit against any private entity. Such remedies include damages, interest, costs, and treble damages under **section 284**, attorney fees under **section 285**, and the additional remedy for infringement of design patents under **section 289**.

(Added Oct. 28, 1992, Public Law 102-560, sec. 2(a)(2), 106 Stat. 4230.)

### 35 U.S.C. 297  Improper and deceptive invention promotion.

(a)  IN GENERAL.— An invention promoter shall have a duty to disclose the following information to a customer in writing, prior to entering into a contract for invention promotion services:

(1) the total number of inventions evaluated by the invention promoter for commercial potential in the past 5 years, as well as the number of those inventions that received positive evaluations, and the number of those inventions that received negative evaluations;

(2) the total number of customers who have contracted with the invention promoter in the past 5 years, not including customers who have purchased trade show services, research, advertising, or other nonmarketing services from the invention promoter, or who have defaulted in their payment to the invention promoter;

(3) the total number of customers known by the invention promoter to have received a net financial profit as a direct result of the invention promotion services provided by such invention promoter;

(4) the total number of customers known by the invention promoter to have received license agreements for their inventions as a direct result of the invention promotion services provided by such invention promoter; and

(5) the names and addresses of all previous invention promotion companies with which the invention promoter or its officers have collectively or individually been affiliated in the previous 10 years.

(b)  CIVIL ACTION.—

(1)  Any customer who enters into a contract with an invention promoter and who is found by a court to have been injured by any material false or fraudulent statement or representation, or any omission of material fact, by that invention promoter (or any agent, employee, director, officer, partner, or independent contractor of such invention promoter), or by the failure of that invention promoter to disclose such information as required under subsection (a), may recover in a civil action against the invention promoter (or the officers, directors, or partners of such invention promoter), in addition to reasonable costs and attorneys' fees—

(A)  the amount of actual damages incurred by the customer; or

(B)  at the election of the customer at any time before final judgment is rendered, statutory damages in a sum of not more than $5,000, as the court considers just.

(2)  Notwithstanding paragraph (1), in a case where the customer sustains the burden of proof, and the court finds, that the invention promoter intentionally misrepresented or omitted a material fact to such customer, or willfully failed to disclose such information as required under subsection (a), with the purpose of deceiving that customer, the court may increase damages to not more than three times the amount awarded, taking into account past complaints made against the invention promoter that resulted in regulatory sanctions or other corrective actions based on those records compiled by the Commissioner of Patents under subsection (d).

(c)  DEFINITIONS.— For purposes of this section—

(1)  a "contract for invention promotion services" means a contract by which an invention promoter undertakes invention promotion services for a customer;

(2)  a "customer" is any individual who enters into a contract with an invention promoter for invention promotion services;

(3)  the term "invention promoter" means any person, firm, partnership, corporation, or other entity who offers to perform or performs invention promotion services for, or on behalf of, a customer, and who holds itself out through advertising in any mass media as providing such services, but does not include—

(A)  any department or agency of the Federal Government or of a State or local government;

(B)  any nonprofit, charitable, scientific, or educational organization, qualified under applicable State law or described under section 170(b)(1)(A) of the Internal Revenue Code of 1986;

(C)  any person or entity involved in the evaluation to determine commercial potential of, or offering to license or sell, a utility patent or a previously filed nonprovisional utility patent application;

(D)  any party participating in a transaction involving the sale of the stock or assets of a business; or

(E)  any party who directly engages in the business of retail sales of products or the distribution of products; and

(4)  the term "invention promotion services" means the procurement or attempted procurement for a customer of a firm, corporation, or other entity to develop and market products or services that include the invention of the customer.

(d)  RECORDS OF COMPLAINTS.—

(1)  RELEASE OF COMPLAINTS.— The Commissioner of Patents shall make all complaints received by the Patent and Trademark Office involving invention promoters publicly available, together with any response of the invention promoters. The Commissioner of Patents shall notify the invention promoter of a complaint and provide a reasonable opportunity to reply prior to making such complaint publicly available.

(2)  REQUEST FOR COMPLAINTS.— The Commissioner of Patents may request complaints relating to invention promotion services from any Federal or State agency and include such complaints in the records maintained under paragraph (1), together with any response of the invention promoters.

(Added Nov. 29, 1999, Public Law 106-113, sec. 1000(a)(9), 113 Stat. 1501A-552 (S. 1948 sec. 4102(a)).)

### 35 U.S.C. 298  Advice of counsel.

The failure of an infringer to obtain the advice of counsel with respect to any allegedly infringed patent, or the failure of the infringer to present such advice to the court or jury, may not be used to prove that the accused infringer willfully infringed the patent or that the infringer intended to induce infringement of the patent.

(Added Sept. 16, 2011, Public Law 112-29, sec. 17, 125 Stat. 284, effective as to patents issued on or after Sept. 16, 2012, effective date revised Public Law 112-274, sec. (1)(a), 126 Stat. 2456 as applicable to any civil action commenced on or after Jan. 14, 2013.)

### 35 U.S.C. 299  Joinder of parties.

(a)  JOINDER OF ACCUSED INFRINGERS.—With respect to any civil action arising under any Act of Congress relating to patents, other than an action or trial in which an act of infringement under section **271(e)(2)** has been pled, parties that are accused infringers may be joined in one action as defendants or counterclaim defendants, or have their actions consolidated for trial, only if—

(1)  any right to relief is asserted against the parties jointly, severally, or in the alternative with respect to or arising out of the same transaction, occurrence, or series of transactions or occurrences relating to the making, using, importing into the United States, offering for sale, or selling of the same accused product or process; and

(2)  questions of fact common to all defendants or counterclaim defendants will arise in the action.

(b)  ALLEGATIONS INSUFFICIENT FOR JOINDER.— For purposes of this subsection, accused infringers may not be joined in one action as defendants or counterclaim defendants, or have their actions consolidated for trial, based solely on allegations that they each have infringed the patent or patents in suit.

(c)  WAIVER.—A party that is an accused infringer may waive the limitations set forth in this section with respect to that party.

(Added Sept. 16, 2011, Public Law 112-29, sec. 19(d), 125 Stat. 284, corrected Jan. 14, 2013, Public Law 112-274, sec. 1(c), 126 Stat. 2456.)

# CHAPTER 30 — PRIOR ART CITATIONS TO OFFICE AND EX PARTE REEXAMINATION OF PATENTS

Sec.

**35 U.S.C. 301   Citation of prior art and written statements.**

(a) IN GENERAL.—Any person at any time may cite to the Office in writing—

(1)   prior art consisting of patents or printed publications which that person believes to have a bearing on the patentability of any claim of a particular patent; or

(2)   statements of the patent owner filed in a proceeding before a Federal court or the Office in which the patent owner took a position on the scope of any claim of a particular patent.

(b) OFFICIAL FILE.—If the person citing prior art or written statements pursuant to subsection (a) explains in writing the pertinence and manner of applying the prior art or written statements to at least 1 claim of the patent, the citation of the prior art or written statements and the explanation thereof shall become a part of the official file of the patent.

(c) ADDITIONAL INFORMATION.—A party that submits a written statement pursuant to subsection (a)(2) shall include any other documents, pleadings, or evidence from the proceeding in which the statement was filed that addresses the written statement.

(d) LIMITATIONS.—A written statement submitted pursuant to subsection (a)(2), and additional information submitted pursuant to subsection (c), shall not be considered by the Office for any purpose other than to determine the proper meaning of a patent claim in a proceeding that is ordered or instituted pursuant to section **304**, **314**, or **324**. If any such written statement or additional information is subject to an applicable protective order, such statement or information shall be redacted to exclude information that is subject to that order.

(e) CONFIDENTIALITY.—Upon the written request of the person citing prior art or written statements pursuant to subsection (a), that person's identity shall be excluded from the patent file and kept confidential.

(Added Dec. 12, 1980, Public Law 96-517, sec. 1, 94 Stat. 3015; amended Sept. 16, 2011, Public Law 112-29, sec. 6(g) (effective Sept. 16, 2012), 125 Stat. 284.)

**35 U.S.C. 302   Request for reexamination.**

Any person at any time may file a request for reexamination by the Office of any claim of a patent on the basis of any prior art cited under the provisions of **section 301**. The request must be in writing and must be accompanied by payment of a reexamination fee established by the Director pursuant to the provisions of **section 41**. The request must set forth the pertinency and manner of applying cited prior art to every claim for which reexamination is requested. Unless the requesting person is the owner of the patent, the Director promptly will send a copy of the request to the owner of record of the patent.

(Added Dec. 12, 1980, Public Law 96-517, sec. 1, 94 Stat. 3015; amended Nov. 29, 1999, Public Law 106-113, sec. 1000(a)(9), 113 Stat. 1501A-582 (S. 1948 secs. 4732(a)(8) and 4732(a)(10)(A)); amended Sept. 16, 2011, Public Law 112-29, sec. 20(j) (effective Sept. 16, 2012), 125 Stat. 284.)

**35 U.S.C. 303   Determination of issue by Director.**

(a)   Within three months following the filing of a request for reexamination under the provisions of **section 302** , the Director will determine whether a substantial new question of patentability affecting any claim of the patent concerned is raised by the request, with or without consideration of other patents or printed publications. On his own initiative, and any time, the Director may determine whether a substantial new question of patentability is raised by patents and publications discovered by him or cited under the provisions of section **301** or **302**. The existence of a substantial new question of patentability is not precluded by the fact that a patent or printed publication was previously cited by or to the Office or considered by the Office.

(b) A record of the Director's determination under subsection (a) of this section will be placed in the official file of the patent, and a copy promptly will be given or mailed to the owner of record of the patent and to the person requesting reexamination, if any.

(c) A determination by the Director pursuant to subsection (a) of this section that no substantial new question of patentability has been raised will be final and nonappealable. Upon such a determination, the Director may refund a portion of the reexamination fee required under **section 302.**

(Added Dec. 12, 1980, Public Law 96-517, sec. 1, 94 Stat. 3015; amended Nov. 29, 1999, Public Law 106-113, sec. 1000(a)(9), 113 Stat. 1501A-581, 582 (S. 1948 secs. 4732(a)(9) and (4732(a)(10)(A)); subsection (a) amended Nov. 2, 2002, Public Law 107-273, sec. 13105, 116 Stat. 1900; amended Sept. 16, 2011, Public Law 112-29, secs. 6(h) and 20(j) (effective Sept. 16, 2012), 125 Stat. 284.)

**35 U.S.C. 304   Reexamination order by Director.**

If, in a determination made under the provisions of sub**section 303(a)**, the Director finds that a substantial new question of patentability affecting any claim of a patent is raised, the determination will include an order for reexamination of the patent for resolution of the question. The patent owner will be given a reasonable period, not less than two months from the date a copy of the determination is given or mailed to him, within which he may file a statement on such question, including any amendment to his patent and new claim or claims he may wish to propose, for consideration in the reexamination. If the patent owner files such a statement, he promptly will serve a copy of it on the person who has requested reexamination under the provisions of **section 302**. Within a period of two months from the date of service, that person may file and have considered in the reexamination a reply to any statement filed by the patent owner. That person promptly will serve on the patent owner a copy of any reply filed.

(Added Dec. 12, 1980, Public Law 96-517, sec. 1, 94 Stat. 3016; amended Nov. 29, 1999, Public Law 106-113, sec. 1000(a)(9), 113 Stat. 1501A-582 (S. 1948 sec. 4732(a)(10)(A)); amended Sept. 16, 2011, Public Law 112-29, sec. 20(j) (effective Sept. 16, 2012), 125 Stat. 284.)

**35 U.S.C. 305  Conduct of reexamination proceedings.**

*[Editor Note: Applicable to any patent issuing from an application subject to the first inventor to file provisions of the AIA (see 35 U.S.C. 100 (note)). See 35 U.S.C. 305 (pre-AIA) for the law otherwise applicable.]*

After the times for filing the statement and reply provided for by section **304** have expired, reexamination will be conducted according to the procedures established for initial examination under the provisions of sections **132** and **133**. In any reexamination proceeding under this chapter, the patent owner will be permitted to propose any amendment to his patent and a new claim or claims thereto, in order to distinguish the invention as claimed from the prior art cited under the provisions of **section 301**, or in response to a decision adverse to the patentability of a claim of a patent. No proposed amended or new claim enlarging the scope of a claim of the patent will be permitted in a reexamination proceeding under this chapter. All reexamination proceedings under this section, including any appeal to the Patent Trial and Appeal Board, will be conducted with special dispatch within the Office.

(Added Dec. 12, 1980, Public Law 96-517, sec. 1, 94 Stat. 3016; amended Nov. 8, 1984, Public Law 98-622, sec. 204(c), 98 Stat. 3388; amended Sept. 16, 2011, Public Law 112-29, secs. 20(j) (effective Sept. 16, 2012) and 3(j) (effective March 16, 2013), 125 Stat. 284.)

**35 U.S.C. 305 (pre-AIA)  Conduct of reexamination proceedings.**

*[Editor Note: **Not applicable** to any patent issuing from an application subject to the first inventor to file provisions of the AIA (see 35 U.S.C. 100 (note)). See 35 U.S.C. 305 for the law otherwise applicable.]*

After the times for filing the statement and reply provided for by section **304** have expired, reexamination will be conducted according to the procedures established for initial examination under the provisions of sections **132** and **133**. In any reexamination proceeding under this chapter, the patent owner will be permitted to propose any amendment to his patent and a new claim or claims thereto, in order to distinguish the invention as claimed from the prior art cited under the provisions of section **301**, or in response to a decision adverse to the patentability of a claim of a patent. No proposed amended or new claim enlarging the scope of a claim of the patent will be permitted in a reexamination proceeding under this chapter. All reexamination proceedings under this section, including any appeal to the Board of Patent Appeals and Interferences, will be conducted with special dispatch within the Office.

(Added Dec. 12, 1980, Public Law 96-517, sec. 1, 94 Stat. 3016; amended Nov. 8, 1984, Public Law 98-622, sec. 204(c), 98 Stat. 3388; amended Sept. 16, 2011, Public Law 112-29, sec. 20(j) (effective Sept. 16, 2012), 125 Stat. 284.)

**35 U.S.C. 306  Appeal.**

The patent owner involved in a reexamination proceeding under this chapter may appeal under the provisions of **section 134**, and may seek court review under the provisions of **sections 141** to 144, with respect to any decision adverse to the patentability of any original or proposed amended or new claim of the patent.

(Added Dec. 12, 1980, Public Law 96-517, sec. 1, 94 Stat. 3016; amended Sept. 16, 2011, Public Law 112-29, secs. 6(h)(2) (effective Sept. 16, 2011) and 20(j) (effective Sept. 16, 2012), 125 Stat. 284.)

**35 U.S.C. 307  Certificate of patentability, unpatentability, and claim cancellation.**

(a)  In a reexamination proceeding under this chapter, when the time for appeal has expired or any appeal proceeding has terminated, the Director will issue and publish a certificate canceling any claim of the patent finally determined to be unpatentable, confirming any claim of the patent determined to be patentable, and incorporating in the patent any proposed amended or new claim determined to be patentable.

(b)  Any proposed amended or new claim determined to be patentable and incorporated into a patent following a reexamination proceeding will have the same effect as that specified in **section 252** for reissued patents on the right of any person who made, purchased, or used within the United States, or imported into the United States, anything patented by such proposed amended or new claim, or who made substantial preparation for the same, prior to issuance of a certificate under the provisions of subsection (a) of this section.

(Added Dec. 12, 1980, Public Law 96-517, sec. 1, 94 Stat. 3016; amended Dec. 8, 1994, Public Law 103-465, sec. 533(b)(8), 108 Stat. 4990; Nov. 29, 1999, Public Law 106-113, sec. 1000(a)(9), 113 Stat. 1501A-582 (S. 1948 sec. 4732(a)(10)(A))amended Sept. 16, 2011, Public Law 112-29, sec. 20(j), 125 Stat. 284, effective Sept. 16, 2012.)

## CHAPTER 31 — INTER PARTES REVIEW

**35 U.S.C. 311 (note)  Inter partes review applicability provisions.**

The post-grant review provisions of the Leahy-Smith America Invents Act (AIA) apply only to proceedings commenced on or after Sept. 16, 2012, except that—

(1)  the extension of jurisdiction to the United States Court of Appeals for the Federal Circuit to entertain appeals of decisions of the Patent Trial and Appeal Board in reexaminations under the amendment made by subsection (c)(2) of the AIA shall be deemed to take effect on Sept. 16, 2011 and shall extend to any decision of the Board of Patent Appeals and Interferences with respect to a reexamination that is entered before, on, or after Sept. 16, 2011;

(2)  the provisions of **35 U.S.C. 6 (pre-AIA)**, **134 (pre-AIA)**, and **141 (pre-AIA)** as in effect on **Sept. 15, 2012** shall continue to apply to inter partes reexaminations that are requested under **35 U.S.C. 311 (pre-AIA)** before Sept. 16, 2012;

(3)  the Patent Trial and Appeal Board may be deemed to be the Board of Patent Appeals and Interferences for purposes of appeals of inter partes reexaminations that are requested under 35 U.S.C. 311 (pre-AIA) before Sept. 16, 2012; and

(4)  the Director's right under the fourth sentence of 35 U.S.C. 143, to intervene in an appeal from a decision entered by the Patent

Trial and Appeal Board shall be deemed to extend to inter partes reexaminations that are requested under 35 U.S.C. 311 before Sept. 16, 2012.

(Sept. 16, 2011, Public Law 112-29, sec. 7(e) (effective Sept. 16, 2012), 125 Stat. 284.)

### 35 U.S.C. 311  Inter partes review.

(a)  IN GENERAL.—Subject to the provisions of this chapter, a person who is not the owner of a patent may file with the Office a petition to institute an inter partes review of the patent. The Director shall establish, by regulation, fees to be paid by the person requesting the review, in such amounts as the Director determines to be reasonable, considering the aggregate costs of the review.

(b)  SCOPE.—A petitioner in an inter partes review may request to cancel as unpatentable 1 or more claims of a patent only on a ground that could be raised under section 102 or 103 and only on the basis of prior art consisting of patents or printed publications.

(c)  FILING DEADLINE.*—A petition for inter partes review shall be filed after the later of either—

(1)  the date that is 9 months after the grant of a patent; or
(2)  if a post-grant review is instituted under chapter 32, the date of the termination of such post-grant review.

(Added Nov. 29, 1999, Public Law 106-113, sec. 1000(a)(9), 113 Stat. 1501A-570 (S. 1948 sec. 4604(a)); subsections (a) and (c) amended Nov. 2, 2002, Public Law 107-273, sec. 13202, 116 Stat. 1901; amended Sept. 16, 2011, Public Law 112-29, sec. 6(a) (effective Sept. 16, 2012), 125 Stat. 284.)

*NOTE:Pursuant to Public Law 112-274, sec. 1(d), 126 Stat. 2456, Jan. 14, 2013, the filing deadlines of subsection (c) do not apply to patents not subject to the first inventor to file provisions of the AIA (35 U.S.C. 100 (note)).

### 35 U.S.C. 312  Petitions.

(a)  REQUIREMENTS OF PETITION.—A petition filed under section 311 may be considered only if—

(1)  the petition is accompanied by payment of the fee established by the Director under section 311;
(2)  the petition identifies all real parties in interest;
(3)  the petition identifies, in writing and with particularity, each claim challenged, the grounds on which the challenge to each claim is based, and the evidence that supports the grounds for the challenge to each claim, including—

(A)  copies of patents and printed publications that the petitioner relies upon in support of the petition; and
(B)  affidavits or declarations of supporting evidence and opinions, if the petitioner relies on expert opinions;
(4)  the petition provides such other information as the Director may require by regulation; and
(5)  the petitioner provides copies of any of the documents required under paragraphs (2), (3), and (4) to the patent owner or, if applicable, the designated representative of the patent owner.

(b)  PUBLIC AVAILABILITY.—As soon as practicable after the receipt of a petition under section 311, the Director shall make the petition available to the public.

(Added Nov. 29, 1999, Public Law 106-113, sec. 1000(a)(9), 113 Stat. 1501A-570 (S. 1948 sec. 4604(a)); subsections (a) and (b) amended Nov. 2, 2002, Public Law 107-273, secs. 13105 and 13202, 116 Stat.1900-1901; subsections (a) and (c) amended Sept. 16, 2011, Public Law 112-29, sec. 6(c)(3), 125 Stat. 284; amended Sept. 16, 2011, Public Law 112-29, sec. 6(a), 125 Stat. 284, effective Sept. 16, 2012.)

### 35 U.S.C. 313  Preliminary response to petition.

If an inter partes review petition is filed under section 311, the patent owner shall have the right to file a preliminary response to the petition, within a time period set by the Director, that sets forth reasons why no inter partes review should be instituted based upon the failure of the petition to meet any requirement of this chapter.

(Added Nov. 29, 1999, Public Law 106-113, sec. 1000(a)(9), 113 Stat. 1501A-570 (S. 1948 sec. 4604(a)); amended Sept. 16, 2011, Public Law 112-29, sec. 6(c)(3), 125 Stat. 284 and further amended by Public Law 112-29, sec. 6(a) (effective Sept. 16, 2012), 125 Stat. 284.)

### 35 U.S.C. 314  Institution of inter partes review.

(a)  THRESHOLD.—The Director may not authorize an inter partes review to be instituted unless the Director determines that the information presented in the petition filed under section 311 and any response filed under section 313 shows that there is a reasonable likelihood that the petitioner would prevail with respect to at least 1 of the claims challenged in the petition.

(b)  TIMING.—The Director shall determine whether to institute an inter partes review under this chapter pursuant to a petition filed under section 311 within 3 months after—

(1)  receiving a preliminary response to the petition under section 313; or
(2)  if no such preliminary response is filed, the last date on which such response may be filed.

(c)  NOTICE.—The Director shall notify the petitioner and patent owner, in writing, of the Director's determination under subsection (a), and shall make such notice available to the public as soon as is practicable. Such notice shall include the date on which the review shall commence.

(d)  NO APPEAL.—The determination by the Director whether to institute an inter partes review under this section shall be final and nonappealable.

(Added Nov. 29, 1999, Public Law 106-113, sec. 1000(a)(9), 113 Stat. 1501A-570 (S. 1948 sec. 4604(a)); subsection (b)(1) amended Nov. 2, 2002, Public Law 107-273, sec. 13202, 116 Stat. 1901; amended Sept. 16, 2011, Public Law 112-29, sec. 6(a) (effective Sept. 16, 2012), 125 Stat. 284.)

### 35 U.S.C. 315  Relation to other proceedings or actions.

(a)  INFRINGER'S CIVIL ACTION.—

(1)  INTER PARTES REVIEW BARRED BY CIVIL ACTION.—An inter partes review may not be instituted if, before the date on which the petition for such a review is filed, the petitioner or real party in interest filed a civil action challenging the validity of a claim of the patent.
(2)  STAY OF CIVIL ACTION.—If the petitioner or real party in interest files a civil action challenging the validity of a claim of the patent on or after the date on which the petitioner files a petition for inter partes review of the patent, that civil action shall be automatically stayed until either—

(A)  the patent owner moves the court to lift the stay;
(B)  the patent owner files a civil action or counterclaim alleging that the petitioner or real party in interest has infringed the patent; or
(C)  the petitioner or real party in interest moves the court to dismiss the civil action.

(3)  TREATMENT OF COUNTERCLAIM.—A counterclaim challenging the validity of a claim of a patent does not constitute a civil action challenging the validity of a claim of a patent for purposes of this subsection.

(b)  PATENT OWNER'S ACTION.—An inter partes review may not be instituted if the petition requesting the proceeding is filed more than 1 year after the date on which the petitioner, real party in interest, or privy of the petitioner is served with a complaint alleging infringement of the patent. The time limitation set forth in the preceding sentence shall not apply to a request for joinder under subsection (c).

(c)  JOINDER.—If the Director institutes an inter partes review, the Director, in his or her discretion, may join as a party to that inter partes review any person who properly files a petition under section 311 that the Director, after receiving a preliminary response under section 313 or the expiration of the time for filing such a response, determines warrants the institution of an inter partes review under section 314.

(d)  MULTIPLE PROCEEDINGS. —Notwithstanding sections 135(a) , 251, and 252, and chapter 30, during the pendency of an inter partes review, if another proceeding or matter involving the patent is before the Office, the Director may determine the manner in which the inter partes review or other proceeding or matter may proceed, including providing for stay, transfer, consolidation, or termination of any such matter or proceeding.

(e)  ESTOPPEL.—

(1)  PROCEEDINGS BEFORE THE OFFICE.—The petitioner in an inter partes review of a claim in a patent under this chapter that results in a final written decision under section 318(a), or the real party in interest or privy of the petitioner, may not request or maintain a proceeding before the Office with respect to that claim on any ground that the petitioner raised or reasonably could have raised during that inter partes review.

(2) CIVIL ACTIONS AND OTHER PROCEEDINGS.—The petitioner in an inter partes review of a claim in a patent under this chapter that results in a final written decision under section 318(a), or the real party in interest or privy of the petitioner, may not assert either in a civil action arising in whole or in part under section 1338 of title 28 or in a proceeding before the International Trade Commission under section 337 of the Tariff Act of 1930 that the claim is invalid on any ground that the petitioner raised or reasonably could have raised during that inter partes review.

(Added Nov. 29, 1999, Public Law 106-113, sec. 1000(a)(9), 113 Stat. 1501A-570 (S. 1948 sec. 4604(a)); subsection (b) amended Nov. 2, 2002, Public Law 107-273, sec. 13106, 116 Stat. 1900; subsection (c) amended Nov. 2, 2002, Public Law 107-273, sec. 13202, 116 Stat. 1901; amended Sept. 16, 2011, Public Law 112-29, sec. 6(a) (effective Sept. 16, 2012), 125 Stat. 284.)

### 35 U.S.C. 316  Conduct of inter partes review.

(a) REGULATIONS.—The Director shall prescribe regulations—

(1)  providing that the file of any proceeding under this chapter shall be made available to the public, except that any petition or document filed with the intent that it be sealed shall, if accompanied by a motion to seal, be treated as sealed pending the outcome of the ruling on the motion;

(2)  setting forth the standards for the showing of sufficient grounds to institute a review under section 314(a);

(3)  establishing procedures for the submission of supplemental information after the petition is filed;

(4)  establishing and governing inter partes review under this chapter and the relationship of such review to other proceedings under this title;

(5)  setting forth standards and procedures for discovery of relevant evidence, including that such discovery shall be limited to—

(A)  the deposition of witnesses submitting affidavits or declarations; and

(B)  what is otherwise necessary in the interest of justice;

(6)  prescribing sanctions for abuse of discovery, abuse of process, or any other improper use of the proceeding, such as to harass or to cause unnecessary delay or an unnecessary increase in the cost of the proceeding;

(7)  providing for protective orders governing the exchange and submission of confidential information;

(8)  providing for the filing by the patent owner of a response to the petition under section 313 after an inter partes review has been instituted, and requiring that the patent owner file with such response, through affidavits or declarations, any additional factual evidence and expert opinions on which the patent owner relies in support of the response;

(9)  setting forth standards and procedures for allowing the patent owner to move to amend the patent under subsection (d) to cancel a challenged claim or propose a reasonable number of substitute claims, and ensuring that any information submitted by the patent owner in support of any amendment entered under subsection (d) is made available to the public as part of the prosecution history of the patent;

(10)  providing either party with the right to an oral hearing as part of the proceeding;

(11)  requiring that the final determination in an inter partes review be issued not later than 1 year after the date on which the Director notices the institution of a review under this chapter, except that the Director may, for good cause shown, extend the 1-year period by not more than 6 months, and may adjust the time periods in this paragraph in the case of joinder under section 315(c) ;

(12)  setting a time period for requesting joinder under section 315(c) ; and

(13)  providing the petitioner with at least 1 opportunity to file written comments within a time period established by the Director.

(b)  CONSIDERATIONS.—In prescribing regulations under this section, the Director shall consider the effect of any such regulation on the economy, the integrity of the patent system, the efficient administration of the Office, and the ability of the Office to timely complete proceedings instituted under this chapter.

(c)  PATENT TRIAL AND APPEAL BOARD.—The Patent Trial and Appeal Board shall, in accordance with section 6 , conduct each inter partes review instituted under this chapter.

(d)  AMENDMENT OF THE PATENT.—

(1)  IN GENERAL.—During an inter partes review instituted under this chapter, the patent owner may file 1 motion to amend the patent in 1 or more of the following ways:

(A)  Cancel any challenged patent claim.

(B)  For each challenged claim, propose a reasonable number of substitute claims.

(2)  ADDITIONAL MOTIONS.—Additional motions to amend may be permitted upon the joint request of the petitioner and the patent owner to materially advance the settlement of a proceeding under section 317 , or as permitted by regulations prescribed by the Director.

(3)  SCOPE OF CLAIMS.—An amendment under this subsection may not enlarge the scope of the claims of the patent or introduce new matter.

(e)  EVIDENTIARY STANDARDS.—In an inter partes review instituted under this chapter, the petitioner shall have the burden of proving a proposition of unpatentability by a preponderance of the evidence.

(Added Nov. 29, 1999, Public Law 106-113, sec. 1000(a)(9), 113 Stat. 1501A-570 (S. 1948 sec. 4604(a)); amended Sept. 16, 2011, Public Law 112-29, sec. 6(a) (effective Sept. 16, 2012), 125 Stat. 284.)

### 35 U.S.C. 317  Settlement.

(a)  IN GENERAL.—An inter partes review instituted under this chapter shall be terminated with respect to any petitioner upon the joint request of the petitioner and the patent owner, unless the Office has decided the merits of the proceeding before the request for termination is filed. If the inter partes review is terminated with respect to a petitioner under this section, no estoppel under section 315(e) shall attach to the petitioner, or to the real party in interest or privy of the petitioner, on the basis of that petitioner's institution of that inter partes review. If no petitioner remains in the inter partes review, the Office may terminate the review or proceed to a final written decision under section 318(a) .

(b)  AGREEMENTS IN WRITING.—Any agreement or understanding between the patent owner and a petitioner, including any collateral agreements referred to in such agreement or understanding, made in connection with, or in contemplation of, the termination of an inter partes review under this section shall be in writing and a true copy of such agreement or understanding shall be filed in the Office before the termination of the inter partes review as between the parties. At the request of a party to the proceeding, the agreement or understanding shall be treated as business confidential information, shall be kept separate from the file of the involved patents, and shall be made available only to Federal Government agencies on written request, or to any person on a showing of good cause.

(Added Nov. 29, 1999, Public Law 106-113, sec. 1000(a)(9), 113 Stat. 1501A-570 (S. 1948 sec. 4604(a)); subsections (a) and (b) amended Nov. 2, 2002, Public Law 107-273, sec. 13202, 116 Stat. 1901; amended Sept. 16, 2011, Public Law 112-29, sec. 6(a) (effective Sept. 16, 2012), 125 Stat. 284.)

**35 U.S.C. 318   Decision of the Board.**

(a) FINAL WRITTEN DECISION.—If an inter partes review is instituted and not dismissed under this chapter, the Patent Trial and Appeal Board shall issue a final written decision with respect to the patentability of any patent claim challenged by the petitioner and any new claim added under section **316(d)** .

(b) CERTIFICATE.—If the Patent Trial and Appeal Board issues a final written decision under subsection (a) and the time for appeal has expired or any appeal has terminated, the Director shall issue and publish a certificate canceling any claim of the patent finally determined to be unpatentable, confirming any claim of the patent determined to be patentable, and incorporating in the patent by operation of the certificate any new or amended claim determined to be patentable.

(c) INTERVENING RIGHTS.—Any proposed amended or new claim determined to be patentable and incorporated into a patent following an inter partes review under this chapter shall have the same effect as that specified in section **252** for reissued patents on the right of any person who made, purchased, or used within the United States, or imported into the United States, anything patented by such proposed amended or new claim, or who made substantial preparation therefor, before the issuance of a certificate under subsection (b).

(d) DATA ON LENGTH OF REVIEW.—The Office shall make available to the public data describing the length of time between the institution of, and the issuance of a final written decision under subsection (a) for, each inter partes review.

(Added Nov. 29, 1999, Public Law 106-113, sec. 1000(a)(9), 113 Stat. 1501A-570 (S. 1948 sec. 4604(a)); amended Sept. 16, 2011, Public Law 112-29, sec. 6(a) (effective Sept. 16, 2012), 125 Stat. 284.)

**35 U.S.C. 319   Appeal.**

A party dissatisfied with the final written decision of the Patent Trial and Appeal Board under section **318(a)** may appeal the decision pursuant to sections **141** through **144** . Any party to the inter partes review shall have the right to be a party to the appeal.

(Added Sept. 16, 2011, Public Law 112-29, sec. 6(a) (effective Sept. 16, 2012), 125 Stat. 284.)

## CHAPTER 31 (pre-AIA) — OPTIONAL INTER PARTES REEXAMINATION PROCEDURES

Sec.

**35 U.S.C. 311 (pre-AIA)   Request for inter partes reexamination.**

*[Editor Note: Applicable **only** to a request for inter partes reexamination filed prior to September 16, 2012.]*

(a) IN GENERAL.— Any third-party requester at any time may file a request for inter partes reexamination by the Office of a patent on the basis of any prior art cited under the provisions of **section 301**.

(b) REQUIREMENTS.— The request shall—

(1) be in writing, include the identity of the real party in interest, and be accompanied by payment of an inter partes reexamination fee established by the Director under **section 41**; and

(2) set forth the pertinency and manner of applying cited prior art to every claim for which reexamination is requested.

(c) COPY.— The Director promptly shall send a copy of the request to the owner of record of the patent.

(Added Nov. 29, 1999, Public Law 106-113, sec. 1000(a)(9), 113 Stat. 1501A-570 (S. 1948 sec. 4604(a)); subsections (a) and (c) amended Nov. 2, 2002, Public Law 107-273, sec. 13202, 116 Stat. 1901.)

**35 U.S.C. 312 (transitional)   Determination of issue by Director.**

*[Editor Note: Applicable to requests for inter partes reexamination filed on or after Sept. 16, 2011, but before Sept. 16, 2012.]*

(a) REEXAMINATION.— Not later than 3 months after the filing of a request for inter partes reexamination under **section 311**, the Director shall determine whether the information presented in the request shows that there is a reasonable likelihood that the requester would prevail with respect to at least 1 of the claims challenged in the request, with or without consideration of other patents or printed publications. A showing that there is a reasonable likelihood that the requester would prevail with respect to at least 1 of the claims challenged in the request is not precluded by the fact that a patent or printed publication was previously cited by or to the Office or considered by the Office.

(b) RECORD.— A record of the Director's determination under subsection (a) shall be placed in the official file of the patent, and a copy shall be promptly given or mailed to the owner of record of the patent and to the third-party requester.

(c) FINAL DECISION.— A determination by the Director under subsection (a) shall be final and non-appealable. Upon a determination that the showing required by subsection (a) has not been made, the Director may refund a portion of the inter partes reexamination fee required under **section 311**.

(Added Nov. 29, 1999, Public Law 106-113, sec. 1000(a)(9), 113 Stat. 1501A-570 (S. 1948 sec. 4604(a)); subsections (a) and (b) amended Nov. 2, 2002, Public Law 107-273, secs. 13105 and 13202, 116 Stat.1900-1901; amended Sept. 16, 2011, Public Law 112-29, sec. 6(c)(3), 125 Stat. 284.)

**35 U.S.C. 313 (transitional)  Inter partes reexamination order by Director.**

*[Editor Note: Applicable to requests for inter partes reexamination filed on or after Sept. 16, 2011, but before Sept. 16, 2012.]*

If, in a determination made under section 312(a), the Director finds that it has been shown that there is a reasonable likelihood that the requester would prevail with respect to at least 1 of the claims challenged in the request, the determination shall include an order for inter partes reexamination of the patent for resolution of the question. The order may be accompanied by the initial action of the Patent and Trademark Office on the merits of the inter partes reexamination conducted in accordance with section 314.

(Added Nov. 29, 1999, Public Law 106-113, sec. 1000(a)(9), 113 Stat. 1501A-570 (S. 1948 sec. 4604(a)); amended Sept. 16, 2011, Public Law 112-29, sec. 6(c)(3), 125 Stat. 284.)

**35 U.S.C. 314 (pre-AIA)  Conduct of inter partes reexamination proceedings.**

*[Editor Note: Applicable only to a request for inter partes reexamination filed prior to September 16, 2012.]*

(a) IN GENERAL.— Except as otherwise provided in this section, reexamination shall be conducted according to the procedures established for initial examination under the provisions of sections 132 and 133. In any inter partes reexamination proceeding under this chapter, the patent owner shall be permitted to propose any amendment to the patent and a new claim or claims, except that no proposed amended or new claim enlarging the scope of the claims of the patent shall be permitted.

(b) RESPONSE.—

(1) With the exception of the inter partes reexamination request, any document filed by either the patent owner or the third-party requester shall be served on the other party. In addition, the Office shall send to the third-party requester a copy of any communication sent by the Office to the patent owner concerning the patent subject to the inter partes reexamination proceeding.

(2) Each time that the patent owner files a response to an action on the merits from the Patent and Trademark Office, the third-party requester shall have one opportunity to file written comments addressing issues raised by the action of the Office or the patent owner's response thereto, if those written comments are received by the Office within 30 days after the date of service of the patent owner's response.

(c) SPECIAL DISPATCH.— Unless otherwise provided by the Director for good cause, all inter partes reexamination proceedings under this section, including any appeal to the Board of Patent Appeals and Interferences, shall be conducted with special dispatch within the Office.

(Added Nov. 29, 1999, Public Law 106-113, sec. 1000(a)(9), 113 Stat. 1501A-570 (S. 1948 sec. 4604(a)); subsection (b)(1) amended Nov. 2, 2002, Public Law 107-273, sec. 13202, 116 Stat. 1901.)

**35 U.S.C. 315 (pre-AIA)  Appeal.**

*[Editor Note: Applicable only to a request for inter partes reexamination filed prior to September 16, 2012.]*

(a) PATENT OWNER.— The patent owner involved in an inter partes reexamination proceeding under this chapter—

(1) may appeal under the provisions of section 134 and may appeal under the provisions of sections 141 through 144, with respect to any decision adverse to the patentability of any original or proposed amended or new claim of the patent; and

(2) may be a party to any appeal taken by a third-party requester under subsection (b).

(b) THIRD-PARTY REQUESTER.— A third-party requester—

(1) may appeal under the provisions of section 134, and may appeal under the provisions of sections 141 through 144, with respect to any final decision favorable to the patentability of any original or proposed amended or new claim of the patent; and

(2) may, subject to subsection (c), be a party to any appeal taken by the patent owner under the provisions of section 134 or sections 141 through 144.

(c) CIVIL ACTION.— A third-party requester whose request for an inter partes reexamination results in an order under section 313 is estopped from asserting at a later time, in any civil action arising in whole or in part under section 1338 of title 28, the invalidity of any claim finally determined to be valid and patentable on any ground which the third-party requester raised or could have raised during the inter partes reexamination proceedings. This subsection does not prevent the assertion of invalidity based on newly discovered prior art unavailable to the third-party requester and the Patent and Trademark Office at the time of the inter partes reexamination proceedings.

(Added Nov. 29, 1999, Public Law 106-113, sec. 1000(a)(9), 113 Stat. 1501A-570 (S. 1948 sec. 4604(a)); subsection (b) amended Nov. 2, 2002, Public Law 107-273, sec. 13106, 116 Stat. 1900; subsection (c) amended Nov. 2, 2002, Public Law 107-273, sec. 13202, 116 Stat. 1901.)

**35 U.S.C. 316 (pre-AIA)  Certificate of patentability, unpatentability and claim cancellation.**

*[Editor Note: Applicable only to a request for inter partes reexamination filed prior to September 16, 2012.]*

(a) IN GENERAL.— In an inter partes reexamination proceeding under this chapter, when the time for appeal has expired or any appeal proceeding has terminated, the Director shall issue and publish a certificate canceling any claim of the patent finally determined to be unpatentable, confirming any claim of the patent determined to be patentable, and incorporating in the patent any proposed amended or new claim determined to be patentable.

(b) AMENDED OR NEW CLAIM.— Any proposed amended or new claim determined to be patentable and incorporated into a patent following an inter partes reexamination proceeding shall have the same effect as that specified in section 252 of this title for reissued patents on the right of any person who made, purchased, or used within the United States, or imported into the United States, anything patented by such proposed amended or new claim, or who made substantial preparation therefor, prior to issuance of a certificate under the provisions of subsection (a) of this section.

(Added Nov. 29, 1999, Public Law 106-113, sec. 1000(a)(9), 113 Stat. 1501A-570 (S. 1948 sec. 4604(a)).)

**35 U.S.C. 317 (pre-AIA)  Inter partes reexamination prohibited.**

*[Editor Note: Applicable only to a request for inter partes reexamination filed prior to September 16, 2012.]*

(a) ORDER FOR REEXAMINATION.— Notwithstanding any provision of this chapter, once an order for inter partes reexamination of a patent has been issued under section 313, neither the third-party requester nor its privies may file a subsequent request for inter partes reexamination of the patent until an inter partes reexamination certificate is issued and published under section 316, unless authorized by the Director.

(b) FINAL DECISION.— Once a final decision has been entered against a party in a civil action arising in whole or in part under section 1338 of title 28, that the party has not sustained its burden of proving the invalidity of any patent claim in suit or if a final decision in an inter partes reexamination proceeding instituted by a third-party requester is favorable to the patentability of any original or proposed amended or new claim of the patent, then neither that party nor its privies may thereafter request an inter partes reexamination of any such patent claim on the basis of issues which that party or its privies raised or could have raised in such civil action or inter partes reexamination proceeding, and an inter partes reexamination requested by that party or its privies on the basis of such issues may not thereafter be maintained by the Office, notwithstanding any other provision of this chapter. This subsection does not prevent the assertion of invalidity based on newly discovered prior art unavailable to the third-party requester and the Patent and Trademark Office at the time of the inter partes reexamination proceedings.

(Added Nov. 29, 1999, Public Law 106-113, sec. 1000(a)(9), 113 Stat. 1501A-570 (S. 1948 sec. 4604(a)); subsections (a) and (b) amended Nov. 2, 2002, Public Law 107-273, sec. 13202, 116 Stat. 1901.)

### 35 U.S.C. 318 (pre-AIA)  Stay of litigation.

*[Editor Note: Applicable **only** to a request for inter partes reexamination filed prior to September 16, 2012.]*

Once an order for inter partes reexamination of a patent has been issued under **section 313**, the patent owner may obtain a stay of any pending litigation which involves an issue of patentability of any claims of the patent which are the subject of the inter partes reexamination order, unless the court before which such litigation is pending determines that a stay would not serve the interests of justice.

(Added Nov. 29, 1999, Public Law 106-113, sec. 1000(a)(9), 113 Stat. 1501A-570 (S. 1948 sec. 4604(a)).)

## CHAPTER 32 — POST-GRANT REVIEW

Sec.

### 35 U.S.C. 321 (note)  Post-grant review applicability.

(1) APPLICABILITY.—

(A)  The post-grant review provisions of the Leahy-Smith America Invents Act (AIA) apply only to patents subject to the first inventor to file provisions of the AIA (see **35 U.S.C. 100 (note)**), except as provided in **AIA § 18** and paragraph 2 below.

(B)  LIMITATION.—The Director may impose a limit on the number of post-grant reviews that may be instituted under **chapter 32** of title 35, United States Code, during each of the first 4 1-year periods in which the these provisions are in effect.

(2)  PENDING INTERFERENCES.—

(A)  PROCEDURES IN GENERAL.—The Director shall determine, and include in the regulations issued under paragraph (1), the procedures under which an interference commenced before the

effective date set forth in paragraph (2)(A) is to proceed, including whether such interference—

(i)  is to be dismissed without prejudice to the filing of a petition for a post-grant review under chapter **32** of title 35, United States Code; or

(ii)  is to proceed as if the AIA had not been enacted.

(B)  PROCEEDINGS BY PATENT TRIAL AND APPEAL BOARD.—For purposes of an interference that is commenced before the effective date set forth in paragraph (2)(A), the Director may deem the Patent Trial and Appeal Board to be the Board of Patent Appeals and Interferences, and may allow the Patent Trial and Appeal Board to conduct any further proceedings in that interference.

(C)  APPEALS.—The authorization to appeal or have remedy from derivation proceedings in sections **141(d)** and **146** of title 35, United States Code, as amended by this Act, and the jurisdiction to entertain appeals from derivation proceedings in section 1295(a)(4)(A) of title 28, United States Code, as amended by this Act, shall be deemed to extend to any final decision in an interference that is commenced before the effective date set forth in paragraph (2)(A) of this subsection and that is not dismissed pursuant to this paragraph.

(Sept. 16, 2011, Public Law 112-29, sec. 6(f), 125 Stat. 284.)

### 35 U.S.C. 321  Post-grant review.

(a)  IN GENERAL.—Subject to the provisions of this chapter, a person who is not the owner of a patent may file with the Office a petition to institute a post-grant review of the patent. The Director shall establish, by regulation, fees to be paid by the person requesting the review, in such amounts as the Director determines to be reasonable, considering the aggregate costs of the post-grant review.

(b)  SCOPE.—A petitioner in a post-grant review may request to cancel as unpatentable 1 or more claims of a patent on any ground that could be raised under paragraph (2) or (3) of section **282(b)** (relating to invalidity of the patent or any claim).

(c)  FILING DEADLINE.—A petition for a post-grant review may only be filed not later than the date that is 9 months after the date of the grant of the patent or of the issuance of a reissue patent (as the case may be).

(Added Sept. 16, 2011, Public Law 112-29, sec. 6(d) (effective Sept. 16, 2012), 125 Stat. 284.)

(Public Law 112-29, sec. 18, 125 Stat. 284 (Sept. 16, 2011) provided a transitional program for covered business method patents (see **AIA § 18**).)

### 35 U.S.C. 322  Petitions.

(a)  REQUIREMENTS OF PETITION.—A petition filed under section **321** may be considered only if—

(1)  the petition is accompanied by payment of the fee established by the Director under section **321**;

(2)  the petition identifies all real parties in interest;

(3)  the petition identifies, in writing and with particularity, each claim challenged, the grounds on which the challenge to each claim is based, and the evidence that supports the grounds for the challenge to each claim, including—

(A)  copies of patents and printed publications that the petitioner relies upon in support of the petition; and

(B)  affidavits or declarations of supporting evidence and opinions, if the petitioner relies on other factual evidence or on expert opinions;

(4)  the petition provides such other information as the Director may require by regulation; and

(5)  the petitioner provides copies of any of the documents required under paragraphs (2), (3), and (4) to the patent owner or, if applicable, the designated representative of the patent owner.

(b) PUBLIC AVAILABILITY.—As soon as practicable after the receipt of a petition under section **321**, the Director shall make the petition available to the public.

(Added Sept. 16, 2011, Public Law 112-29, sec. 6(d) (effective Sept. 16, 2012), 125 Stat. 284.)

### 35 U.S.C. 323   Preliminary response to petition.

If a post-grant review petition is filed under section **321**, the patent owner shall have the right to file a preliminary response to the petition, within a time period set by the Director, that sets forth reasons why no post-grant review should be instituted based upon the failure of the petition to meet any requirement of this chapter.

(Added Sept. 16, 2011, Public Law 112-29, sec. 6(d) (effective Sept. 16, 2012), 125 Stat. 284.)

### 35 U.S.C. 324   Institution of post-grant review.

(a) THRESHOLD.—The Director may not authorize a post-grant review to be instituted unless the Director determines that the information presented in the petition filed under section **321**, if such information is not rebutted, would demonstrate that it is more likely than not that at least 1 of the claims challenged in the petition is unpatentable.

(b) ADDITIONAL GROUNDS.—The determination required under subsection (a) may also be satisfied by a showing that the petition raises a novel or unsettled legal question that is important to other patents or patent applications.

(c) TIMING.—The Director shall determine whether to institute a post-grant review under this chapter pursuant to a petition filed under section **321** within 3 months after—

(1) receiving a preliminary response to the petition under section **323**; or

(2) if no such preliminary response is filed, the last date on which such response may be filed.

(d) NOTICE.—The Director shall notify the petitioner and patent owner, in writing, of the Director's determination under subsection (a) or (b), and shall make such notice available to the public as soon as is practicable. Such notice shall include the date on which the review shall commence.

(e) NO APPEAL.—The determination by the Director whether to institute a post-grant review under this section shall be final and nonappealable.

(Added Sept. 16, 2011, Public Law 112-29, sec. 6(d) (effective Sept. 16, 2012), 125 Stat. 284.)

### 35 U.S.C. 325   Relation to other proceedings or actions.

(a) INFRINGER'S CIVIL ACTION.—

(1) POST-GRANT REVIEW BARRED BY CIVIL ACTION.—A post-grant review may not be instituted under this chapter if, before the date on which the petition for such a review is filed, the petitioner or real party in interest filed a civil action challenging the validity of a claim of the patent.

(2) STAY OF CIVIL ACTION.—If the petitioner or real party in interest files a civil action challenging the validity of a claim of the patent on or after the date on which the petitioner files a petition for post-grant review of the patent, that civil action shall be automatically stayed until either—

(A) the patent owner moves the court to lift the stay;

(B) the patent owner files a civil action or counterclaim alleging that the petitioner or real party in interest has infringed the patent; or

(C) the petitioner or real party in interest moves the court to dismiss the civil action.

(3) TREATMENT OF COUNTERCLAIM.—A counterclaim challenging the validity of a claim of a patent does not constitute a civil action challenging the validity of a claim of a patent for purposes of this subsection.

(b) PRELIMINARY INJUNCTIONS.—If a civil action alleging infringement of a patent is filed within 3 months after the date on which the patent is granted, the court may not stay its consideration of the patent owner's motion for a preliminary injunction against infringement of the patent on the basis that a petition for post-grant review has been filed under this chapter or that such a post-grant review has been instituted under this chapter.

(c) JOINDER.—If more than 1 petition for a post-grant review under this chapter is properly filed against the same patent and the Director determines that more than 1 of these petitions warrants the institution of a post-grant review under section **324** , the Director may consolidate such reviews into a single post-grant review.

(d) MULTIPLE PROCEEDINGS.—Notwithstanding sections **135(a)** , **251**, and **252**, and **chapter 30**, during the pendency of any post-grant review under this chapter, if another proceeding or matter involving the patent is before the Office, the Director may determine the manner in which the post-grant review or other proceeding or matter may proceed, including providing for the stay, transfer, consolidation, or termination of any such matter or proceeding. In determining whether to institute or order a proceeding under this chapter, **chapter 30**, or chapter 31, the Director may take into account whether, and reject the petition or request because, the same or substantially the same prior art or arguments previously were presented to the Office.

(e) ESTOPPEL.—

(1) PROCEEDINGS BEFORE THE OFFICE.—The petitioner in a post-grant review of a claim in a patent under this chapter that results in a final written decision under section **328(a)** , or the real party in interest or privy of the petitioner, may not request or maintain a proceeding before the Office with respect to that claim on any ground that the petitioner raised or reasonably could have raised during that post-grant review.

(2) CIVIL ACTIONS AND OTHER PROCEEDINGS.—The petitioner in a post-grant review of a claim in a patent under this chapter that results in a final written decision under section **328(a)**, or the real party in interest or privy of the petitioner, may not assert either in a civil action arising in whole or in part under section 1338 of title 28 or in a proceeding before the International Trade Commission under section 337 of the Tariff Act of 1930 that the claim is invalid on any ground that the petitioner raised or reasonably could have raised during that post-grant review.

(f) REISSUE PATENTS.—A post-grant review may not be instituted under this chapter if the petition requests cancellation of a claim in a reissue patent that is identical to or narrower than a claim in the original patent from which the reissue patent was issued, and the time limitations in section **321(c)** would bar filing a petition for a post-grant review for such original patent.

(Added Sept. 16, 2011, Public Law 112-29, sec. 6(d) (effective Sept. 16, 2012), 125 Stat. 284.)

### 35 U.S.C. 326   Conduct of post-grant review.

(a) REGULATIONS.—The Director shall prescribe regulations—

(1) providing that the file of any proceeding under this chapter shall be made available to the public, except that any petition or document filed with the intent that it be sealed shall, if accompanied by a motion to seal, be treated as sealed pending the outcome of the ruling on the motion;

(2) setting forth the standards for the showing of sufficient grounds to institute a review under subsections (a) and (b) of section **324**;

(3) establishing procedures for the submission of supplemental information after the petition is filed;

(4) establishing and governing a post-grant review under this chapter and the relationship of such review to other proceedings under this title;

(5) setting forth standards and procedures for discovery of relevant evidence, including that such discovery shall be limited to evidence directly related to factual assertions advanced by either party in the proceeding;

(6) prescribing sanctions for abuse of discovery, abuse of process, or any other improper use of the proceeding, such as to harass or to cause unnecessary delay or an unnecessary increase in the cost of the proceeding;

(7) providing for protective orders governing the exchange and submission of confidential information;

(8) providing for the filing by the patent owner of a response to the petition under section 323 after a post-grant review has been instituted, and requiring that the patent owner file with such response, through affidavits or declarations, any additional factual evidence and expert opinions on which the patent owner relies in support of the response;

(9) setting forth standards and procedures for allowing the patent owner to move to amend the patent under subsection (d) to cancel a challenged claim or propose a reasonable number of substitute claims, and ensuring that any information submitted by the patent owner in support of any amendment entered under subsection (d) is made available to the public as part of the prosecution history of the patent;

(10) providing either party with the right to an oral hearing as part of the proceeding;

(11) requiring that the final determination in any post-grant review be issued not later than 1 year after the date on which the Director notices the institution of a proceeding under this chapter, except that the Director may, for good cause shown, extend the 1-year period by not more than 6 months, and may adjust the time periods in this paragraph in the case of joinder under section 325(c); and

(12) providing the petitioner with at least 1 opportunity to file written comments within a time period established by the Director.

(b) CONSIDERATIONS.—In prescribing regulations under this section, the Director shall consider the effect of any such regulation on the economy, the integrity of the patent system, the efficient administration of the Office, and the ability of the Office to timely complete proceedings instituted under this chapter.

(c) PATENT TRIAL AND APPEAL BOARD.—The Patent Trial and Appeal Board shall, in accordance with section 6, conduct each post-grant review instituted under this chapter.

(d) AMENDMENT OF THE PATENT.—

(1) IN GENERAL.—During a post-grant review instituted under this chapter, the patent owner may file 1 motion to amend the patent in 1 or more of the following ways:

(A) Cancel any challenged patent claim.

(B) For each challenged claim, propose a reasonable number of substitute claims.

(2) ADDITIONAL MOTIONS.—Additional motions to amend may be permitted upon the joint request of the petitioner and the patent owner to materially advance the settlement of a proceeding under section 327, or upon the request of the patent owner for good cause shown.

(3) SCOPE OF CLAIMS.—An amendment under this subsection may not enlarge the scope of the claims of the patent or introduce new matter.

(e) EVIDENTIARY STANDARDS.—In a post-grant review instituted under this chapter, the petitioner shall have the burden of proving a proposition of unpatentability by a preponderance of the evidence.

(Added Sept. 16, 2011, Public Law 112-29, sec. 6(d) (effective Sept. 16, 2012), 125 Stat. 284.)

### 35 U.S.C. 327  Settlement.

(a) IN GENERAL.—A post-grant review instituted under this chapter shall be terminated with respect to any petitioner upon the joint request of the petitioner and the patent owner, unless the Office has decided the merits of the proceeding before the request for termination is filed. If the post-grant review is termi nated with respect to a petitioner

under this section, no estoppel under section 325(e) shall attach to the petitioner, or to the real party in interest or privy of the petitioner, on the basis of that petitioner's institution of that post-grant review. If no petitioner remains in the post-grant review, the Office may terminate the post-grant review or proceed to a final written decision under section 328(a).

(b) AGREEMENTS IN WRITING.—Any agreement or understanding between the patent owner and a petitioner, including any collateral agreements referred to in such agreement or understanding, made in connection with, or in contemplation of, the termination of a post-grant review under this section shall be in writing, and a true copy of such agreement or understanding shall be filed in the Office before the termination of the post-grant review as between the parties. At the request of a party to the proceeding, the agreement or understanding shall be treated as business confidential information, shall be kept separate from the file of the involved patents, and shall be made available only to Federal Government agencies on written request, or to any person on a showing of good cause.

(Added Sept. 16, 2011, Public Law 112-29, sec. 6(d) (effective Sept. 16, 2012), 125 Stat. 284.)

### 35 U.S.C. 328  Decision of the Board.

(a) FINAL WRITTEN DECISION.—If a post-grant review is instituted and not dismissed under this chapter, the Patent Trial and Appeal Board shall issue a final written decision with respect to the patentability of any patent claim challenged by the petitioner and any new claim added under section 326(d).

(b) CERTIFICATE.—If the Patent Trial and Appeal Board issues a final written decision under subsection (a) and the time for appeal has expired or any appeal has terminated, the Director shall issue and publish a certificate canceling any claim of the patent finally determined to be unpatentable, confirming any claim of the patent determined to be patentable, and incorporating in the patent by operation of the certificate any new or amended claim determined to be patentable.

(c) INTERVENING RIGHTS.—Any proposed amended or new claim determined to be patentable and incorporated into a patent following a post-grant review under this chapter shall have the same effect as that specified in section 252 for reissued patents on the right of any person who made, purchased, or used within the United States, or imported into the United States, anything patented by such proposed amended or new claim, or who made substantial preparation therefor, before the issuance of a certificate under subsection (b).

(d) DATA ON LENGTH OF REVIEW.—The Office shall make available to the public data describing the length of time between the institution of, and the issuance of a final written decision under subsection (a) for, each post-grant review.

(Added Sept. 16, 2011, Public Law 112-29, secs. 6(d) and 20(j) (effective Sept. 16, 2012), 125 Stat. 284.)

### 35 U.S.C. 329  Appeal.

A party dissatisfied with the final written decision of the Patent Trial and Appeal Board under section 328(a) may appeal the decision pursuant to sections 141 through 144. Any party to the post-grant review shall have the right to be a party to the appeal.

(Added Sept. 16, 2011, Public Law 112-29, sec. 6(d) (effective Sept. 16, 2012), 125 Stat. 284.)

# PART IV — PATENT COOPERATION TREATY

## CHAPTER 35 — DEFINITIONS

Sec.

**35 U.S.C. 351  Definitions.**

When used in this part unless the context otherwise indicates—

(a)  The term "treaty" means the Patent Cooperation Treaty done at Washington, on June 19, 1970.

(b)  The term "Regulations," when capitalized, means the Regulations under the treaty, done at Washington on the same date as the treaty. The term "regulations," when not capitalized, means the regulations established by the Director under this title.

(c)  The term "international application" means an application filed under the treaty.

(d)  The term "international application originating in the United States" means an international application filed in the Patent and Trademark Office when it is acting as a Receiving Office under the treaty, irrespective of whether or not the United States has been designated in that international application.

(e)  The term "international application designating the United States" means an international application specifying the United States as a country in which a patent is sought, regardless where such international application is filed.

(f)  The term "Receiving Office" means a national patent office or intergovernmental organization which receives and processes international applications as prescribed by the treaty and the Regulations.

(g)  The terms "International Searching Authority" and "International Preliminary Examining Authority" mean a national patent office or intergovernmental organization as appointed under the treaty which processes international applications as prescribed by the treaty and the Regulations.

(h)  The term "International Bureau" means the inter national intergovernmental organization which is recognized as the coordinating body under the treaty and the Regulations.

(i)  Terms and expressions not defined in this part are to be taken in the sense indicated by the treaty and the Regulations.

(Added Nov. 14, 1975, Public Law 94-131, sec. 1, 89 Stat. 685; amended Nov. 8, 1984, Public Law 98-622, sec. 403(a), 98 Stat. 3392; Nov. 6, 1986, Public Law 99-616, sec. 2 (a)-(c), 100 Stat. 3485; Nov. 29, 1999, Public Law 106-113, sec. 1000(a)(9), 113 Stat. 1501A-582 (S. 1948 sec. 4732(a)(10)(A)).)

## CHAPTER 36 — INTERNATIONAL STAGE

Sec.

361  Receiving Office.

362  International Searching Authority and International Preliminary Examining Authority.

363  International application designating the United States: Effect.

363  (pre-AIA) International application designating the United States: Effect.

364  International stage: Procedure.

365  Right of priority; benefit of the filing date of a prior application.

366  Withdrawn international application.

367  Actions of other authorities: Review.

368  Secrecy of certain inventions; filing international applications in foreign countries.

**35 U.S.C. 361  Receiving Office.**

(a)  The Patent and Trademark Office shall act as a Receiving Office for international applications filed by nationals or residents of the United States. In accordance with any agreement made between the United States and another country, the Patent and Trademark Office may also act as a Receiving Office for international applications filed by residents or nationals of such country who are entitled to file international applications.

(b)  The Patent and Trademark Office shall perform all acts connected with the discharge of duties required of a Receiving Office, including the collection of international fees and their transmittal to the International Bureau.

(c)  International applications filed in the Patent and Trademark Office shall be filed in the English language, or an English translation shall be filed within such later time as may be fixed by the Director.

(d)  The international fee, and the transmittal and search fees prescribed under **section 376(a)** of this part, shall either be paid on filing of an international application or within such later time as may be fixed by the Director.

(Added Nov. 14, 1975, Public Law 94-131, sec. 1, 89 Stat. 686; amended Nov. 8, 1984, Public Law 98-622, sec. 401(a), 403(a), 98 Stat. 3391-3392; Nov. 6, 1986, Public Law 99-616, sec. 2(d), 100 Stat. 3485; Nov. 29, 1999, Public Law 106-113, sec. 1000(a)(9), 113 Stat. 1501A-582 (S. 1948 sec. 4732(a)(10)(A))); subsection (c) amended Dec. 18, 2012, Public Law 112-211, sec. 202(b)(7), 126 Stat. 1536.)

**35 U.S.C. 362  International Searching Authority and International Preliminary Examining Authority.**

(a)  The Patent and Trademark Office may act as an International Searching Authority and International Preliminary Examining Authority with respect to international applications in accordance with the terms and conditions of an agreement which may be concluded with the International Bureau, and may discharge all duties required of such Authorities, including the collection of handling fees and their transmittal to the International Bureau.

(b)  The handling fee, preliminary examination fee, and any additional fees due for international preliminary examination shall be paid within such time as may be fixed by the Director.

(Added Nov. 14, 1975, Public Law 94-131, sec. 1, 89 Stat. 686; amended Nov. 8, 1984, Public Law 98-622, sec. 403 (a), 98 Stat. 3392; Nov. 6, 1986, Public Law 99-616, sec. 4, 100 Stat. 3485; Nov. 29, 1999, Public Law 106-113, sec. 1000(a)(9), 113 Stat. 1501A-582 (S. 1948 sec. 4732(a)(10)(A)).)

**35 U.S.C. 363  International application designating the United States: Effect.**

*[Editor Note: Applicable to any patent application subject to the first inventor to file provisions of the AIA (see 35 U.S.C. 100 (note)). See 35 U.S.C. 363 (pre-AIA) for the law otherwise applicable.]*

An international application designating the United States shall have the effect, from its international filing date under **article 11** of the treaty, of a national application for patent regularly filed in the Patent and Trademark Office.

(Added Nov. 14, 1975, Public Law 94-131, sec. 1, 89 Stat. 686; amended Nov. 8, 1984, Public Law 98-622, sec. 403(a), 98 Stat. 3392; amended Sept. 16, 2011, Public Law 112-29, secs. 20(j) (effective Sept. 16, 2012) and 3(g) (effective March 16, 2013), 125 Stat. 284.)

**35 U.S.C. 363 (pre-AIA)  International application designating the United States: Effect.**

*[Editor Note: **Not applicable** to any patent application subject to the first inventor to file provisions of the AIA (see **35 U.S.C. 100 (note)**). See **35 U.S.C. 363** for the law otherwise applicable.]*

An international application designating the United States shall have the effect, from its international filing date under **article 11** of the treaty, of a national application for patent regularly filed in the Patent and Trademark Office except as otherwise provided in **section 102(e)**.

(Added Nov. 14, 1975, Public Law 94-131, sec. 1, 89 Stat. 686; amended Nov. 8, 1984, Public Law 98-622, sec. 403(a), 98 Stat. 3392; amended Sept. 16, 2011, Public Law 112-29, sec. 20(j) (effective Sept. 16, 2012), 125 Stat. 284.)

**35 U.S.C. 364  International stage: Procedure.**

(a) International applications shall be processed by the Patent and Trademark Office when acting as a Receiving Office, International Searching Authority, or International Preliminary Examining Authority, in accordance with the applicable provisions of the treaty, the Regulations, and this title.

(b) An applicant's failure to act within prescribed time limits in connection with requirements pertaining to an international application may be excused as provided in the treaty and the Regulations.

(Added Nov. 14, 1975, Public Law 94-131, sec. 1, 89 Stat. 686; amended Nov. 8, 1984, Public Law 98-622, sec. 403(a), 98 Stat. 3392; subsection (a) amended Nov. 6, 1986, Public Law 99-616, sec. 5, 100 Stat. 3485; amended Nov. 29, 1999, Public Law 106-113, sec. 1000(a)(9), 113 Stat. 1501A-582 (S. 1948 sec. 4732(a)(10)(A)); Dec. 18, 2012, sec. 202(b)(8), 126 Stat. 1536.)

**35 U.S.C. 365  Right of priority; benefit of the filing date of a prior application.**

(a) In accordance with the conditions and requirements of subsections (a) through (d) of **section 119**, a national application shall be entitled to the right of priority based on a prior filed international application which designated at least one country other than the United States.

(b) In accordance with the conditions and requirements of **section 119(a)** and the treaty and the Regulations, an international application designating the United States shall be entitled to the right of priority based on a prior foreign application, or a prior international application designating at least one country other than the United States. The Director may establish procedures, including the requirement for payment of the fee specified in section **41(a)(7)**, to accept an unintentionally delayed claim for priority under the treaty and the Regulations, and to accept a priority claim that pertains to an application that was not filed within the priority period specified in the treaty and Regulations, but was filed within the additional 2-month period specified under section **119(a)** or the treaty and Regulations.

(c) In accordance with the conditions and requirements of **section 120**, an international application designating the United States shall be entitled to the benefit of the filing date of a prior national application or a prior international application designating the United States, and a national application shall be entitled to the benefit of the filing date of a prior international application designating the United States. If any claim for the benefit of an earlier filing date is based on a prior international application which designated but did not originate in the United States, the Director may require the filing in the Patent and Trademark Office of a certified copy of such application together with a translation thereof into the English language, if it was filed in another language.

(Added Nov. 14, 1975, Public Law 94-131, sec. 1, 89 Stat. 686; amended Nov. 8, 1984, Public Law 98-622, sec. 403(a), 98 Stat. 3392; Dec. 8,

1994, Public Law 103-465, sec. 532(c)(4), 108 Stat. 4987; Nov. 29, 1999, Public Law 106-113, sec. 1000(a)(9), 113 Stat. 1501A-582 (S. 1948 sec. 4732(a)(10)(A)); amended Sept. 16, 2011, Public Law 112-29, sec. 20(j) (effective Sept. 16, 2012), 125 Stat. 284; subsection (b) amended Dec. 18, 2012, Public Law 112-211, sec. 201(c)(2), 126 Stat. 1535.)

**35 U.S.C. 366  Withdrawn international application.**

Subject to **section 367** of this part, if an international application designating the United States is withdrawn or considered withdrawn, either generally or as to the United States, under the conditions of the treaty and the Regulations, before the applicant has complied with the applicable requirements prescribed by **section 371(c)** of this part, the designation of the United States shall have no effect after the date of withdrawal and shall be considered as not having been made, unless a claim for benefit of a prior filing date under **section 365(c)** of this section was made in a national application, or an international application designating the United States, filed before the date of such withdrawal. However, such withdrawn international application may serve as the basis for a claim of priority under **section 365 (a)** and **(b)** of this part, if it designated a country other than the United States.

(Added Nov. 14, 1975, Public Law 94-131, sec. 1, 89 Stat. 687; amended Nov. 8, 1984, Public Law 98-622, sec. 401(b), 98 Stat. 3391.)

**35 U.S.C. 367  Actions of other authorities: Review.**

(a) Where a Receiving Office other than the Patent and Trademark Office has refused to accord an international filing date to an international application designating the United States or where it has held such application to be withdrawn either generally or as to the United States, the applicant may request review of the matter by the Director, on compliance with the requirements of and within the time limits specified by the treaty and the Regulations. Such review may result in a determination that such application be considered as pending in the national stage.

(b) The review under subsection (a) of this section, subject to the same requirements and conditions, may also be requested in those instances where an international application designating the United States is considered withdrawn due to a finding by the International Bureau under **article 12** (3) of the treaty.

(Added Nov. 14, 1975, Public Law 94-131, sec. 1, 89 Stat. 687; amended Nov. 8, 1984, Public Law 98-622, sec. 403(a), 98 Stat 3392; Nov. 29, 1999, Public Law 106-113, sec. 1000(a)(9), 113 Stat. 1501A-582 (S. 1948 sec. 4732(a)(10)(A)).)

**35 U.S.C. 368  Secrecy of certain inventions; filing international applications in foreign countries.**

(a) International applications filed in the Patent and Trademark Office shall be subject to the provisions of **chapter 17**.

(b) In accordance with **article 27** (8) of the treaty, the filing of an international application in a country other than the United States on the invention made in this country shall be considered to constitute the filing of an application in a foreign country within the meaning of **chapter 17**, whether or not the United States is designated in that international application.

(c) If a license to file in a foreign country is refused or if an international application is ordered to be kept secret and a permit refused, the Patent and Trademark Office when acting as a Receiving Office, International Searching Authority, or International Preliminary Examining Authority, may not disclose the contents of such application to anyone not authorized to receive such disclosure.

(Added Nov. 14, 1975, Public Law 94-131, sec. 1, 89 Stat. 687; amended Nov. 8, 1984, Public Law 98-622, sec. 403(a), 98 Stat. 3392; Nov. 6, 1986, Public Law 99-616, sec. 6, 100 Stat. 3486; amended Sept. 16, 2011, Public Law 112-29, sec. 20(j) (effective Sept. 16, 2012), 125 Stat. 284.)

## CHAPTER 37 — NATIONAL STAGE

Sec.

**35 U.S.C. 371   National stage: Commencement.**

(a) Receipt from the International Bureau of copies of international applications with any amendments to the claims, international search reports, and international preliminary examination reports including any annexes thereto may be required in the case of international applications designating or electing the United States.

(b) Subject to subsection (f) of this section, the national stage shall commence with the expiration of the applicable time limit under **article 22** (1) or (2), or under **article 39** (1)(a) of the treaty.

(c) The applicant shall file in the Patent and Trademark Office—

(1) the national fee provided in **section 41(a)**;

(2) a copy of the international application, unless not required under subsection (a) of this section or already communicated by the International Bureau, and a translation into the English language of the international application, if it was filed in another language;

(3) amendments, if any, to the claims in the international application, made under **article 19** of the treaty, unless such amendments have been communicated to the Patent and Trademark Office by the International Bureau, and a translation into the English language if such amendments were made in another language;

(4) an oath or declaration of the inventor (or other person authorized under **chapter 11**) complying with the requirements of **section 115** and with regulations prescribed for oaths or declarations of applicants;

(5) a translation into the English language of any annexes to the international preliminary examination report, if such annexes were made in another language.

(d) The requirement with respect to the national fee referred to in subsection (c)(1), the translation referred to in subsection (c)(2), and the oath or declaration referred to in subsection (c)(4) of this section shall be complied with by the date of the commencement of the national stage or by such later time as may be fixed by the Director. The copy of the international application referred to in subsection (c)(2) shall be submitted by the date of the commencement of the national stage. Failure to comply with these requirements shall be regarded as abandonment of the application by the parties thereof. The payment of a surcharge may be required as a condition of accepting the national fee referred to in subsection (c)(1) or the oath or declaration referred to in subsection (c)(4) of this section if these requirements are not met by the date of the commencement of the national stage. The requirements of subsection (c)(3) of this section shall be complied with by the date of the commencement of the national stage, and failure to do so shall be regarded as a cancellation of the amendments to the claims in the international application made under **article 19** of the treaty. The requirement of subsection (c)(5) shall be complied with at such time as may be fixed by the Director and failure to do so shall be regarded as

cancellation of the amendments made under **article 34** (2)(b) of the treaty.

(e) After an international application has entered the national stage, no patent may be granted or refused thereon before the expiration of the applicable time limit under **article 28** or **article 41** of the treaty, except with the express consent of the applicant. The applicant may present amendments to the specification, claims, and drawings of the application after the national stage has commenced.

(f) At the express request of the applicant, the national stage of processing may be commenced at any time at which the application is in order for such purpose and the applicable requirements of subsection (c) of this section have been complied with.

(Added Nov. 14, 1975, Public Law 94-131, sec. 1, 89 Stat. 688; amended Nov. 8, 1984, Public Law 98-622, sec. 402(a)-(d), 403(a), 98 Stat. 3391, 3392; subsections (a), (b), (c), (d), and (e) amended Nov. 6, 1986, Public Law, 99-616, sec. 7, 100 Stat. 3486; subsection (c)(1) amended Dec. 10, 1991, Public Law 102-204, sec. 5(g)(2), 105 Stat. 1641; amended Nov. 29, 1999, Public Law 106-113, sec. 1000(a)(9), 113 Stat. 1501A-582 (S. 1948 sec. 4732(a)(10)(A)); subsection (d) amended Nov. 2, 2002, Public Law 107-273, sec. 13206, 116 Stat. 1905; amended Sept. 16, 2011, Public Law 112-29, secs. 20(i) and (j) (effective Sept. 16, 2012), 125 Stat. 284; subsection (d) amended Dec. 18, 2012, Public Law 112-211, sec. 202(b)(9), 126 Stat. 1536.)

**35 U.S.C. 372   National stage: Requirements and procedure.**

(a) All questions of substance and, within the scope of the requirements of the treaty and Regulations, procedure in an international application designating the United States shall be determined as in the case of national applications regularly filed in the Patent and Trademark Office.

(b) In case of international applications designating but not originating in, the United States—

(1) the Director may cause to be reexamined questions relating to form and contents of the application in accordance with the requirements of the treaty and the Regulations;

(2) the Director may cause the question of unity of invention to be reexamined under **section 121**, within the scope of the requirements of the treaty and the Regulations; and

(3) the Director may require a verification of the translation of the international application or any other document pertaining to the application if the application or other document was filed in a language other than English.

(Added Nov. 14, 1975, Public Law 94-131, sec. 1, 89 Stat. 689; amended Nov. 8, 1984, Public Law 98-622, sec. 402(e), (f), 403(a), 98 Stat. 3392; Nov. 29, 1999, Public Law 106-113, sec. 1000(a)(9), 113 Stat. 1501A-582 (S. 1948 sec. 4732(a)(10)(A)); amended Sept. 16, 2011, Public Law 112-29, sec. 20(j) (effective Sept. 16, 2012), 125 Stat. 284.)

**35 U.S.C. 373   [Repealed]**

(Repealed Jan. 14, 2013, Public Law 112-274, sec. 1(i), 126 Stat. 2456.)

**35 U.S.C. 374   Publication of international application.**

*[Editor Note: Applicable to any patent application subject to the first inventor to file provisions of the AIA (see 35 U.S.C. 100 (note)). See 35 U.S.C. 374 (pre-AIA) for the law otherwise applicable.]*

The publication under the treaty defined in section **351(a)**, of an international application designating the United States shall be deemed a publication under section **122(b)**, except as provided in section **154(d)**.

(Added Nov. 14, 1975, Public Law 94-131, sec. 1, 89 Stat. 689; amended Nov. 29, 1999, Public Law 106-113, sec. 1000(a)(9), 113 Stat. 1501A-566 (S. 1948 sec. 4507(10)); amended Nov. 2, 2002, Public Law 107-273, sec.13205, 116 Stat. 1903; amended Sept. 16, 2011, Public

Law 112-29, secs. 20(j) (effective Sept. 16, 2012) and 3(g)(effective March 16, 2013), 125 Stat. 284.)

**35 U.S.C. 374 (pre-AIA    Publication of international application.**

*[Editor Note: **Not applicable** to any patent application subject to the first inventor to file provisions of the AIA (see **35 U.S.C. 100 (note)**). See **35 U.S.C. 374** for the law otherwise applicable.]*

The publication under the treaty defined in **section 351(a)** , of an international application designating the United States shall be deemed a publication under **section 122(b)** , except as provided in **sections 102(e)** and **154(d)** .

(Added Nov. 14, 1975, Public Law 94-131, sec. 1, 89 Stat. 689; amended Nov. 29, 1999, Public Law 106-113, sec. 1000(a)(9), 113 Stat. 1501A-566 (S. 1948 sec. 4507(10)); amended Nov. 2, 2002, Public Law 107-273, sec.13205, 116 Stat. 1903; amended Sept. 16, 2011, Public Law 112-29, sec. 20(j) (effective Sept. 16, 2012), 125 Stat. 284.)

**35 U.S.C. 375   Patent issued on international application: Effect.**

*[Editor Note: Applicable to any patent application subject to the first inventor to file provisions of the AIA (see **35 U.S.C. 100 (note)**). See **35 U.S.C. 375 (pre-AIA)** for the law otherwise applicable.]*

(a)    A patent may be issued by the Director based on an international application designating the United States, in accordance with the provisions of this title. Such patent shall have the force and effect of a patent issued on a national application filed under the provisions of **chapter 11**.

(b)   Where due to an incorrect translation the scope of a patent granted on an international application designating the United States, which was not originally filed in the English language, exceeds the scope of the international application in its original language, a court of competent jurisdiction may retroactively limit the scope of the patent, by declaring it unenforceable to the extent that it exceeds the scope of the international application in its original language.

(Added Nov. 14, 1975, Public Law 94-131, sec. 1, 89 Stat. 689; amended Nov. 29, 1999, Public Law 106-113, sec. 1000(a)(9), 113 Stat. 1501A-582 (S. 1948 sec. 4732(a)(10)(A)); amended Sept. 16, 2011, Public Law 112-29, secs. 20(j) (effective Sept. 16, 2012) and 3(g)(effective March 16, 2013), 125 Stat. 284. )

**35 U.S.C. 375 (pre-AIA)   Patent issued on international application: Effect.**

*[Editor Note: **Not applicable** to any patent application subject to the first inventor to file provisions of the AIA (see **35 U.S.C. 100 (note)**). See **35 U.S.C. 375** for the law otherwise applicable.]*

(a)    A patent may be issued by the Director based on an international application designating the United States, in accordance with the provisions of this title. Subject to **section 102(e)** , such patent shall have the force and effect of a patent issued on a national application filed under the provisions of **chapter 11**.

(b)   Where due to an incorrect translation the scope of a patent granted on an international application designating the United States, which was not originally filed in the English language, exceeds the scope of the international application in its original language, a court of competent jurisdiction may retroactively limit the scope of the patent, by declaring it unenforceable to the extent that it exceeds the scope of the international application in its original language.

(Added Nov. 14, 1975, Public Law 94-131, sec. 1, 89 Stat. 689; amended Nov. 29, 1999, Public Law 106-113, sec. 1000(a)(9), 113 Stat.

1501A-582 (S. 1948 sec. 4732(a)(10)(A)); amended Sept. 16, 2011, Public Law 112-29, sec. 20(j) (effective Sept. 16, 2012), 125 Stat. 284.)

**35 U.S.C. 376   Fees.**

(a)  The required payment of the international fee and the handling fee, which amounts are specified in the Regulations, shall be paid in United States currency. The Patent and Trademark Office shall charge a national fee as provided in **section 41(a)**, and may also charge the following fees:

(1)  A transmittal fee (see **section 361(d)**).
(2)  A search fee (see **section 361(d)**).
(3)  A supplemental search fee (to be paid when required).
(4)  A preliminary examination fee and any additional fees (see **section 362(b)**).
(5)  Such other fees as established by the Director.

(b)  The amounts of fees specified in subsection (a) of this section, except the international fee and the handling fee, shall be prescribed by the Director. He may refund any sum paid by mistake or in excess of the fees so specified, or if required under the treaty and the Regulations. The Director may also refund any part of the search fee, the national fee, the preliminary examination fee and any additional fees, where he determines such refund to be warranted.

(Added Nov. 14, 1975, Public Law 94-131, sec. 1, 89 Stat. 690, amended Nov. 8, 1984, Public Law 98-622, sec. 402(g), 403(a), 98 Stat. 3392; Nov. 6, 1986, Public Law 99-616, sec. 8(a) & (b), 100 Stat. 3486; Dec. 10, 1991, Public Law 102-204, sec. 5(g)(1), 105 Stat. 1640; amended Nov. 29, 1999, Public Law 106-113, sec. 1000(a)(9), 113 Stat. 1501-582 (S. 1948 sec. 4732(a)(10)(A)); subsections (a)(1)-(a)(3) amended Nov. 2, 2002, Public Law 107-273, sec. 13206, 116 Stat. 1905.)

# CHAPTER — UNCODIFIED LAW

Sec.

AIA   § 14 Tax strategies deemed within the prior art.

AIA   § 18 Transitional program for covered business method patents.

AIA   § 33 Limitation on issuance of patents.

**AIA § 14 (Related to 35 U.S.C. 102, 103)   Tax strategies deemed within the prior art.**

(a)  IN GENERAL.—For purposes of evaluating an invention under section **102** or **103** of title 35, United States Code, any strategy for reducing, avoiding, or deferring tax liability, whether known or unknown at the time of the invention or application for patent, shall be deemed insufficient to differentiate a claimed invention from the prior art.

(b)  DEFINITION.—For purposes of this section, the term "tax liability" refers to any liability for a tax under any Federal, State, or local law, or the law of any foreign jurisdiction, including any statute, rule, regulation, or ordinance that levies, imposes, or assesses such tax liability.

(c)  EXCLUSIONS.—This section does not apply to that part of an invention that—

(1)  is a method, apparatus, technology, computer program product, or system, that is used solely for preparing a tax or information return or other tax filing, including one that records, transmits, transfers, or organizes data related to such filing; or

(2)  is a method, apparatus, technology, computer program product, or system used solely for financial management, to the extent that it is severable from any tax strategy or does not limit the use of any tax strategy by any taxpayer or tax advisor.

(d) RULE OF CONSTRUCTION.—Nothing in this section shall be construed to imply that other business methods are patentable or that other business method patents are valid.

(e) EFFECTIVE DATE; APPLICABILITY.—This section shall take effect on [Sept. 16, 2011] and shall apply to any patent application that is pending on, or filed on or after, that date, and to any patent that is issued on or after that date.

(Sept. 16, 2011, Public Law 112-29, sec. 14, 125 Stat. 284.)

### AIA § 18 (Related to 35 U.S.C. 321) Transitional program for covered business method patents.

(a) TRANSITIONAL PROGRAM.—

(1) ESTABLISHMENT.—Not later than Sept. 16, 2012, the Director shall issue regulations establishing and implementing a transitional post-grant review proceeding for review of the validity of covered business method patents. The transitional proceeding implemented pursuant to this subsection shall be regarded as, and shall employ the standards and procedures of, a post-grant review under chapter **32** of title 35, United States Code, subject to the following:

(A) 35 U.S.C. 321(c) and 35 U.S.C. 325(b), (e)(2), and (f), shall not apply to a transitional proceeding.

(B) A person may not file a petition for a transitional proceeding with respect to a covered business method patent unless the person or the person's real party in interest or privy has been sued for infringement of the patent or has been charged with infringement under that patent.

(C) A petitioner in a transitional proceeding who challenges the validity of 1 or more claims in a covered business method patent on a ground raised under 35 U.S.C. 102 or 103 as in effect on March 15, 2013 (pre-AIA 35 U.S.C. 102 or 103), may support such ground only on the basis of—

(i) prior art that is described by pre-AIA 35 U.S.C. 102(a); or

(ii) prior art that—

(I) discloses the invention more than 1 year before the date of the application for patent in the United States; and

(II) would be described by pre-AIA 35 U.S.C. 102(a) if the disclosure had been made by another before the invention thereof by the applicant for patent.

(D) The petitioner in a transitional proceeding that results in a final written decision under 35 U.S.C. 328(a), with respect to a claim in a covered business method patent, or the petitioner's real party in interest, may not assert, either in a civil action arising in whole or in part under section 1338 of title 28, United States Code, or in a proceeding before the International Trade Commission under section 337 of the Tariff Act of 1930 (19 U.S.C. 1337), that the claim is invalid on any ground that the petitioner raised during that transitional proceeding.

(E) The Director may institute a transitional proceeding only for a patent that is a covered business method patent.

(b) REQUEST FOR STAY.—

(1) IN GENERAL.—If a party seeks a stay of a civil action alleging infringement of a patent under section **281** of title 35, United States Code, relating to a transitional proceeding for that patent, the court shall decide whether to enter a stay based on—

(A) whether a stay, or the denial thereof, will simplify the issues in question and streamline the trial;

(B) whether discovery is complete and whether a trial date has been set;

(C) whether a stay, or the denial thereof, would unduly prejudice the nonmoving party or present a clear tactical advantage for the moving party; and

(D) whether a stay, or the denial thereof, will reduce the burden of litigation on the parties and on the court.

(2) REVIEW.—A party may take an immediate interlocutory appeal from a district court's decision under paragraph (1). The United States Court of Appeals for the Federal Circuit shall review the district court's decision to ensure consistent application of established precedent, and such review may be de novo.

(c) ATM EXEMPTION FOR VENUE PURPOSES.—In an action for infringement under section **281** of title 35, United States Code, of a covered business method patent, an automated teller machine shall not be deemed to be a regular and established place of business for purposes of section 1400(b) of title 28, United States Code.

(d) DEFINITION.—

(1) IN GENERAL.—For purposes of this section, the term "covered business method patent" means a patent that claims a method or corresponding apparatus for performing data processing or other operations used in the practice, administration, or management of a financial product or service, except that the term does not include patents for technological inventions.

(2) REGULATIONS.—To assist in implementing the transitional proceeding authorized by this section, the Director shall issue regulations for determining whether a patent is for a technological invention.

(e) RULE OF CONSTRUCTION.—Nothing in this section shall be construed as amending or interpreting categories of patent-eligible subject matter set forth under 35 U.S.C. 101.

(Sept. 16, 2011, Public Law 112-29, sec. 18, 125 Stat. 284, corrected Jan. 14, 2013, Public Law 112-274, sec. 1(b), 126 Stat. 2456.)

### AIA § 33 (Related to 35 U.S.C. 101) —Limitation on issuance of patents.

(a) LIMITATION.—Notwithstanding any other provision of law, no patent may issue on a claim directed to or encompassing a human organism.

(b) EFFECTIVE DATE.— (1) IN GENERAL.— Subsection (a) shall apply to any application for patent that is pending on, or filed on or after, the date of the enactment of this Act [Sept. 16, 2011].

(2) PRIOR APPLICATIONS.—Subsection (a) shall not affect the validity of any patent issued on an application to which paragraph (1) does not apply.

(Sept. 16, 2011, Public Law 112-29, sec. 33, 125 Stat. 284.)

## SELECTED PROVISIONS OF TITLE 18, UNITED STATES CODE

### 18 U.S.C. 1001  Statements or entries generally.

(a) Except as otherwise provided in this section, whoever, in any matter within the jurisdiction of the executive, legislative, or judicial branch of the Government of the United States, knowingly and willfully—

(1) falsifies, conceals, or covers up by any trick, scheme, or device a material fact;

(2) makes any materially false, fictitious, or fraudulent statement or representation; or

(3) makes or uses any false writing or document knowing the same to contain any materially false, fictitious, or fraudulent statement or entry;

shall be fined under this title, imprisoned not more than 5 years or, if the offense involves international or domestic terrorism (as defined in section 2331), imprisoned not more than 8 years, or both. If the matter relates to an offense under chapter 109A, 109B, 110, or 117, or section 1591, then the term of imprisonment imposed under this section shall be not more than 8 years.

(b)   Subsection (a) does not apply to a party to a judicial proceeding, or that party's counsel, for statements, representations, writings or documents submitted by such party or counsel to a judge or magistrate in that proceeding.

(c)   With respect to any matter within the jurisdiction of the legislative branch, subsection (a) shall apply only to —

(1)  administrative matters, including a claim for payment, a matter related to the procurement of property or services, personnel or employment practices, or support services, or a document required by law, rule, or regulation to be submitted to the Congress or any office or officer within the legislative branch; or

(2)  any investigation or review, conducted pursuant to the authority of any committee, subcommittee, commission or office of the Congress, consistent with applicable rules of the House or Senate.

(Amended Sept. 13, 1994, Public Law 103-322, sec. 330016(1)(L), 108 Stat. 2147; Oct. 11, 1996, Public Law 104-292, Sec. 2, 110 Stat. 3459.)

(Subsection (a) amended Dec. 17, 2004, Public Law 108-458, sec. 6703(a), 118 Stat. 3766; July 27, 2006, Public Law 109-248, sec. 141(c), 120 Stat. 603.)

## 18 U.S.C. 2071   Concealment, removal, or mutilation generally.

(a)   Whoever willfully and unlawfully conceals, removes, mutilates, obliterates, or destroys, or attempts to do so, or, with intent to do so takes and carries away any record, proceeding, map, book, paper, document, or other thing, filed or deposited with any clerk or officer of any court of the United States, or in any public office, or with any judicial or public officer of the United States, shall be fined under this title or imprisoned not more than three years, or both.

(b)   Whoever, having the custody of any such record, proceeding, map, book, document, paper, or other thing, willfully and unlawfully conceals, removes, mutilates, obliterates, falsifies, or destroys the same, shall be fined under this title or imprisoned not more than three years, or both; and shall forfeit his office and be disqualified from holding any office under the United States. As used in this subsection, the term "office" does not include the office held by any person as a retired officer of the Armed Forces of the United States.

(Amended Nov. 5, 1990, Public Law 101-510, sec. 552(a), 104 Stat. 1566; Sept. 13, 1994, Public Law 103-322, sec. 330016(1)(I), 108 Stat. 2147.)

# 조문색인

# 판례색인

# 사항색인

## 저자 약력

### 박준국

#### 학력

서울대 법대 졸업
미국 Wake Forest Law School Juris Doctor
미국 George Washington Law School 지적재산권법 석사
미국 연방국제거래법원 Edward De. Re 법원장의 재판연구관
Cushman, Darby & Cushman (Washington, D.C. 소재 지적재산권 법률회사) 변호사
법무법인 세종 특허전문 미국변호사

#### 주요 소송수행 사건

Texas Instruments Inc. v. Samsung Electronics Co.
Imperial Chemical Industries Ltd. (ICI) v. Danbury Pharma LLC
Hoechst Diafoil Co. v. Cheil Synthetics Co.

#### 저서 및 논문

Intellectual Property for the Internet(Wiley Law Publications 미국 내 출간)
미국특허실무(한빛지적소유권센터 국내출간)
Patent Claim Interpretation in the United States., Japan and Korea−A Comparative Analysis
    (George Washington Law School 학위논문)

미국특허소송의 주요 쟁점

초판발행      2018년 8월 5일

지은이        박준국
펴낸이        안종만

편 집         조혜인
기획/마케팅    조성호
표지디자인     조아라
제 작         우인도·고철민

펴낸곳        도서출판 박영사
             경기도 파주시 회동길 37-9(문발동)
             등록  1952. 11..18.  제406-3000000251001952000002호(倫)
전 화         02)733-6771
f a x        02)736-4818
e-mail       pys@pybook.co.kr
homepage     www.pybook.co.kr
ISBN         978-89-10-98002-5   93360

정 가        28,000원